KB161589

崛起

朴正熙 經濟强國 崛起18年

6 국토종합개발

심융택

동서문화사

박정희 경제강국 굴기18년
6 국토종합개발
차례

제2장 전국을 일일생활권으로 압축한 고속도로망이 깔리다

제5장 산지를 자원화하고 국토의 생산성을 극대화해야 한다

제6장 '아름다운 서울' 개발계획 밀어붙인 불도저 시장

역사를 위하여
심융택

한국근대화의 시대를 이끌어 나간 박정희 대통령이 우리 곁을 떠난지도 어언 40여 년이 지났다. 대통령의 운명이 도무지 믿어지지가 않던 충격과 슬픔의 시간도 흐르는 강물처럼 지나갔고, 무심한 세월만 흐르고 또 흘러 그가 역사에 남긴 지대한 발자취만이 사람들의 입에 회자되면서 때로는 그의 업적이 높이 평가되기도 하고, 때로는 그의 천려일실(千慮一失)이 비판되기도 한다.

박정희 대통령은 20세기 후반의 한국과 한국인에게 어떤 존재였나? 과연 누가 어떤 말과 글로 이 물음에 완전하고 극명하게 해답할 수 있을까? 앞으로 두고 두고 역사가들의 연구가 필요할 것이다. 나는 앞으로 국내외 역사가들의 연구에 필요한 자료를 정리해 두어야겠다는 생각으로 대통령의 사상과 정책에 대해 내가 알고 있는 사실들을 기록으로 남겨두는 작업에 착수했다.

우리는 공화국 수립 뒤 이 나라를 통치한 역대 대통령들에 대해서 별로 아는 것이 없다. 대통령 자신들이나 또는 역사가들이 그들의 업적과 실책, 공적과 과오를 모두 담은 전체 모습을 오랜 시간이 지난 먼 뒷날까지 남아 있게 할 수 있는 역사적 자료와 기록을 보존해 놓은 것이 거의 없기 때문이다.

우리는 우리의 후손들이 우리나라 대통령들에 대해서 알기를 원할 때 그들이 읽고 연구할 수 있는 많은 자료와 기록을 남겨두어야 한다. 그런 자료와 기록이 많으면 많을수록 역대 대통령에 대한 부분적 지식도 그만큼 많아질 것이며, 여러 사람이 여러 각도에서 본 부분적 지식이 많으면 많을수록 대통령들의 전체 모습을 알 수 있는 지식도 그만큼 축적될 수 있을 것이다.

1961년부터 1979년까지 18년여 동안 한국인의 생활에는 혁명적 변화가 일어났고, 한국의 민족사에는 획기적 전환점이 마련되었다는 것은 세계적으로 공인된 역사적 사실이다. 그 역사적 시기에 나는 대통령을 보필할 수 있는 영광된 기회를 얻었다. 그리고 그 귀중한 기회에 나는 대통령의 국정운영에 대해 많은 것을 보고 들었으며, 또 많은 것을 기록해 두었다.

박정희 대통령이 어떤 여건과 상황 아래서 이 나라, 이 민족을 이끌어 왔으며, 대통령을 괴롭히고, 고통스럽게 한 것이 무엇이었고, 대통령을 고무하고 용기를 준 것이 누구인지를 지켜 보았다. 대통령이 국가가 직면하였던 문제상황을 어떻게 규정했고, 그 문제상황을 극복하기 위해서 어떤 정책을 결정했는가를 보았다. 또, 정책을 추진하는 과정에서 정치인과 공무원, 기업인과 근로자, 농어민과 교육자, 학생과 언론인, 과학자와 문화인 등 우리 사회 각계각층 국민을 상대로 때로는 설명하고 설득하며, 때로는 교육하고 계몽하며, 때로는 칭찬하고 격려하고, 때로는 따지고 나무라며 그들이 분발하고 피눈물나는 노력을 하는 국가건설의 역군으로 거듭나게 만들 때 대통령이 그들에게 어떤 말을 했고, 어떤 글을 남겼는가를 주의 깊게 지켜보았다.

박정희 대통령이 남긴 이런 말과 글 속에는 한국근대화와 부국강병 등에 대한 대통령의 신념과 소신이 살아 숨쉬고 있다. 대통령의 이런 말과 글은 대통령이 여러 행사장에서 행한 연설문, 여러 공식, 비공식 회의에서 천명한 유시와 지시, 여러 분야 인사들에게 보낸 공한과 사신, 국내외 인사들과 나눈 대화, 외국 국가원수와의 정상회담, 대통령의 저서, 그리고 대통령의 일기 등에 온전히 보존되어 있다.

　1972년 2월 22일, 닉슨 대통령이 베이징에서 마오쩌둥 주석과 회담할 때 '마오 주석의 글들은 한 나라를 움직였고, 세계를 바꿔놓았다'고 찬사를 보내자 마오쩌둥은 '나는 그렇게 하지 못했다. 나는 다만 베이징 근처의 몇 군데를 바꿔놓을 수 있었을 뿐이다'라고 대답했다고 한다. 이 말은 중국인 특유의 겸양이었고, 사실은 닉슨의 말 그대로였다. 대통령도 그랬다. 18년 동안의 통치기간 동안 대통령의 말과 글은 서울 근처 몇 군데만을 바꿔놓은 것은 아니다. 대한민국 전체의 모습을 새롭게 창조했고, 우리 민족 역사의 방향을 바꾸어 놓았으며, 세계사 흐름에도 영향을 미쳤다. 그 시대 대통령의 말과 행동은 한국 현대사에서 가장 역동적이고 생산적이었던 시대에 열심히 일한 우리 국민의 말이었고 행동이었다.

　박정희 대통령의 말과 글들은 대통령이 추진한 국가정책과 함께 그의 시대에 이 나라의 정치·경제·사회·문화 등 모든 분야에서 이루어진 발전과 변화의 경로를 밝혀 주고 있다. 국가정책은 우리나라가 놓여 있는 특수한 상황에서 우리 국민들이 가장 먼저 풀어야 할 국가적 과제를 위해 대통령에 의해 결정되고 추진되었다. 따라서 국가정책을 올바로 이해하고 평가하기 위해서는 그것이 결정되고 추진된 그 무렵 특수상황을 정확하게 숙지하고 있어야 한다. 그래야만 국민들이 가장 시급히 해결해야 할 국가적 과제가 무엇이었고, 그 과제를 해결하기 위해 어떤 정책이 필요했던 가를 올바로 이해할 수 있다.

정책을 결정할 무렵에 우리가 직면해 있던 국내외 상황을 잘 검토해 보면 대통령이 왜 그 상황에서 그 정책을 결정했는지를 이해할 수 있을 것이다. 예컨대, 대통령은 왜 5·16군사혁명을 일으켰는가? 왜 공업화에 국운을 걸었는가? 왜 대국토종합개발과 경부고속도로 건설을 추진했는가? 왜 향토예비군을 창설했으며 방위산업 육성을 서둘렀는가? 왜 주한미군 철수를 반대했는가? 왜 새마을운동을 전개했는가? 왜 남북한 간의 체제경쟁을 제의했는가? 왜 국가비상사태를 선언했는가? 왜 남북대화를 시작했는가? 왜 중화학공업과 과학기술혁신, 농촌근대화와 수출증대에 총력을 기울였는가? 왜 10월유신을 단행했는가? 왜 생명의 위험을 무릅쓰고 핵무기개발을 강행했는가? 등의 의문에 대한 올바른 해답을 얻으려면 그런 정책들이 결정된 그 무렵의 국내외 상황을 정확하게 알고 있어야 한다.

이 정책들은 우리 민족사의 진로를 바꾼 발전전략의 핵심사업들이었으며, 또한 대통령의 통치기간 내내 야당이 반정부 극한투쟁의 쟁점으로 삼았던 정책들이었다. 이런 정책들은 대통령이 그 정책들을 결정할 무렵의 국내외 상황에 정통해야만 올바로 이해될 수 있는 것이다. 정책 결정 때 상황을 정확하게 알고 있지 못한 사람들로서는 왜 그런 정책이 필요했으며, 또 불가피했는지를 이해하기가 어렵다. 시간의 흐름에 따라 어떤 정책이 어떻게 바뀌었으며, 새로운 정책은 어떤 시대적 연관성 속에서 결정되었는가를 올바로 파악하기 위해서는 그 시대 상황의 특수성에 대해 올바로 알고 있어야 한다.

　루소는 《에밀》 제2권에서 역사적 사실에 대해 이렇게 말했다. '역사 서술은 결코 우리에게 현실의 여러 가지 사실들을 충실히 모사(模寫)해주지 않는다. 현실의 사실들은 역사를 서술하는 사람의 머리 속에서 그 형태를 바꾸고, 그의 관심에 맞도록 변화하며, 그의 선입견에 의해서 특수한 색채를 띠게 된다. 발생 무렵 사건의 모습을 관찰하기 위해, 그 무대가 되는 장소에 정확히 다시 가 볼 수 있게 하는 기술에 도대체 누가 정통할 수 있겠는가?

　박정희 대통령이 추진한 국가정책은 그것이 결정된 무렵의 상황에서 정통하지 못한 사람들에 의해서 올바로 이해되지 못하고, 그들의 선입견에 의해서 또는 그들의 관심과 목적에 맞도록 황당하게 왜곡되었다. 대통령이 정책을 결정할 무렵의 상황에 가장 정통한 사람은 말할 것도 없이 대통령 자신이다. 그러나 통탄스럽게도 80년도 초에 은퇴 예정으로 자서전을 집필하기 위해 기본자료를 수집하고 정리하던 중에 작고했다.

　박정희 대통령 말고도 그 무렵 상황에 정통한 사람들은 대통령 비서실과 특별보좌관실, 행정부 장차관, 국책연구기관, 여당간부 등 대통령의 정책결정에 직간접적으로 참여했거나 자문에 응한 사람 등 많이 있다. 그러나 이런 사람들이 그때 상황에 대해 알고 있는 것은 아주 일부분에 지나지 않는다. 왜냐하면 그 무렵 국내외 상황은 복잡하고 많은 요소로 구성되어 있어서 모든 국가정보망을 장악하고 있는 대통령 이외의 사람들은 상황의 모든 요소를 알 수 없었기 때문이다.

1963년 중반부터 1978년 말까지 거의 16년 동안 국가재건최고회의와 대통령 비서실에 근무하면서 대통령의 연설문, 저술, 공한, 각종 회의록 등을 정리하는 실무자의 한 사람으로서 나는 대통령의 정책이 결정되고 추진된 그 무렵 상황에 가장 가까운 위치에서 대통령이 추진한 정책의 전후 인과와 맥락, 그리고 정책성과 등을 기록해 두었다. 물론 대통령의 통치철학과 대통령이 추진한 국가정책과 관련된 역사적 사실들 가운데 내가 기록해 둔 것은 부분적인 것이다. 그러나 부분적인 사실이나마 기록으로 남겨둔다면 후세 역사가들의 연구에 다소나마 보탬이 되지 않을까. 또 내가 알고 있는 부분적인 역사적 사실들이 다른 분들이 알고 있는 부분적인 역사적 사실들과 종합적으로 연구된다면 대통령의 정치사상과 국가정책에 대해 보다 폭넓고 깊이 있게, 그리고 보다 자세하고 정확하게 이해하는 데 하나의 길잡이가 되지 않을까 생각했다.

　　박정희 대통령은 우리나라가 나아가야 할 미래의 방향과 목표에 대해 많은 지침을 남겨 놓았다. 다음 세대들은 그들 세대의 새로운 국가적 목표와 그 목표를 이룰 수 있는 새로운 실험과 창조적인 모험을 하는 과정에서 대통령의 정치사상과 국가정책, 그리고 그 지도력에서 귀중한 교훈을 얻을 수 있으리라고 믿는 마음에서, 비록 부분적이고 불완전한 내용이나마 세상에 내놓기로 했다.

　　사람들은 박정희 대통령 시대를 우리 민족사에서 획기적인 분수령을 이룬 시기라고 말한다. 한 시대를 다른 시대와 구분하는 기준을 '변화'라고 한다면 그의 시대는 분명히 역사적 전환기였다고 할 수 있다. 확실히 대통령의 시대는 비생산적인 정치적 불안과 사회적 혼란에 종언을 고하고, 정치안정과 사회질서 속에 생산과 건설의 기풍이 진작되고, 국가발전의 목표와 방향이 뚜렷하여 국민들이 희망과 자신을 가지고 분발함으로써 조국의 근대화를 이룩한 변화의 시대였다.

박정희 대통령 시대에 우리 국민들이 이 땅에서 목격한 거대한 변화의 충격은 마치 육지와 해양의 모습을 바꿔놓은 대화산의 폭발과 같이 한반도의 남반부를 전혀 '딴 세상', '다른 나라'로 완전하게 탈바꿈시켜 놓았다. 그래서 절대다수의 국민들, 그중에서도 시골 마을의 어르신들과 농민들은 천지가 개벽했다고 놀라워하고 감탄했다.

대통령이 이 나라를 통치한 1960년대와 1970년대에 과거 선진국들이 100년 또는 200년에 걸쳐 이룩한 근대화가 20년도 채 안 되는 짧은 기간에 압축되어 이루어졌다. 그것은 전 세계의 경탄을 자아내게 한 위대한 실험이었고 모험이었다. 정녕 대통령은 세계에서 가장 가난한 약소국가였던 이 나라를 세계의 경제강국 수준으로 끌어올려 놓음으로써 '기적의 나라'로 만들어 놓았다. 그리하여 우리 국민들은 선진국 국민들이 여러 세대에 걸쳐 단계적으로 겪었던 변화들을 한 세대 동안에 한꺼번에 겪었다.

우리 역사상 그토록 많은 국민들이 그토록 짧은 기간 동안에 그토록 다양한 변화를 겪은 시대는 일찍이 없었다. 그러나 대통령이 기적적인 변화를 지속시켜 나간 그 역정은 결코 순탄한 것이 아니었다. 그것은 실로 격동과 시련, 고통이 중첩된 가시밭길이었다. 대통령은 그 형극의 길을 뚫고 나와 국가건설에 몰입하여 심신을 불살랐다. 국가건설의 길은 온 국민이 함께 가는 길이었고, 이 땅에서 근대화를 태동시킨 창조적 시대로 통하는 길이었다.

  확실히 대통령은 1961년 5월 16일부터 1979년 10월 26일에 이르는 18여 년 동안 자립경제와 자주국방의 과제를 해결하기 위해 개방과 개혁 등 혁신적인 정책을 추진하여 세계인들이 감탄하는 '한강의 기적'을 이룩하였다. 그러나 대통령은 한강의 기적이란 결코 기적이 아니라고 생각했다. 그것은 대통령 자신과 우리 국민 모두가 한 덩어리가 되어 흘린 피와 땀과 눈물의 결정이라고 생각했다. 대통령과 우리 국민들이 자립경제와 자주국방 건설을 위해 피땀을 흘린 그 끈질기고 지속적인 노력의 과정은 한두 마디의 수사나 한두 줄의 단문으로 설명될 수 있는 것이 아니다. 불신과 체념, 좌절과 절망 속에서 시작되어 각성과 용기, 희망과 자신으로 이어져 마침내 우리 민족의 무한한 저력이 분출되고, 그 저력이 가난하고 힘이 없는 이 나라를 번영되고 힘이 있는 부국강병의 나라로 탈바꿈시킨 18여 년의 전 과정은 실로 끝없이 이어지는 장대한 서사시(敍事詩)라고 해도 과언이 아니다.

  나는 1979년 대통령이 서거한 직후부터 박정희 대통령이 국민들과 함께 자립경제와 자주국방건설 완성을 위해 뼈가 가루가 되고 몸이 부서지도록 최선의 노력을 다한 헌신 봉공의 18년 기록을 정리해 둔 사실그대로 30년 세월바쳐 써 나아갔다. 이제 《박정희 경제강국 굴기18년》으로 편찬하여 10권으로 역사에 남기기로 한다.

제1장 댐을 건설하고 국토를 종합개발하여 공업화 기틀을 마련해야 한다

국토 종합개발 계획은 농업과 공업을 위한 국토의 계획적 개발을 뒷받침할 기간적(基幹的)인 근대화계획이다

1966년 1월 18일, 연두기자회견에서 대통령은 국토 종합개발 계획은 농업과 공업을 위한 국토의 계획적 개발을 뒷받침하는 수자원의 종합개발, 산업도로망, 항만시설 개선 등 장기적으로 밀고 나갈 기간적인 조국근대화 계획이라고 천명했다.

"나는 무엇보다도 국토의 종합개발에 대하여 깊은 관심을 갖고 있습니다. 우리나라에서 처음으로 울산을 종합적 공업단지로 계획 조성한 바 있거니와, 앞으로 진해·비인·아산만·삼천포·여수·포항·묵호·삼척지대 등도 임해공업지대로 조성하기 위하여 일부 공사와 조사에 착수할 예정입니다.

농업과 공업을 위한 국토의 계획적 개발, 그리고 그를 뒷받침하는 수자원종합개발, 산업도로망, 항만시설 개선 등 국토 종합개발 계획은 우리가 꾸준히 장기적으로 밀고 나아갈 기간적인 조국근대화 계획인 것이며, 정부는 간단없는 그 계획의 실천과 계획보완에 힘써 나아갈 것입니다.

푸른 산, 정리된 농토, 계획된 도시, 구분된 공업단지—그 사이를 누비는 넓은 도로와 물 있는 하천, 그래서 홍수와 한해를 모르는 국토, 그것은 정녕 우리의 국토 종합개발 계획의 궁극적인 목표인 것이며, 조국근대화의 집약된 모습이라 아니할 수 없습니다."

전력, 시멘트, 비료, 석탄 등 기간산업 분야에서 상당한 개발성과가 나타나고 있다

1964년 8월 20일, 부산 감천화력발전소 준공식에서 대통령은 그 동안 전력이 부족했던 이 나라에 전력이 남아돌아가게 되었다는 사실을 경축했다.

대통령은 먼저 지난 3년 동안의 전원개발 실적을 설명했다.

"오늘 한국전력 부산 감천화력발전소가 뜻깊은 준공을 보게 된 것을 나는 여러분과 함께 충심으로 기쁘게 생각합니다.

지금 우리에게는 상당히 어려운 문제들이 적지 않은 바이나 오늘의 준공식과 같은 꾸준한 '재건의 모습'은 우리의 앞날에 밝은 희망과 자신을 기약해 주는 또 하나의 계기가 될 것을 믿어 의심치 않습니다. 이 뜻깊은 모임에서 우리는 온 국민과 함께 이 기쁨을 나누고 또 경제건설을 위한 줄기찬 정진을 거듭 다짐하고자 하는 바입니다.

이제 돌이켜 보건대 해방 후 오늘에 이르도록 아직도 우리가 경제자립의 터전을 마련하지 못한 채 빈곤과 후진에서 완전히 벗어나지 못하고 있는 것은 그 동안의 정치적 사회적 혼란으로부터 경제발전을 저해해 온 여러 가지 원인을 찾을 수도 있겠으나 무엇보다도 큰 원인은 역대 정권들이 동력개발에 있어서 너무도 무위무능했기 때문에 산업의 정상적인 성장과 발전이 불가능했다는 점을 지적하지 않을 수 없는 것입니다.

이와 같은 사실은 휴전 이후 8년간 구정권하에서 이루어진 전원개발 실적이 고작 12만 8000kW에 불과하며 해방 이래로 고질화되었던 전력기근(電力饑饉)의 악순환을 도저히 극복하지 못했다는 것으로도 여실히 실증되는 것이라 하겠습니다.

강물이 깊으면
물이 조용하다.
병오년 새아침   박정희

5·16과 더불어 혁명정부는 '동력' 개발의 필요성을 절실히 통감한 나머지 여러 가지 착잡하고 어려운 내외여건을 무릅쓰고 전원개발 사업에 중점적인 노력을 경주해 왔으며 그 결과 지난 3년 동안 약 26만 kW 발전시설을 건설함으로써 종래보다는 배(倍) 이상의 발전량을 확보하여 다년간의 숙제이던 전력난을 완전히 해결하였음은 물론, 오히려 상당한 발전력의 여유를 가지기에 이른 것입니다.

뿐만 아니라 5개년계획에 따라 건설 중인 발전시설들이 모두가 순조로운 공사 진척상을 보이고 있으므로 앞으로 2년 후에는 도합 87만 kW의 발전설비를 확보하여 산업건설을 더욱 촉진할 수 있는 뚜렷한 전망이 서게 된 것입니다.

우리나라의 전력사업이 이와 같이 괄목할 만한 발전을 보게 된 것은 우리 정부의 의욕적인 계획에 대하여 미국정부와 AID 당국 그리고 '유솜' 관계관이 보여준 전폭적인 이해와 지원이 그 바탕이 되었으며 또한 여러 가지 불편과 곤경을 참고 정부시책에 적극 협조한 국민 여러분의 힘이 지대한 바 있으므로 이 기회에 충심으로 감사의 뜻을 표하는 바입니다. 그리고 이와 아울러 그간 전원개발에 헌신해 온 한

국전력 사원 여러분들의 노고를 높이 치하해 마지않습니다.”

　대통령은 이어서 산업발전을 선도할 수 있는 전력개발을 위해 가일층의 분발과 희생적인 노력이 절실하다는 점을 강조했다.

　“이제 전원개발은 일단 성공적인 단계에 접어들게 되었으나 산업전반에 걸친 우리의 과업은 아직도 가일층의 분발과 희생과 그리고 피땀어린 노력을 절실히 요구하고 있습니다.

　전력 이외에 양회·비료·석탄 등의 기간산업 부문에서도 상당한 건설 실적이 나타나고 있으므로 공업화를 통한 경제자립의 길은 점차로 밝고 고무적인 전망을 나타내기 시작했습니다

　이 경제건설의 다시 없는 전진의 계기를 놓치지 말고 우리는 보다 굳은 결심과 불굴의 의지로써 꾸준히 생산과 건설을 서둘러 나아가야 하겠습니다.

　특히 산업의 원동력인 전력증강을 위한 노력은 무엇보다도 우선하여, 항상 산업발전을 선도할 수 있도록 강력히 추진하여 나아가야 하겠습니다.

　지난 3년 동안 우리가 거둔 성공을 바탕으로 하여 앞으로는 농촌 전화에도 획기적인 시책을 강구해야 하겠으며, 전력을 이용한 농촌 부업의 장려와 수공업의 진흥은 물론 어느 농가에서나 밝은 전깃불 밑에서 하루의 피곤을 풀고 또 내일의 설계를 세울 수 있는 새로운 농촌의 모습을 볼 수 있도록 꾸준히 진력해 줄 것을 기대하는 바입니다.

　전력이 부족하던 나라에서 전력이 남아돌아가게 된다는 근간의 고무적인 사실은 확실히 우리도 노력만 하면 반드시 잘살 수 있고 또 부강한 나라를 만들 수 있다는 것을 뚜렷이 입증하고도 남음이 있다고 나는 확신하는 바입니다. 오직 자신과 용기를 가지고 힘차게

해방 후 최대 공사인 춘천 댐 준공(1965. 2. 10)

일해 나갈 것을 여러분과 함께 굳게 다짐하는 바입니다.

오늘의 준공식을 계기로 이 발전소가 생산하는 무한의 '동력'이 공장을 돌리고 증산에 박차를 가하고 또 새로운 여러 건설을 촉진하게 될 것을 기원하면서, 끝으로 이 발전소 건설공사에 참여했던 한·미 두 나라 기술진 여러분의 노고를 거듭 치하하는 바입니다."

댐을 건설하고 국토를 종합개발하여 공업화 기틀을 마련해야 한다

1965년 2월 10일, 강원도 춘성군의 북한강 계곡에 웅대한 모습을 드러낸 춘천 댐의 준공식이 거행되었다.

대통령은 이날의 준공식에서 그 동안 전력부족으로 허덕이던 우리가 우리 힘으로 불과 수년 내에 전력부족을 충족시킬 수 있게 되었다고 대단히 기뻐하면서, 댐을 건설하고 국토를 종합개발하여 공업화의 기틀을 마련해야 한다는 점을 역설했다.

"오늘 우리들은 이곳 춘성군 내 북한강 협곡에 웅대한 댐을 건설하여 그 뜻깊은 준공을 보게 되었습니다.

규모로 보더라도 시설용량 5만 7,600kW, 연간 1억 4,500만 kW 전력을 공급할 수 있는 큰 댐과 발전시설이고, 또 5개년 경제개발 계획 중 가장 의욕적인 사업이 완공을 보았다는 점에서, 나는 온 국민과 더불어 이 의미 깊은 순간을 경축하고자 하는 바입니다. 실로 우리나라의 건설과 전원개발에 있어서 이처럼 대견스러운 성과를 올리게 된 것을 무한한 기쁨으로 생각해 마지않습니다.

이 댐은 해방 후 최대의 공사로써 내외자를 합하면 무려 27억원에 가까운 투자가 이루어졌고, 42개월이란 긴 건설기간에다가 홍수로 인한 피해, 또 이에 따른 피해복구, 그리고 위험한 공사를 강행한 데서 온 인명의 희생 등 많은 난관이 있었던 것으로 나는 알고 있습니다.

그러나 건설당국이나 시공담당자 여러분이 이를 극복하고 이와 같이 큰 공사를 성공적으로 끝마쳐 준 데 대해서, 심심한 감사와 치하를 드리는 바입니다. 특히 이 공사가 대부분 우리 기술진 손으로, 또 최대한의 국산자재로써 완성되었고, 건설부를 비롯하여 군과 정부 각 부처 간에 긴밀한 협조하에 추진된 대규모 건설사업이었음을 생각할 때, 이 완공된 댐은 우리의 향상된 기술과 꾸준한 건설의욕을 입증하는 것이라 하겠습니다. 앞으로의 건설에 많은 교훈과 도움을 줄 것으로 믿어 의심치 않습니다.

이 춘천 댐에 이어서 신규 영월화력발전소와 섬진강수력발전소가 각각 연내에 준공된다면 설비용량 76만 kW를 확보하여, 예비출력 10만 kW를 보유하고도 62만 kW 출력을 갖게 됨으로써, 현재의 최대 전력수요량 60만 kW를 훨씬 넘어서 약 2만 kW가 초과될 것으로 예상할 수가 있는 것입니다. 이렇게 볼 때 우리의 전원개발은 일단 성공한 것으로 볼 수 있으며, 장차 경제건설에 소요되는 동력수요에도 크게 기여할 것으로 기대되는 것입니다.

전력부족에 허덕이던 우리가 우리의 힘으로 불과 수년 내에 전력수요를 충족시킬 수 있게 된 오늘의 보람을 거울삼는다면, 이제 우리는 전력을 비롯한 기간산업은 물론, 수출·증산에 있어서도 더욱 힘을 기울여 나가야 하겠습니다.

보다 많은 댐을 건설하고 국토를 종합개발하여 공업화의 기틀을 마련함으로써 하루속히 번영의 길로 들어서야 하겠다는 것입니다.

특히 건설에 관한 한, 이번 공사가 대부분 우리 기술진에 의해 완공되었으니만큼 앞으로의 여러 건설사업에 있어서도 그간의 경험을 되살려서 자신 있게 공사를 추진해 줄 것을 바라 마지않습니다.

이제 이 댐이 준공됨으로써 한강하류에 있는 청평발전소의 발전량도 조절할 수 있고 또 한강유역의 치수·이수(利水)면에서도 큰 효과를 가져 오리라고 믿습니다. 아무쪼록 이 사업이 기점이 되어서 비단 전원개발뿐만 아니라, 미국의 TVA(테네시 계곡개발공사)와 같이 한강유역에 대한 종합개발을 기약하는 뜻깊은 계기가 마련될 것을 바라는 마음 간절합니다.

끝으로 이 공사에 적극적인 성원과 협조를 아끼지 않았던 외원(外援) 당국 및 미 기술진 여러분 그리고 이 지방주민 여러분에게 심심한 사의를 표하는 바이며, 건설관계관 여러분의 건투를 비는 바입니다.”

제2영월화력발전소 준공은 산업건설과 전원개발에 있어서 또 하나의 개가다

1965년 9월 15일, 제2영월화력발전소 준공식에서 대통령은 전원재발 5개년계획에서 가장 의욕적인 사업의 하나인 이 발전소가 완공된 것은 우리의 산업건설과 전원개발에 있어서 또 하나의 개가라고 평가했다.

"오늘 우리는 제2영월화력발전소의 뜻깊은 준공을 보게 되었습니다. 규모로 보더라도 이 발전소는 설비용량 10만 kW로서 우리나라 총 발전량의 22%를 공급할 수 있는 큰 발전시설이고, 또 전원개발 5개년계획에서도 가장 의욕적인 사업의 하나인 이 발전소가 완공된 것은 우리의 산업건설과 전원개발에 있어 또 하나의 개가를 올린 것입니다.

여러분이 아시다시피 이 발전소는 총 공사비 41억 2,841만 원을 들여 46개월이라고 하는 긴 건설기간에 한독 양국의 기술협조로 이루어진 것이며, 지난 2월 10일에 준공을 보았던 춘천수력발전소와 더불어 우리는 금년에 가장 큰 규모의 발전 시설들을 건설하게 된 것입니다.

나는 오늘의 이 뜻깊은 자리를 빌려 이처럼 큰 공사를 성공적으로 완성시킨 한국전력과 시공담당자 여러분과 그리고 서독기술진 여러분들의 노고에 대해 심심한 사의와 치하의 뜻을 표하고자 합니다.

특히 이 공사가 발전기 2대를 비롯한 중요기기와 그 기기를 설치하기 위한 기술적인 협조를 서독에서 얻어 온 것을 제외한다면, 대부분이 우리의 국산자재를 이용하여 우리 기술진의 손으로 이루어지게 되었다는 점에서, 이는 우리의 향상된 기술과 중단없는 건설업적을 입증한 것이라 하겠습니다.

이제 이 영월발전소에 이어 섬진강수력발전소가 연내에 준공된다면, 우리나라의 발전설비는 76만 9,000kW를 확보할 수 있게 될 것이며, 현재 최대 전력수요량인 60만 kW를 충족하고도 남음이 있을 것입니다.

이것을 달리 말씀드린다면, 61년도에는 37만 kW에 불과했던 발전

제2영월화력발전소 준공(1965. 9. 15)

설비가 4년 후인 오늘날에 와서는 76만 kW로 확충되었다는 사실과 또 휴전 후 8년이라는 긴 세월을 두고 이루어진 전원개발 실적이 고작 12만 8,000kW에 불과하였음에 비하여, 지난 4년이라는 짧은 기간 내에 새로 건설된 발전설비는 무려 39만 3,000kW에 달하고 있다는 고무적인 사실을 보여 주고 있는 것입니다."

대통령은 이어서 우리가 증산, 건설, 수출을 많이 해서 근대화작업을 완수하려면 정국안정과 사회질서가 유지되어야 한다는 점을 강조했다.

"이와 같은 비약적인 발전상은 비단 전력 부분에서뿐 아니라 석탄·시멘트·비료 등 모든 기간산업 분야에서 공통적으로 나타나고 있는 것입니다.

그러나 생산과 건설에 있어서 지난 10여 년을 두고도 이룩하지 못했던 발전을 불과 3~4년이라는 단시일 내에 성취할 수 있었던 것은 결코 아무런 노력이나 희생의 지불 없이 저절로 이루어진 것은 아닙니다.

이러한 발전과 전진은 우리도 자력으로써 자립하여 남과 같이 잘 살 수 있는 국민이 되겠다는 꿈과 용기를 가지고 부단히 향상의 노력을 경주한 결과인 것입니다.

그것은 또한 안정과 질서의 바탕 위에 인내와 근면의 씨를 뿌린 결과로 얻어진 값진 결실입니다.

따라서 우리가 보다 많이 건설하고 보다 많이 생산하고 또 보다 많이 수출하여, 조국근대화작업을 성공적으로 완수하려면, 무엇보다도 정국의 안정과 사회질서가 유지되어야 한다 함은 재론의 여지가 없는 것입니다.

그늘졌던 불운한 과거 역사만을 들추어 한탄하거나, 또는 현실의 어두운 면만을 꼬집어 내어 이것 저것 다 틀려먹었다고 헐뜯기만 하는 곳에서는 건설이 있을 수 없다는 것입니다.

사회발전이나 국가의 중흥은 정국이 안정되고 사회질서가 확립된 바탕 위에서만이 가능한 것입니다."

대통령은 이어서 우리 민족의 지상과제인 조국근대화와 승공통일을 이룩하려면 우리 사회의 모든 구성원이 자기의 직분에 충실해야 한다는 점을 역설했다.

"조국의 근대화와 승공통일이 우리 민족의 지상과제라면, 지금 우리에게 요청되는 것은 무엇이겠습니까? 그것은 사회의 모든 구성원이 자기가 처한 위치에서 자기의 직분에 충실하는 것 이외에 아무 것도 아닌 것입니다. 정치인은 정치인대로, 학생은 학생대로, 또 공무원은 공무원대로, 기업인은 기업인대로, 자기임무와 직분에 충실하는 그것이 바로 애국하는 길이요, 구국하는 길이라고 나는 생각합니다.

이렇게 생각할 때, 남들처럼 애국을 말하지 않으면서도 이 깊은 산중에서 오직 건설에 전념하여 오늘날 이처럼 훌륭한 발전소를 완성해 놓은 여러분들이야 말로 진정한 애국자가 아닐 수 없습니다.

우리는 이제 여러분의 피어린 노력의 대가로 풍부한 전력을 마음껏 쓸 수 있게 되었습니다.

그러나 전원개발은 앞으로 쉴새 없이 추진해야 하는 '계속사업'이라는 것을 잊어서는 안 될 것입니다.

산업발전, 특히 전력을 기간으로 하는 기계공업과 제조업 그리고 화학공업의 발전과 농어촌 전화를 위해서는 더 많은 전력의 수요가 예상되기 때문입니다. 여러분의 가일층 분발과 결행이 있을 것을 당부하는 바입니다.

끝으로 그동안 이 발전소 건설에 많은 공로를 남긴 한독 양국 기술진 여러분의 노고에 대해 거듭 심심한 치하와 감사의 뜻을 표하는 바입니다."

국도포장공사는 한·미 양국이 힘을 모으고 국군장병이 국토개발에 나서서 이룩된 결실이다

1965년 9월 22일, 천안·유성 간의 도로포장 준공 및 대전·영동 간의 도로포장 기공식이 있었다. 대통령은 이날 행사에서 국도포장 계획에 대해 설명했다.

"오늘 천안~유성 간의 도로포장공사 준공식과 더불어 대전~영동 간의 도로포장 기공식을 겸하는 이 뜻깊은 자리에서, 나는 날로 발전하는 이 나라의 모습을 가슴 속에 그려보며 흐뭇한 기쁨을 금치 못하는 바입니다.

오늘 준공을 보게 된 천안~유성 간의 도로포장공사나 또 이 자리에서 새로이 기공하게 된 대전~영동 간의 도로포장공사는 두 가지 모두가 수도 서울과 국토의 남단 관문인 부산을 연결하는 국도 512km를 완전히 아스팔트로 포장하려는 큰 계획의 일부인 것입니다. 오늘 우리가 천안~유성 간의 60km 국도와 포장공사를 준공함으로써 서울~부산 간의 국도포장은 322km를 완성시켜 총계획 512km 중 63%의 실적을 올린 셈이며, 또한 오늘 기공하는 대전~영동 간의 52km를 완성하는 날에는 73%의 실적을 올리게 될 것입니다.

나는 여기서 도로의 발달이 국가사회의 발전에 막중한 비중을 차지하고 있다는 점을 상기하면서, 우리가 이와 같이 거대한 사업을 하나하나 완성해 나가는 것은 바로 조국근대화에 한 걸음 한 걸음 다가서는 약진의 모습이라고 확신합니다.

준공과 동시에 새로이 기공함으로써 계획목표를 향해 착착 추진하고 있는 이러한 전진자세는 한 가지 한 가지를 매듭지어 가는 우리의 경제건설 실적과 더불어 나날이 변모해 가는 이 나라 이 사회의 발전상을 가장 잘 입증해 주고 있으며, 또한 정부와 국민의 의욕을 증명하고 있는 것입니다.

이것은 바로 정부와 국민이 힘을 모아 밀고 나가면, 머지않아 우리도 남부럽지 않게 잘사는 나라를 만들 수 있다는 산 교훈이며 값비싼 채찍인 것입니다.

아시다시피 이 도로포장공사는 한미 양국의 합동사업으로 이루어지고 있는 것이며, 따라서 이 사업은 국토개발면에서뿐 아니라 한미 간의 전통적인 우의를 재확인한 것으로도 그 의의는 큰 것입니다.

천안~유성 간의 포장공사는 우리 건설부가 소요예산을 지출하고 우리 국군이 병력동원을 비롯한 현장시공을 맡아 하였으며, 미8군에서 합동도로위원회를 주관하는 한편 유솜이 소요자재를 지원함으로써 내자 4,230만 원과 외자 2,300만 원을 들여 3개년에 걸쳐 준공을 본 것입니다.

또한 대전~영동 간의 포장공사도 건설부·국방부·미8군 및 유솜간에 서명된 지난 2월 3일자 '대전~영동 간 도로개량 및 포장에 관한 협의각서'에 의거해서 오늘 기공을 본 것이며, 원화 약 4,000만 원과 외화 23만 3,000달러 공사비로 한 것입니다. 이와 같이 이 공사는 한미 양국이 힘을 합치고, 우리 국군이 직접 국토개발에 나서서 이룩한 보람찬 결실인 것입니다.

나는 이 자리를 빌려, 그동안 많은 애로와 난관을 극복하고 오늘의 결실을 만든 한미 양국 관계자 여러분에게 뜨거운 사의와 치하의 뜻을 표하는 동시에, 계속 수고를 맡아 주실 여러분에게도 앞으로의 정진을 당부하는 바입니다."

대통령은 이어서 우리가 빈곤과 후진을 숙명처럼 여기던 때는 이미 종말을 고했다고 선언했다.

"빈곤과 후진이 숙명처럼 여겨지던 때는 우리에게서 몇 년 전에 종말을 고했습니다. 나는 오늘 이 자리에서, 정부가 소신껏 일해 나가고 국민들이 뒷받침해 준다면, 불원 자립하고 근대화된 조국을 건설할 수 있다는 자신을 다시 한번 확인하였습니다. 누가 무어라고 헐뜯어도 이 나라의 발전상은 구석구석에서 눈에 띄게 나타나고 있는 것입니다.

정부가 내세우는 생산과 건설이 헛된 구호에 그치지 않고 있다는 것은 하나하나의 성취된 실적으로 증명되고 있으며, 우리는 오늘 이 자리에서도 눈으로 보고 있습니다. 인내하며 묵묵히 일한 보람은 한 개 한 개 결실을 맺고 있는 것입니다.

우리나라도 이제 크나큰 정유공장에서 기름을 만들고 있고 비료 공장을 세워 자급자족의 날을 바라보며, 시멘트공장은 또한 남아돌 아갈 만큼 생산을 하고 있고, 전원개발에서도 괄목할 발전을 한 것이 사실입니다.

그리고 동진강 간척사업을 비롯한 전남지구 및 김해 등 수리간척사업이 성공리에 진행되고 있을 뿐 아니라, 공업지구 조성을 위한 울산공업센터 건설사업도 활발히 추진되고 있습니다.

이와 같은 것은 대표적인 예이거니와, 눈에 보이지 않는 가운데이 땅의 곳곳마다 건설의 기운은 솟구치고 있으며, 약진하는 모습은 눈부신 바가 있는 것입니다.

우리가 흔히 말하는 라인 강의 기적도 독일국민의 피땀어린 노력과 결정에 지나지 않는 것입니다.

우리도 땀 흘려 일하고 노력하면 못 이룰 것은 아무 것도 없습니다. 또 지금 우리 스스로가 그것을 증명해 나가는 과정에 있습니다.

우리 역사상 오늘처럼 희망적인 때는 없었음을 명심하고, 다시없는 이 기회를 잡아 우리 모두가 일해야 하겠다는 결의를 새로이 가다듬는 이것이 바로 오늘의 의의를 살리는 길입니다.

끝으로 우리가 힘을 합쳐 전진한다면 멀지 않아 잘살 수 있다는 것을 거듭 강조하면서, 오늘의 이 자리가 전진의 새 계기가 될 것을 다짐합니다.”

서울~춘천 간 국도포장으로 자동차 거리가 90분 단축되고 국방과 산업발전이 촉진되게 되었다

1965년 12월 3일, 서울~춘천 간 도로포장공사 준공식이 있었다. 대통령은 이날 행사에서 도로의 발달은 산업 발전과 불가분의 관계에 있음을 지적하고 국도포장공사의 추진 상황에 대해 설명했다.

"오늘 서울~춘천 간의 도로포장공사 준공식을 가지게 된 것을 나는 충심으로 기쁘게 생각하는 바입니다.

원래 도로의 발달은 그 나라 문명의 척도인 것이며, 모든 산업이 도로망과 불가분한 관계에 있다는 것은 재론의 여지가 없는 것입니다.

우리가 지금 국력을 총동원하여 추진하고 있는 조국근대화작업도 이와 같은 사회간접자본의 개발 없이 소기의 목적을 달성할 수 없다는 것은 너무나 명백한 일입니다.

우리는 최근 수년 동안에 생산과 건설과 수출면에서 괄목할 만한 발전을 거듭해 왔거니와, 이 모든 것을 뒷받침해 주는 교통, 통신, 해운, 철도 등 사회간접자본의 개발에 있어서도 다대한 성과를 올리고 있습니다.

특히 도로포장에 있어서는 불과 4~5년 전인 1960년도만 하더라도 총 국도연장 5899km의 12%인 720km밖에 포장되어 있지 못했던 것이 현재에는 약 300km를 더 포장하여 전체의 17%인 1025km에 달하는 근대식 도로가 형성되고 있는 것입니다.

지난 9월에 준공을 본 천안~유성 간 도로포장을 비롯하여 불원(不遠) 준공될 대전~영동 간 국도포장공사를 추진하는 등, 정부는 이 부면에 부단한 노력을 기울이고 있습니다만, 이럴수록 전국의 도로를 하루 빨리 아스팔트로 포장하여 산업발전에는 물론, 국민생활의 향상에 기여하겠다는 우리의 결의를 더욱 새로이 해야 할 것입니다.

오늘 준공을 본 이 국도포장은 서울~춘천 간의 자동차 거리를 90분이나 단축시킴으로써 도로교통의 편의를 도모하고, 국방은 물론 국가의 산업발전 특히 많은 부면(部面)의 개발을 기다리고 있는 강원도 지역의 발전에 지대한 공헌을 하게 되었다는 점에 그 의의가 있는 것입니다.

뿐만 아니라 이 공사가 건설부와 국방부, 그리고 미8군과 유솜 당국의 긴밀한 협조로 이루어짐으로써 한미 양국의 전통적인 우의와 친선을 더욱 돈독히 하는 계기를 마련하였다는 것에 또 하나의 큰 의의를 찾을 수 있는 것입니다.

나는 오늘의 이 뜻깊은 자리를 빌려 3년이라는 장기간에 걸쳐 많은 난관을 극복하면서 오늘의 결실을 맺게 한 한미관계자 여러분에게 심심한 사의를 표하는 동시에 1107야전공병단 장병 여러분의 노고를 높이 치하하고자 합니다.

우리는 국가의 발전과 민족의 장래를 위해 오늘처럼 희망적이고 고무적인 때를 역사상 일찍이 가져본 적이 없었습니다.

자립경제 달성을 위한 국민의 의욕과 조국근대화를 위한 우리의 노력은 지금 전국 방방곡곡에서 알찬 열매를 맺어가고 있는 것입니다.

이달 20일경에는 대표적인 다목적 댐의 하나인 섬진강 댐이 4년이라는 긴 세월의 노력 끝에 성공적인 준공을 보게 될 것이며, 또한 정유공장을 비롯한 제3, 제4비료공장 건설과 농지확장을 위한 동진강·김해·전남의 대규모 간척사업 등 우리가 추진하고 있는 계획사업은 한두 가지가 아닌 것입니다.

정부가 계획하여 강력히 추진하고 있는 증산과 수출과 건설은 이처럼 소기의 성과를 거두어가고 있거니와, 우리는 이러한 때일수록 휴식하거나 자만함이 없이 더 큰 용기와 인내력을 발휘하여 오직 전진을 거듭해 나아가야 하겠습니다."

동력과 시설 현대화를 통해 철도 근대화를 이룩해야 한다

1965년 12월 7일, 진삼선(晋三線) 개통식에서 대통령은 우리는 동력의 근대화와 시설의 현대화를 통해서 철도의 근대화를 하루속히 이룩해야 한다는 점을 역설했다.

"오늘 우리의 오랜 숙망이던 진삼선이 드디어 준공되어 그 개통식을 가지게 된 것을 나는 충심으로 기쁘게 생각하는 바입니다.

어느 나라 어느 시대를 막론하고, 철도가 산업발전의 동맥이요 국력증강의 원동력이라 함은 재론의 여지가 없거니와, 특히 생산과 건설로써 경제적 자립을 하루속히 성취하려는 우리의 경우, 철도의 발전은 그 무엇보다도 시급한 과제가 아닐 수 없는 것입니다.

돌이켜볼 때 우리나라 철도는 민족의 수난과 더불어 온갖 시련과 고난의 역경 속에서 성장해 왔습니다. 지금으로부터 66년 전 외국인에 의해 처음으로 개설되었던 우리 철도는 장기간에 걸친 식민통치하에서 정상적인 발전을 보지 못하였고, 또한 해방 이후에는 6·25전쟁으로 말미암아 그나마도 파괴되었거나 노후화되어, 극도로 피폐된 상태에 놓여 있었던 것입니다.

그러나 철도 종사원들을 비롯한 모든 국민이 불굴의 투지와 용기로써 복구작업을 서둘렀을 뿐 아니라 새로운 건설공사를 계속 추진함으로써, 오늘날 우리 철도는 다른 분야에 있어서와 마찬가지로 눈부신 발전을 거듭하고 있는 것입니다.

특히 최근 3~4년 간에 우리는 동해북부선의 일부와 황지지선과 본선, 능의선, 망우선 및 경인복선 등을 완성하였고, 이미 착공된 경북선과 정선선, 경전선 및 광주선 등 200km의 주요철도 건설을 계속 추진하여 능률적인 교통체계를 확립해 나아가고 있습니다.

오늘 개통을 보는 이 진삼선은 경제개발 5개년계획에 입각한 산업철도 건설사업의 일환으로 남해의 주요항인 삼천포와 내륙의 신흥도시인 진주시를 연결하는 철도이며, 총공사비 1억 6,000만 원을 들여 20개월에 걸쳐 노력한 끝에 오늘 그 준공을 보게된 것입니다.

이 진삼선의 개통은 사천과 삼천포 간의 교통난을 해소해 주고,

육로수송의 불편을 해결해 줄 뿐 아니라 인근 도시와의 유기적인 교통수단이 되어 앞으로 이 지역의 경제적, 사회적, 문화적인 발전에 크게 기여하게 될 것입니다.

뿐만 아니라 인근 군소 도서지방의 수산자원 개발에 자극을 줌으로써, 어민들이 의욕적으로 어업에 종사할 수 있는 계기가 되어, 어업근대화의 기틀이 마련될 것을 믿어 마지않습니다.

나는 오늘의 이 뜻깊은 자리를 빌려 이 공사를 완성하기 위해 많은 애로와 난관을 극복하면서 온갖 정성과 노력을 기울여 온 관계자 여러분의 노고를 높이 치하하고자 합니다. 나는 오늘 특히 강조하고 싶은 말이 하나 있습니다. 철도의 생명은 예나 지금이나 안전하고 신속하고 그리고 정확한 수송에 있는 것이며, 따라서 우리는 동력의 근대화와 시설의 현대화를 통해서 철도의 근대화를 하루속히 이룩해야 하겠다는 것입니다.

우리가 지금 국력을 총동원하여 강력히 추진하고 있는 생산이나 건설이나 수출은 그것을 뒷받침해 주는 교통수단의 발전에 크게 좌우된다는 것을 결코 잊어서는 안 될 것입니다."

추산수력발전소 완공으로 망망동해에 근대화 기지가 구축되다

1966년 5월 3일, 울릉도 전업공사에서 지난 3년 동안 추진해 온 추산수력발전소 건설사업이 완공되어 그 준공식이 거행되었다. 대통령은 이날의 준공식에서 전력 증산을 위한 전원개발 실적과 울릉도의 종합개발에 관해 설명했다.

대통령은 먼저 62년부터 착수한 전원개발 성과에 대해 설명했다.

지난 1960년까지의 우리나라 최대발전 시설용량은 37만 kW, 최대출력 28만 9천 kW로 전력기근을 겪었다, 그러나 1차 5개년계획에서 과감한 전원개발을 추진하여 64년도에는 총전력생산량이 60만 kW에 달하여 그해 4월 1일부터 무제한 송전을 단행했다. 65년 말 현재 총발전량은 77만 kW에 달하고 있다, 그러나 경제성장으로 산업용 전기수요량이 증가하고 갈수기의 전력수요가 증가해 전력이 부족하다, 이러한 실정에서 울릉도에서 시설용량 1천 2백 kW의 수력발전으로 전력을 자급자족하게 된 것은 고무적이라는 것이다.

"동해의 고도 울릉도가 이제 종합개발의 거보를 내디디게 된 오늘, 나는 국민 여러분과 더불어 이 추산수력발전소의 완공을 충심으로 축하하는 바입니다.

먼저 3년여에 걸쳐 이 발전소 건설에 불철주야로 분발 노력하여 온 전업공사 사원 여러분의 노고를 치하해 마지않습니다.

우리 역사상 문화의 혜택이 가장 늦게 미친 울릉도가 이 수력발전소의 준공을 계기로 풍성한 동해의 수산자원 개발의 총아로서 등장하게 되었음은, 비단 울릉도민의 경사일 뿐만 아니라, 모든 국민의 기쁨이 아닐 수 없습니다.

제1차 경제개발 5개년계획을 성공리에 매듭짓게 될 금년도에, 다시 이와 같은 알찬 열매를 거두게 된 것은 비약 발전하는 조국에 또 하나의 희망찬 보람이 될 것입니다.

돌이켜보건대, 지난 1960년까지의 우리나라 최대 발전시설 용량은 37만 kW로서, 공급 최대출력은 28만 9천 kW에 불과하여 전력기근을 면치 못하였던 것입니다.

그러나 1962년부터 실시한 제1차 경제개발 5개년계획에서는 과감한 전원개발 계획을 세워 전력증산에 박차를 가한 결과, 1964년도에는 전력 총생산량이 60만 kW에 달하였던 것입니다.

드디어 1964년 4월 1일부터는 역사적인 무제한 송전을 단행하였던 것입니다. 1965년말 현재의 총발전량은 77만 kW에 달하여, 1960년도의 발전량을 2배 이상이나 능가하는 전력생산을 과시하였던 것입니다.

그럼에도 불구하고 제1차 경제개발 계획이 성숙단계에 있는 금년에는 산업용 전기수요량이 급증할 뿐만 아니라 갈수기(渴水期)의 전력수요 증가로 현재의 총발전량 77만 kW로서는 전력이 부족한 실정에 있는 것입니다.

이러한 형편 하에서 시설용량 1천 2백 kW의 발전소를 건설하여, 울릉도의 전력을 자급자족한 것이 매우 고무적인 성과라 할 것입니다."

대통령은 이어서 울릉도의 전력화로 망망한 동해에 조국근대화의 기치가 구축되었다고 말하고 동해바다 수산자원 개발에 온 도민이 총력을 기울여 줄 것을 당부했다.

"이제 이 발전소의 건립으로 울릉도에는 집집마다 전깃불이 휘황하게 빛날 것이며, 집어등과 등대에도 전기가 들어와 어민들의 밝은 길잡이가 될 것입니다. 울릉도의 전력화로 우리는 망망한 동해에 조국근대화의 기지를 구축하였습니다.

그러나 우리는 이 발전소의 건설에 만족하기에 앞서 우리 앞에 산적한 과제들을 올바르게 인식하고, 그 해결을 위한 가일층 분발을 다짐하여야 하겠습니다. 여기서 나오는 전력을 효과적으로 이용하여, 동해바다 깊숙히 간직된 수산자원 개발에 온 도민이 총력을 경주하여야 하겠다는 결의를 새로이 해야 하겠습니다.

발전소는 준공되었으나 전력을 이용할 산업시설이 완비되지 않았다면, 모처럼 이룩된 발전시설의 가치가 감소될 것이기 때문입니다.

울릉도에 발전소가 세워졌다, 공장이 건설되었다, 수산자원이 풍부하다, 판로 개척의 지리적 조건이 좋다, 그리고 도민들이 부지런하다—이 다섯 가지 조건들이 조화 있게 충족 이행된다면, 울릉도민들의 소득이 배가되어 생활수준이 향상될 것이며, 냉동어·통조림 등을 해외에 내다 팔므로써 외화획득에 다대한 기여를 할 것이라고 나는 확신하는 바입니다.

역대정권의 관심에서 소외되었던 이 울릉도가 정부의 적극적인 경제계획의 뒷받침과 도민들의 의욕적인 협조로 전진적인 개발태세를 갖추게 된 것을 나는 무엇보다도 흐뭇하게 여기면서, 정부의 '증산·수출·건설'의 3대 목표 달성에 도민들의 열성적인 기여 있기를 당부하는 바입니다. 이 추산발전소의 준공식을 계기로 해서 울릉도에 새로운 역사가 전개될 것을 나는 믿어 마지않습니다."

인천항은 제2도크 축조공사가 완공되면 국제항구 역할을 회복하게 된다

1966년 6월 1일, 인천항 제2도크 축조공사 기공식에서 대통령은 앞으로 이 공사가 완공되면 인천항은 수도 서울의 관문으로서, 경인공업지구의 관문으로서, 그리고 국제항구로서의 중요한 역할을 다시 회복하게 될 것이라고 설명했다.

"오늘 인천항 제2도크의 축조 기공식은 시민 여러분들을 위해서는 대단히 경사스러운 일의 하나입니다.

우리 인천항구는 과거에 부산항구와 마찬가지로 수도 서울의 관문이요, 또한 경인공업지구의 관문으로, 또한 국제항구로서 대단히 중요한 역할을 해 왔습니다만, 해방 이후 국토가 양단되고, 일본과의 거래가 거의 없어지고, 또한 중국본토에 중공이 등장한 날부터는 중국대륙과의 거래가 단절됨으로써 우리 인천항구는 과거보다 그 중요도가 대단히 저하되었습니다. 따라서 해방 이후 오늘날까지 우리 인천항은 쇠퇴일로를 걸어 왔다고 해도 과언이 아니겠습니다.

더군다나 도중에 1950년 6·25전쟁 이후부터는 우리 인천항은 순전히 군사목적 전용의 항구로서 일반항구로서의 그 기능을 전혀 발휘하지 못했습니다. 그러나 근년에 와서 우리나라에 산업경제가 차차 발전되고, 외국과의 무역거래가 점점 증대되고, 우리 국가의 산업규모가 나날이 커져 감에 따라서 우리 인천항의 중요도가 나날이 높아가기 시작했습니다.

　오늘날 우리나라와 외국의 무역거래라든지, 물품이 나가고 들어오고 하는 것이 거의 남해안에 있는 부산항구 하나에 전적으로 의존하다시피하고 있기 때문에 부산항 하역능력의 급격한 부족을 가져오게 된 데다가, 자연적으로 모든 화물이 경부선 하나에 의존해서 경부선 수송능력이 또한 매우 딸리게 되어, 작금에 와서는 수송난에 봉착하게 되었습니다.

　이러한 여러 가지 형편으로 말미암아, 우리 인천항을 빨리 서둘러서 개발해야 되겠다, 그렇게 함으로써 수도 서울과 경인지구에 들어오는 모든 물자가 지금까지 부산항에 의존하고 있던 것을 대폭 인천항으로 돌려야 되겠다—이러한 필요성에 의거해서 정부는 이번에 인천항 제2도크 축조 기공식을 오늘 이 자리에서 거행하게 되었습니다.

　이 공사는 조금 전에 설명한 바와 같이 약 57억 원이라는 예산을 투입해서, 앞으로 4년 내지 4년 반에 걸쳐서 공사가 시행될 것입니다. 이 공사가 완성되면 현재 인천항의 하역능력에 비해서 약 3배 이상의 하역능력을 가지게 될 것입니다.

　해방 이후 줄곧 쇠퇴일로를 걸어 왔고, 경기가 하락되어 도시발전에도 여러 가지 지장을 가져왔던 이 인천항구가 다시 그 중요성이 높아지게 되고, 또한 항만수축과 개선을 하여 여기에 많은 화물이 들어오고 나가고 함으로써 여러분들의 인천시는 머지않은 장래에 훨씬 더 좋은 도시로서 발전할 수 있는 전망이 서게 되었습니다."

대통령은 이어서 서울과 인천 간 운하건설 구상을 밝혔다.

지금 경인지구는 많은 공장이 건설되고 있는 공업지대로서, 여기에 가장 중요하고 필요한 것이 수송수단이다. 외항선이 인천도크까지 들어올 수 있는 항만시설을 해야 되겠고, 철도와 도로 등 육상수송 능력을 확장해야 되겠으며, 한강에 운하를 구축해 수상수송 능력도 증대해야 되겠다는 것이다.

"지금 정부가 생각하고 있는 구상으로서는 인천항만 축조뿐만 아니라, 한강 준설공사를 서둘러서 앞으로 물자수송을 경인철도와 도로에만 의존할 것이 아니라, 서울 인천 간의 한강을 최대한 이용해야 되겠습니다. 또한 앞으로 서울과 인천 간에 운하를 구축해서, 이것 역시 수송에 일조가 되게끔 하는 구상도 추진하고 있는 것입니다.

지금 여러분들이 아시는 바와 같이 경인지구에는 나날이 공장이 들어서고, 공업지대로서 매일매일 발전해 가고 있습니다. 여기에 필요하고 가장 중요한 것이 수송문제입니다.

항만을 개수해서 외항선이 인천도크까지 들어올 수 있도록 하는 시설을 갖추어야 되겠고, 또한 철도의 수송능력을 더욱 증가해야 되겠습니다. 도로의 폭을 더 늘려서 육상수송력을 더 확장해야 되겠고, 한강과 운하를 개척해서 역시 수송능력을 증대해야 되겠습니다. 이러한 여러 가지 계획들이 현재 추진되고 있습니다.

오늘의 이 인천항 제2도크 기공식은 정부가 구상하고 있는 이러한 모든 사업들의 하나라는 것을 여러분들이 아셔야 되겠습니다. 조금 전에 말씀드린 바와 같이, 이것은 57억 원이라는 방대한 예산이 투자되고, 근 5년간이라는 세월이 걸리는 방대한 공사이기 때문에 정부와 인천시와 또한 인천시민 여러분들이 협력하고, 이 공사를 빨리 추진해서 완공되었을 때에는 인천시민 여러분들을 위해서, 또한 인천의 발전을 위해서, 앞으로 밝고도 희망적인 전망을 내다볼 수 있다는 것을 이 자리를 빌려서 시민 여러분들에게 말씀드리고, 이 공사가 준공될 때까지 시민 여러분들의 많은 협력이 있기를 부탁해 마지않습니다."

경북선 철도가 철거된 지 30년 만에 다시 복구되다

1966년 11월 9일, 경북선 개통식에서 대통령은 우리나라의 산업이 급격히 성장함에 따라 물자와 화물의 수송량이 늘어나서 그 동안 이러한 수송수요에 대비하기 위해서 새로운 철도부설, 객차, 화차, 동차, 디젤기관차 등 철도시설과 장비를 확장하고 있으나 계속 늘어나는 수송수요를 따라가지 못해 장기적인 대책을 강구하고 있다고 말하고, 일제 때 철거되었던 이 경북선 철도가 30년만에 복구된 것은 이 지방 주민뿐만 아니라 국가적으로도 대단히 뜻깊은 일이라고 기뻐했다.

"이 지방 주민 여러분들의 오랫동안의 숙원사업의 하나였던 경북선의 복구공사가 완공되어, 오늘 그 개통식을 보게 된 것을 여러분들과 더불어 무한히 기쁘게 생각하는 바입니다.

이 철도는 방금 철도청장의 식사(式辭)에 있는 바와 마찬가지로, 일제 말엽 침략전쟁에 광분하던 일제들이 전쟁목적에 사용하기 위해서 여기 부설되어 있던 철도 레일을 전부 철거했던 것입니다. 그 때로부터 약 30년 만에 이 철도가 다시 복구되었다는 것은 이 지방 주민 여러분들뿐만 아니라, 국가적으로 보아서 대단히 의의가 깊은 일이라고 나는 생각합니다.

이 경북선은 중앙선과 경부선을 직접 연결하는 선으로, 우리나라 산업철도로서뿐만 아니라, 지역사회 간의 긴밀한 유대와 연결을 맺기 위해서도 대단히 중요하며, 우리나라 산업건설을 위해서 가장 큰 공헌을 할 수 있는 철도인 것입니다. 오늘 오후에 김천에서 기공식을 보게 되는 김삼선은 김천에서부터 진주, 삼천포를 연결하는 철도로서 이것이 완공될 때에는 우리나라의 많은 지하자원을 가지고 있는 태백산 지역과 경상남북도 및 남해안을 연결하는 가장 크고 중요한 철도가 될 것입니다.

지금 우리가 경제건설을 하는 데 있어서 여러 가지 어려운 문제들이 많지만, 현재 우리가 당면한 문제 중에서 가장 어려운 애로가 수송문제입니다. 우리나라의 수송수요가 매년 20% 내지 40%씩 급격한 증가를 보이고 있습니다.

정부에서는 이 수송수요에 대비하기 위해서 새로운 철도의 부설이라든지 객차·화차·동차·디젤기관차 등 모든 철도시설 장비에 대한 확장 강화를 서두르고 있으나, 지금 우리나라에서 해마다 늘어나는 산업생산의 증가로 말미암아 격증하는 수송수요를 미처 따르지 못하는 형편에 놓여 있는 것입니다. 요즘 경향 각지에서 말하는 소위 연탄파동 등도 결국 수송문제에 큰 원인이 있는 것입니다.

금년에 정부가 확보한 객차·화차·동차·디젤기관차만 하더라도 외국에서 차관으로 도입한 것, 대일청구권으로서 받은 것, 우리나라 자체로 제조한 것을 모두 합쳐서 근 천 량 이상이 넘지만, 이러한 수송수요를 따라 가지 못합니다. 이것은 결국 우리나라의 산업생산이 그만큼 급격히 성장해 가기 때문에 물자와 화물의 수송량이 그에 따라 늘었다는 결과를 말하는 것입니다.

다시 말씀드리자면, 이것은 우리의 하나의 즐거운 비명이라고도 할 수 있겠습니다. 그러나 이러한 문제를 우리가 시급히 해결하고, 장기적인 대책을 강구해 나가지 않으면, 우리나라에 있어서 모처럼 급격히 성장해 나가는 산업생산의 발전에 큰 위축을 가져오지나 않을까 정부는 염려하여, 그에 대한 각종 대비를 강구하고 있습니다.

이 철도공사가 지난 4년 동안 여러 가지 어려운 난관을 극복하고, 오늘 드디어 준공을 보게 된 데는 정부의 방대한 예산이 여기에 투입되었고, 또 이 공사를 직접 담당한 교통부, 철도청, 기타 관계공무원들, 또한 경상북도 도당국, 영주 군민 여러분, 이 지방주민 여러분들의 많은 협조와 노력이 있었다는 것을 잘 알고 있습니다. 여러분들의 그간의 노고에 대하여 치하하면서, 이 철도가 앞으로 이 지방의 발전뿐만 아니라, 우리나라 산업건설에 크게 이바지하도록 노력하여 줄 것을 부탁하면서 치사를 마치는 바입니다.”

김천은 앞으로 교통 요충지가 된다

1966년 11월 9일, 대통령은 오전에 영주읍에서 경북선 개통식이 끝난 후 오후에는 새로 개통된 경북선 열차로 김천에 도착하여 김삼선(金三線) 철도기공식에 참석했다.

대통령은 이날 행사에서 이 김삼선은 김천에서 삼천포 쪽으로 해마다, 한두 정거장씩 공사를 해 내려가고, 동시에 진주에서 김천으로 매년 몇 개 역씩 공사를 해서 북쪽으로 올라가 두 공사가 합쳐질 때 김천에서 삼천포에 이르는 철도가 완성된다고 말하고, 그렇게 되면 김천은 교통의 요충지가 되어 김천의 발전은 물론, 이 지역의 개발과 우리나라 산업건설에 큰 공헌을 하게 될 것이므로 이 공사가 빨리 완공될 수 있도록 이 지방주민들이 여러 가지 면에서 많이 협조해 줄 것을 당부했다.

“우리 일행은 오늘 오전에 영주읍에서 경북선 준공 개통식에 참석하고, 경북선을 따라서 방금 이 자리에 도착했습니다.

이 경북선은 일제강점기 말엽에 일본사람들이 철거했기 때문에 이 지방에 사는 주민들로 하여금 여러 가지로 불편을 느끼게 했고, 우리나라 산업발전에 많은 지장을 가져 왔던 것입니다. 오늘 이 철로가 다시 복구되었다는 것은 김천시민 여러분이나, 경북에 사는 도민 여러분들뿐만 아니라, 우리나라 전체 산업개발이나 지역사회 개발, 문화의 교류나 모든 사회발전을 위해서 커다란 의의가 있는 경사스러운 일이라고 생각합니다.

오늘 이 자리에서 또 김천에서부터 경상남도 진주를 거쳐 삼천포에 이르는 소위 김삼선의 기공식을 올리게 되었습니다.

이 철도는 조금 전에 철도청장이 설명한 바와 같이 앞으로 상당한 기간이 소요될 것입니다. 여기에 필요한 예산만 하더라도 약 90억 원이란 방대한 금액이 소요되는 것입니다.

그러나 이 철도는 우리나라의 산업개발을 위해서, 또는 경제건설을 위해서 꼭 필요한 철도입니다 따라서 정부예산이나 국가재정 형편으로 보아서 단시일에 빨리 완공되기는 어렵겠지만, 지금부터 착수해서 김천에서부터 삼천포 쪽으로 해마다 한 정거장, 두 정거장씩 공사를 해 내려갈 작정입니다. 동시에 진주서 김천으로 향하여 역시 매년 몇 개 역씩 공사를 해서 북쪽으로 올라 올 것입니다. 그리하여 앞으로 수년 뒤에 북에서 내려가는 것과 남에서 올라오는 것이 합칠 때에는 김천에서 삼천포에 이르는 철도가 완공될 것입니다.

그리하여 이 철도는 김천과 삼천포 간뿐만 아니라, 저 동해안에 있는 삼척으로부터 경북 영주를 거쳐 진주, 삼천포에 이르고, 이 때에 가서는 김삼선이 아니라 삼천포와 삼척 간을 통하는 삼삼선이 될 것입니다.

이렇게 되었을 때, 우리 김천은 가장 중심지요, 교통의 요충을 이루는 중요한 위치가 될 것입니다. 따라서 우리 김천의 발전을 위해서, 이 지역의 개발을 위해서, 크게는 우리나라의 산업경제 건설을 위해서 커다란 공헌을 하게 될 것을 우리는 믿어 마지않습니다.

이 공사가 가급적 속히 완공되어서 이 지방에 사는 여러분들의 숙원사업이 빨리 이루어지기를 바라 마지않습니다.

조금 전에 말씀드린 바와 같이 이 공사는 많은 예산이 들 뿐만 아니라, 많은 시간이 소요되는 연차적 공사입니다. 이 공사를 직접 담당하는 교통부나 철도청 관계당국은 물론이거니와 이 지방주민 여러분들이 여러 가지 면에 있어서 많이 협조해 주시면 이 공사가 그만큼 빨리 완공되리라 믿습니다.

오늘 기공식을 올리는 이 자리에서 우리는 이 철도가 빨리 완공되기를 누구보다도 갈망하는 김천시민 여러분과 더불어 공사의 조속한 준공을 기원하는 바입니다."

수송문제와 전력문제 해결대책을 강구하고 있다

1966년 12월 17일, 청와대 출입기자단과 가진 기자회견에서 대통령은 수송문제에 대한 대비책을 설명했다.

"수송문제에 대해서도 마찬가집니다. 수송이라는 것은 경제가 성장하고 팽창하면 자연적으로 그 수요가 늘기 마련인데, 요즘에 와서 보니 왜 정부가 이런 문제에 대해서 미리 대비하지 못했느냐, 하는 꾸지람을 일부에서 듣습니다. 그것도 당연한 얘기이기는 합니다. 산업의 양상이 그만큼 늘어났기 때문에 수송수요도 그만큼 는 것입니다.

거꾸로 말해서 그동안 우리가 이런 수송문제와 같은 사회간접자본 분야에 많이 투자했었다면, 그에 따라서 생산이 그만큼 줄었을 것입니다. 생산이 줄었다면 오늘날 수송부문에서 당면한 이런 애로가 오지 않았을 것입니다. 그런데 그렇지 않고 생산 분야에 우리가 많이 투자했기 때문에 생산이 늘어서 수송에 부족을 가져오게 된 것입니다. 그렇게 본다면 사람의 몸 부피가 커지니까 옷이 작아지는 이치와 마찬가지로 어떤 면으로서는 하나의 즐거운 비명이라고도 볼 수 있겠으며, 정부로서는 이에 대한 해결책으로 여러 가지 사업을 지금 추진하고 있습니다.

내년도의 석탄수송, 방카시유수송 등 복잡한 수송난관을 해결하기 위해서 대량의 증차계획이 서 있습니다. 또한 정부의 보유불(保有弗)과 대일청구권 2차년도 사용분, AID차관 등을 써서 내년까지 이러한 수송문제를 해결하기 위한 대책이 강구되고 있습니다. 숫자적으로 말씀드리자면, 첫째로 67년도에 증가될 차량이 유개차 6백 량, 무개차 1천 2백 량, 유조차 7백 량, 합해서, 2천 5백 량이 내년에 증가됩니다. 동시에 디젤기관차 62대가 내년에 확보됩니다. 둘째로, 해운방면에서는 내항선박이 3천 톤, 외항선박이 1만 1천 톤이 해운선박으로 증가됩니다. 셋째로, 유조자동차 221대가 새로 도입됩니다. 그래서 내년도의 수송계획은 이것으로 충족하다는 결론을 요즈음 국무회의에서 내리고 있는 것입니다.

동시에 정부는 내년뿐만 아니라, 내후년 68년도의 수송수요를 금년 말까지 책정해서, 그에 대한 대비를 지금부터 서둘러야 하겠다는 것도 생각하고 있습니다."

대통령은 이어서 전력문제 해결을 위한 발전소 건설현황에 대해 설명했다.

"전력문제도 마찬가집니다. 그동안 전력수요도 급격히 늘어났습니다. 지난번 〈토마스 리포트〉에 의하면 한국의 전력수요가 1년에 약 15% 가량 증가한다고 했는데, 실지로는 금년도만 하더라도 작년에 비해서 24% 내지 25%나 수요가 늘어났습니다.

전력이란 것은 다른 물자와 달라서 부족하다고 당장 외국에서 수입해 올 수도 없는 것이며, 이것을 만들자면 적어도 1~2년 시일이 걸리기 때문에, 우리가 지금 책정하고 있는 그 수요보다도 조금 앞선 계획을 세워서 대비해 나가지 않으면, 어떤 시기에 가서는 전력부족을 초래해서, 산업부문이나 기타 여러 부문에 지장이 오지 않을까 해서 이에 대한 대비를 하고 있는 것입니다.

당장 내년만 하더라도 의암수력이 완공되고, 내년 말까지 군산화력, 제주수력의 증설이 끝납니다. 화천수력 또는 가스터빈 등 이런 것들도 내년 중으로 완성될 것이니, 그렇게 되면 우선 내년과 내후년의 문제는 해결됩니다. 우리가 지금 걱정하고 있는 것은 1969년도에 가서 한국의 전력이 부족하지나 않을까 하는 것입니다. 왜 그러냐 하면, 지금 추진하고 있는 영동화력, 영남화력, 서울화력—이런 것들이 현재 계획하고 있는 대로 공사가 진척되어서 그 시기까지 완공되면 잘 해결되지만, 만약 건설공사가 늦어져서 그때까지 전력을 개발 못 하게 되면 지장이 초래됩니다. 따라서 이에 대한 비상조치로서 새로운 화력발전소를 하나 더 예비로 만들 것을 추진하고 있습니다.”

경제성장 위해 사회간접자본 확충에 특별히 노력해야 한다

1967년 1월 17일, 국회에 직접 출석하여 발표한 연두교서에서 대통령은 경제전반에 걸쳐 원활한 활동과 성장을 지원하기 위해 사회간접자본의 확충에 특별한 관심과 노력을 기울여야 한다는 점을 강조했다.

“정부는 경제전반에 걸쳐 원활한 활동과 성장의 지원을 위하여, 사회간접자본의 확충에 특별한 관심과 노력을 기울일 것입니다.

계획된 철도·도로·항만·수송·통신시설 등의 건설확충에 박차를 가하는 한편, 각종 차량의 증산을 도모하여 급증하는 수송증가에 대처할 것입니다.

군산화력을 비롯한 의암·화천·청평수력 및 가스터빈발전소를 준공 증설하여, 연내에 백만 kW 이상의 전력을 확보하여, 도시수요는 물론 농촌 전화사업의 확장에 힘쓸 것입니다.

특히 정부는 경제적·사회적 요청에 따라 과감한 연료혁명을 단행할 것이며, 유류의 대량공급, 석탄의 대단위 탄좌개발, 연료림조성 등으로 산업시설과 대도시는 유류로, 중소도시는 석탄으로, 그리고 농촌은 시목(柴木)으로 연료문제를 해결할 것이며, 대도시를 위해서는 가스공장 건설도 이를 서두를 것입니다.

정부는 국토 종합개발 계획에 따라 이미 추진 중인 공업단지 조성은 물론, 도시권의 조성개발, 수출공업단지의 지역적 분산과 그 조성, 수자원개발 등 국토개발과 그 개조에 힘쓸 것입니다."

강원도 산골 정선에 철도가 건설되다

1967년 1월 20일, 정선선 개통식에서 대통령은 우리나라에서 가장 산골이고 교통이 불편한 곳인 정선에 처음으로 철도가 건설되어 기차가 통하게 된 것을 축하하고 건설경위와 그 효과에 대해 설명했다.

"친애하는 정선군민 여러분!

여러분들 이 고장에 개벽 이래 처음으로 철도가 들어오고 기차가 통하게 된 데 대해서 우선 축하의 말씀을 드립니다. 저 서울에 사는 사람들이나 또는 경부선 연변에 사는 사람들은 강원도 정선 하면, 우리나라에서 가장 산골이고 교통이 불편한 곳이라고 이렇게 생각합니다. 지금까지는 그것이 사실이었습니다.

나는 6·25전쟁 때, 이 정선을 여러 번 통과를 했는데, 그때만 해도 여기는 아주 교통이 불편한 고장이라고 나는 그렇게 기억하고 있습니다. 이제부터는 교통이 불편하고 산골이다 하는 그런 얘기는 옛날 얘기가 되었습니다.

지금 철도청장의 치사에 있는 말과 마찬가지로, 이 정선선은 제1차 경제개발 5개년계획의 계획사업으로, 지금부터 약 4년 전에 착수해서 약 4년간이라는 기간과 약 28억이라는 방대한 예산을 들여서 오늘 개통을 보게 된 것입니다. 그동안 이 공사를 직접 계획하고 감독을 하고 시행을 한 관계당국 실무자·기술진·노무자·현지관민 여러분에 대해서 치하의 말씀을 드립니다.

　특히 이 공사는 지형이 가장 험준한 난공사지대였지만, 이 공사는 전부 우리나라 기술진으로써, 우리의 손으로써, 우리의 예산으로써, 우리의 노력으로써 완성되었다는 데 대해서는 우리는 크게 자랑을 해야 할 것입니다.

　이 철도는 금년에 계속해서 구절리 방면으로 공사가 진행될 것이며, 머지않은 장래에는 동해안에 있는 강릉까지 이 선이 연결될 것입니다. 그렇게 될 때, 교통이 불편하고 산골이라는 정선은 이제 산골이 아니라, 동해안과 서해안을 연결하는 중간지대가 될 것입니다. 정부가 이와 같이 방대한 예산을 들여서 이러한 철도공사를 하는 데는 여러 가지 목적이 있습니다.

　첫째는 이 일대가 우리나라에서 가장 풍부한 지하자원을 가진 지대라는 것입니다. 여러분들이 아시는 바와 같이, 우리 강원도는 우리나라에서 가장 풍부한 지하자원을 가지고 있습니다. 과거에 이곳이 잘 개발 안 된 이유는 교통이 불편하고, 철도가 없고, 기차가 없고, 수송수단이 부족하기 때문에 개발이 안 되었습니다. 이 점에 착안해서 정부는 여기다가 철도를 끌어넣어 이 지역에 철도가 들어감으로써 이 지역이 개발이 되고, 이 지방에 무진장으로 많은 지하자원을 개발하고, 우리나라 산업경제 부흥에 이바지할 수 있다는 견지에서, 이 공사가 시작되었고 또한 오늘날 완공된 것입니다.

　우리나라에는 지난 2, 3년 동안, 그리고 지금도 수송문제가 크게

태백산 누비는 정선선 개통 박 대통령은 치사를 통해 "이 철도는 우리의 예산, 우리의 기술, 우리의 노력으로 완성된 것"이라고 강조했다(1967. 1. 20).

논의되고 있습니다.

여러분들이 아시다시피 작년에 우리나라에서는 수송문제에 대해서, 정부나 국민들이 크게 관심을 가지게 되었고 또한 많은 논의가 있었던 것입니다. 지금 우리가 가지고 있는 철도수송면만 하더라도, 5·16 전에 비해서 배 이상의 능력으로 증가하고 있는 것입니다.

그러나 현재 수송력은 그때보다 훨씬 딸리고 부족한 것입니다. 이것은 우리나라의 산업이 그동안 그만큼 발달이 되었고, 생산이 늘고, 화물유통이 많아졌다는 것을 의미하는 것입니다.

정부의 입장에서 볼 때 대단히 큰 하나의 부담이 되지만, 또한 우리로서는 즐거운 비명이라고 하지 않을 수 없는 것입니다. 그러나 정부로서는 수송문제의 타결에 대해서 금년에 여러 가지 시책 중에서도 가장 중점적으로 그 문제를 해결하려고 여러 가지 노력을 하고 있습니다. 물론 방대한 예산이 여기에 투입될 것입니다.

오늘날 산업개발과 경제건설에 있어서 불가결의 요소가 이 수송 수단인 것입니다.

정부는 철도만 가지고 이런 모든 수송문제를 해결할 수는 없다는 데 착안을 해서 육로수송·해상수송 이러한 분야에도 여러 가지 계획을 추진하고 있는 것입니다.

머지 않은 장래에 우리나라는 지금보다도 더 많은 철도가 가설될 것이고, 도로가 더 개설될 것이고, 더 많은 선박이 증가될 것이고, 더 많은 수송량을 확대해 나갈 그런 계획입니다.

앞으로 이 지역에 매장되어 있는 무연탄·철광 기타 여러 가지 중요한 지하자원은 매년 개발되어서, 우리나라 산업에 크게 이바지할 뿐만 아니라, 이 지방주민 여러분들을 위해서도 여러 가지로 크게 기여할 것을 믿어 마지않습니다.

다시 한번 이 어려운 공사를 완공하는 데 수고하신 교통부·철도청·관계당국·관계실무자, 또 이 일을 담당한 건설업자·기술진, 또 여기에 종사한 노무자 여러분, 여러 가지 협력을 많이 해준 현지관민 여러분들의 노고와 협력에 대해서 심심한 감사의 말씀을 드립니다.”

광양지역에 처음으로 기차가 달리게 되다

1967년 2월 21일, 경전선 일부 개통식에서 대통령은 광양지역에 처음으로 기차가 들어오게 된 것을 축하하고 이 철도공사를 1년 앞당겨 완공을 서두르는 이유와 완공 후 산업 및 지역발전 효과에 대해서 설명했다.

경전선 철도가 개통되면 영호남지방을 연결할 수 있고, 곡창지대와 공업지대를 연결할 수 있으며, 남해안 일대에 광역산업단지를 만들 수 있고, 특히 앞으로 준공될 여수의 제2정유공장과 공업단지, 제3, 제4, 제5비료공장이 생산하는 물자를 수송할 수 있기 때문에

경남 밀양 삼랑진역과 전남 광주 송정리역을 잇는 경전선 개통식에 참석한 박 대통령 (1968. 2. 7)

지금 남아 있는 60㎞ 공정을 11개 구역으로 나누어 금년 말에 완전 개통이 되도록 서두르고 있다는 것이다.

"친애하는 광양군민 여러분!

여러분들 고향인 이 고장에 유사 이래 처음으로 기차가 들이오게 된 데 대해서 충심으로 축하의 말씀을 드립니다.

지금 정부가 이 경전선 공사를 예정보다도 1년 앞당겨 조기완공을 위해서 서둘고 있는 이유는 조금 전에 철도청장도 애기를 했습니다만, 여러 가지 중요한 이의가 있는 것입니다.

그 하나는, 호남지방과 경남지방을 이 철도가 개통됨으로써 하나로 연결지을 수 있다는 것과, 또 하나는 우리나라의 곡창지대인 호남지방과 공업시설이 많은 경상도지방을 이 철도로 인해서 또한 연결지을 수 있다는 점, 동시에 남해안 일대를 이 철도로 말미암아 횡

제1장 댐을 건설하고 국토를 종합개발하여 공업화 기틀을 마련해야 한다 53

적으로 이것을 연결함으로써, 남해안 일대 광역적인 그러한 하나의 산업단지를 이룩할 수 있다는 점을 들 수가 있습니다.

정부에서는 이러한 견지에서, 이 공사를 빨리 완공해야 되겠으므로 원래 예정은 내년 말까지 계획을 하고 있었으나, 교통부와 철도청의 모든 사업을 억제하고라도 여기다가 최우선권과 중점을 지향하여, 금년도만 하더라도 24억 원이라는 예산을 투입해서 현재 남아 있는 60㎞ 공정을 11개 구역으로 나누어, 지금 주야로 이 공사를 서둘고 있는 것입니다. 그리하여 이 철도는 금년 말이면 완전히 개통이 되는 것입니다.

이것이 개통이 되면 이 지방주민 여러분들을 위해서, 또 이 지역사회발전을 위해서 크게 이바지하는 것은 물론이지만, 우리나라의 산업경제 발전을 위해서 또한 커다란 기여를 할 것을 우리는 믿어 의심치 않습니다.

특히 어제 기공식을 본 여수의 제2정유공장과 공업단지, 또한 내월 중에 준공을 볼 예정으로 있는 제3, 제4, 제5비료공장, 이러한 공장들이 가동을 하게 되고 물품을 생산하고 물자를 금년부터 수송을 해야 되기 때문에, 이 철도를 빨리 완성을 해야 되는 것입니다.

그동안 이 공사를 위해 노고를 많이 한 교통부와 철도청의 관계공무원, 시공을 담당한 여러분들, 또한 현지주민 여러분들의 노고와 협조에 대해서 진심으로 감사의 말씀을 드립니다.

이 지방관민 여러분들이 적극적으로 협력을 함으로써, 이 공사는 예정대로 금년 중으로 반드시 완공될 것을 믿어 마지않습니다. 이 공사가 예정대로 완성이 되어서, 이 지방 발전을 위해 크게 공헌을 할 것을 빌면서, 나의 치사를 마칩니다.”

제2차 5개년계획 추진을 위해 새로운 전원개발에 총력을 집중하고 있다

1967년 3월 4일, 영남화력발전소 제2호기 기공식에서 대통령은 먼저 이 발전소를 건설하게 된 경위를 설명했다.

"오늘 영남화력발전소 제2호기 건설공사의 기공식을 가지게 된 것을 나는 매우 기쁘게 생각하며, 경제건설에 앞장서서 열심히 일해 오고 있는 관계자 여러분의 노고를 치하해 마지않는 바입니다.

특히 한·독 경제협력의 일환으로 건설되는 영남화력발전소가 독일연방공화국 대통령의 방한을 계기로 기공을 보게 된 것은 매우 뜻깊은 일로서, 국민과 더불어 충심으로 경하해 마지않는 바입니다.

여러분이 아시다시피 오늘 기공을 보게 되는 이 영남화력은 20만 kW의 국내 최대의 단위용량으로 건설될 뿐 아니라, 재래의 화력발전소와는 달리 중유전소식 방법을 채택하고 있는 점은 우리나라의 공업이 그 규모에 있어서나 기술면에 있어서 뚜렷하게 향상되고 있음을 보여 주는 것이라 아니할 수 없습니다.

나는 우리나라 산업이 날로 발전하는 모습에 대해서 매우 만족스럽게 여겨 마지않습니다.

아울러 이 발전소를 건설할 수 있도록 재정차관과 기술의 제공 등 우호적인 협조를 베풀어 준 독일연방공화국 정부와 국민에게 깊은 감사를 보내는 바입니다.

이미 제2차 경제개발 5개년계획은 힘찬 출발을 보고 있습니다. 우리는 우리가 잘살 수 있는 길은 오직 자립경제의 확립에 있다는 것임을 확신하고, 일찍이 시도해 보지 못했던 경제개발 장기계획을 수립한 바 있고, 이 계획의 성취를 위하여 줄기찬 인내와 노력을 다해 왔습니다.

그러한 보람으로 제1차 5개년계획은 훌륭하게 완수되어 각 분야에 걸쳐 괄목할 만한 발전을 거두었습니다.

제2차 5개년계획도 우리가 제1차 5개년계획의 성공적인 완수를 바탕으로, 온 국민이 합심하고 노력만 한다면 훌륭하게 성취하리라고 확신하며, 오늘 영남화력의 기공도 바로 이러한 우리의 소신을 더욱 굳게 해주는 것이라고 믿어 마지않는 바입니다.”

대통령은 이어서 제2차 5개년계획 추진을 위해서는 전원자원 개발이 선행되어야 하므로 새로운 전원개발에 총력을 집중하고 있다고 설명했다.

“제2차 경제개발 5개년계획은 제1차 5개년계획에서 얻은 성과를 바탕으로 하여, 이 나라의 공업화를 서두르고 경제자립을 더욱 촉진하자는 데 그 의의가 있는 것입니다. 다시 말하면 경제의 양적 성장과 더불어, 국민생활의 기본요소를 충족시킴으로써 우리의 생활을 안정시키고, 특히 석유화학·철강·기계공업 등을 크게 육성하여 공업구조를 개선하자는 것입니다.

그러기 위해서는 무엇보다도 전력자원의 개발이 선행되어야 할 것은 두말할 나위도 없는 것입니다.

전력은 여러분이 잘 알고 있는 바와 같이, 한 나라의 부강을 저울질하는 척도가 될 뿐 아니라, 모든 산업의 원동력이 되고 있기 때문에, 나는 지난 몇 해 동안 이 전원개발을 경제개발 계획의 주축으로 강력하게 추진하여 왔던 것입니다.

그 결과 36만 7천 kW에 지나지 않았던 발전설비를 불과 5년 동안에 76만 9천 kW로 증강할 수 있었으며, 금년 중에도 24만 7천 kW의 새로운 전원을 개발하고자 총력을 집중하고 있는 것입니다.

뿐만 아니라, 제2차 국가계획이 끝나는 1971년까지에는 207만 4천여 kW의 발전설비를 확보하여, 아시아에 빛나는 공업국가의 기틀을 공고히 할 수 있게 되는 것입니다.

이 전원개발 계획만 하더라도 1,150억 원에 달하는 방대한 재정적인 뒷받침이 이루어져야 하겠지만, 보다 절실하게 요청되는 것은 내일을 내다보는 희망과 의욕 밑에 온 국민이 보다 강인한 인내와 불퇴전의 용기로써 이 사업을 지원해 주어야 하겠다는 것입니다.

전진을 다짐하는 우리에게, 1969년 11월에 준공하여 울산공업지구는 물론 서울에까지 전력을 공급하게 될 이 영남화력의 기공은, 분명히 국가산업의 도약을 위한 새로운 계기가 되리라고 나는 확신해 마지않습니다.

나는 오늘 기공한 이 2호기는 물론, 앞으로 착공될 1호기와 3호기의 건설공사도 예정대로 완성될 수 있도록, 관계건설인 여러분의 줄기찬 노력이 있기를 당부해 마지않습니다.

이 발전소의 건설을 위해서 협조해 준 서독정부와 관계자 여러분에게 거듭 감사를 드리는 바입니다."

낙동강유역 종합개발을 위한 기술조사가 5년에 걸쳐 실시된다

1967년 3월 30일, 대통령은 고향인 경북 선산군의 일선교 준공식에서 낙동강유역 종합개발 계획에 대한 구상을 밝혔다.

"일선교는 지금 금 지사 식사에도 있는 바와 같이, 이 고장의 발전을 위해서 대단히 의의가 큰 교량입니다.

과거에 이 교량이 없기 때문에, 낙동강의 강동지방과 강서지방의 교통이 홍수가 조금 나기만 해도 완전히 차단이 되었고, 산업발전에도 여러 가지 지장이 많았고, 이 지방 지역사회 개발에도 여러 가지 지장이 많았습니다.

특히 홍수가 한번 나면, 이 고장에 사는 분들이 건너편에 가자면 여러분들 어디로 다녀왔습니까?

여기서 김천으로 나가서 기차를 타고 왜관으로 나가서, 거기서 다시 거꾸로 이리 올라오거나, 그렇지 않으면 구미로 나가서 기차를 타고 왜관까지 가거나 대구까지 가서 다시 올라와야 됩니다. 이 교량이 완공이 됨으로써 여기서 저쪽 건너까지 불과 한 5 분이면 건너갈 수 있게 된 것입니다.

오늘날 우리 지역사회 발전에 있어서는 이 교통이란 것이, 특히 산업에 기여할 수 있는 이러한 도로·교량·철도라는 것은 지대한 영향을 가져오는 것입니다.

이 지방이 과거에 그렇게 발전하지 못한 원인도 우리 경상남북도의 중간에 흐르고 있는 낙동강에 교량이 적었고, 낙동강의 개발이 잘 되지 않아서 이 지방발전이 늦었다, 이렇게 봐야 할 것입니다.

오늘 이 기회에 정부가 추진하고 있는 낙동강유역 종합개발 계획에 대한 구상을 간단히 여러분들에게 말씀드리고자 합니다.

우리 낙동강은 우리 고장을 위해서 여러 가지 많은 공헌도 하고 있지만, 매년 홍수가 나면 여러 가지 피해를 많이 가져온 것도 사실입니다.

한번 홍수가 나서 범람을 할 것 같으면, 저 위의 안동에서부터 부산까지 이 일대를 전부 휩쓸어서 막대한 재산과 귀중한 생명과 농토를 잃었습니다.

옛날 일제강점기 시대에는 이 유역에 살던 농민들이 한번 홍수를 만나 피해를 입으면, 할 수 없이 담봇짐을 싸가지고 만주로 이민을 갔습니다. 오늘날 만주에 가 있는 이민들 중에 우리 경상도 사람들이 많습니다. 왜 그러냐, 낙동강 홍수로 피해를 입고 살길이 없어 할 수 없이 만주로 찾아갔다, 이겁니다.

그러나 이 낙동강을 우리가 잘 개발을 할 것 같으면, 우리 고장을 위해서, 우리 국가를 위해서 커다란 발전을 가져올 수 있고, 또한 기여를 할 수 있는 것입니다.

　물론 이 계획은 상당한 장시일을 소요하는 것이고, 여기에는 막대한 인력과 예산과 시간이 소비되는 것입니다. 그래서 정부는 낙동강을 개발하기 위해서 낙동강 유역에 대한 종합적인 기술조사를 해야 되겠다는 것입니다.

　이 기술조사가 끝나는 데 5년간이 걸립니다. 이것은 지금 유엔원조자금에 의해서 금년 봄부터 이 작업이 착수가 되는 것입니다.

　앞으로 이 조사가 끝나거나 또 어느 정도 여기 대한 계획의 대략적인 연구가 되면, 정부는 지금 낙동강 상류지방에 댐을 가설해서 홍수를 조절하고, 낙동강 양안에 호안공사를 해서 앞으로는 홍수가 나더라도 피해가 없도록 시설을 해야 될 것이고, 그러면 강 양(兩) 유역에 있는 막대한 토지를 우리는 다시 이용할 수 있게 되는 것입니다. 이런 공사가 지금 진행되고 있다는 것을 군민 여러분들에게 우선 말씀을 드립니다.

　앞으로 이러한 공사가 예정대로 빨리 추진되어서, 우리 지방의 발전을 위해서 크게 기여해 줄 것을 여러분들과 더불어 같이 고대하는 바입니다.

　이번에 일선교의 거창한 공사와 구미제 공사에 수고를 많이 하신 건설당국과 기술진, 또 여기에 참여한 노무자, 또는 현지주민 여러분들의 그동안의 많은 협력에 대해서 감사의 말씀을 드립니다.”

전력문제 해결을 위해 원자력발전소 사업도 추진하고 있다

　1968년 1월 15일, 연두기자회견에서 대통령은 제2차 경제개발 5개년계획에서 원래 계획했던 것보다 약 배에 가까운 전력을 개발하여 전력문제가 해결되도록 하겠다고 말하고 구체적인 계획을 수치를 들어 설명했다.

2차 5개년계획에 있어서 당초목표는 165만 kW였으나 이를 296만 kW로 수정하였고, 금년에 46만 kW 전력을 더 개발해서 당면한 전력 문제를 해결할 것이다, 군산화력의 7만 5천 kW, 울산가스터빈 9만 kW, 화천 제4호기의 2만 7천 kW, 부산화력 제3호기의 5천 kW, 부산 화력 제4호기의 10만 5천 kW, 디젤화력 6만 kW 증설을 완성시키면 전부 460만 kW가 개발되어 연말에 가면 137만 kW의 출력을 가지게 된다, 그러나 전력수요가 1년에 30%, 34%까지 늘어나므로 민간인 에게도 전력개발을 권장하고 있고, 원자력발전 사업도 정부가 적극 추진하고 있다는 것이다.

　"전력문제에 대해서는 그동안 제한송전을 하고 가정에 여러 가지 불편을 느끼고 또 공장에서도 생산에 여러 가지 지장을 초래하게 한 데 대해서 정부로서 대단히 죄송하게 생각하고, 우리가 1차 5개 년계획을 실시하기 전에 우리나라의 전력 총 능력이 37만 kW였는데 1차 5개년계획 동안에 약 40만 kW를 개발해서 77만 kW의 발전능력 을 가지게 되었습니다.
　그러나 그동안 전력수요가 급격히 늘어났기 때문에 이것만 가지 고는 도저히 수요를 충족시키지 못하고 있으므로, 정부는 2차 5개 년계획에 이 전력개발 계획을 근본적으로 수정했습니다. 원래 2차 5개년계획의 목표연도인 71년도에 우리의 전력개발 목표가 165만 kW였는데 이것을 약 거의 배 가까이 올려서 296만 kW로 했습니다. 지금 내 추측으로는 아마 300만 kW가 넘으리라고 봅니다만, 이런 정도까지 지금 계획을 변경했고 금년만 하더라도 46만 kW의 전력을 더 개발해서 당면 전력 문제를 해결하려고 노력하고 있습니다. 그런 데 금년 중에 추진하고 있는 전력문제가 중요하기 때문에 금년 중 에 추진하고 있는 것을 좀 더 구체적으로 말하면, 군산화력의 7만

5천 kW가 4월 말에 가서 준공을 하면 현재 부족한 7만 내지는 9만 kW가 해결될 것으로 봅니다.

또 빠르면 6월, 늦으면 9월달이라고 봐도 좋겠습니다만, 울산에 지금 추진하고 있는 9만 kW의 가스터빈이 6월달부터 9월간에 준공됩니다. 이렇게 되면 전력문제는 일단 해결이 되리라 봅니다. 그러나 한쪽으로는 수요가 나날이 늘어나기 때문에 연말까지 우리가 계속 전력개발을 추진하고 있는 화천 제4호기(2만 7천 kW)가 6월에 준공되게 되어 있고 부산화력에 3호(10만 5천 kW)가 11월, 같은 부산화력의 4호기(10만 5천 kW)가 12월에 완공되게 될 것이며, 디젤화력 6만 kW 증설을 5월부터 10월까지 완성시키면 전부 46만 kW가 금년에 또 더 개발이 되어 연말에 가면 137만 kW의 출력을 가집니다. 지금 현재는 91만 kW입니다. 연말에 가면 전력문제가 완전히 해결되고, 약간 여유가 있을 것입니다. 그러나 우리나라의 전력수요라는 것이 다른 나라에 비해서 유례를 찾아볼 수 없을 만큼 1년에 30%∼34%까지 늘어나기 때문에 우리는 현재 수정한 296만 kW 가지고도 안심을 하지 않고 앞으로 민간인에 대해서 전력 개발을 권장하고 있고 지금 추진하고 있는 것이 대략 금년 상반기에 약 30만 kW 정도의 발전소 하나 내지 두 개가 착수되지 않겠는가 이렇게 보고 있고, 앞으로도 민간에서 원하는 전력개발에 대해서는 정부가 이것을 적극적으로 권장을 할 작정입니다. 원자력발전소 사업도 지금 정부가 적극적으로 추진을 하고 있습니다.

요는 현재 우리가 추진하고 있는 이 계획으로서는 2차 5개년계획 기간 중에 원래 계획했던 것보다는 약 배에 가까운 전력을 우리가 개발해서 앞으로 전력문제가 해결되도록 하겠습니다."

외국자본과 기술을 도입하여 공장을 건설하는 데는 애로가 많다

1968년 11월 8일, 동양화학공업주식회사의 인천공장 준공식에서 대통령은 먼저 외국자본과 기술을 도입하여 공장을 건설한다는 것이 얼마나 많은 애로와 고충이 수반되는 어려운 일인가 하는 데 대해 소상하게 설명했다.

"오늘 이 자리에 동양화학공업주식회사 인천공장의 준공식을 보게 된 것을 여러분과 더불어 충심으로 기뻐해 마지않습니다. 그동안 이 공장 건설에 많은 수고를 해주신 이회림 회장 이하 이 회사의 경영진·기술진·종업원 여러분 또한 외국기술진 여러분의 노고에 대해서 치하의 말씀을 드립니다.

어떠한 공장이고 공장을 짓는 데는 여러 가지 애로와 난관이 따르는 법입니다. 특히 우리나라와 같은 이런 여건 아래서 자본이 부족하고 기술이 뒤떨어지고 또한 물건을 만든다 하더라도 이것을 팔 시장이 여의치 못한 여러 가지 여건하에 있어서, 또한 부족한 자본을 외국에서 차관을 해오고 우리 기술로써 못하는 부분을 외국의 기술지원을 받아야 하는 조건하에서 공장을 짓는다는 것은 많은 애로가 쌓여 있음을 우리는 잘 알고 있습니다. 비단 여기에서 준공하는 이 공장뿐만 아니라, 우리나라에 그동안 많은 공장들이 준공되고 난 뒤에는 간단히 된 것같이 보이지만, 처음에 계획단계에서부터 착수되어서 건설하고 다음에 준공되는 과정에는 여러 가지 남모르는 고충과 애로가 있는 것입니다.

오늘 준공을 본 이 공장도 다른 공장에 못지않은 많은 우여곡절을 겪었다는 것을 우리는 잘 기억하고 있습니다.

이 공장은 지금부터 약 10년 전에 창설되었는데, 혁명정부 때 최고회의에서도 이 공장건설 문제를 둘러싸고 여러 번 회의를 가진 것을 나는 기억합니다.

모교 구미초등학교를 찾다 경북 선산군에서 거행된 일선교 준공식에 참석하고 모교를 방문, 30여 년 전에 공부하던 그 교실에 들어가 감회에 젖었다(1967. 3. 30).

이 공장은 미국의 AID차관으로써 이루어졌고 주로 일본기술진에 의해서 기술지원을 받은 줄로 압니다만, 처음에 타당성 검토 단계에서부터 이러한 공장이 우리나라에 필요하느냐 하지 않느냐, 필요하다면 공장의 규모를 어느 정도로 하는 것이 가장 적합하냐 하는 문제, 이만한 공장을 만들어서 우리 국내수요가 있겠느냐 없겠느냐, 여러 가지 논란이 많았던 것입니다. 그러나 이러한 여러 가지 어려운 문제를 극복하고 오늘날 연산 6만 5천 톤의 소다회를 생산하는 현대 공장을 건설하는 데 수고하신 여러분에 대해서 다시 한번 경의를 표합니다.

원래 이 공장 만들 때는 6만 5천 톤이라는 것은 우리나라에 만들어 봤자 앞으로 10년 이내에는 수요가 없을 것이라는 주장을 하는 사람이 많았는데, 오늘날 이 공장이 준공되고 난 뒤에 연산 6만 5천 톤을 생산하지만, 국내수요는 이보다도 약간 앞서고 있다는 것을 우리는 알고 있습니다.

원래 경제라는 것은 대부분의 경우 수요공급의 원칙에 따라서 수요가 있어야만 공급이 따라가게 된다는 것을 우리는 보통 원칙으로 삼고 있습니다만, 때로는 이와 역행되는 경우도 있는 것입니다. 물건을 생산해서 공급을 하면 수요가 저절로 생긴다는 그런 경우도 많이 있는 것을 우리는 알고 있습니다."

대통령은 이어서 앞으로 이 공장은 경영합리와 기술개발, 생산원가 저하, 품질향상 등을 통해 국제경쟁력을 강화하는 데 힘써야 되겠다는 점을 강조했다.

"오늘날 우리나라에서 AID차관을 많이 해 와서 많은 공장을 세웠습니다. 이 중에서 가장 말썽 많던 공장이 둘이 있습니다. 군산에 건설된 군산화력발전소와 여기 있는 동양화학주식회사가 가장 오랜 세월에 걸쳐서 여러 가지 논란 끝에 이루어진 공장인데, 결과적으로는 이와 같은 훌륭한 공장이 섰다는 데 대해서는 지난날 여러 가지 우여곡절을 생각하더라도 우리 국가적으로는 대단히 다행한 일이라고 생각합니다. 여러분들이 아시다시피, 이 공장에서 생산하는 소다회는 알칼리공업의 기초산업으로서 여러 가지 분야의 공업원료로서 그 수요가 나날이 늘어나고 있습니다.

우리 일상생활에 있어서도 많이 소요가 되는 판유리, 기타 일반유리 또는 비누·의약품·농약 또는 콘크리트의 급결제라든지 표백제 등등 많은 수요가 있는 것입니다.

이 공장이 앞으로 우리나라 화학공업 발전에 커다란 기여를 해 줄 것을 거듭 당부하는 바입니다. 그러나 오늘 이 공장이 이와 같이 훌륭하게 건설이 되고 준공이 되고 공장이 움직여서 생산이 되고 있지만, 여기 또 한 가지 문제점이 있다는 것을 알고 있습니다. 그것이 무어냐 하면 앞으로 이 공장에 대한 경영합리화를 이룩해서 보다 더 기술을 향상 발전시키고 생산원가를 저하시켜 싼 값으로 품질이 좋은 물건을 많이 만들어서 우리 국내의 수요자에게 공급해 달라는 부탁입니다.

현 시점으로 볼 때, 이 공장에서 생산되는 물품의 생산원가는 현재 국제시장 가격보다 약간 상회를 하고 있는 것입니다.

그러나 이것은 공장이 처음으로 건설됐고 이 공장에서 사용하는 원료인 우리나라의 소금값이 대단히 비쌉니다. 또 여기에 가장 많이 쓰는 전력도 외국에 비해서 비싼 축에 속합니다. 이러한 비싼 원료를 쓰기 때문에 아직까지는 가격면에 있어서 국제시장 가격을 약간 상회하는 점이 있기는 하지마는, 이 공장을 운영하는 여러분이 앞으로 보다 더 많이 노력하고 경영과 관리를 개선하고 품질을 향상시키고 원가를 저하해서, 싸고 훌륭한 물건을, 국제시장에 나가서 조금도 손색이 없고 경쟁에 이길 만한 좋은 물건을 많이 만들어 줄 것을 오늘 이 준공식에 임해서 여러분에게 부탁합니다."

제2장 전국을 일일생활권으로 압축한 고속도로망이 깔리다

대국토건설과 경부고속도로 건설은 우리 민족의 꿈이었다

1968년 1월 15일, 연두기자회견에서 대통령은 대국토건설이나 경부고속도로 건설은 과거 우리 민족의 꿈이었다고 말하고, 우리의 기술, 우리의 자본, 우리의 노력으로 이 꿈을 실현할 수 있다는 확신을 피력했다.

"작년 봄 대통령선거 조금 전에 선거공약으로 대국토건설 계획구상이란 것을 국민들에게 발표한 기억이 있습니다. 이때 어떤 사람은 대통령이 발표한 이 국토건설 계획이란 것은 선거를 앞둔 정치적인 어떤 효과를 노린 구호이지 실현 불가능하다 이러한 비난이 많았다는 것을 알고 있습니다.

그러나 그 당시 우리 정부로서는 또 나로서는 이에 대한 뚜렷한 구상이 있었고, 앞으로 이것은 반드시 우리나라의 근대화를 위해서 꼭 해야 된다고 생각했고, 또 우리가 할 수 있는 사업이라고 자신을 가졌기 때문에 발표를 했던 것입니다. 확실히 지금 우리가 구상하고 있는 대국토 건설계획이나 또 금년부터 착수하는 경부 간 고속도로 계획 등은 과거 우리 민족의 하나의 꿈이었다고 나는 생각합니다. 이 꿈을 우리들의 기술과 우리들의 자본과 노력으로 한번 이루어 보자는 것입니다. 아직도 아마 경부 간 고속도로에 대해서는 안 된다고 생각하는 사람들이 된다고 생각하는 사람보다 숫자가 더 많은 것으로 듣고 있는데, 나는 절대 된다고 확신을 가지고 있다는 것을 이 자리에서 여러분에게 말씀을 드립니다.

내가 알기에는 지금 아마 확실히 될 것이다 하는 사람이 한 10% 정도 되고 반신반의하는 사람이 한 20~30% 되고 안 된다고 보고 있는 사람이 70% 된다고 얘기를 들었습니다. 나는 그와는 반대로 90%까지는 이것이 틀림 없이 된다, 나머지 10%는 자신이 없다는 것이 아니고 이 건설기간 중에 만약에 작년과 같은 큰 한해를 당한다든지 또는 큰 홍수가 일어난다든지 우리가 예기치 않던 어떠한 천재를 당했을 때 부득이 여기에 쓸 재원을 일시 그쪽으로 돌리지 않으면 안 될 그런 사태가 일어났을 때에는, 이 공사가 다소 지연이 될 수 있는 그런 경우를 말하는 것이며, 이 공사 자체는 우리 능력으로 할 수 있는 사업이라고 나는 확신을 가지고 있는 것입니다.

대국토건설 계획은 우리나라의 산업을 빨리 근대화하고 공업국가를 만들기 위해서 우리 국토를 근대산업국가로서 개발하는 데, 가장 알맞게끔 계획을 세우고 설계를 하고, 건설해 나가야 하는 그러한 계획입니다. 여기 가장 골간이 되는 것은 도로와 철도와 항만과 하천입니다. 이에 대한 계획에 따라 벌써 4대강유역 개발을 위한 기술조사를 착수했고 항만개발도 연차적으로 계획에 따라 공사를 착수하고 있는 것입니다.

철도에 대해서도 정부가 수송문제에 대해서는 각별한 노력을 경주하고 있고, 특히 현재에 있는 호남선·중앙선은 앞으로 이것을 복선화해야겠다는 계획을 추진하고 있고, 또 호남선의 복선은 금년도에 일부를 착공하는 것으로 알고 있습니다. 지금 아마 경상남도에서 전라남도를 연결하는 경전선이 아직까지 준공식을 하지 않았습니다만, 벌써 개통해서 시운전하고 있는 것으로 알고 있고, 앞으로 이러한 철도장비와 시설에 대한 대폭적인 확충을 지금 추진하고 있는 것입니다.

그 밖에 우리나라에서 앞으로 산업개발에 가장 근간이 되어야 할 몇 가지 간선도로가 있습니다. 이것이 경부 간과 대전서 호남 쪽으로 내려간 호남선, 서울서 강릉으로 내려간 경강선 또는 동해안을 누비고 내려가는 동해안고속도로 또 부산서 호남의 광주·목포로 연결하는 남해안선, 적어도 이 다섯 가지는 꼭 빠른 시일 내에 이것을 고속화시켜야 하겠습니다. 이 기간 간선도로가 고속화됨으로써 그 중간에 여러 가지 지선적인 도로들이 똑같이 따라서 발달이 되고, 이러한 도로와 철도와 하천유역을 중심으로 해서 우리나라의 산업과 공업이 발달되어 나가야 합니다. 그렇게 됨으로써 농촌과 도시의 거리가 훨씬 더 접근이 되고, 농촌과 도시의 격차가 없어짐으로써 농촌근대화도 빨리 촉진할 수 있다고 생각할 수 있는 것입니다.

경부고속도로는 수일 내로 건설부에서 조사단이 연구한 것을 종합을 해서 여러분에게 발표할 기회가 있을 줄로 압니다만, 지금 우리가 구상하고 있는 것은 대략 여기에 필요한 투자재원을 약 300억 정도로 보고 약 4년 정도 하면 이 공사는 완성할 수 있다고 보고 있는 것입니다. 이 도로가 완성되는 것과 동시에 다른 호남선이라든지 경강선 등을 중간에 중단됨이 없이 계속사업으로 추진될 수 있게끔 정부는 이러한 계획을 추진하고 있습니다.

도로혁명의 발단

대통령이 경부고속도로 건설계획을 처음으로 공식 천명한 것은 1967년 4월 29일, 제6대 대통령선거 서울 장충단공원 유세 때였다. 대통령은 국토 종합개발 계획의 일환으로 4대강유역 개발과 경부고속도로 및 호남고속도로 건설계획을 선거공약으로 발표했다.

"지금 정부가 구상하고 있는 것은 우리나라의 경제가 성장되는 이런 속도로 보아서, 종전에 우리가 가지고 있던 국토건설 계획이

고속도로 건설 박 대통령은 경부고속도로 건설은 우리 민족의 꿈이었다고 말했다.

라는 것을 근본적으로 재검토를 해야 되겠다. 그래서 지금 정부 안에서 추진 중에 있는 것은 대국토건설 계획을 다시 작성하는 것입니다.

과거에 우리가 만들었던 계획은 너무 그 규모가 적습니다. 그래서 이번에는 앞으로 몇 년 후에 우리 경제가, 우리나라 산업이 어느 정도 성장하리라는 그런 전망을 가지고 보다 더 규모가 크게 여기에 알맞게끔 국토건설 계획을 추진하고 있습니다. 거기에는 4대강유역에 대한 개발이라든지 또는 서울에서부터 부산에 이르는 경부고속도 도로계획 또는 대전에서 목포에 이르는 호남고속도로, 이러한 것은 금년 내로 이 계획이 완성되리라고 봅니다만, 막대한 예산이 듭니다. 서울과 부산 간의 고속도로를 만들면 여기에는 몇억 달러라는 돈이 들어갑니다.

과거에는 이런 것을 우리가 감히 엄두도 내지를 못했습니다. 그런 소리를 하면 정신 나간 사람이라고 그랬습니다.

우리나라에서 그런 몇억 달러라는 돈이 나오느냐, 현 단계에 와서는 세계은행이라든지 여러 국제금융기구에서 한국에 이러한 도로의 필요성을 느끼고, 거기에 대한 조사를 자기들이 착수하겠다, 이렇게 여러 군데에서 신청이 와서 이 조사가 곧 착수되리라고 생각합니다. 앞으로 2차 5개년계획 중에는 이와 같은 대국토건설 계획의 일부가 착수단계에 들어가리라고 내다보고 있습니다."

그 당시 우리나라는 육로수송과 해상수송을 크게 확대해야 할 상황에 처해 있었다. 1966년 1차 경제개발 5개년계획이 성공리에 끝나면서 수송물량이 급격히 증가해 수송체계 개선이 화급한 당면과제로 등장했다. 당시 무연탄은 우리나라에서 산출되는 단 하나의 연료였다. 특히 가정용 무연탄은 취사와 난방에 없어서는 안 되는 생활필수품이었다. 무연탄 수요는 계속 증가했다. 1960년에 535만 톤을 생산했으나 65년에는 1천 162만 톤이 생산되어 5년만에 배가 생산된 것이다. 66년에는 13.3%가 증가하여 1천 317만 톤이 생산되어 1년 사이에 155만 톤의 생산량이 늘어난 것이다. 이러한 증가 추세는 계속될 것으로 전망되었다. 1천 3백만 톤이라면 하루 평균 30톤 화차 1천 2백 량의 분량이었다. 물론 이것을 전부 철도로 수송하는 것은 아니었다. 항구지방은 배로도 수송을 했으나 대부분은 철도 수송이었다.

게다가 시멘트도 증산되었다. 66년에 213만 톤을 생산했고, 건설 중에 있는 공장을 합치면 69년에는 651만 톤이 넘을 것으로 예상했었다. 무연탄이나 시멘트 산지는 강원도 지방이었고, 그 수송수단은 중앙선 철도뿐이었다. 수송난은 극심했다. 그것은 물가앙등으로 이

國土의 均衡開發

國土開發研究院開院紀念
一九七八年十月四日
大統領 朴正熙

국토의 균형개발 박 대통령은 1967년 4월 29일 "대국토건설 계획을 발전시켜 고속도로, 철도, 항만건설과 4대강유역의 종합개발을 제2차 경제개발 5개년계획 기간(67~71년) 착수하겠다"고 선언함으로써 국토건설사업의 횃불을 들었다.

어져 경제성장 저해요인으로 작용할 형편이었다.

정부는 경제전반의 원활한 활동과 성장의 지원을 위하여, 철도, 도로, 항만, 통신시설 등 사회간접자본 확충에 특별한 관심과 노력을 기울였으며, 특히 철도수송력을 확대하기 위해서 많은 객차와 화차, 기관차를 도입했거나 우리 국내에서 제조를 했으며, 또 노후된 시설을 많이 대체했다. 뿐만 아니라, 동해북부선, 황지선, 경인복선, 경북선, 정선선 등 철도 선로를 많이 연장했거나 새로 건설했다.

그러나 경제의 지속적인 성장에 따라 계속 급증하는 수송수요를 철도에만 의존하는 데는 한계가 있었다. 따라서 육로수송도 개선하고 해상수송도 확충할 필요성이 증대했다.

그 당시 우리나라의 수송문제를 해결하는 데 있어서 가장 시급하고 또 가장 중요한 것은 전근대적인 상태에 머물러 있는 도로의 근대화였고 이를 통한 육로수송의 혁신이었다. 조선왕조 기록을 보면 조정대신들은 길을 일부러 꼬불꼬불하게 만들도록 했다고 한다. 그 이유는 고려 때부터 강화도는 피란처로 정해져 있었는데 도망갈 때 길이 넓으면 적군이 빨리 쫓아오니 아예 길을 좁게 해버렸다는 것이다. 그래서 조선시대 때는 길이 표시되어 있는 지도는 국가기밀문서로 취급되었다. 저 유명한 대동여지도를 만든 김정호 선생은 국가기밀문서를 만들었다고 해서 투옥되어 옥사했다는 것이다. 구한말 일본군이 인천에 상륙해서 군장비를 서울로 수송할 때 길이 꼬불꼬불하고 길 옆에 인가가 다닥다닥 붙어 있어서 길이가 긴 물건은 옮길 수가 없어서 집을 부숴가면서 옮겼다고 한다.

외국에서는 모든 길은 군사도로고 산업도로였다. 일본만 해도 우리나라의 조선시대에 해당하는 시기에 이미 수도에서 일본 각 지방으로 가는 큰 도로는 완비되어 있었고, 그것은 모두 군사도로였고 산업도로였다.

그러나 우리나라는 군사도로나 산업도로는 없고, 소달구지가 굴러다닐 수 있는 정도의 꼬불길뿐이었다. 한·일병합 후 일본총독부가 우리나라에서 제일 먼저 착수한 것은 바로 도로를 만드는 일이었다. 3.6m 두 칸 도로와 5.4m 세 칸 도로를 건설했는데, 새로 만든 도로라고 해서 '신작로'라고 불렀고, 이것은 모두 군사 및 산업용 도로였다.

우리나라에는 돌산은 많이 있었지만 돌로 만든 교량은 몇 개 안되고 대부분의 교량은 나무로 만든 징검다리였고, 홍수 때 떠내려가 버리면 또 만들었다. 일본총독부는 한강에도 다리를 놓았다. 지금의 인도교다. 그 당시의 설계목표는 '탱크가 2열로 나란히 건널 수 있는 강도를 가진 군사목적의 다리'였다는 것이다.

제2차 세계대전 때 히틀러는 독일고속도로인 아우토반(Autobahn)을 이용해 이른바 '전격전'을 수행하여 개전 초기에 큰 전과를 올렸다.

길이 열리는 곳에 산업이 일어나고 문명이 깃든다. 인류역사는 이것을 증명하고 있다. 수송을 대량화하고 신속화할 수 있는 공공도로는 경제발전의 필수요건의 하나다.

해방 후 우리나라의 도로수송을 포함한 수송정책을 그때그때 늘어나는 수송수요를 충족시키고 과밀지역의 애로를 타개하는 데만 주력하였을 뿐, 종합 국토개발 계획에 입각한 유기적인 수송망 형성을 도외시하였다. 그 결과 전국의 도로조직은 통일성을 잃었고, 특히 접도지역의 도로는 규격과 표준성을 상실하였다. 한 마디로 1960년대 후반까지도 우리나라의 도로건설은 공업화와 지역사회 개발 등 국민경제를 선도하는 조산(助産) 역할을 하는 데 초점을 맞추고 있지 못하였다.

따라서 경제의 고도성장을 지속시켜 공업화와 농촌근대화를 촉진하기 위해서는 고속도로를 기간으로 하는 전국토의 도로망을 획기적으로 재구성하는 공로(公路)정책의 전환이 필요하였다.

대통령은 이러한 필요성을 누구보다도 통감하고 있었다. 그래서 국가의 기간도로는 최단시일 내에 고속화시켜야 되겠다고 결심하고, 직접 그 계획을 구상했다. 그러한 구상에서 나온 작품이 바로 경부고속도로를 비롯하여 호남, 영동, 동해안, 남해안고속도로 등 5대 기간도로의 고속화계획이었고, 제일 먼저 건설하기로 한 것이 경부고속도로였다.

대통령이 경부고속도로 건설을 결심한 것은 1967년 대통령선거 때가 아니라 그보다 2년 반 전인 64년 연말이었다. 1964년 12월 6일부터 15일까지 10일간 동안 서독을 방문하는 동안 대통령은 에르하르트 수상과 회담하는 자리에서 독일의 고속도로인 아우토반에 특별한 관심을 보였다. 그것은 1932년 히틀러가 본과 쾰른 간의 20km 구간에 세계에서 처음으로 만든 고속도로였다.

에르하르트 수상은 "나치는 인류의 적이었지만 독일에는 아우토반을 남겼습니다. 나는 아우토반에 진입하거나 인터체인지 램프를 돌아나올 때마다 마음속으로 그 도로에 경의를 표합니다"라고 말하면서, "분단국으로 공산주의를 이기는 길은 경제개발이 가장 급선무다"라고 강조했다.

대통령은 그의 말에 깊은 감명을 받았다. 공식일정을 마치고 대통령은 자동차로 왕복 40km의 아우토반을 달리다가 두 차례나 차를 세우고 도로포장 상태와 중앙분리대를 자세히 살펴보았다. 진입로나 교차로도 천천히 지나가면서 가까이 둘러보았다. 마침 수행 중이던 서독 대통령궁 의전실장은 아우토반에 관해서 해박한 전문지식을 가지고 있는 경제전문가였는데, 대통령은 그에게 고속도로의 건설기간, 건설경비, 자금조달 방법, 건설장비와 노동력, 관리방법 등에 관해 소상히 물었다. 의전실장은 정확하고 자세하게 설명했다. 에르하르트 수상도 경제개발을 하려면 고속도로 등 사회간접자본에 투자해야 한다고 권고했다.

대통령은 이때 우리나라도 고속도로를 건설해야겠다는 결심을 굳혔다. 그러나 그 당시 우리나라는 재정이나 기술 등 여러 가지면에서 당장 고속도로를 건설할 수 있는 형편이 못되었다.

또 수송문제는 철

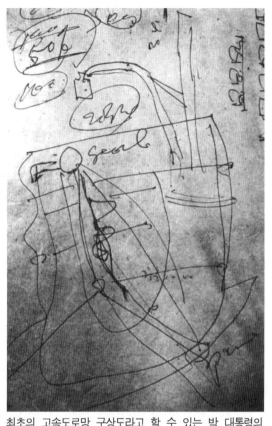

최초의 고속도로망 구상도라고 할 수 있는 박 대통령의 스케치

도가 담당하고 있어서 도로수송의 필요성이 급박하게 제기되고 있는 상황도 아니었다. 따라서 여러 가지 여건이 어느 정도 성숙되는 시기까지 기다려야만 했다.

대통령은 그러한 시기를 기다리면서 고속도로에 관해 직접 연구했다. 고속도로를 주제로 박사학위를 획득한 주원 경제과학심의위원을 청와대로 자주 불러 의견을 들었고, 일본 명신고속도로(나고야~고베 간)와 선진국 고속도로에 관한 서적을 구입하여 공부했다.

1967년 10월 3일, 대통령은 개각을 단행했다. 건설부장관에 고속도로에 관해 대통령에게 자문했던 주원을 임명하고 경인고속도로 건설경험이 있는 김윤기 건설부장관을 무임소장관으로 발령했으며, 토목기술자였던 안경모 교통부장관을 국가기간고속도로 건설기획 조사단 단장으로 전임 발령했다. 그것은 경부고속도로 착공에 대비한 전열정비였다.

　1967년 11월 7일, 대통령은 청와대에서 정부·여당 연석회의를 주재했다. 이날 건설부에서는 경부고속도로 건설계획안에 대해 브리핑을 했다. 일부 경제각료나 공화당 간부는 국가의 재정상황을 생각할 때 현 시점에서 고속도로를 건설하는 것은 무리한 계획이라고 반대했다.

　그러나 대통령의 결심은 확고했다. 대통령은 반대하는 각료와 여당 간부를 설득했다. 고속도로 건설은 우리가 추진하는 조국근대화 작업에 있어서 핵심적인 사업의 하나다, 그것은 단기적으로는 우리나라의 산업발전을 촉진시키는 데 있어서 필수적인 산업이며, 장기적으로는 앞으로 10년, 20년 후에 우리나라가 도달하게 될 발전수준을 내다보고 이에 대비하기 위한 사업이다.

　먹고 살기도 힘든데 무슨 고속도로를 건설하느냐, 의식주 문제부터 해결하자는 주장도 일리가 있다고 본다, 그러나 국가정책을 결정할 때는 의식주 문제같은 현재에 필요한 일을 해결할 수 있는 정책도 수립해야 하지만, 또 한편으로는 10년, 20년 후에 필요하게 될 일을 해결할 수 있는 정책을 계획하는 것도 중요하다.

　지금 고속도로를 건설하지 않으면 앞으로 10년 또는 20년 동안 우리 경제는 지속적인 발전을 할 수 없다, 모두가 어렵다, 불가능한 일이라고 하는 지금이 가장 경제적으로 건설할 수 있는 적기다.

1962년에 우리가 울산의 황무지에 공업단지를 건설할 때 그곳에 공장이 들어서고 도시가 형성되리라고 예상한 사람은 극소수에 지나지 않았다. 그러나 6, 7년이 지난 지금 우리가 그 당시 예상했던 것보다 훨씬 빠른 속도로, 또 훨씬 큰 규모로 굴지의 공장이 건설되고 있고 현대적인 도시가 자리잡아 나가고 있다.

내가 혁명정부 때 울산공업단지 건설을 추진한 것도, 역시 10년, 20년 후의 우리나라 공업화 수준을 예상하고 이에 대비해야 한다는 생각에서였다. 지금 우리는 우리나라의 제한된 국토의 효용성을 최대한으로 높이기 위해 국토의 획기적인 재편작업을 추진하고 있는데 이것이 국토 종합개발 계획이며, 이 계획의 일환으로 추진하려는 것이 고속도로 건설계획이다. 앞으로 경부고속도로가 건설되면 우리나라의 공업화는 급속하게 촉진될 것이다.

또 한 가지 아직은 밖으로 나가서는 안 될 이야기인데, 경부고속도로를 건설하려는 주된 목적은 경제개발을 촉진하기 위한 산업도로를 만들자는 것이지만, 그것이 전부는 아니다. 나로서는 비상시에 군사도로로 활용할 생각을 갖고 있다. 1950년대 초반 6·25전쟁 당시 우리나라에는 군사목적을 위한 도로가 없었다. 유엔군 탱크나 대형화포는 흙길을 소걸음으로 갈 수밖에 없었고, 길 주변은 흙먼지로 뒤덮여 대낮에도 전조등을 켜야 했고, 군장병들은 흙먼지를 막기 위해 수중경(水中鏡) 같은 안경을 썼다.

전쟁에 있어서 병력의 신속한 이동에 의한 병력의 집중화는 전승의 기본요건의 하나다, 또 대형무기의 대량이동, 비상활주로, 신속하고 대량의 인구소개(人口疏開) 등을 위한 이동통로로도 긴요하다. 따라서 고속도로는 군사목적을 달성하는 데 있어서 중요한 수단이 된다. 우리나라에는 비행장을 만들 만한 장소가 많지 않다. 전시 등 비상시에는 군 비행장 수요가 증가하는데 경부고속도로 중간지

점에 군용기 비상 이착륙장을 만들어 둘 생각이다.

자금조달 문제에 대해 걱정들이 많은 것 같으나 필요한 자금은 이미 확보해 놓았다. 앞으로 이 사업에 대한 야당의 반대운동 등 어려운 일이 적지 않을 것으로 예상하고 있다. 정부와 여당이 힘을 모아 이 사업이 성공적으로 추진될 수 있도록 여러 가지로 도와주기 바란다는 것이다. 대통령이 확고한 신념을 가지고 간곡하게 설득하고 협조를 요청함에 따라 도로건설 계획은 원안대로 확정되었다.

경부고속도로 건설사업은 대국토 건설사업 일환이며 그 시발이다

1968년 2월 1일, 경부고속도로의 서울~수원 구간 착공식에서 대통령은 먼저 경부고속도로 건설의 필요성과 건설계획의 대강에 대해서 설명했다.

경부 간 고속도로 건설사업은 조국근대화과업에 있어서 하나의 상징적인 사업이고, 대국토 건설사업의 일환이며 그 시발이다.

최근 우리나라의 산업이 급속히 성장함에 따라 철도, 항만 등 수송에 애로가 발생하여 앞으로 산업근대화를 촉진하기 위해서 철도의 연장과 항만시설 확장도 해야 하겠지만, 가장 서둘러야 할 것은 도로다, 따라서 앞으로 경부고속도로를 비롯하여 모두 다섯 개의 고속도로를 건설할 계획이라는 것이다.

"오늘 이 자리에서 기공식을 올리는 이 경부 간 고속도로 건설사업은 우리의 조국근대화과업에 있어서 하나의 상징적인 사업입니다. 동시에 이것은 우리가 오래 전부터 추진해 오던 대국토 건설사업의 일환이고 시발인 것입니다.

이것은 또한 우리 국민들이 오래 전부터 기원하던 하나의 꿈을 우리들의 힘으로 실현해 보고자 하는 것입니다. 지난 수년 동안 우리나라의 산업과 경제는 급속한 성장을 가져왔습니다. 사람의 신체

경부고속도로 기공식에서 발파 버튼을 누르는 박 대통령(1968. 2. 1)

가 커지면 커질수록 이때까지 입고 있던 의복이 자기 몸에 잘 맞지 않거나 또 신고 있던 신발이 작아서 맞지 않는 것과 마찬가지로, 국가의 산업경제가 급속히 성장하면 여러 가지 부작용과 애로가 생기는 것입니다. 우리나라에서도 지금 그러한 현상이 나타나고 있는 것입니다.

최근에 전력문제와 수송부문에 있어서 우리나라에도 커다란 애로를 가져오게 되었습니다.

과거에는 이만하면 쓰고 남을 것이라고 했던 부문이 부족을 가져온다든지 이만하면 충분하다 했던 것이 그것 가지고는 도저히 수요를 충족할 수 없는 그러한 부문이 나타나고 있습니다.

지난 수년 동안 우리가 전력을 많이 개발했지만, 최근에 우리나라의 산업이 급속히 성장하고 전력수요가 많이 늘어나기 때문에 도저히 현재 전력의 출력 가지고는 부족해서 여러분들 가정에 송전하는 것도 지금 제한을 하고 있고 심지어 생산공장에 송전하는 것도 지금 제한송전을 하고 있는 것입니다.

그러나 정부는 이 전력 부문에 대해서 전력을 기울여서 금년 중에 약 46만 kW 정도의 새로운 전력을 개발해서 다가오는 4월경에서부터 우선 급한 대로 해결을 하고 금년 7, 8월경이 되면 완전히 해결해서 연말에는 쓰고 남을 수 있는 그런 전력을 개발하려고 지금 사업을 서두르고 있습니다.

동시에 수송부문도 마찬가지입니다. 지난 4, 5년 동안 우리나라의 철도부문만 하더라도 기관차·화차·객차가 5·16 전에 비해서 배 이상으로 지금 증가했고, 철도도 많은 선을 연장했지만, 지금 수송에 부족을 가져오고 있는 것입니다.

항만도 마찬가지입니다. 도로도 마찬가지입니다. 그중에도 우리가 앞으로 우리나라의 산업을 급속히 성장시키고 근대화에 촉진을 가져오기 위해서 가장 서둘러야 될 부문이 도로라고 판단을 하고 있는 것입니다. 따라서, 이번에 경부 간의 고속도로를 비롯해서 앞으로 우리가 계획하고 있는 큰 도로만 하더라도 서울과 부산 간 또는 서울 호남 간, 서울과 동해안을 잇는 서울 강릉 간 고속도로, 또 동해안을 연결하는 동해안선, 부산에서 남해안을 거쳐서 전라남도 목포에 이르는 남해안선 등 적어도 앞으로 수년 내에 우리나라의 이 기간을 이루는 이러한 도로를 빨리 고속화해야 되겠습니다. 이렇게 함으로써 우리나라의 경제가 성장하고 도시와 농촌 간의 거리가 단축이 되고 농촌과 도시가 균형 있는 발전을 할 수 있다고 우리는 판단을 하고 있는 것입니다."

대통령은 이어서 우리의 재정형편 때문에 우선 경부고속도로부터 착공하여 이것을 우리의 기술, 우리의 재원으로 3년 내에 완공하고 나머지 간선도로는 7·8년 내에 모두 고속화할 계획임을 밝혔다.

"그러나 이러한 방대한 사업을 우리나라의 재원이라든지 모든 형편으로 보아서 동시에 착수할 수는 없기 때문에 우선 서울 부산 간의 고속도로를 먼저 착수하는 것이며, 오늘 여기서 기공을 하는 것은 서울서부터 수원을 거쳐서 오산까지 가는 선을 지금 시작한 것입니다. 이것은 금년 11월 말이면 완전히 준공이 됩니다. 동시에 지금 우리 계획단에서 추진하고 있는 것은 서울과 대전 즉 수원서부터 연장을 해서 대전까지 가는 선을 늦어도 금년의 우기(雨期) 전에 착공을 하고, 부산과 대구 간을 적어도 금년 초가을에는 착공을 해야 되겠다, 대전과 대구 간은 금년 중에 모든 기술조사를 완료해서 내년 이맘때 착공을 하자, 그렇게 해서 서울 부산 간의 고속도로를 앞으로 3년 이내에 완공을 하는 것이 우리의 계획입니다.

여기에는 방대한 재원이 필요합니다. 그러나 이 재원은 우리의 재원으로 시작을 합니다. 여기 필요한 모든 기술도 우리의 기술을 가지고 착수를 합니다.

우리는 경부 간의 고속도로를 앞으로 3년 내에 완성하면 계속해서 매 3년마다 서울 부산 간만큼의 길이에 해당하는 고속도로를 계속사업으로 추진하려 하고 있습니다. 이것은 우리의 모든 재원으로 보아서 충분히 가능하다고 판단을 하고 있는 것입니다. 이렇게 될 때 우리나라의 중요한 간선도로는 앞으로 7, 8년, 늦어도 10년 이내에는 완전히 고속화할 수 있을 것입니다. 또한 지방도로는 지방 자체에서 이러한 사업을 확장해 나가고, 또 어떠한 부문은 민간사업가들이 이러한 도로를 개척해 나간다면 우리나라 산업의 가장 큰 촉진제가 되는 이 수송 문제를 해결할 도로의 근대화를 이룩함으로써 우리나라의 산업근대화를 촉진해 보자는 것이 우리의 지금 계획입니다."

"이봐 안 장관, 나는 요새 고속도로에 미쳤어"

대통령은 고속도로 건설을 조국근대화를 위한 기본설계의 하나로 보고 기본계획 구상, 건설확정, 노선결정, 착공, 감독, 검사, 그리고 준공에 이르기까지 거의 모든 것을 대통령 자신의 결심으로 확정했다.

1967년 11월 18일, 대통령은 직접 '경부고속도로 노선선정의 원칙과 착공 우선순위'를 결정했다.

먼저 노선선정에 있어서는 다섯가지 원칙을 정했다.

첫째, 경인공업권과 영남공업권을 직선으로 단축시켜 1일 경제권으로 만든다.

둘째, 서울·대전·대구·부산·인천 등 5대 도시에 직접적으로 영향을 미칠 수 있도록 10리 내지 40리 이내에 연결되도록 한다.

셋째, 경부축선에 인접한 지방 군소 도시도 가급적 많이 영향권 내에 포함시킨다.

넷째, 경부축선과 연결된 각 중요 지선(支線)과도 가급적 연결되도록 한다.

다섯째, 공사량의 경감을 위하여 가급적 공사량이 많은 고산지대나 큰 강은 피하도록 한다.

그리고 공사착공의 우선 순위에 있어서는 예산관계로 동시착공이 불가능한 경우 3단계로 나누어 착공하기로 정했다. 즉, 제1순위는 서울과 대전 간이고, 제2순위는 부산과 대구 간이며, 제3순위는 대전과 대구 간으로 한다는 것이다.

대통령은 5만분의 1 지도에다가 서울과 부산을 직선으로 연결시키려 했기 때문에 최초 계획안에서는 대전과 대구가 경부고속도로

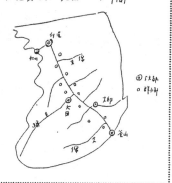

박 대통령이 직접 작성한 '경부고속도로 노선선정의 원칙과 착공 우선순위'

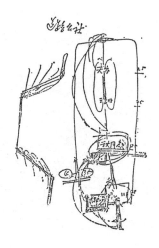

추풍령 휴게소 설계도면

노선에서 떨어져 있었는데 그 후 이를 수정하여 대전과 대구를 통과하도록 했다.

대통령은 추풍령 휴게소 설계도면도 직접 작성했다.

1967년 11월 24일, 대통령은 청와대 안에 비밀리에 '임시전담반'을 두었다. 대통령은 육군본부 조달감실의 윤영호 대령을 청와대로 불러 고속도로 준비를 지원할 '청와대 파견단'을 구성하라고 지시했고, 윤 대령은 공병감실의 박찬표 중령, 박동식 소령, 그리고 미국에서 고속도로를 연수하고 갓 귀국한 박종생 건설부 토목기좌와 함께 이날부터 청와대에서 근무했다.

이들 임시전담반이 착수한 일은 건설부 등 6개 관계기관에서 제출한 고속도로 공사비를 검토하고, 첫 건설구간인 서울~수원 간 노선을 조사하는 것이었다.

1967년 11월 26일, 대통령은 안경모 국가기간고속도로 건설기획조사단장과 김현옥 서울시장을 불러서 지프차 한 대에 함께 타고 경호원도 없이 고속도로 후보지를 정찰하러 나섰다. 눈 내리는 한강 다리를 건너 달리내 고개까지 갔다가 다시 잠실 쪽으로 가다가 말죽거리 일대를 둘러보았다. 이날 대통령은 경부고속도로 건설에 대한 자신의 신념과 의지를 안경모 단장에게 짤막한 한 마디로 드러내 보였다. "이봐 안 장관, 나는 요새 고속도로에 미쳤어."

1967년 11월 27일, 대통령은 청와대 임시전담반의 팀장인 윤영호 대령을 집무실로 불러 어제 말죽거리에 직접 나가 보았으나 사람들이 많아 제대로 둘러보지 못했다고 말하고, 윤 대령이 지금 나가 정밀답사를 하고 아무도 모르게 보고하라고 지시했다. 대통령은 신갈 저수지가 문제라고 지적하고, 고속도로를 저수지 서쪽으로 나가게 할 것인지 또는 그 반대쪽으로 나가게 할 것인지도 조사하라고 세부적인 사항까지 지시했다. 윤대령은 박 중령, 박 기좌와 함께 하루 종일 지프로 말죽거리, 달이내고개, 신갈리 등 험한 지역을 답사했다. 윤대령이 청와대로 돌아온 것은 오후 6시 30분이 지나서였는데, 그때까지 집무실에서 기다리던 대통령은 답사지역의 지형, 토질 등에 관해 상세히 물어보았다.

1967년 11월 28일, 대통령은 건설부장관, 서울시장, 경기도지사를 청와대로 불러 지도를 펴놓고 서울서 신갈까지의 서울~수원 간 노선을 결정하고, 극비리에 땅을 매입하라고 지시했다.

대통령은 캐비닛에서 모 은행에 지시, 조사시켰던 서울~부산 간 예정노선의 지가(地價), 예정노선의 전답분포상태, 매입해야 할 땅의 평수, 가격, 구입방법까지를 자세히 설명하고, 시간을 끌면 땅값이 폭등할 것이므로 1주일 이내에 용지매수를 끝내라고 당부했다.

대통령은 특히 일본의 명신(나고야~고베 간) 고속도로 건설비 중에서 토지매입 비용이 24%나 차지하였다는 사실을 지적하고 고속도로 노선은 가족들에게조차도 절대 비밀을 지켜야 한다는 점을 강조했다.

경부고속도로 노선은 한꺼번에 결정된 것이 아니고 구간별로 공사가 착공되기 직전에 하나하나 확정되었는데 대통령은 그때마다 직선코스를 고집했고, 또 용지매수를 최단시일 내에 끝내도록 했다. 그것은 노선이 길어지고, 그 주변의 땅값이 올라가면 고속도로 건설비가 엄청나게 늘어날 것을 우려했기 때문이었다.

노선을 확정하는 데 있어서 대통령이 가장 고심했던 구간은 대구~부산 구간이었다. 대통령은 대구~청도~양산~부산을 잇는 직선코스를 검토해 보라고 했다. 그러나 건설기획단 실무자들은 반대했다. 이 노선은 지형이 험해 터널을 많이 뚫어야 하는 등 난공사 구간이어서 터널공사 건설비가 많이 들고, 또 공법이 까다롭고 위험률이 높다는 것이다. 대통령은 양산지역을 10여 차례나 헬리콥터로 공중답사한 후 경주, 울산을 잇는 현재의 노선으로 바꾸었다. 이 노선의 건설비용이 직선노선 건설비용보다 적게 든다는 실무자들의 판단이 옳다는 것을 확인하고 직선코스를 포기한 것이다.

경부고속도로를 건설하는 데 있어서 대통령이 가장 크게 고심한 것은 공사비 문제였다. 대통령은 6대 대통령선거 직후 건설부에 구체적인 작업에 착수하라고 지시하고 현대건설 정주영 사장을 청와대로 불러 공사비를 절감할 수 있는 방안에 관해 물어보고, 경부고속도로 건설비를 대충 산출해 보라고 당부했다. 현대건설은 경부고속도로가 시작되기 전에 자유월남의 캄람 만 준설공사 등 이른바 월남전 특수에 편승하여 많은 돈을 벌었고 알래스카와 괌 등지로 해외진출 영역을 넓히고 있었다. 특히 67년엔 건국 이후 최대규모였던 소양강 다목적 댐 공사를 수주하여 명실상부한 우리나라 최고의 건설업체로 부상하고 있었다.

대통령은 어느날 밤 10시에 정주영을 다시 청와대로 불러들였다. 대통령은 고속도로에 관한 책과 자료가 산더미처럼 쌓인 서재에서 공사비 얘기를 하면서 인터체인지 하나 만드는 데 1억 몇천만 원이 든다고 하는데 그 절반이나 3분의 1쯤으로는 안 되겠냐 하며 직접 인터체인지 선형을 그려 보였다. 정주영은 태국에서 쌓은 고속도로 시공 경험을 살려서 경부고속도로 건설에 들어갈 최소비용을 산출하여 보고드리겠다고 대통령에게 약속했다. 대통령은 건설부, 경제기획원, 재무부, 서울특별시, 육군 공병감실에도 건설비를 대략 계산해 보고하라고 지시해 두었다. 정주영은 육로 정밀답사는 물론 경비행기를 동원하여 너덧차례 공중답사까지 해서 280억 원이면 가능하다는 보고서를 제출했다. 그것은 재무부 330억 원, 육군공병감실 490억 원보다 적었고, 주무부처인 건설부의 650억 원보다는 절반도 안되는 액수였다. 서울시의 180억 원이 가장 적은 액수였다.

정주영의 현대건설이 산출한 공사비 280억 원은 km당 6천 5백만 원 선으로 일본 동명(도쿄~나고야), 명신(나고야~고베) 고속도로 건설비 8억 원의 10%도 안 되는 액수였다. 대통령은 청와대 임시 전담반에게 현대건설과 5개 정부기관이 제출한 공사비의 산출근거, 설계기준, 공법문제 등을 소상히 검토하여 보고하라고 지시했고, 이 보고를 받아본 후 3백억 원에 예비비 10%를 가산한 330억 원 규모로 경부고속도로를 완공할 계획을 세우라고 지시했다. 대통령은 가난한 나라 살림에 처음부터 완벽한 고속도로를 건설할 수는 없다, 우선 길을 뚫어놓고 그 다음에 재정 형편이 좋아지면 미비한 점을 보완해 나가야 되겠다는 것이었다. 이것이 고속도로 건설에 있어서 '선 건설 후 보완'의 원칙이었다.

문제는 건설자금이었다. 그 당시 우리나라의 1년 국가예산은 1600억 원이었다. 따라서 330억 원의 공사비는 우리의 재정형편에 비추어 큰 돈이었다. 대통령은 자금문제도 미리 준비하고 있었다.

1966년 초에 대통령은 이낙선 민정비서관에게 비밀리에 국세청 업무를 파악하고, 국세를 얼마나 더 징수할 수 있는가를 검토해서 보고하라고 지시한 후 그해 2월에 이낙선을 국세청장에 임명했다. 이낙선 청장은 부임하자마자 7백억 원 증세목표를 정하고 국세청장이 타는 자동차 번호판을 700번으로 바꾸어 700억 원 달성의 결의를 보였다. 이낙선은 그해 876억 원 세금을 거두어들였다. 65년에는 546억 원이었으니 1년 사이에 330억 원, 즉 60%를 더 거둬들인 것이다. 대통령은 앞으로 고속도로 건설자금을 마련하는 데는 큰 문제가 없겠다는 자신을 얻었다. 정부는 세계은행이 차관 제공에 난색을 보이자 대일청구권 자금 27억 원을 포함해서 330억 원의 자금을 확보했다.

1968년 2월 1일, 지금의 서울시 서초구 양재동에 있는 교육문화회관 부근에서 굉음과 함께 바위산이 쪼개지면서 남북으로 통하는 길이 뚫렸다. 매섭게 추운 겨울 날에 육군건설공병단이 달이내고개에서 절토를 하고 있는 공사현장에서 대통령이 발파 스위치를 누른 직후였다. 그것이 경부고속도로 건설의 공식적인 기공식이었다.

그러나 대통령은 이미 3개월 이전인 67년 12월 초반부터 육군공병단을 건설부 산하의 임시조직인 경부고속도로 건설공사사무소로 차출하여 서울~오산 구간 고속도로 건설에 착수하였다. 이때부터 대통령은 각 건설구간마다 그 노선단면도를 검토하고, 건설비산출, 용지매수에 따르는 문제들을 직접 챙겼다.

대통령은 집무실에서 수십 종의 지도와 삼각자를 들고 도상작업을 한 후 수시로 지프차로 헬리콥터로 고속도로 건설현장을 찾아가서 공사의 진척상황을 알아보고 건설역군들을 격려하고, 애로사항과 문제점을 듣고 이를 즉시 해결해 주도록 건설감독관과 관계부처에 지시했다.

대통령은 건설업자가 공사비를 절약하려고 감독관과 결탁하여 부실공사를 할 위험성이 있다고 보고 공사감독을 철저히 해야 한다고 생각했다. 그래서 공사감독관으로 특별난 사람들을 임명하였다. 육군사관학교를 갓 졸업한 소위나 중위급 장교를 특별교육을 시킨 후 공사감독관으로 임명했다. 대통령은 공사현장에 들를 때마다 이들에게 금일봉을 주면서 업자들에게는 절대로 돈을 받지 말라고 당부했다. 이들 감독관의 검사는 원리원칙대로 실시되었다.

1968년 1월 21일, 북괴무장 게릴라의 청와대 기습기도, 23일 발생한 북괴의 미해군 정보함 푸에블로호 납치 등 북괴의 계속적인 도발로 한반도의 위기가 고조되고 있는 때였으나 전쟁이 일어나지 않는 한 공사를 계속 진행하라는 대통령의 지시에 따라 공사는 중단없이 시행되었다. 시간을 단축하느라고 3교대 야간작업을 했고, 휴가는 꿈도 꾸지 못했다.

공사감독관으로 일하는 한 육군장교는 대통령이 공사현장에 나타나서 공사진도를 점검하고 목표달성 여부를 확인하고 문제점을 즉석에서 해결해 주는 모습을 보고 있노라면 그것은 마치 전쟁에서의 승리를 위해 각 전투부대를 다니며, 군사작전을 지휘하는 군총사령관을 연상케 한다는 말을 했다. 확실히 그랬다. 경부고속도로 건설에 있어서 대통령은 처음부터 끝까지 군사작전하듯이 밀고 나갔다. 경부고속도로 건설에 참여한 건설회사들은 군대가 돌격하는 방식으로 추진하는 이른바 돌관공사공법을 익혀서 후일 중동건설 현장에서 빛을 보게 되었다.

대통령이 시도때도 없이 공사현장에 찾아오니 건설회사 사장이 서울 본사 사무실에 앉아 있을 수가 없었다. 사장도 항상 공사현장에서 함께 뛰어야 했다. 시간을 벌기 위해서 돌관작업(突貫作業)을 했다. 공기단축을 위해서 밤낮을 가리지 않고 공사를 계속했다. 겨울에는 얼어붙은 굳은 땅 위에 짚을 깔고 휘발유를 뿌리고 불을 지르고, 트럭 꽁무니에 버너를 매달고 반복운행을 하면서 땅을 녹여 지반을 다졌다.

이런 과정에서 우리나라 건설회사들의 토목기술은 급신장했다. 대통령은 자주 정주영 회장을 대동하고 공사현장을 찾아다니며 격려금과 선물을 고생하는 건설회사 직원들과 감독관으로 파견나온 육군장교와 공병단원들에게 나누어 주면서 어깨를 두드려 주고 손을 잡아 꼭 쥐어주곤 했다. 대통령의 격려는 건설역군들의 사기가 충천하도록 만들었고, 이들이 미치도록 일하게 한 힘이 되었다. 정말 신나게 움직이고 후회없이 일하는 이들 건설역군의 검게 탄 모습을 보면서 대통령은 이들이야말로 참다운 애국자라고 자랑스럽게 생각했다.

경부고속도로 건설에 대한 반대와 저주 광풍이 몰아치다

대통령이 고속도로 공사현장에서 돌관공사를 독려하고 있을 때 서울에서는 경부고속도로 건설 반대운동이 벌어지고 있었다.

1967년 11월 7일, 대통령 주재로 청와대에서 열렸었던 정부·여당 연석회의에서 경부고속도로 건설계획이 확정되었다는 발표가 나가고, 정부 내에서도 주무부처인 건설부 이외의 다른 경제부처에서는 부정적인 입장을 보이고 있으며, 여당 내에서도 이에 반대하는 목소리가 나왔다는 입소문이 퍼지면서 정치권과 경제계, 언론계와 학계 등에서 맹렬한 반대운동이 일어났다.

우선 야당이 적극적인 반대투쟁에 나섰다. 야당이 반대하는 이유는 세 가지로 요약될 수 있었다.

첫째, 건설비용이 너무 엄청나다는 것이다. 일본의 나고야~고베 간 고속도로를 기준으로 할 때 km당 8억 원이나 들어 경부고속도로 전구간은 3천 6백억 원이 든다는 계산이 나온다는 것이며, km당 1억 원을 잡더라도 약간 더 잡더라도 5백억 원이 들게 되며, 이것은 67년도 정부예산 1천 643억 원의 30%를 넘는 거액이라는 것이다.

둘째, 서울과 부산 간에는 철도의 복선이 있는데 거기다가 경부고속도로를 건설하는 것은 균형 있는 국토건설이라고 할 수 없다는 것이다.

셋째, 투자 우선순위에 문제가 있다는 것이다. 즉 3백억 원이 넘는 투자자금이 있다면 먼저 농산물 가격안정과 중소기업 육성, 그리고 초등학교 교실난 해소 등을 위해서 사용해야 한다는 것이다.

경제계도 부정적인 반응이었다. 우리나라 국내자본으로는 공장을 건설하기도 어려운 상황에서 3백억 원이라는 천문학적인 자금을, 그것도 정부재정자금을 생산업종도 아닌 도로건설에 사용한다는 것은 비생산적이며 비효율적인 투자라는 것이다. 다시 말해서 그 돈이 있으면 생산공장을 수십 개, 수백 개 더 건설하는 것이 바람직하다는 것이다.

언론도 반대했다. 일부 친정부적인 일간지는 긍정적인 특집보도를 했지만 반정부적인 일간지들은 국민소득 3백 달러 시대에 고속도로를 건설한다는 것은 황당무계한 짓이며, 정치적인 쇼라고 비판했다.

체육계에서도 반대 목소리를 높였다. 정부가 예산이 없다고 체육인들이 애써 유치한 아시아올림픽 개최를 포기하고 고속도로를 건설하는 것은 국가체면에 먹칠하는 처사라는 것이다.

국제금융기관도 반대했다. 정부가 세계은행(IBRD) 측에 고속도로 건설비용으로 3천 30만 달러를 요청하자 세계은행은 한국 실정에서는 고속도로를 건설하기보다 국도포장이 더 급하다면서 차관제의를 거절했다. 세계은행조사단은 서울과 부산의 중간 지점에서 약 1주일 동안 그곳을 통과하는 자동차 수를 조사해 본 후 경부고속도로는 정치적·군사적으로는 유용할지 몰라도 경제적으로는 그 필요성과 중요성을 인정하기 어렵다는 것이다. 또 그 무렵 방한했던 스미스라는 미국의 교통경제학자도 한국은 자동차 보유대수가 적어 고속도로는 경제성이 적으므로 시기상조라고 부정적인 입장을 피력했다.

이러한 와중에서 경부고속도로 반대운동은 1964년도의 한일회담 반대운동에 버금가는 격렬하고 조직적인 반정부운동으로 변질되었다. 조직적인 반대운동을 주도한 것은 역시 한일회담 반대운동 때와 마찬가지로 이른바 진보주의자임을 자처하는 일단의 지식인들이었고, 이들의 앞장에 선 사람이 서울대학교 경제학 교수인 변형윤인 것으로 지목되고 있었다. 이들의 말은 아주 쉽고, 간단하고 선동적인 말로 포장되어 있었다.

예컨대, 자동차도 별로 없는 이 나라에 고속도로가 웬 말이냐? 누구를 위해 만드냐? 자가용 가진 소수 부자들이 놀러다니라고 만든 '유람로'다, 고속도로는 아름다운 환경을 파괴한다, 고속도로는 국고를 탕진하고 낭비하는 밑빠진 독이다, 등등 비아냥과 폭언이 난무했다. 그래도 한일회담 반대 때처럼 대통령을 매국노니, 제2의 이완용이니 하는 욕설이 안 나온 것만도 다행이라고 여겨야 할 판국이었다.

이 조직적인 반대운동에 합세한 것이 이른바 운동권학생들이었다. 그 당시 국제적으로는 미국과 프랑스, 독일 등에서 월남전 반대운동으로 정치적 소요사태가 일어났고, 국내에서 6·8 총선거에서 자행된 여당의 선거부정 문제와 대통령 3선개헌 등 정치쟁점을 둘러싸고 운동권학생들이 반정부투쟁을 전개하고 있던 무렵이었다. 따라서 이들은 물 만난 고기처럼 고속도로 반대운동을 또 하나의 반정부투쟁의 구실로 삼아 대학생들을 선동하여 가두로 내몰았다.

이들의 언동은 여론에 악영향을 미쳤다. 항간에는 해괴하고 망측한 소문이 떠돌아다니고 있었다.

'고속도로는 일부 돈 많은 자가용족이 놀러다니는 향락도로'다, '박정희가 히틀러를 흉내낸다', '대원군이 경복궁을 짓고 쫓겨났듯이 박정희는 경부고속도를 건설하고 망할 것이다', '경부고속도로를 건설하고 나면 와우아파트 무너지듯이 얼마 못가서 무너지게 될 것이다', '경부고속도로는 박정희의 장기집권을 위한 정치공사다' 등등

날조된 악담과 저주의 소리가 시정에 나돌고 있었다. 급기야 일부 야당의원들은 건설현장에 드러누워서 고속도로 건설 결사반대 구호를 외치며 공사진행을 방해했다. 온 세상이 대통령의 경부고속도로 건설을 반대하고 있구나 하는 느낌을 갖게 하는 험한 분위기가 감돌고 있었다. 그러나 대통령은 이러한 분위기에 전혀 개의치 않았다. 대통령이 걱정한 것은 건설부였다.

경부고속도로 건설에 대해서 국내외에서 반대와 비난의 소리가 커지자 대통령은 주무부처인 건설부가 동요할 것을 염려하여 주원 건설부장관을 청와대로 불러 반대여론에 추호도 동요하지 말고 관계공무원들을 격려해 주라고 당부했다.

우리나라의 제한된 재정으로 당면한 수송애로를 타개하는 데는 철도나 항만에 비해 도로개발의 투자효율이 훨씬 높고, 특히 고속도로 건설이 가장 효율적이다, 또 각종 산업의 발달, 지역개발 촉진, 생활권 확대 등을 위해서뿐만 아니라 국방을 위해서도 고속도로는 가장 유용한 수단이 될 수 있다. 특히 경부고속도로는 조국근대화의 상징적인 사업이다. 따라서 우리 경제의 지속적인 성장과 국가안보를 위해서 우리는 경부고속도로를 우리의 자본, 우리의 기술, 우리의 노력만으로 반드시 완공시켜야 한다. 이것은 나의 확고한 신념이다, 누군가가 반대한다고, 저항한다고 해서 이 신념을 포기하는 일은 절대 없을 것이다.

지금은 야당과 일부 지식인들이 반대투쟁을 하고 있고, 많은 국민들이 나의 장기구상을 잘 이해하기 못하고 있는 것 같은데, 고속도로가 한 구간 한 구간씩 건설되고 시간이 경과하면 나의 판단과 결정이 옳았다는 것을 인정하게 되리라는 것을 확신하고 있다, 나는 앞으로 경부고속도로 건설을 주도하는 건설부의 계획과 노력에 대해 대통령으로서 할 수 있는 모든 지원과 협조를 다할 생각이다. 장관은 건설부 산하 공무원들에게 이 도로건설의 필요성과 대통령의 결심을 충분하게 주지시켜서 그들이 사명감과 긍지를 가지고 분발하도록 지도해 주기 바란다는 것이다.

경부고속도로가 착공된 1968년에 이것을 반대한 우리나라의 야당과 일부 지식인, 그리고 몇몇 국제기관과 외국학자들의 주장에는 수긍이 가는 충분한 근거가 있었다. 그 당시 우리나라의 경제력과 재정은 너무나 빈약한 상태에 있었고, 건설기술과 장비도 수준 이하였기 때문이다. 그 당시 대부분의 사람들에게 있어서 경부고속도로 건설계획은 대통령의 선거공약이었을 뿐, 실제로는 불가능한 일로 인식되고 있었다. 그것은 기존의 경제이론으로는 도저히 합리적인 계획이라고 합리화해서 설명할 수 없는 측면을 내포하고 있었기 때문이었다. 다시 말해서 그 계획에는 그것을 실현할 수 있는 수단은 없고 단지 고속도로를 건설하고야 말겠다는 대통령이 불굴의 신념과 의지만이 있고, 그것이 그 계획의 전부가 아니냐, 그러니 그것은 불가능한 일이라는 것이다.

확실히 경부고속도로 건설계획은 대통령의 신념과 의지가 녹아들어 있는 하나의 결정체였다. 그러나 그렇다고 그 계획이 불가능한 일이라고 속단하는 것은 잘못이었다. 야당이나 지식인들, 국제기관들은 한 가지 중요한 사실을 간과하고 있었다. 신념과 의지의 힘이 그것이다. 특히, 자신의 혼과 육신을 모두 소진시켜 민족의 꿈을 실현하고야 말겠다는 통치자의 확고한 신념과 강인한 의지, 그리고 그 꿈을 함께 구현하기 위해 흘린 민족의 피와 땀과 눈물이 하나로 융합될 때 그것은 불가능한 일을 가능한 일로 만들 수 있는 기적의 힘을 창출해 낸다는 사실을 그들은 알지 못하고 있었던 것이다.

야당은 또한 자동차가 몇 대 안 다니고, 또 국민소득이 낮은 현재 상황에서 고속도로의 필요성을 부정하는 단견에 사로잡혀 앞으로

경부고속도로 공사현장(1969. 8. 14)

자동차도 많이 다니고, 국민소득도 높아지게 될 10년, 20년 후의
미래를 내다보고 때가 늦기 전에 고속도로를 건설하려는 대통령의
선견지명을 전혀 이해하지 못하고 있었다.

대통령은 우리의 국민소득이 크게 증가하고 자동차 수가 상당히
증가하게 될 10년 또는 20년 후에 그때 가서 고속도로를 건설하려
한다면 그 건설비가 천문학적으로 증가하여 건설이 어렵다는 사실
을 통찰하고 있었으나 야당은 그러한 통찰력이 없었다. 그리고 야당
은 대통령이 경부고속도로 건설에 그토록 혼신의 노력을 기울인 것
은 그것이 가져올 경제적 파급효과뿐만 아니라 북괴의 전쟁도발에
대비하는 군사적 유용성도 염두에 두고 있었다는 사실도 간파하지
못하고 있었다. 야당은 경부고속도로 건설문제를 선거부정 문제와

3선개헌 문제와 한데 엮어서 반정부 정권투쟁을 강화하는 전략을 구사할 뿐이었다. 경부고속도로 건설에 대한 야당과 일부 지식인과 재야의 반대와 악담은 서울과 수원 구간 공사가 완공될 때까지 계속되었다.

그러나 1968년 12월 21일 서울~수원 구간 고속도로가 준공된 후 상황은 완전히 역전되었다. 반대와 비난의 목소리는 자취를 감추고 자신과 의욕의 함성이 건설공사 현장에서부터 울려퍼졌다. 그것은 우리도 '하면 된다'는 포효였고, 우리도 '할 수 있다'는 외침이었다. 이렇게 자신을 얻고 신바람이 난 우리의 건설역군들은 더욱더 분발하여 불철주야 3교대를 해가면서 건설에 박차를 가해 나갔다. 우리의 건설역군들이 그렇게 피와 땀과 눈물을 흘리며 노력한 보람으로 모든 사람들의 예상을 뛰어넘는 결과가 나타났다. 말 그대로 무(無)에서 유(有)를 만들어 낸 창조의 역사가 이루어진 것이다.

1968년 12월 착공 10개월 만에 서울~수원, 수원~연내 구간이 준공되면서 경부고속도로는 조기완공이 가능하다는 전망이 확실해진 것이다.

대통령은 경부고속도로 완공을 앞당기기 위해서 1969년 2월 15일 육군대장 출신인 이한림을 주원 장관 후임으로 건설부장관에 임명했다. 일 추진력에 있어서 '불도저'로 알려진 이 장관은 호랑이 장관, 장관십장으로 불리면서 공사현장 곳곳을 돌며 조기완공을 지휘, 감독했다.

서울에서 부산까지 한반도의 남북을 관통하는 경부고속도로는 단군 이래 최대 토목공사였던 만큼 엄청난 난공사였다. 강을 만나면 다리를 놓아야 했고, 산이 막히면 터널을 뚫어야만 했다. 낙동강교 등 장대교가 32개, 소교량이 273개, 터널이 12개였고, 인터체인지가 19개였다. 전 구간 공사에 연인원 893만 명과 165만 대의 각종

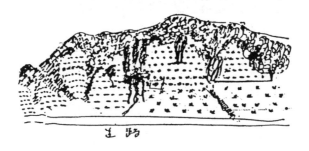

고속도로 연도 녹화방안 구상 박 대통령은 고속도로변 녹화방안으로 장소에 따라 수종을 구체적으로 제시하는 세밀함을 보였다.

추풍령에 세워진 경부고속도로 준공 기념탑

장비가 투입되었다. 그러나 불행하게도 2년 5개월 공사기간 중 모두 77명이 순직했다. 특히 1969년 9월 남부지방을 휩쓴 집중호우로 인해서 경남도계~통도사 입구 사이의 언양 구간에서는 가장 많은 인명피해가 있었다. 부산~대구 구간은 지형이 너무 험하여 대통령이 당초 구상했던 직선 노선을 포기하고 경주, 울산으로 돌아가는 노선을 택했으나, 그래도 다른 구간에 비해서 힘든 난공사였다. 또 가장 어려운 구간은 대전~대구 구간의 공구 약 70km였는데 충북 옥천의 금강휴게소 부근의 당재터널 공사는 가장 위험한 공사였다. 지층이 퇴적층이어서 발파하면 토사가 쏟아져 사고가 발생하여 희생자가 많았다.

대통령의 선견지명이 승리하다

경부고속도로는 당초 예정보다 6개월 앞당겨 1970년 7월 7일 준공, 개통됐다. 428킬로미터 길이의 이

> # 경부고속도로 준공 기념탑 비문
>
> 우리는 세계 고속도로 건설사상
> 가장 짧은 시간에 이루어진
> 이 고속도로를 자랑하기 위하여
> 서울~부산 간 고속도로(428km)의
> 중간(서울 기점 214.22km)이며 가장 높은
> 이곳 추풍령(240.5m)에 건설과 번영을 상징하는
> 높이 30.8m의 탑을 세운다.
> 서울~부산 간 고속도로는
> 조국 근대화의 길이며
> 국토 통일의 길이다.
>
> 1970년 7월 7일
> 대통령 박정희

경부고속도로 준공 기념탑 비문

고속도로를 우리는 세계에서 가장 적은 비용인 1킬로미터당 1억 원 (33만 달러)에 해당하는 429억 7천 3백만 원을 투입하여 불과 2년 5개월이라는 짧은 기간에 순전히 우리의 재원과 우리의 기술만으로 완공했다. 공사비는 당초 330억 원으로 책정되었으나 설계변경과 물가상승 때문에 다소 늘어났으며, 이 대역사에 동원된 연인원은 900만 명이었고, 투입된 장비는 165여만 대였다.

대통령은 고독한 결단과 집념으로 조국근대화의 기본설계의 하나인 이 대역사를 끝낸 후 '경부고속도로는 조국근대화의 길이며 국토

통일의 길'이라는 친필휘호를 써서 추풍령 고개에 건립된 준공기념탑에 남겼다.

대통령은 경부고속도로의 절개지에 대한 조경에도 세심하게 신경을 썼다. 70년 경부고속도로 개통 직후에는 절개지에 조경이 안 되어 있어서 잡초가 자라는 곳도 있고 바위덩어리가 그대로 방치되어 있는 곳도 있었다. 72년 어느날 대통령은 산림청장을 청와대로 불러서 그림이 그려진 괘지 한 장을 보여 주면서 경부고속도로 전구간의 절개지에 그림대로 조경하라고 지시했다. 절개지에 개나리를 심고, 조경석을 만들어서 그 사이 사이에 진달래와 철쭉을 심고, 그 위에 눈향이나 회양목 같은 상록수를 심으라는 것이었다. 그 그림에는 색연필로 개나리는 노란색, 진달래와 철쭉은 분홍색, 상록수는 녹색으로 곱게 칠해져 있었는데, 대통령은 봄에 경부고속도로를 달리면서 보게 될 절개지에 활짝 핀 개나리와 진달래, 철쭉과 상록수를 연상하면서 절개지 조경 설계를 한 것 같았다.

해마다 봄에 경부고속도로를 달리면서 좌우 절개지를 물들이고 있는 개나리와 진달래, 철쭉을 보면서 대통령이 이런 데까지 세심한 배려를 했으리라고 생각한 사람은 얼마나 될까?

오늘의 시점에서 보면 대통령의 선견지명과 강력한 추진력이 없었다면 경부고속도로는 건설될 수 없었을 것이며 우리 경제도 지속적인 고도성장을 할 수 없었을 것이라는 것은 누구에게나 자명한 사실이 되었다.

그러나 70년 7월 7일 경부고속도로가 개통 당시에는 이 공사를 처음부터 반대했던 야당 정치인과 일부 경제학자와 지식인들은 '경부고속도로는 날림공사다', '71년도의 선거홍보용 업적으로 내세우려고 서둘러 끝낸 눈가림공사다' '여름에 폭우가 쏟아지면 도로지반이 무너져 버릴 것이다' '통행차량이 적어서 적자사업이다' 등등 비판을 계속했다.

그러나 이들의 비방이 얼마나 허황된 것이고 또 근거 없는 험담인가 하는 것은 시간이 지나면서 백일하에 드러났다.

1970년 7월 7일, 경부고속도로가 개통된 지 30여 년이 지난 2000년대에 우리나라는 세계 5위 자동차 생산국이 되었고 1000만 대 자동차 보유국이 되었다. 하루에 수백만 대 크고 작은 차량들이 이 도로를 달리고 있다. 경부고속도로를 주축으로 영동, 호남, 서해, 남해, 중부고속도로가 연결되어 서울과 지방, 도시와 농촌 쌍방향으로 사람과 문물이 오가면서 고르게 발전하고 있다. 30년 전 대통령이 고속도로를 건설하면서 20년, 30년 후에 나타나리라고 내다본 고속도로의 효과가 한 치의 오차도 없이 그대로 나타나고 있는 것이다.

대통령은 경부고속도로 건설은 우리나라 산업발전의 촉진제가 되고, 교통혁명과 유통혁명을 선도하는 국가 대동맥이 됨으로써 국민생활의 모든 분야에 엄청난 파급효과와 연쇄반응을 일으키게 될 것이라고 내다보고 있었다.

1968년 9월 11일, 대통령은 경부고속도로의 부산~대구 구간 기공식에서 이러한 연쇄반응이 일어나는 과정을 일본의 한 스님이 쓴 《방장기》를 인용하여 설명했다. 이 《방장기》의 골자는 '바람이 불면 통 만드는 사람이 수지를 맞춘다'는 것인데, 그것은 파급효과 또는 연쇄반응 때문이라는 것이다.

즉, 바람이 불면 먼지가 많이 일어나 안질이 생기고, 장님이 많이 생긴다. 장님은 안마를 직업으로 삼아 '샨세이'라는 악기를 퉁기면서 돈벌이하러 다닌다, '샨세이'를 만들려면 고양이 가죽이 필요하고, 고양이를 많이 잡으면 쥐가 늘어난다. 쥐가 늘어나면 농가들이 보관하고 있는 쌀이 줄어든다. 농민들은 쌀통을 많이 만든다, 따라서 바람이 많이 불면 통장수가 돈을 벌게 된다는 것이다. 대통령은 이 이야기는 우리 사회에 어떤 현상이 일어나면 우리가 예측도 못하고 또 상상도 못하는 연쇄반응이 일어난다는 것을 뜻하는 것이라고 지적하고, 이러한 연쇄작용 또는 파급효과는 경제활동 분야에서는 대단히 크다고 말했다.

경부고속도로는 그것이 완공된 후 대통령이 예상하고 있던 시기보다는 훨씬 빨리 대통령이 예단한 파급효과와 연쇄반응이 각 분야에 급속하게 확산되어 나갔다.

경부고속도로는 경제성장에 따른 수송 수요 증가에 대비하기 위해 우리나라 수송체계를 철도 중심에서 도로 중심으로 전환시켜야 할 시점에 맞추어 건설됨으로써 도로혁명의 시대를 열었다.

경부고속도로는 1970년대의 이른바 유통경제 시대에 수송의 대형화와 신속화를 가능케 함으로써 시간적으로, 공간적으로 전국을 1일 생활권으로 만들었으며, 이로써 국민생활의 모든 분야에 변화와 발전에 연쇄적인 작용을 했다.

우선 경부고속도로는 산업도로로서 연료절약, 시간단축, 대량수송 등을 통해 수송비를 크게 절감시켰고, 이러한 비용절감은 경제 전반에 걸쳐 효율성을 증대시켰다. 뿐만 아니라 수송비의 평균화 작용을 통해 공업입지와 도시인구를 지역사회로 확산시키는 데 기여했다. 경부고속도로는 또한 도시와 농촌을 연결하여 기존의 경제권을 전국적 규모로 확대하여 지금까지 분산되어 있던 국내시장을 실질적으로 통합하였고, 이러한 시장 확대는 분업과 규모의 경제를 촉진하여 생산성 증대의 효과를 가져왔다.

경부고속도로는 자동차 수요를 증대시켰고, 자동차 수요 증가는 철강, 기계, 전자, 석유화학 등 연관 산업의 개발을 유도하였고, 이들 산업은 시장 확대에 따라 규모의 경제를 이룩하여 점차 국제경쟁력을 갖추게 됨으로써 70년대 후반 이후 우리나라 수출산업의 주종으로 성장하는 계기를 맞게 되었다.

경부고속도로가 가장 큰 경제효과를 가져온 분야는 수출이었다. 경부고속도로 건설이 늦어졌거나 건설되지 않았더라면 10억 달러 이상의 수출 증대는 어려웠을 것이고, 지속적인 경제개발에도 큰 차질이 생겼을 것이다. 중화학공업도 경부고속도로라는 유통혁명의 초석 위에서 성장할 수 있었다. 한 마디로 경부고속도로를 기축으로 해서 계속 건설된 호남고속도로, 영동고속도로, 동해안 및 남해안 고속도로들은 우리나라의 중화학공업 발전과 수출증대의 대동맥이 된 것이다.

경부고속도로는 농어촌과 지역사회의 개발을 촉진하였으며, 특히 각 지역의 관광개발과 자연자원 개발을 촉진하였으며, 농어촌 개발은 농가소득을 증대시켰고, 농가소득 증대는 도시와 농촌간의 발전상의 격차를 해소하는 데 기여했다.

고속도로는 또한 연도구역(沿道區域) 개발을 가능하게 했다. 즉, 경지정리, 하천개수, 토지구획 정리, 조림 및 사방부락 정리, 주산지 조성 등 연도구역 개발을 촉진했다.

경부고속도로는 또한 이것을 중심으로 전국 도로를 정비하여 이를 유기적으로 조직함으로써 대국토 종합개발 계획을 효과적으로 추진할 수 있는 중심축이 되었다.

한편, 경부고속도로는 군사도로로서 비상활주로로 활용될 수 있고 대형무기의 대량이동을 용이하게 하며, 인구를 대량으로 신속하게 소개(疏開)시킬 수 있는 국방과 안보를 위해서도 유용한 수단이 되었다. 이 도로는 또한 문화생활의 증진과 여가활용 등 정신적 측면에서 생활의 질적 변화를 촉진시켰다.

경부고속도로 건설은 우리나라 건설업체의 기술과 역량을 세계적인 수준으로 격상시키는 효과도 거두었다. 특히, 우리나라 기술진들은 연약한 지반의 안정과 교량, 터널공사 등 수많은 난공사를 특수공법을 활용하여 완벽하게 해냈고 이 과정에서 많은 기술자와 기능공을 양성했다. 그리하여 우리나라 건설업체들은 1970년대 중반부터 멀리 중동지역에 진출하여 세계의 유명 건설업체들과 경쟁하면서 건설수출 증대에 크게 기여하게 되었다.

그리고 두 차례의 경제개발 5개년계획을 추진하는 과정에서 우리 국민들은 '하면 된다', '우리도 할 수 있다'는 자신감을 갖게 되었는데, 단군 이래 초유의 대역사라는 이 고속도로를 우리 힘으로 건설함으로써 하면 된다, 할 수 있다는 자신감은 부동의 신념으로 굳어졌다. 이러한 정신자원은 이른바 우리 경제의 압축성장을 가져온 원동력이 되었다.

한 마디로, 경부고속도로는 구시대를 마감하고 새 시대 문을 열어놓은 역사적인 이정표가 되었고, 한국의 근대화를 상징하는 기념비가 되었다.

경부고속도로는 산업발전과 남북통일의 대동맥이다

1968년 서울~수원 구간의 경부고속도로가 계획대로 순조롭게 건설되어 갔으나, 아직도 고속도로는 자동차를 가진 부유층을 위한 유람도로이지 일반국민들에게는 별 혜택이 없는 것이라는 인식이 지배적이었다. 이러한 생각은 지방의 농민들이 특히 많이 가지고 있었다.

68년 9월 11일 경부고속도로 부산~대구 구간 기공식에서 대통령은 먼저 경부고속도로는 무엇보다도 산업의 연관효과가 지대하다는 점을 강조했다. 히틀러가 건설한 독일의 아우토반은 군사목적으로 건설된 것이나 패전 독일이 경제부흥을 이룩하는 데 중요한 수단이 되었다. 한반도 남북을 관통하는 경부고속도로는 특히 경제효과가 크며, 농촌과 우리 농민이 얻는 혜택도 시간이 갈수록 크게 나타나게 된다는 것이다.

"금년 봄 정부가 고속도로를 시작할 무렵에 일부에서는 왜 정부가 부족한 재정에서 3백 수십억이라는 막대한 예산을 투입해 가지고 고속도로를 서두르느냐 하는 반대 의견도 많았습니다. 그 후 공사를 착수한 뒤에는 왜 아직까지 법이 통과도 되지 않았는데 정부가 공사를 착수했느냐 하면서 이 자리에 있는 건설부장관이 국회에 불려 나가서 혼이 난 적이 있습니다.

그러나 금년 2월 1일 서울 영등포구 원지동에서 기공식을 올린 이 공사는 그동안 모든 것이 계획대로 착착 진행이 되어서, 지금 이 공사는 서울에서 남을 향해 남으로 남으로 뻗어 내려오고 있습니다. 금년 연말까지는 서울에서 대전까지는 완전 노반이 완성될 것이며, 오산까지는 완전히 포장이 완료될 것입니다.

오늘 여기에서 기공식을 올린 이 공사는 부산에서부터 대구를 향해서 또한 뻗어 올라갈 것입니다. 부산~대구 간은 대략 5월경이면 완전히 포장이 될 것입니다. 대전~대구 간은 지금 모든 기술조사를 하고 있는데 금년 중에 이것이 완료될 것이고, 내년 봄 해동과 동시에 착공이 되면 70년 여름까지는 완전히 포장이 되어서, 서울~부산 간은 불과 4시간 정도에 달릴 수 있는 가까운 거리로 단축이 될 것입니다. 그러면 이러한 고속도로를 왜 만드느냐, 그것은 오늘날 근대산업국가에 있어서 고속화한 산업도로는 그 나라 산업경제 발전에 이바지하는 효과는 지대한 것이기 때문입니다. 소위 산업의 연관효과·연쇄작용·파급효과, 이러한 것은 상상하는 것보다도 훨씬 더 크다는 것을 우리가 알아야 합니다. 2차 세계대전 초기에 독일의 히틀러가 독일 전국에다가 중요한 도로를 뚫었습니다. 소위 아우토반이라는 고속도로를 동서남북으로 뚫었습니다. 물론 그것은 당시 히틀러가 침략을 하기 위한 군사작전 목적으로 이것을 뚫었지마는, 오늘날 2차 세계대전 후 독일이 패배해서 다시 기적이라는 말을 들어가면서 빠른 부흥을 가져온 원인의 하나가 독일의 이 아우토반의 힘이 대단히 크다고 전문가들은 얘기하고 있습니다. 고속도로가 특히 우리 농촌에 사는 농민들에게 어떠한 효과가 있을까? 더구나 우리 마을 앞을 지나가는 것도 아니고, 우리 마을과 상당히 먼 동떨어진 데를 지나가는데, 그저 차를 타고 다니는 사람이 편리할 정도지, 우리들이나 우리 농촌에 무슨 효과가 있겠느냐고 생각이 들 것입니다. 이러한 생각을 가진 사람이 있을는지는 모르겠습니다만, 그것은 절대 여러분들의 생각이 잘못입니다.

직접 간접으로 우리 농촌에 미치는 효과는 시일이 가면 갈수록 우리들의 눈에 뜨일 정도로 여러 가지 효과가 나타나리라는 것을 믿어 의심치 않습니다. 우리나라의 남북을 관통하는 대동맥 경부고속도로를 완성했을 때 어떠한 연쇄반응 또는 경제효과가 일어나겠느냐 하면 그것은 지금 우리가 대략 짐작할 수 있는 점도 많이 있을 것이고, 또 우리가 미처 짐작하지 못하는 효과도 많이 일어날 것입니다. 여러분들 농촌에서 생산하는 여러 가지 농산물이 불과 여러분들 고향에서 서울이나 부산까지 한두 시간 또는 두서너 시간 내에 운반이 될 수 있는 이러한 여러 가지 이점이 있기 때문에, 여러분이 생산하는 농산물을 도시에다가 많이 팔 수 있고, 제값을 받을 수 있고, 우리 농가의 소득이 늘어난다 하는 것을 우리가 생각할 수 있습니다.

이러한 의미에 있어서 고속도로가 반드시 여러분들 마을 앞을 바로 옆에 지나가지 않는다 해도, 이 도로가 지나가는 그 연변에는 많은 이러한 연관 효과가 일어난다는 것을 여러분들이 아신다면, 이것은 반드시 도로 바로 옆에 있는 사람들만 혜택을 보는 것이 아니라,

대구~부산 간 고속도로 기공식에 참석하여 지시를 내리는 박 대통령 (1968. 9. 11)

모든 국민들이 혜택을 볼 수 있다고 하겠습니다."

대통령은 이어서 경부고속도로는 산업발전을 위한 대동맥이 동시에 남북통일을 위한 대동맥이라는 점을 강조했다. 즉 이 도로는 성장하는 우리 경제의 속도와 규모에 발맞추어 수송수단인 도로의 근대화를 이룩하자는 것이 그 목적의 하나고, 또 하나의 목적은 장차 서울에서 평양으로 뚫고 올라가는 남북통일의 대동맥이라는 것이다.

"특히, 오늘날 우리 경제가 나날이 상당히 빠른 속도로 성장이 되어가고 있는데, 경제성장이라는 것은 반드시 공장을 많이 짓고 생산을 많이 하는 것만으로서 모든 목적이 이루어지는 것은 아닙니다. 여기에서는 사람의 몸집이 커지면 반드시 옷이 커져야겠고, 신이 커져야 되고, 여러 가지 따라가는 물건이 부수해서 달라져야 되는 것과 마찬가지로, 생산이 늘고 여러 가지 경제 규모가 커지면 따라서 여러 가지 이러한 물자를 운반하는 수단도 늘어나야 되고, 뿐만 아니라 폭이 훨씬 더 넓은 고속화된 이런 도로들이 생겨야만 이러한 유통이 신속하고 또한 원활해 질 수 있다고 하겠습니다. 항만도 더 커야 되겠고, 선박도 많아야 되겠고 기차도, 철도도 많이 부설해야 되고, 많은 객 화차·기관차가 늘어나야 되겠습니다.

이러한 수송수단이 많이 뒷받침이 되어야만 경제가 같이 성장할 수 있다는 것입니다. 그런 의미에 있어서 오늘날 우리나라에 성장하는 이 경제속도에 발맞추어서 가장 시급한 것이 우리 나라 도로의 근대화입니다. 물론 이 경부 간 고속도로는 이것이 완성될 무렵에는 또한 서울서 동해, 동해안에서 부산까지, 부산에서 남해안을 지나서 목포, 또는 대전에서 호남지방으로 동서남북으로 이러한 기간 대동맥이 계속적인 공사로 이루어질 것입니다. 이러한 것이 이루어져야만 우리나라의 산업이 그야말로 근대화되는 것입니다. 여러분들이 서 있는 그 뒷편에 부산에서 양산을 통해서 대구로 올라가는 소위 우리나라의 국도라는 것이 겨우 저러한 형편입니다. 저기는 화물을 많이 실은 큰 화물차 두 대가 지나가면 겨우 비켜서 지나가야 될 이런 것입니다. 이런 상태를 가지고는 우리나라 산업이 급속히 발전할 수 없는 것입니다.

또한 이 도로는 이런 경제적인 효과도 물론, 우리가 노리는 중요한 목적의 하나입니다. 또 하나는 장차 남쪽에서 북쪽으로 가로 관통하는 우리나라 대동맥의 일부라는 것을 생각할 때, 이것은 남북통일에 대한 하나의 상징적인 대동맥이요, 또한 민족적인 대사업이라고 볼 수 있는 것입니다.

경부 간 고속도로가 완공되고 끝나면 정부는 계속 이것을 연장을 해서 판문점까지 이 길을 연결시킬 작정입니다. 북한 괴뢰 코앞에까지 이 도로를 밀어부쳐서 통일이 되는 날은 이 도로가 그대로 뻗어 나서 평양·신의주·원산·함흥·회령까지 뻗어 나갈 수 있는, 남에서 북으로 뚫고 올라가는 도로의 일단이라는 것을 우리가 과시하기 위해서도 이 도로는 여러 가지 의의가 있다고 생각합니다."

대통령은 끝으로 고속도로 연변에 사는 주민들의 협력을 당부했다. 고속도로 연변의 주민들은 도로에 들어가는 농토와 토지를 정부에 팔아야 하고, 또 일부 농토가 침해를 받는 등 어려움을 겪게 되는데, 정부는 주민들에게 손해가 없도록 현 시가로 충분히 보상하겠다, 또 앞으로 고속도로 연변 토지는 땅값이 올라가기 때문에 주민들에게 손해가 없고 연변에 있는 마을이 발전하고 국토가 개발되는 계기가 된다는 것이다.

"이러한 공사를 하는 데는 조금 전에 건설부장관이 말씀한 것과 같이 정부의 힘만으로는 대단히 어려운 일이고, 이 연도에 사는 국민 여러분들 또 관계 기간 여러분들이 많이 협력을 하고 도와주셔야만 될 것입니다.

이 연도에 있는 분들의 여러 가지 피해도 많이 있을 것으로 압니다. 자기 농토가 들어가고 토지가 들어갔기 때문에 정부에 이것을 팔아야 된다. 기타 일부 농토의 침해를 받는다 등등 문제들이 있을 줄 압니다. 그러나 정부로서는 여러분들에게 현 시가로 따져서 절대 손해가 가지 않게끔 여기에 대한 보상을 충분히 할 것이고, 도로 부지로 들어가는 토지에 대한 보상은 이것을 절대 여러분들에게 손해가 가지 않게끔 최대한 주의를 하고 있을 뿐 아니라, 여러분들 토지 바로 옆으로 이러한 고속도로가 지나자면 남아 있는 여러분들의 토지는 그만큼 땅값이 올라가기 때문에 여러분들은 절대 손해가 없다는 것을 인식하셔야 합니다. 동시에 이 길은 여러분들의 고장과 국토 발전에 하나의 큰 계기가 된다는 것을 여러분들이 생각을 하시고, 이 도로건설 사업에 많은 협력을 해 주시기 바랍니다. 그 동안 이 공사 착수 전까지 여러 가지 준비에 노고를 하신 건설부 당국, 또 관계공무원 여러분, 또 이번 시공을 맡는 건설업자 여러분들, 또한 우리 육군공병부대 장병 여러분들 앞으로 이 일에 대해서 이 사업이 이 만큼 여러 가지 의미에 있어서 중대한 민족적인 과업이라는 것을 잘 인식하시고, 훌륭한 성과를 이루어 주기를 당부해 마지 않습니다."

서울~수원 간 경부고속도로와 경인고속도로가 개통되다

1968년 12월 21일, 서울~인천 간 경인고속도로와 서울~수원 간 경부고속도로가 준공됨으로써 국가 간선도로의 일부가 처음으로 고속화되었다.

대통령은 이날 경인고속도로 건설의 연쇄효과와 경부고속도로의 나머지 구간건설 추진상황에 대해 설명했다.

"오늘 우리나라에서 처음으로 국가 간선도로의 일부가 고속화되어서 그 준공을 보게 되었습니다. 이 도로가 하루 빨리 준공되는 것을 우리 온 국민들이 고대하고 있었기 때문에 이 소식을 들은 국민들은 다 같이 기뻐하리라고 생각합니다.

오늘날 근대 산업국가에 있어서 도로의 혁명 없이는 산업혁명을 가져올 수 없고, 도로의 근대화, 산업의 근대화를 가져올 수 없다 하는 것은 하나의 상식으로 되어 있는 것입니다.

오늘 개통되는 경인고속도로만 하더라도 과거 서울~인천 간을 50분 내지 한 시간 동안 자동차로 달리던 거리를 불과 18분 내외로 단축했기 때문에 이것은 확실히 하나의 혁명적인 사실이라고 얘기

경인고속도로 개통식에서 막걸리를 뿌리고 있는 박 대통령(1968. 12. 21)

해도 과언이 아니라고 생각합니다.

더군다나 경인고속도로는 그 종점을 인천 부두에다가 직접 직결시켰기 때문에, 지금 공사 중에 있는 인천 제2도크가 앞으로 완공이 되면서 서울~인천 간 교통 수송면에 있어서 일대 변혁을 가져올 것이며, 이 연도에 여러 가지 산업과 기타 도시 발전이 오리라고 우리는 기대하고 있습니다.

오늘 이 준공을 보게 되는 경부 간 고속도로의 일부인 경수 간 고속도로는 우리나라에 있어서 역사적인 과업이라고 보아야 할 것입니다. 금년 2월 1일에 착공을 해서 불과 10개월 만에 경수 간이 완공되었고, 지금 현재는 오산까지 거의 포장공사가 끝나 가고 있습니다.

또 오산~대전 간에도 포장공사가 활발히 진행되고 있고, 부산~대구 간에도 금년 9월부터 착수해서 상당한 작업이 지금 계획대로 진행되고 있습니다. 대구~대전 간은 지금 여러 가지로 기술조사를 하고 있으며, 일부 설계도 착수했기 때문에 내년 초에는 이것 역시 착공을 하게 될 것입니다. 이렇게 된다면 서울~대전 간은 내년 우기 전에는 개통을 보게 될 것입니다. 그동안 대구~부산 간도 내년 여름까지는 완전히 개통이 될 것입니다. 다만 대구~대전 간에 있어서 중간에 낙동강이 있고 추풍령이 있어서, 여러 곳에 터널이 있기 때문에 늦어도 70년 여름까지는 이것이 완공이 되리라고 우리는 보고 있습니다. 그렇게 되면 앞으로 70년 여름쯤 가서는 서울~인천 간 경인공업권과 부산을 중심으로 한 영남공업권이 불과 4시간 반에 달릴 수 있는 거리로 단축이 됩니다. 도로를 통해서 이 연도에 여러 가지 새로운 산업이 발달할 것이며, 또한 경제개발에 크게 이바지할 것을 우리는 기대해 마지않습니다.”

대통령은 이어서 경부고속도로 이외에 나머지 다섯 개 국가 주요 간선도로 건설계획과 그 효과에 대해 설명했다.

"정부는 또한 조금 전에 건설부 장관이 식사에서 말한 바와 같이 지금 세계은행에서 조사단이 와서 금년 10월부터 착수하고 있는 여러 개 국가 주요 간선도로에 대한 기술조사가 내년 말까지는 끝날 것으로 우리는 보고 있습니다. 이것이

경부고속도로 천안~대전 구간 개통식에 참석한 박 대통령 (1969. 12. 10)

끝나고 경부고속도로가 끝나는 70년 중간쯤 가면 서울~강릉, 대전~호남, 남해안~동해안, 이러한 도로를 연차적으로 계속 착공할 계획으로 있는 것입니다.

이러한 국가의 간선도로가 전부 완공이 되면 우리나라의 도시와 농촌이 보다 가까운 거리로 단축되고, 또한 공업과 농업이 보다 밀접한 관계를 가지게 되고, 이렇게 함으로써 그야말로 명실공히 우리나라의 산업이 근대화되고 근대 국가로서의 모습을 일신하게 되리라고 우리는 확신합니다. 특히 이번 공사에 있어서 우리가 가장 자랑스럽게 생각하는 것은 경인고속도로나 경수고속도로를 막론하고

거의 우리의 기술을 가지고 했다는 것입니다.

경인고속도로는 아시아 개발은행에서 일부 차관을 얻기는 했습니다마는 그 나머지는 전부 우리의 기술과 우리의 재원을 가지고 이 공사를 했다는 것입니다. 또한 이 공사는 세계에서 가장 싼 값으로, 또한 가장 빠른 시간으로 되었다는 것을 우리는 자랑스럽게 생각합니다.

혹 이렇게 애기하면 여러분들께서는 공사가 빠른 시간에 날치기로 되지 않았느냐고 생각하시는 분이 계실는지 모르지만, 절대 그렇지는 않을 것입니다. 앞으로 여러분들이 그 길을 달리면서 이 길을 통해서 우리나라에 어떠한 산업이 발달이 되고 이 연도에 어떠한 새로운 산업이 발달될 것인가 하는 것을 한번 생각해 보면서 달려보시기를 바랍니다. 동시에 이 길에는 우리들 세대뿐만 아니라, 후세에 우리 후손들이 시속 100㎞라는 빠른 속도로서 주야로 이 도로를 달리면서 우리나라 발전에 크게 기여하리라는 것을 생각할 때 흐뭇한 마음을 금할 수가 없습니다.

특히 이 공사에는 여러 가지 어려운 점도 많았습니다. 경부고속도로는 초기에는 대통령이 좀 빨리 하라고 서둘렀기 때문에 건설부장관이 국회에 나가서 법도 통과되기 전에 왜 공사를 착수했느냐고 호통도 많이 받았습니다마는, 하여튼 건설부 당국의 관계공무원 여러분들의 많은 노고와 또 이 시공을 담당한 현대건설·대림산업·삼부토건, 이 회사의 중진 기타 여러 종업원들의 노고에 대해서 치하를 드립니다.

또한 육군공병부대가 이 공사에 참가해서 많은 수고를 했고 지금도 군에서 파견된 장교들이 이 공사감독관으로 나와서 그동안 열심히 일을 해준 데 대해서 충심으로 감사히 생각하고 치하를 드립니다. 문제는 이 도로를 우리가 앞으로 잘 활용하고 잘 관리해서 보다 효과적으로 운용할 수 있겠는가 하는 문제를 우리가 연구하고 노력해야 될 줄 압니다."

증대하는 수출입 물량수송 문제해결 길은 육로수송 발달에 있다

1969년 초부터 1년여 동안 우리 기술자와 외국기술자들은 호남고속도로의 대전~전주 구간, 전주~순천 구간에 대해 기술조사 등 사전 준비를 추진했는데 마무리 단계에 이르러 도로에 필요한 부지매수에 대한 현지 주민들이 협조 문제 때문에 곤란에 직면했다. 그러나 대전에서 순천까지 전 구간에 사는 인근 주민들이 서로 협의하여 정부의 토지수용을 받아들이는 것이 지역 발전에 도움이 된다고 판단하고 적극 협력했다. 그리하여 1970년 4월 15일 착공되었다.

대통령은 이날 기공식에서 1976년 말까지는 중요한 간선도로의 고속화 계획을 간략하게 설명하고, 왜 방대한 예산을 들여서 이러한 고속도로를 건설하는지, 고속도로의 가치가 어떤 것이고 그 목적이 무엇인지에 대해 소상하게 설명했다. 특히 농촌지역 주민들은 고속도로의 필요성과 그 파급효과에 대해 충분히 이해하고 있지 못하다고 보고 이에 대한 홍보에 직접 나선 것이다.

대통령은 먼저 경제가 급속하게 성장하고 산업이 발달함에 따라 사람과 물자의 이동이 급격히 늘어났으며, 그 결과 철도수송량이 증가하였고, 수출과 수입물량 증대로 해상수송과 항공수송도 늘어났다. 이러한 수송문제를 해결하는 데 있어서 가자 중요한 것이 자동차를 이용하는 육로수송의 발달이라는 것이다.

"호남지방 주민 여러분이 오래 전부터 고대하고 갈망하던 호남고속도로가 오늘 착공을 보게 됐습니다.

정부에서는 지난 68년부터 중요한 간선도로를 연차적으로 전부 고속화해야 되겠다는 방침을 세워 경인고속도로는 이미 오래 전에 전면 개통을 보고 경부고속도로도 대전과 대구 사이가 금년 6월 말경 완공됨으로써 완전히 개통을 보게 됐습니다. 금년부터는 호남고속도로를 착공해서 대전~전주 간을 금년 말까지 완공될 것입니다. 진주에서 광주를 거쳐 순천까지 가는 고속도로는 연말에 계속 공사를 추진해서 72년 말 아니면 73년 여름까지는 이것도 완전히 개통되리라고 봅니다.

또한, 정부는 내년 봄에는 서울~강릉을 연결하는 고속도로를 착공할 계획으로 지금 추진하고 있습니다. 그 다음에는 호남과 경상도를 연결하는 남해안고속도로를, 다음에는 부산에서 강원도 강릉과 속초를 연결하는 동해안고속도로를 연차적으로 추진하려고 합니다.

이 계획은 대체적으로 오는 76년 말까지는 완수되리라고 정부에서는 내다보고 있습니다.

이렇게 방대한 사업을 추진하는 데는 여러분의 노력과 또한 방대한 예산이 필요할 것입니다. 거의 천문학적인 숫자의 예산이 투입되는 것입니다.

오늘 착공한 이 호남고속도로만 하더라도 1킬로미터에 약 1억 원 정도 예산이 듭니다. 그러면, 정부는 왜 이렇게 방대한 예산을 들여 고속도로를 착수하느냐, 고속도로가 우리나라에 얼마만한 이익을 가져오느냐.

고속도로의 가치와 목적을 충분히 이해하지 못한 분들은 우리나라가 현재와 같은 단계에서 고속도로 건설을 그렇게 빨리 서둘 필요가 없지 않느냐 하는 의견을 가진 사람도 없지 않다고 생각됩니다. 그러나, 우리나라의 산업을 근대화하고 도시와 농촌의 거리를 단축하고, 지역 간 격차를 없애고 그리고, 일정한 지역만 발전시키지 않고 전국에 골고루 공업을 분산시켜 농촌에까지 침투해 들어가는 등 여러 가지 목적을 생각할 때 가장 앞서야 될 것이 고속도로

호남고속도로 기공식 전북 완주군 도촌면 용정리에서 열린 호남고속도로(대전~순천) 기공식에 참석했다. 왼쪽부터 이한림 건설부장관, 박 대통령, 장경순 의원, 윤제술 의원(1970. 4. 15)

고, 또 우리는 이런 판단으로 이 사업을 추진해 나가는 것입니다.

경제가 급속히 성장하고 산업이 나날이 늘어나면 당장에 나타나는 현상이 있습니다. 그것은 사람과 물자의 이동이 급격히 늘어나는 것입니다. 즉, 수송량이 급격히 늘어나는 것입니다. 이 늘어나는 물자의 수송문제를 빨리 적절히 해결해 주지 않으면 경제가 계속적으로 발전할 수 없는 것입니다. 따라서, 산업경제가 개발되어 감에 따라 가장 신속히 또한 값싼 수송비로서 물자를 이동시켜 줄 수 있는 조치가 같이 취해지지 않으면 그 나라의 산업경제는 지속적인 성장을 할 수가 없습니다.

지금, 우리나라도 지난 몇 년 동안에 철도수송량이 급격히 늘어났습니다. 현재, 철도화차만 하더라도 몇 년 전에 비해 2배 내지 2.5배가 늘어났지만 철도의 수송문제는 대단히 급박한 상태에 있습니다. 교통부에서는 석탄수송과 기타 여러 가지 자재 중 어떤 물자를 가장 우선적으로 수송해야 하느냐 하는 데에 골머리를 앓을 정도로 철도수송난은 시급한 당면문제가 돼 있고, 또 해상수송도 마찬가지입니다.

한편, 늘어나는 수출, 수입으로 우리나라가 외국과 거래를 많이 함에 따라 해상수송도 급격히 늘어나고 있습니다. 5·16 전에 우리나라의 총 선박 톤수는 불과 20만 톤밖에 안 됐습니다만 현재는 100만 톤도 초과하고 있습니다. 그러나 수송문제가 선박만으로 해결되는 것은 아닙니다.

항만을 확장, 개수해야 하고 육지에 없는 물건은 육로, 철로로 빠른 시간 안에 수송할 수 있는 수단이 강구돼야 합니다. 공로도 마찬가지입니다. 수년 동안 우리나라의 민간항공이 급격히 확장돼 가고 있습니다. 한 가지 좋은 예를 들어서 설명하자면 서울과 제주 사이에 몇 년 전에는 일 주일에 두 번 정도 비행기가 다녔습니다. 그런데도, 그 당시에는 손님들이 적어서 항공회사에서 비행기를 계속 취항시킬 필요가 있느냐 없느냐 하는 논란이 있었고, 때로는 안 갈 때도 있고, 한 주일에 한 번 뜰 때도 있었는데, 지금은 하루에 KAL회사의 항공기가 일곱 번씩 가고 일곱 번씩 올 정도로 비행기가 많이 뜨고 있습니다.

이것도 사전에 예약을 하지 않으면 비행기를 탈 수 없는 실정인데 이런 상태만 보더라도 우리나라의 공로수송이 지난 수년 동안에 얼마만큼 늘어났는가 하는 것을 짐작할 수 있습니다. 이러한 수송문제를 해결하는 데 있어서 철도수송도 중요하고 해상수송도 중요하고 항공도 중요하지만, 특히 오늘날 근대국가에 있어서 가장 중요한 것은 육로수송 특히 자동차를 이용하는 육로수송의 발달인 것입니다."

대통령은 이어서 이 고속도로가 완공되면 교통시간 단축, 이 지역

생산물 판매 등 호남지방 개발을 위해 중요한 계기가 된다는 점을 역설하고, 현지 주민들이 정부의 도로부지 매수에 단시일 내에 적극 협력해 준 데 대해 감사의 뜻을 표명했다.

"옛날, 기차도 자동차도 없을 때는 전주에서 서울까지 가는 데 아마 일주일이나 열흘이 걸렸을 겁니다. 지금 기차나 자동차로 가더라도 상당한 시간이 걸리는 데, 앞으로 이 고속도로가 금년 말께 완공되면 전주에서 대전까지 약 50분 만에 달릴 수 있을 겁니다. 대전에서 서울까지 한 시간 20분 내지 한 시간 반에 달릴 수 있으니까, 이 지방 생산물이 서울까지 수송되려면 지금까지 5~6시간 걸리던 것이 앞으로는 불과 2시간 30분 정도면 거뜬히 수송될 수 있습니다.

서울과 순천 사이도 앞으로 이 고속도로가 완전히 개통되면 4시간 내지 4시간 30분 정도면 달릴 수 있는 것입니다.

과거에는 순천이나 여수 지방, 특히 호남지방의 해안지대에서 생산되는 물건이 서울까지 가자면 거의 10시간 또는 그 이상 시간이 걸리고 또 먼지를 뒤집어 써서 품질이 나빠진다든지, 한번 갔다 온 자동차는 거의 쓰지 못하게 된다든가 하는 여러 가지 불편으로 말미암아 생산품을 제때에 공급하지 못하고, 또 제값을 받지도 못했습니다.

그 밖에도, 우리는 고속도로가 가져오는 여러 가지 혜택을 생각할 수 있습니다. 따라서, 이 고속도로는 우리나라 산업근대화의 상징적인 사업일 뿐 아니라 특히 이 호남지방 개발을 위해서 또 하나의 계기가 될 수 있는 커다란 공사라고 생각됩니다.

이 공사는 그 동안 기술조사라든지, 여러 가지 어려운 문제들이 있었습니다. 지난 1년 동안 우리 기술자와 외국 기술자가 협조해서 사전준비를 추진했는데 마지막 단계에 가서 현지 주민들이 도로에 필요한 부지 매수에 어떻게 협력해 주느냐 하는 가장 어려운 문제가 있었습니다.

그런데 다행히도 호남고속도로는 불과 한 달 남짓한 사이에 현지 주민들이 적극적으로 협력해 준 덕택에 빨리 착공할 수 있게 되었습니다. 오늘 아침에 들은 보고에 의하면, 대전에서 순천까지 전 노선 인근 주민들의 90%, 거의 100%가 정부의 토지수용을 좋은 일이라고 보고 적극 협조했다는 이야기를 들었습니다.

이런 이야기를 듣고 대단히 기쁘게 생각합니다. 이러한 공사는 정부가 하는 도로공사가 하든 역시 현지에 있는 주민 여러분들이 이 도로가 무슨 목적을 위해서 건설되고, 이 도로가 생겨서 이 지방에 앞으로 어떠한 혜택을 가져올 것이냐 하는 것을 잘 이해하여 협력해 주어야만 보다 빨리 순조롭게 진행될 수 있다고 생각됩니다. 이 점에 대해서 우리 호남주민 여러분들이 적극적으로 협력해 주신 데 대해 감사를 드리고 앞으로 이 공사가 진행되는 과정에 있어서도 폐를 끼치는 일들이 한두 가지가 아닐 줄 압니다만, 이런 점을 여러분이 잘 이해해 주시고 많은 협조해 주시면 이 공사가 순조롭게 계획대로 잘 추진되리라고 믿습니다."

민족 숙원, 경부고속도로가 완전 개통되다

1968년 2월 1일에 착공된 경부고속도로는 드디어 서구인들이 행운의 7이라는 숫자가 세 개가 들어 있는 1970년 7월 7일 대구공설운동장에서 그 개통식이 개최되었다.

대통령은 이날 2년 반 전 기공식날 이 경부고속도로는 조국근대화의 상징적인 도로인 동시에 남북통일에 직결된 도로라고 천명한 사실을 되새기면서 이 도로공사의 규모, 투입예산, 동원인력, 장비, 물자면에서 전례없는 거창한 대역사였다고 설명했다. 그리고 공사

▲ 전장 428km의 서울~부산 간 경부고속
도로가 드디어 개통(1970. 7. 7)

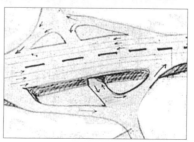

▶ 박 대통령의 고속도로 인터체인지 구상
박 대통령은 항시 간단한 메모나 그림으로
고속도로 IC와 같은 구상을 지시하곤 하였
다.

기간 동안에 77명의 순직자가 생긴 불행한 일도 있었음을 밝혔다.

"유럽 사람들은 흔히 럭키 세븐이라 하여 7이라는 숫자를 대단히 좋아하는 것 같습니다. 이런 영향을 받아서인지 최근에 우리나라에서도 7자를 좋아하는 것 같은데, 오늘 1970년 7월 7일, 이 좋은 날을 택해서 우리들의 오랜 꿈이요, 우리 민족의 숙원이던 경부 간 고속도로의 완전 개통을 보게 된 것을 국민 여러분들과 더불어 경축해 마지않는 바입니다.

이 길은 총연장 428킬로미터로 우리나라 이수로 따지면 천리 하고도 약 70리가 더 되는데, 장장 천리 길을 이제부터는 자동차로 4시간 반이면 달릴 수 있게 됐습니다. 이 공사는 여러분들이 아시는 바와 같이, 재작년 즉 1968년 2월 1일, 서울 근교에 있는 원지리에서 처음으로 기공식을 올린 이래, 만 2년 5개월 만에 여러 가지 어려움과 난관과 애로를 극복하고 오늘 예정대로 완전히 개통을 보게된 것입니다. 이 공사는 우리 역사상 가장 거창한 대역사였습니다.

이 공사의 규모와 여기에 투입된 예산, 동원된 인력, 장비, 물자 등 모든 면에서 과거에 볼 수 없었던 거창한 대건설 공사였던 것입니다.

나는 이제 이 자리에서, 지난 68년 2월 1일 기공식날 내가 국민 여러분들에게 한 이야기를 다시 한번 상기해 봅니다.

이 경부고속도로야말로 우리의 조국근대화의 상징적인 도로이며, 남북통일과 직결되는 도로라고 말한 것을 기억합니다.

여기에 투입된 공사비만 하더라도 429억 원이나 됩니다. 지난 며칠 전에 어느 신문을 보니까 대단히 재미있는 통계가 있어서 여러분에게 소개를 하겠는데, 429억 원이라는 돈은 우리가 쓰는 백 원짜리 지폐를 서울서부터 죽 깔 것 같으면, 그 길이가 경부고속도로를 75회 왕복할 수 있는 길이가 된다는 것입니다.

이것만 봐도 429억이라는 돈이 얼마만한 액수라는 것을 여러분이 대략 짐작할 수 있을 것입니다. 여기에는 또한 막대한 장비와 물자가 동원되었고 동시에 고귀한 희생이 뒤따랐던 것입니다.

이 공사 기간에 불행하게도 생명을 잃은 희생자들이 77명이나 있었던 것입니다."

대통령은 이어서 경부고속도로는 인간의 피와 땀과 의지의 결정으로서 이루어진 공사이며, 우리 민족의 피와 땀과 의지로서 이루어진 민족적인 대 예술작품이라고 이야기하고 싶다는 소감을 피력했다.

"이 공사를 통해서 우리가 자랑스럽게 생각하는 것은 이 공사에 투입된 예산이 전부 우리 국민들이 낸 세금, 즉 우리의 돈으로 이루어졌다는 사실입니다. 여기에는 외국의 원조나 차관이 한 푼도 들어 있지 않습니다.

또한, 외국 사람들의 기술지도를 받지 않고 순전히 우리 기술만 가지고 했고, 다른 나라에서 만든 고속도로에 비하면 훨씬 싼값으로, 그리고 가장 빨리 완공했다는 점을 우리는 자랑스럽게 생각합니다.

우리 이웃에 있는 일본의 예를 들어 볼 것 같으면, 몇 년 전에 일본 동경에서 나고야까지 가는 소위 도메이(東名)고속도로가 총연장 340킬로미터가 조금 넘는, 즉 우리 경부고속도로보다는 100킬로미터가 짧은 구간이었지만, 여기에 투입된 공사비는 매 킬로미터당 약 7억 원, 우리나라 돈으로 따져서 7억 원 내지 10억 원이 들었다고 합니다.

그런데 우리 경부고속도로는 매 킬로미터당 약 1억 원이 들었습니다. 그러니까 외국에 비해서 약 7분의 1 정도밖에 들지 않았습니다.

또한, 공사기간도 일본의 도메이고속도로는 7년이 걸렸는데, 우리는 그보다도 100킬로미터가 더 먼 거리를 2년 반만에 완공을 했습니다. 이 공사를 처음에 시작할 때에는 우리 국내에서도 여러 가지 비판이 있었습니다.

우리나라의 재정을 가지고 또 우리의 기술을 가지고 그렇게 빠른 시일 내에 경부고속도로를 만든다는 것은 거의 무모한 일이라는 말들이 있었습니다. 심지어는 불가능하다, 안 된다고까지 했습니다. 그당시에 우리나라의 과거의 상식으로 본다면 무모하고 불가능하다고 보는 것이 오히려 정상적이었는지도 모릅니다. 그러나, 우리 정부에서는 남이 무모하고 불가능하다는 이 고속도로 건설을 시작했습니다. 남이 볼 때는 불가능하다고 봤지만, 사전에 치밀한 계획과 여러 가지 구체적인 데이터를 갖고 있었고, 또 과학적인 검토와 분석에 의해서 충분히 할 수 있다는 자신을 가졌기 때문에, 우리는 이 고속도로를 착수했던 것입니다.

많은 사람들이 무모하고 불가능하다는 이 428킬로미터의 고속도로를 우리의 공무원들과 우리나라 건설업자들과 기술진, 노무자 등 모두가 자기들의 전 심혈을 경주하고 전 정열을 쏟고 모든 기술을 총동원해서 불가능을 가능으로 만들었던 것입니다.

이 도로야말로 인간의 피와 땀과 의지의 결정으로써 이루어진 공사요, 우리 민족의 피와 땀과 의지로써 이루어진 하나의 민족적인 대예술작품이라고 나는 이야기하고 싶습니다.”

대통령은 이어서 우리가 경부고속도로를 건설하면서 얻은 가장 중요한 성과는 경제적인 것보다는 정신적인 것이었다는 점을 강조했다.

“이 고속도로가 앞으로 우리나라 국민경제의 발전과 산업근대화에 여러 가지 큰 공헌을 하리라고 우리는 믿습니다.

우리가 이 고속도로를 처음에 착수할 때에는 물론 경제적인 분야, 산업 분야의 목적이 첫째였지만, 나는 이 고속도로를 만들 때 이러한

대전인터체인지에서 열린 경부고속도로 개통식 박 대통령 일행은 대전인터체인지 테이프 커팅에 이어 대구까지 시주한 뒤 대구공설운동장에서 준공기념식에 참석하였다 (1970. 7. 7).

경제적인 면과 물질적인 면보다도 더 중요한 목적을 하나 가지고 있었던 것입니다.

　그것은 뭐냐 하면, 우리 국민들이 과연 얼마만한 민족적인 저력을 가지고 있는가, 우리 국민이 얼마만한 에너지를 가지고 있는가, 또 우리가 얼마만한 기술을 가지고 있는가 하는 우리 민족의 능력을 이 고속도로를 통해서 한 번 시험해 보자 하는 것이 중요한 목적이었습니다. 과연 이 공사를 통해서 우리 민족도 남 못지않게 무한한 민족적인 저력을 가진 민족이고, 무한한 에너지를 가지고 있는 민족이고, 강인한 의지력을 가진 민족이라는 것을 우리는 실증했던 것입니다. 아무리 어려운 일이라도 우리가 일단 하겠다고 결심한 일은 우리의 모든 노력을 총동원하면 안 되는 일이 없다, 불가능은 없다는 자신을 우리는 얻었던 것입니다. 우리가 이러한 민족적인 자신을 얻었다는 것은 이 도로가 우리나라 경제에 미치는 물질적인 효과보다도 더 중대한 의의가 있다고 생각합니다.

정부는 경부고속도로에 이어서 금년 4월에는 호남으로 가는 호남고속도로를 착공했습니다. 앞으로 계속해서 전국의 주요 간선도로는 제3차 5개년계획이 끝날 무렵까지는 거의 고속화할 수 있는 계획을 추진하고 있습니다. 이것은 대체로 우리 계획대로 순조롭게 추진되리라고 내다보고 있습니다."

대통령은 이어서 경부고속도로 건설에 참여해서 열심히 일한 모든 관계자들의 희생적이고 헌신적인 노력에 대해 설명했다.

"이 공사의 준공을 봄에 있어서, 우리가 잊어서는 안 될 일은 이한림 건설부장관 이하 모든 공무원들과, 또 이 공사에 참여한 건설업자들과 기술자, 또 군에서 나온 공병 장병을 포함한 건설부 감독관들, 이러한 분들의 그 동안의 노고입니다. 이들에게는 그 동안 밤도 없고 낮도 없고 여름도 없고 겨울도 없었으며, 24시간 그들의 모든 정력과 심혈을 총 경주해서 이 공사를 완공했던 것입니다. 특히, 우리 감독관들은 공사현장에서 현장노무자들과 침식을 같이 하면서 거의 자기 가정에는 한 달에 한 번 들어갈까 말까하는 정도로 여기에 전 심혈을 경주했습니다.

또, 나는 이 공사에 참여한 우리 건설업자들의 그 애국심에 대해서 특히 이 자리를 빌려서 치하를 드리고자 합니다. 보통 건설업자들이 공사를 맡을 때에는 그 공사를 맡음으로써, 어떠한 이익이 있

▲ 개통식에
이어 시주하는
대통령 일행
(1970. 7. 7)

▶ 수시로 고
속도로 공사현
장에 내려와
작업지시를 하
는 박 대통령
(1968. 7. 9)

거나 돈을 벌 수 있어야만 맡는 것이 상식입니다.

그러나 경부고속도로 건설에 참여한 모든 건설업자들은 내가 알기로는 전부 적자를 내고 결손을 본 걸로 압니다.

이분들은 이 공사에 처음 착수하면서부터, 이 공사에서 큰 이익이 없다는 것을 알면서도 모두 자진해서 여기 참가하기를 희망했고, 이 공사에서 비록 적자를 보는 한이 있더라도 이 역사적인 공사에 참여한다는 데 보람을 느끼고 헌신적으로 이 공사를 시공하고, 예정대로 완공을 시킨 데 대해서 나는 깊이 치하를 드리고자 합니다.

이 공사에 참여한 우리 공무원, 건설업자 또는 감독관 여러분들은 우리나라의 고속도로 역사와 더불어 길이 기록에 남으리라는 것을 나는 확신하여 마지않습니다. 이제 우리 민족의 오랜 꿈이 하나 실현되었습니다. 이 공사를 통해서 우리는 무한한 민족적인 자신도 얻었습니다.

그러나 우리나라의 고속도로 시대는 지금부터 시작되는 것입니다. 이제 막 시작인 것입니다. 이 고속도로는 우리가 추진하고 있는 조국 근대화작업과 발맞추어 매년매년 앞으로 뻗어나갈 것입니다. 이제부터 우리 국민들이 더욱 단결해서, 이 경부고속도로에서 얻은 자신과 의지와 용기로써 앞으로 조국근대화과업을 계속 추진해 나갈 것 같으면, 나는 머지 않은 장래에 우리들이 대망하는 자립과 번영의 찬란한 내일이 우리 눈앞에 다가올 것을 믿어 마지않는 바입니다.

다시 한번 이 공사에 참여한 모든 관계관, 건설시공업자, 기술자, 감독관 또한 국민 여러분들에게 감사를 드리는 바입니다.”

호남고속도로 (대전~전주 구간)가 착공 8개월 만에 완공되다

1970년 12월 30일, 호남고속도로 대전~전주 구간의 약 200리 공사가 착공 8개월 만에 준공되었다.

대통령은 이날 준공식에서 먼저 이 구간의 공사가 아주 난공사였다는 점을 설명했다.

“여러분의 오랜 숙원이었던 호남고속도로의 일부인 대전~전주간 고속도로가 오늘 준공을 보고 개통된 데 대해서 여러분들에게 축하드리는 바입니다.

지난 4월 15일 삼매 부근에서 호남고속도로 기공식을 여러분들과

호남고속도로 대전~전주 간 개통식에 참석한 박 대통령 내외(1970. 12. 30)

같이 올린 바 있습니다.

　그 동안만 3개월에 걸쳐 약 80킬로미터, 우리나라 이수로 약 200리가 되는 대전~전주 간 고속도로가 오늘 완공되었습니다.

　방금 건설부장관의 경과보고에도 있었습니다만, 공사기간은 8개월이었지만 금년에는 장마가 길었고, 특히 초가을에는 자주 비가 와서 실지로는 8개월의 절반밖에는 공사를 할 수 없는 악조건이 있었던 것입니다.

　공사를 하다가는 비가 오면 해놓은 공사가 허물어지고 비가 멎으면 다시 공사를 되풀이하고, 이렇게 해서 공사기간도 짧았을 뿐 아니라, 공사량도 원래 계획했던 것보다 훨씬 더 많은 난공사를 했습니다.

　그간 모든 사람들이 특히 감독기관인 건설부의 이한림 장관 이하 관계 공무원들과 우리 도로공사 전 직원과 이 공사에 참여한 시공업자, 기술자, 노무자 여러분들의 그 동안의 노고가 얼마나 컸던가 하는 것을 가히 짐작하고도 남음이 있다고 생각합니다.

　최근에는 연말이다, 성탄절이다 해서 모두 축제 기분에 젖어 있었습니다만, 이 공사에 종사한 시공업자와 기술자와 노무자 여러분들은 24시간 밤낮을 가리지 않고 연내 완공이란 목표를 달성하기 위해서, 많은 애를 썼다는 것을 국민 여러분들이 잘 아셔야 될 줄 압니다.

　이 도로는 경부고속도로에 연결해서 호남으로 뻗어 내려가는 호남고속도로인데, 오늘 끝난 이 공사는 대전에서 전주를 거쳐 광주에서 순천까지 뻗어나가는 전장 275킬로미터 호남고속도로의 1단계 공사인 것입니다.

　전주에서부터 광주·순천 간을 가는 나머지 공사는 새해 들어서 해동이 되면 계속해서 착공할 모든 준비를 지금 서두르고 있습니다. 이 공사는 앞으로 2년 후면 순천까지 밀고 나갈 수 있다고 확신하고 있습니다."

대통령은 이어서 이 고속도로가 특히 우리 농민들에게 많은 혜택과 이익을 가져다 준다는 것을 구체적으로 설명하고, 이 도로의 이용방법에 대해 연구할 것을 당부했다.

"여러분 중에는 혹시 무엇 때문에 많은 돈을 들여서 고속도로를 만드느냐 하는 의문을 가진 분이 있으리라 생각됩니다만, 이 고속도로가 완공됨으로써 우리의 생활 주변에는 많은 변화가 이루어지게 됩니다.

특히, 이 호남고속도로는 우리나라의 서울·인천을 중심으로 한 경인 경제권, 전주·광주를 중심으로 한 호남경제권, 대구·부산을 중심으로 한 영남경제권 등 세 개 경제권을 직결할 수 있는 대동맥을 형성하게 되는 것입니다. 이 대동맥이 완성됨으로써, 최근 고도성장을 지속하고 있는 우리나라 경제에 새로운 가속도를 가해서 보다 더 급속한 경제성장을 이룩할 수 있다고 기대를 하고 있는 것입니다.

이 지방의 농민 여러분은 혹 이런 생각을 할는지 모르겠습니다. 고속도로가 생겼지만 자동차를 타고 다니는 사람이나, 차를 가지고 있는 사람들만 좋았지, 우리 농민들에게는 무슨 혜택이 있느냐 하는 생각을 가진 사람이 있을지 모르겠습니다만, 사실은 이 고속도로의 혜택이라는 것은 시간이 가면 갈수록 우리 농민들, 어민들에게 보다 많은 혜택과 이익을 가지고 온다고 나는 확신합니다.

왜냐 하면, 이 지방에서 생산되는 농산물, 수산물 또는 공산물을 여러분들이 많이 생산하는 것도 대단히 중요하지만, 생산해 가지고만 있으면 아무 소용이 없는 것입니다.

생산된 물건을 소비지역에 빠른 속도로 수송해야 되고 제때에 보내 제값을 받아야만 여러분들의 소득이 늘어나는 것입니다. 그렇게 하기 위해서는 수송이라는 것이 대단히 중요한 역할을 하는 것입니다.

이른바 유통이라는 것이 중요한 것입니다. 이러한 고속도로가 완공됨으로써 이 지방에서 생산되는 모든 농수산물, 공산물을 경인지구나 영남지구 또는 타지방에 빠른 속도로 수송할 수 있고, 값싼 비용으로 수송할 수 있고, 제때에 제값을 받을 수 있게 해서, 우리 농민들에게 소득을 올려 보자는 것이 이 고속도로 건설의 커다란 목적이라는 것을 우리 농민 여러분들이 아셔야 되고, 따라서 농민 여러분들이 이 도로를 어떻게 하면 최대한으로 이용할 수 있는가 하는 이용 방법을 연구해야 되겠습니다.

앞으로 이 도로를 잘 이용하는 농민이나 고장은 빠른 발전을 이룩할 수 있다고 믿습니다.

그러나 이 도로를 어떻게 이용을 해야만 우리 지방 발전에 도움이 되느냐하는 이용 방법을 잘 모르고 이용을 잘 하지 않는 농민들이나 농촌은 별반 효과를 못 볼 것입니다.

여러분들 고장 앞으로 이 고속도로가 지나가더라도 여러분들이 이것을 잘 이용하지 않는다면 아무 소용이 없는 것입니다.

오히려, 하루 종일 차가 뛰어다녀 소리만 시끄럽고 오히려 불편할 것입니다. 그러나 어떻게 하면 도로를 잘 이용하느냐 하는 문제는 여러분들이 잘 연구를 하시면 앞으로 많은 혜택과 이익을 가져올 것입니다.

또한, 이 도로는 앞으로 우리가 추구하고 있는 호남지방의 공업발전을 위해서 커다란 구실을 할 것 입니다.

지금 이 지방의 공업발전을 위해서 여러 가지 새로운 기운이 싹트고 있습니다만, 특히 중요한 문제는 이 지방과 경인 또는 부산,

대구 기타 항구 지방을 빠른 속도로 연결할 수 있는 도로, 이러한 교통수단이 발전됨으로써 이 지방의 공업이 더욱 촉진될 수 있는 것입니다."

대통령은 이어서 경부고속도로는 4차선으로 건설하고 호남고속도로는 왜 2차선으로 건설하느냐는 호남지역 주민의 의문에 대해 그 경위를 설명했다.

"또 한 가지 좀 다른 얘기입니다만, 얼마 전에 어떤 사람이 나한테 이런 질문을 했습니다. 경부고속도로는 4차선으로 되어 있는데, 호남고속도로는 왜 2차선으로 했느냐는 질문이었습니다.

아마 이 자리에 계신 여러분들 중에 그러한 의문을 가지는 분들이 많이 있으리라 생각됩니다만, 정부가 처음에 호남고속도로 건설을 생각했을 때에는 4차선으로 계획을 세웠던 것입니다.

경부고속도로도 4차선으로 해서 외국차관이나 기술원조를 일체 받지 않고 우리의 돈과 우리의 기술로써 완공했으니, 호남고속도로도 그렇게 할 생각이었습니다.

그러나 앞으로 우리가 건설하려고 하는 전국의 기간 고속도로는 이 호남고속도로를 비롯하여, 내년 봄에 착수하는 서울에서 강릉까지를 연결하는 경강고속도로, 남해안을 연결하는 남해안고속도로, 동해안고속도로 등 수천 킬로미터에 달하여 방대한 예산이 들기 때문에, 이것을 전부 우리 돈으로 하기에는 너무나 벅찬 사업인 것입니다.

따라서, 정부에서는 세계은행에 고속도로 건설을 위한 차관 교섭을 해서 세계은행 차관을 얻을 수 있게 되었던 것인데, 이 호남고속도로만 하더라도 약 5천만 달러에 가까운 세계은행의 장기저리차관을 얻게끔 대략 얘기가 돼가고 있었습니다.

그런데 그 뒤에 세계은행에서 기술조사단이 와서 호남고속도로와 남해안·동해안을 기술조사한 뒤에 우리 정부에 대해서 한 가지 건의를 해 왔습니다.

즉, 호남고속도로를 포함해서 남해안·동해안·경강고속도로는 당분간은 한국이 가지고 있는 차량이나 교통량으로 보아서, 우선 4차선을 만들 수 있는 땅을 사두되, 처음에는 2차선으로 하는 것이 좋겠다, 4차선으로 하는 것은 한국이 현재 가지고 있는 차량 숫자로 보아서 비경제적이다 하는 내용의 건의였습니다.

그래서, 우리 정부 측과 세계은행기술단이 여러 달을 두고 검토한 끝에, 우리 정부는 마지막으로 세계은행 측과 담판을 했습니다. 우리는 처음부터 4차선을 계획했었는데, 2차선은 하지 않겠다고 그랬더니, 세계은행 측은 거꾸로 우리 정부에게 압력을 가해 왔습니다. '한국정부가 4차선으로 하겠다면 4차선으로 하십시오. 그 대신 우리는 차관도 줄 수 없고 손을 떼겠습니다. 마음대로 하십시오.'

이렇게 나왔습니다. 그 후 우리 건설부와 세계은행기술단이 여러 달을 두고 이 문제를 가지고 검토한 결과, 결국은 우리 정부가 양보를 해서 4차선을 할 수 있는 땅을 처음부터 확보를 해 두고, 1차 공사는 2차선만 하되 그 대신 앞으로 이 도로를 이용하는 차량 대수가 점차 늘고 교통량이 많아지면 그때 가서는 점차적으로 4차선으로 하고, 2차선으로 되어 있는 동안에는 모든 차량으로부터 요금을 안 받기로 하며, 앞으로 4차선이 되었을 때부터 이 도로를 사용하는 차량에 대해 요금을 받는다, 하는 합의를 보았던 것입니다. 그래서, 지금 이 호남고속도로는 1차적으로는 2차선으로 하였지만, 일부 연무대와 또 부분적으로는 4차선으로 되어 있고, 땅은 전부 순천까지 4차선을 만들 수 있는 토지를 확보해 두었기 때문에, 앞으로 교통량이 느는 데 따라서 연차적으로 불원한 장래에 4차선이 된다는 것을 여러분에게 알려 드리는 바입니다."

대통령은 끝으로 앞으로의 고속도로 건설계획을 설명하고 지방 주민들은 이 고속도로를 지방발전을 위해서 이용하는 방법을 연구해야 한다는 점을 강조했다.

"정부는 앞으로 조금 전에도 말씀드린 바와 같이, 우리나라 산업 경제의 급속한 발전과 근대화를 촉진하기 위해서, 무엇보다도 도로망을 정비해야 되겠고, 그것을 위해서는 가장 근본이 되는 기간고속도로를 빨리 만들어야겠다고 생각해서, 호남·남해안·동해안·경강 기타 기간고속도로와 이것을 중심으로 지방으로 뻗어간 지선 고속도로건설을 계획하고 있습니다. 우리는 이러한 기간 고속도로를 3차 5개년계획이 끝나는 무렵까지는 거의 전부를 완공할 목표로써 추진하고 있는 것입니다.

이러한 공사들이 완공되는 날, 우리나라는 그야말로 전국이 1일 생활권 안에 들어가서 전국 어디든지 하루에 갔다가 돌아올 수 있는 편리한 생활권이 이루어질 것입니다. 그렇게 함으로써, 우리나라의 도시와 농촌 또는 지역과 지역 간의 여러 가지 격차를 점차 해소할 뿐 아니라, 특히 우리 농촌에 새로운 근대화의 물결이 급속히 침투해서 잘사는 농촌이 되리라는 것을 나는 믿어 마지않습니다.

다시 한번 말씀드리거니와, 정부가 이렇게 많은 돈을 들여서 고속도로를 만든 것은 절대로 무슨 딴 목적이 있어서 하는 것이 아니라, 이 지방에 사시는 주민 여러분들이 이 도로를 많이 이용해 주십사 하는 것입니다. 여러분들이 이것을 잘 이용하지 않으면 모처럼 많은 돈을 들여서 건설한 고속도로가 충분한 효과를 발휘할 수 없는 것입니다.

어떻게 하면 이 도로를 우리 지방의 발전을 위해서 잘 이용하느냐 하는 것을 여러분들이 잘 연구해 주시기 바랍니다.

마지막으로 다시 한번 이 공사에 종사한 모든 사람들의 노고에 대해서 심심한 치하를 드리고, 특히 이 공사에 있어서 여러 가지로 협력해 주신 이 지방 주민 여러분, 그리고 충청남도와 전라북도 도지사 이하 유관기관 관계공무원 여러분들의 많은 협조에 대해서 감사를 드리는 바입니다."

경부고속도로는 '선 건설 후 보완' 방침에 따라 2년 5개월 만에 완공되다

경부고속도로 건설이 예정보다 6개월 앞당겨 2년 5개월 만에 완공되자 야당은 이것을 문제삼아 맹랑한 주장을 했다. 즉, 대통령이 71년 대통령선거를 앞두고 업적을 과시하기 위한 날림공사를 해서 서둘러 완공시켰다는 것이다. 처음에는 고속도로 건설이 불가능한 일이라고 반대하더니 완공되고 나니 우리 근로자들이 수고했다는 따뜻한 격려는 고사하고 날림공사 운운하면서 시비를 걸고 나온 것이다. 야당은 대통령을 몰라도 너무 몰랐다. 대통령의 사전에 날림이니 부실이니 하는 단어는 없었다. 혹시라도 날림공사나 부실공사가 있을 것을 염려하여 육군사관학교를 갓 졸업한 육군 소위와 중위들을 공사감독관으로 임명한 대통령이 아닌가? 대통령이 자신이 직접 경부고속도로 건설계획을 만들 때부터 '선 건설 후 보완' 원칙을 세워두고 있었다. 우리나라의 재정형편이 어려우니 외국처럼 처음부터 완벽하게 천천히 할 수는 없다, 우선 우리 형편에 맞게 도로를 건설해 놓고 미비한 점은 1년 2년 동안 보완해 나가야 되겠다, 이것이 우리로서는 더 경제적이라고 판단한 것이다.

대통령이 1964년 연말에 서독을 국빈방문하여 직접 자동차로 달려보고 깊은 감명을 받았던 아우토반은 그 노면이 콘크리트로 포장되어 있었다. 아우토반은 그 기초공사를 할 때 맨밑의 기초공사는 질이 좀 좋지 않은 시멘트를 깊이 50cm가 넘게 깔고, 그 위에 20cm 정도 질 좋은 콘크리트를 깔아 마무리한 것이었다. 따라서 콘크리트의 총 두께는 거의 1m가 되었다. 대통령은 이러한 시공법을 알고 있었다. 그러나 아우토반식으로 하자면 경부고속도로 하나만 건설하는 데도 10년 정도 걸리고 공사비도 수천억 원 들어갈 것으로 추산되고 있었다. 그렇게 되면 70년대 말까지 경부고속도로 이외의 다른 고속도로 건설은 엄두도 낼 수 없게 되어 있었다. 그래서 대통령은 '선 건설 후 보완' 방침을 정했다는 사실을 밝혀 야당의 주장은 우리 실정을 무시한 정치공세임을 드러내 보였다.

1971년 1월 11일, 연두기자회견에서 대통령은 경부고속도로는 '선 건설 후 보완' 방침에 따라 건설하게 된 사유에 대해서 설명했다.

"경부고속도로가 작년 7월에 완공을 보았습니다. 이것은 총연장 약 428킬로미터, 여기에 투자된 액수가 429억, 약 1년 반이라는 시일을 요했고 이것은 순전히 우리나라의 재원으로써, 또 우리 기술진에 의해서 가장 빠른 시일 내에 또 가장 건설단가가 싸게 먹힌 공사입니다.

이 경부고속도로에 대해서도 너무 정부가 빨리 서둘러서 날림공사를 했지 않느냐 하는 이야기를 하는 사람이 있는 것 같기도 합니다마는, 물론 이것도 우리가 천천히 돈을 많이 들여서 외국식으로 하자면 적어도 약 10년간은 걸려야 된다고 나는 생각합니다. 그리고, 돈도 제대로 들어가자면 적어도 3천억이 들어가야만 된다고 생각합니다. 일본의 예를 보더라도 고속도로 1킬로미터당 약 7억 내지 8억, 우리는 지금 약 1억 정도밖에 들지 않았는데, 그러면 우리가 428킬로미터에 7배라 할 것 같으면 약 2천 8백억, 8배를 할 것 같으면 3천여억이 든다고 하는 그런 숫자가 나옵니다.

약 3천억을 들여서 10년 동안에 천천히 공사를 할 수도 있지만, 현재 우리의 여건으로서 3천억이라는 돈을 들여가지고 고속도로를 만들기에는 재원이 너무나 어려운 문제가 되겠고, 또 다소 이것을 빨리 해서 공사에 다소 흠이 있다고 하더라도 이것은 완성된 후에 1, 2년 동안 약간씩 보수를 해 나가면 된다, 지금 현재도, 우리는 시속 100킬로미터로 충분히 달릴 수 있는 정도의 도로가 되었기 때문에, 그대로 쓰는 것이 그렇게 많은 돈을 들여서 장기간 시일을 요하는 것보다는 오히려 우리의 형편으로서는 경제적이다, 이러한 결론에서 경부고속도로가 건설된 것입니다."

대통령이 이어서 그동안 완공되고 앞으로 완공될 고속도로 건설 계획과 그 효과에 대해 설명했다.

"다음에 호남고속도로가 작년 12월 30일에 그 일부가 완공을 보았습니다. 대전~전주 간 약 80킬로가 작년 연말에 완공을 본, 이 공사는 금년에 계속해서 건설해 나갈 것이고, 또 서울에서 강릉으로 나가는 영동고속도로의 일부도 금년 봄에 착공할 예정으로 있습니다. 또, 앞으로는 남해안고속도로와 동해안고속도로 등 국가의 기간 고속도로의 계획을 지금 세우고 있습니다마는, 지금 경부고속도로 만 하더라도 도로 연도 지역에 있는 인구가 우리나라 전체 인구의 약 63%를 점하고 있습니다.

산업부문에서 보더라도 국민총생산의 약 66%가 경부고속도로 연도지역에서 이루어지고 있다는 것을 볼 때에, 앞으로 호남고속도로가 완공을 보고, 남해안고속도로, 영동고속도로, 동해안고속도로도 1976년경까지 완공이 되었을 때 이 고속도로 연도지역에 얼마만한 효과를 미치겠느냐? 첫째, 우리나라 전체 인구의 거의 90% 내지 95%가 여기에 전부 포함될 것이고, 산업부문에 있어서는 우리나라 국민 총생산의 거의 대부분이 이 연도에서 이루어질 것입니다.

즉, 대다수 국민들이 고속도로의 혜택을 볼 수 있다고 봅니다. 우리가 지금 현대 산업국가를 건설하기 위해서 국토재편성 계획을 추진하고 있는데, 국토 종합개발 계획이라고도 합니다만, 여기에 있어서 가장 근간이 되는 것은 역시 도로인 것입니다. 이러한 도로가 완공이 되었을 때에 우리나라의 중요경제권을 1일 생활권 안에다가 전부 포함시킬 수 있고, 또 도시와 농촌, 또 지역 간의 균형적인 발전, 수송의 신속, 또 유통의 원활화 등을 기할 수 있다고 봅니다.

외국의 어떤 학자가 말하기를 정부는 경제 건설에 있어서 다른 것은 할 필요가 없고 도로만 뚫어 놓으면 나머지 일은 전부 민간에서 하는 것이다, 이렇게 극단적인 이야기를 하는 사람도 있는 것 같습니다. 이러한 것을 보더라도 우리나라 국토의 종합적인 개발, 또는 산업국가로서의 근대적인 국가개발을 위해서 고속도로가 얼마만큼 중요한 역할을 한다고 하는 것은 쉽게 짐작을 할 수 있을 것이라고 봅니다.

오늘날 근대 산업국가라고 하는 것은 기술을 배운 인구가 많아야 되고, 그 사람들이 빠른 시간 내에 많은 물건을 생산을 해서 빠른 시간에 목적 지점까지 수송할 수 있는 교통수단을 갖춘 그러한 나라를 근대 산업국가라고 한다는 말을 한 학자가 있습니다.

그래서, 고속도로는 이러한 의미에서 우리가 지금 추진하고 있는 근대화 작업의 하나의 상징적인 사업이고, 또 우리의 근대화 작업의 하나의 척도다, 이렇게도 보는 것입니다."

농민들에게 고속도로 활용방법을 지도하는 데 각별한 노력을 기울여야 한다

1971년 1월 20일, 내무부 연두순시에서 대통령은 70년 12월 30일 전주에서 호남고속도로 개통식을 마치고 귀경하던 길에 충남 대덕군 근처에 있는 버스 정류장에서 고속도로에 관해 농민들과 나눈 대화를 소개하면서 고속도로 주변개발 문제와 농민들의 고속도로 활용 문제에 대해 도지사와 지방공무원들이 각별한 노력을 기울여야 되겠다는 점을 강조했다.

"아까 브리핑 때 보니까 고속도로 주변개발사업이라는 게 나오는데 나는 고속도로를 그 주변에 있는 주민이 최대한으로 활용하는 방법을 연구하는 것을 권장하고 있지만, 이것은 우리가 하고 있는 소득증대사업의 일환으로서 다루자는 것이지 고속도로 주변이라고 해서 겉치레하라는 뜻이 아닙니다. 내가 말하는 것은 생산하고 직결되는 그런 사업이어야 되겠다 이겁니다.

지금 지사들이 하는 걸 보니까 주로 고속도로 주변이라고 하니까 초가집은 기와집으로 고치는 사업에만 너무 치중하는 것 같아요. 물론 고속도로 주변에 있는 아주 보기 흉한 초가집 같은 것은 지방자치단체에 주택개량 사업이 있으니까 예산을 적극 융통성 있게 돌려 개량하는 것은 당연하겠으나 너무 그런데만 치중하지 말고, 정부가 추진하고 있는 소득증대 사업, 가령 주변에 있는 야산이라든지 놀고 있는 땅을 잘 활용을 해서 생산과 직결될 수 있는 이런 사업에 치중해야 되겠습니다. 교통 편리한 고속도로 주변에다가 중간 중간에 버스 정류장을 만들어 놓는 것은 그 주변에 돈이 있는 사람들이 도회에 구경가기 편리하도록 만들어 놓은 것이 아니라, 뭐 그런 목적도 있겠지만, 그 주변에 있는 농촌에서 생산된 물자, 이런 것을 거기까지만 운반하면 트럭 같은 것에 가득 싣고 갈 수 있도록 해놓은 것입니다. 지방 공무원들이 이런 것을 확실히 이해해 잘 활용할 줄 알아야 되겠지요.

요전에 호남고속도로 개통식날 전주에 갔다 돌아오다가 충남 대덕군 어디에 있는 버스 정류장이 있어 그곳에서 잠깐 쉬는데 그 인근에 있는 농민들이 와 몰려왔길래, 이 고속도로가 당신네 농민들에게 어떤 혜택이 있는지 아느냐 그러니까 전연 모르는 것 같아요. 그야 차타고 다니는 사람들이나 편리하지 우리 농촌 사람이야 그림의 떡이지 소용이 있느냐, 이런 식으로 이야기하길래 그런 것이 아니라고 내가 설명을 했어요. 당신들이 요 근처에 살면서 여기에다 비닐하우스 같은 것 만들어 고등소채라든지 이런 것을 생산하면 과거에는 이런 것을 대전이나 서울이나 이런 데 팔러 나갈려면 집에서부터 정류장이 있는 큰 국도까지 나가야 했고, 거리가 멀고 직접 갖다 팔지도 못해서 제 값도 못 받았는데, 이제는 부락에서 리어카로 이곳까지 싣고 오면 화물차하고 연결시켜서 몇 시간 만에 서울, 대전, 전국 아무 데나 가서 팔 수 있기 때문에 당신들한테 좋은 혜택이 많은 것이라고 설명해 주었더니 그때서야 알아들은 눈치였어요. 앞으로 우리 농민들이 농가소득 증대와 농촌개발을 위해서 고속도로를 최대한 이용하는 방법을 연구하는 분위기를 만들어 주는데 우리가 좀 더 많은 노력을 기울여야 하겠고, 또 고속도로 주변개발을 한다고 해서 외형적으로 반드르르하게 하는 데 치중하지 말고 역시 생산하고 직접 직결이 되는 그런 사업에 활용하도록 장관이 강조해야겠습니다."

영동고속도로(서울~강릉 간)가 원주 부근의 새말에서 착공되다

1971년 3월 24일, 서울~강릉 간 고속도로가, 그동안 오랜 시일에 걸친 여러 가지 기술적인 검토를 끝내고, 기타 제반 준비가 갖춰져서 원주 부근의 새말에서 그 기공식을 갖게 되었다.

대통령은 영동고속도로 건설에 있어서는 경부고속도로와는 다른 방법으로 추진했다. 왜냐하면 이 지방은 태백산맥과 추풍령 등 험준한 산악지대가 많았고, 또 당장 교통량이 크게 증가하지 않을 것으로 판단하고 있었기 때문이다. 그래서 비용이 많이 들어가는 터널을 최소화하기 위해 전 구간 노선은 자연지형을 최대한 살리는 방향으로 정했고, 차선은 4차선용 부지를 확보해두되 우선 2차선만 포장해서 사용하기로 했다.

대통령은 장차 교통량이 증대하여 4차선으로 확장해야 할 경우에 대비하여 고속도로와 접한 땅의 양쪽에 모두 50m씩 도로확장용 땅을 확보해 두도록 했다. 고속도로에 인접한 땅값이 크게 오르기 전에 미리 땅을 마련해 놓은 것이다. 이러한 땅이 이른바 접도구역(接道區域)이라는 것이다. 이러한 접도구역에는 건물을 짓지도 못하고, 형질변경도 못하게 하고 오직 고속도로 건설에만 사용할 수 있게 했다. 따라서 땅값은 더 이상 오르지 못하게 묶이게 되었다. 고속도로의 양쪽 50m씩 합해서 폭 1백m 용지는 고속도로 4개를 더 만들 수 있는 땅이다.

대통령은 이날 기공식에서 이 지방은 동서횡단 도로망이 없어서 예부터 교통이 불편하였다는 사실을 지적하고, 앞으로 이 고속도로가 완공되면 교통시간의 단축은 물론이고, 이 지역개발에 중요한 계기가 조성된다는 점을 설명했다.

"친애하는 강원도 도민 여러분!

영동고속도로 첫 구간 개통 박 대통령은 경부고속도로상의 신갈분기점에서 서울~원주 간 영동고속도로 개통식에 참석하여 테이프를 끊었다(1971. 12. 1).

여러분들이 오래 전부터 고대하고 있던 서울~강릉 간 고속도로가, 그 동안 오랜 시일에 걸친 여러 가지 기술적인 검토를 끝내고, 기타 제반 준비가 갖춰져서 오늘 이 자리에서 기공식을 보게 된 것을, 여러분들과 더불어 기쁘게 생각하는 바입니다.

우리나라의 지형을 볼 것 같으면, 남북은 여러 가지 교통망이 잘 발달되어 있습니다. 철도가 있고 도로가 있는데, 옛날부터 남북 간에 이러한 도로망은 잘 발달되어 있습니다.

그러나 동서를 횡단하는 도로망은 아주 불편하게 되어 있습니다. 여기에는 여러 가지 원인이 있겠지만, 그중에도 특히 큰 원인이 우리나라 영동지방에는 우리나라에서 가장 험준한 태백산맥이 흐르고 있고, 또 대관령이 여기에 가로막고 있기 때문에 옛날부터 동서간의 교통은 아주 불편했습니다. 여러분들이 잘 아시는 율곡 선생의 어머

니이신 사임당께서, 강릉에서 서울을 가면서 대관령 꼭대기까지 올라오는데 걸어서, 또는 말을 타고 하루 종일 올라와서, 읊은 그 시를 여러분들이 기억하고 있는 분도 있으리라 생각합니다.

그 당시에 강릉에서 서울까지 가자면 아마도 보름 정도 걸렸다고 그럽니다. 그래서 이번에 정부에서는 우리나라의 동서를 가로지르는 고속도로를 한번 뚫어보자 해서 이번에 시작을 한 것입니다.

이 도로가 됨으로써, 우리 강원도 지방이 가지고 있는 많은 지하자원, 또는 임산자원, 또는 이 지방 도처에서 발견할 수 있는 훌륭한 관광자원, 동해안에 무진장으로 많은 수산자원, 이런 것을 우리가 개발하는 데 하나의 획기적인 계기가 마련될 것입니다.

이 도로는 서울에서부터 더 구체적으로 말하면 수원 인터체인지 부근에서 경기도 이천과 여주를 거쳐서 강원도 원주, 그 다음에 횡성, 평창군을 거쳐서 대관령을 넘어서 강릉까지 가는 205킬로미터의 길이가 되는데, 금년에는 우선 서울에서부터 원주 부근까지를 착수해서, 금년에 이것을 개통할 계획인데, 이것은 금년내 반드시 개통되리라고 봅니다.

과거에는 여러분들이 원주에서 강릉까지 가자면 아마 버스를 타고도 5~6시간 걸렸을 것입니다.

해방 직후에 내가 춘천에 있을 때, 8연대에 근무할 때, 지프차를 타고 강릉까지 간 기억이 있습니다. 그때 홍천으로 와서 횡성으로 해가지고 대화로 해서 대관령을 넘어서 강릉으로 갔는데, 내가 지금 기억하기로는 아침에 떠나서 강릉에 도착한 것이 해가 거의 넘어갈 무렵이 되어서, 거의 하루가 걸렸습니다.

지금 아마 여러분들이 강릉을 가더라도 버스를 타고 아마 한 대여섯 시간 동안 먼지를 뽀얗게 뒤집어쓰고, 춤을 추면서 대관령을 넘어야 될 것입니다. 앞으로 이 도로가 개통이 되면 서울~강릉 간에 몇 시간이 걸리겠느냐 하면, 지금 우리 계산으로는 2시간 30분이면 갈 수 있다고 봅니다.

원주에서 서울이 1시간 15분, 원주에서 강릉이 역시 1시간 15분, 그래서 2시간 30분이면 서울~강릉 간을 완전히 달릴 수 있다 이것입니다.

고속도로 건설은 조금 전에 건설부장관이 설명한 것과 마찬가지로, 우리 정부에서 추진하고 있는 국토 종합개발 계획의 일환입니다. 경인고속도로가 68년도에 개통되고, 경부고속도로가 작년 여름에 완전히 개통이 되었고, 작년 겨울에는 호남고속도로 일부가 개통이 되었습니다. 금년에는 서울~강릉 간의 절반인 서울~새말 간 105킬로미터와, 전주에서 광주, 순천으로 내려가는 호남고속도로, 그리고 부산에서 전남 순천으로 오는 남해안 고속도로 건설에 착수하게 됩니다.

또, 현재 정부가 계획하고 있는 것으로는, 동해안을 달리는 동해안고속도로가 있는데, 현재 여러 가지 검토가 이루어지고 있는 단계입니다.

이런 것이 앞으로 수년 내에 완전히 완공이 되면, 우리나라의 남북 또는 동서를 가로지르는 가장 근본이 되는 간선 도로는 완전히 고속도로가 됩니다."

대통령은 이어서 지선, 국도, 지방도로에 대한 포장계획을 설명하고, 신민당이 71년도 대통령선거 공약으로 선전하는 포장계획은 실현성이 없는 것이라고 비판했다.

"그 외에 정부에서는 앞으로 우리나라 산업의 개발과, 지역 간의 거리를 좁히고 지역 간의 개발과 균형을 이룩하기 위해서, 지선, 국도 또는 지방도로에 대한 포장을 하고 있습니다.

금년 안에 정부가 포장할 고속도로 또는 지선, 국도의 거리를 합치면 약 500킬로미터가 됩니다. 과거 5·16 전에 일제 시대부터 자유당 정부, 민주당정부 때에 포장한 전 도로의 거리보다도 훨씬 더 많은 포장을 금년 일년 동안에 하게 되는 것입니다.

앞으로 우리가 해마다 더 많은 양을 포장하게 되면, 3차 5개년계획이 끝나는 1976년 경에 가면 우리나라에 있는 전 국도의 약 70% 가량을 완전히 포장할 수 있다는 전망을 가지고 있는 것입니다.

요 얼마 전에, 우리나라 신민당의 어떤 사람이 말하기를, 신민당이 집권을 하면 앞으로 4년 내에 우리나라 모든 도로를 완전히 포장해 버리겠다는 이런 소리를 하는 것을 내가 신문에서 보았는데, 이것은 거짓말입니다.

이것은 안 되는 이야기입니다. 왜 그런고 하니, 지금 세계에서 가장 발달되어 있다는 미국 같은 나라에도 전 도로에 포장이 얼마나 되어 있느냐 하면, 불과 한 50%밖에 돼 있지 않습니다.

우리 이웃에 있는 일본도 국도, 지방도, 시군도에 대한 도로 포장률이 작년 말 현재로 26%밖에 되어 있지 않습니다.

내 생각으로는 우리나라의 국도, 지방도와 시군도를 완전히 포장을 하자면 적어도 1980년도 후반기 쯤에 가야만 됩니다.

따라서, 앞으로 4년 동안에 이것을 다 한다 하지만, 이것은 전연 실현 가능성이 없는 이야깁니다."

대통령은 이어서 영동고속도로 건설과정과 건설비용과 건설목적에 관해서 설명했다.

"그러면, 정부가 왜 이와 같은 막대한 돈을 들여서 고속도로를 만들고, 또는 국도에 대한 포장을 하느냐 하는 것을 여러분들이 잘 아셔야 할 줄 압니다.

지금 이 도로는 1킬로미터를 건설하는 데 약 8천만 원이 듭니다. 경부고속도로는 4차선으로 돼 있지만, 강릉으로 가는 이 도로는 계획은 4차선으로 해서 1차적으로 우선 2차선만 포장이 될 겁니다.

경부고속도로는 4차선이면서도 1킬로미터당 1억 원 정도 들었는데, 서울~강릉 간 고속도로는 왜 1킬로미터당 8천만 원이 드느냐, 그것은 시간이 가면 갈수록 물가가 올라가고 여러 가지 건설단가가 올라가기 때문입니다. 앞으로 몇 년 안 가면 2차선을 만드는 데 약 1억 원이 먹히리라고 생각합니다.

그러한 의미에 있어서, 우리나라의 경부고속도로란 것은 가장 싼 값으로 건설했다 하는 이야기를 여러분들이 아실 수 있을 것이고, 또 지금이 서울~강릉 간에 킬로당 8천만 원이란 것도 외국에 비하면 굉장히 싸게 먹힌 것입니다.

일본이나 다른 나라에서 할 때는 우리가 하는 돈의 약 7배 내지 10배 정도 드는 것입니다. 서울~원주 간은 88억 원이란 돈을 들여서 금년에 개통하고, 강릉까지는 약 170억 원이란 돈을 들여서 내년 말이면 완전히 개통되리라고 봅니다만, 강원도 도민 여러분들이 1년에 국가에다 바친 세금을 전부 털어도 아마 한 10억 원 정도 될까말까 합니다.

그런데 이 도로 하나 만드는 데 170억 원인데, 우리가 이것을 만드는 데는 여러 가지 목적이 있는 것입니다.

정부가 노리는 가장 중요한 1차적 목적은 산업개발에 있는 것입니다. 특히 낙후되어 있는 지방, 또는 우리의 농촌과 어촌에 대한 개발을 촉진하자 하는 것이 가장 중요한 목적이란 것을 여러분들이 아셔야 될 것입니다. 물론 그외에도 이러한 도로가 개통됨으로써, 일반교통도 편리할 것이고, 또 관광 목적으로도 좋은 것이고, 또는 우리 강원도는 우리 국군 부대들이 많이 있는 일선에 가까운 지역이기 때문에 군사적인 목적으로도 여러 가지 이유가 있겠지마는, 제1차적인 목적은 이 지방 산업개발에 가장 큰 목적이 있는 것입니다.

따라서, 이 도로가 개통되면, 강원도 지방의 산업·경제개발에 새로운 계기가 마련되고, 이 지방 국민 여러분들의 소득 증대에 큰 도움이 될 것입니다."

대통령은 이어서 우리 농민들이 소득을 증대하기 위해서는 이 고속도로를 이용하는 방법을 잘 연구해야 한다는 점을 강조하고, 이 도로를 잘 활용할 때 농가소득이 증대되는 과정을 자세히 설명했다.

"이제부터 도로가 지나가는 연도에 사는 우리 농민들은, 앞으로 이 도로를 어떻게 잘 이용을 하면 우리 지방이 빨리 발전할 수 있고, 우리가 모두 더 많은 소득을 올려서 잘 살 수가 있는가 하는, 그런 방법을 연구해야 합니다.

경부고속도로를 만들어 놓고 보아도, 이런 데 대해서 잘 연구를 하고 착안을 하는 농민들은, 그 전에는 생각지도 못하던 여러 가지 방법으로 소득증대 사업에 노력하고 있습니다.

그와 반대로, 이것을 어떻게 이용하는가를 연구하지 않는 사람들은, 바로 문 앞으로 고속도로가 지나가도 잘 이용할 줄을 모릅니다.

이래선 안 되겠습니다. 이 도로를 어떻게 하면 우리 지방 발전과 우리 농가 소득증대에 이바지할 수 있느냐 하는 데 대해 머리를 잘 쓰고 노력하는 사람은 이 도로를 100% 이용하여 발전할 수 있고, 여기 대해서 연구를 잘하지 않거나 착안이 없는 사람은 언제든지 남보다 뒤떨어지게 됩니다.

과거에는 동해안에서 많은 수산물을 우리가 생산하더라도, 가장 큰 소비 도시인 서울이나 인천이나, 또 기타 큰 도시에 제때 가져가지 못하고, 제값도 못 받고 어민들이 손해를 봤습니다. 특히, 요즘과 같이, 눈이 와서 대관령의 교통이 두절되어 버리면, 동해안에 동태나 다른 생선이 굉장히 많이 잡혀도, 길이 막혀서 서울까지 올라가지 못하고 결국은 두었다가 썩혀서 다 내버립니다.

그렇게 되면, 동해안 수산물이 서울에 오지를 못해서, 서울의 생선 가격이 갑자기 뛰어올라 서울 사람들은 여러 가지 피해를 입게 됩니다.

앞으로는 이러한 현상은 없어집니다. 동해안에서 잡은 생선은 이 고속도로로 불과 2시간 30분이면 서울에 떨어지게 되는 것입니다.

그렇게 되면, 서울 사람들도 편리하고, 또 이 고기를 잡은 우리 어민들도 편리하고, 또 여러 가지로 새로운 식용작물이라든지, 경제작물을 하는 농민들도 빠른 시간 내에 소비지역에 수송을 해서, 우리 어민들의 소득을 올릴 수 있다는 것을 여러분들이 잘 연구를 해주셔야 되겠습니다.

이 도로가 됨으로써, 우리 강원도에는 새로운 근대화의 물결이 점차 밀려 들어오게 됩니다. 마치, 저수지에 담겨 있는 물이 수로를 따라서 먼 데 있는 밭과 논에 흘러 내려가서, 그 땅을 적 시고 옥토를 만들고 혜택을 주는 것과 마찬가지로, 오늘날의 근대 산업국가에 있어서는, 고속화된 도로가 농촌이나 시골이나 벽지에 들어옴으로써 그 지역이 급속히 발전한다는 것은 다른 나라의 예를 보더라도 잘 알 수가 있는 것입니다.

거듭 말씀드리거니와, 이 도로는 우리 강원도 도민들이 오래 전부터 열망하던 사업이고, 그것이 오늘 비로소 시작되었는데, 앞으로 일 년 또는 내년까지는 이것이 완전히 개통되는 데 대비해서, 우리 도민들은 우리 강원도의 개발과, 또 우리 농어민 소득증대를 위해서 이 도로를 잘 이용해 주십사 하는 것을 여러분들에게 당부합니다.

앞으로 이 길이 지나가자면, 연도의 토지를 매상해야 하고 파고 뚫고 해야 하기 때문에, 일부 농민들의 농토가 여러 가지로 피해를 입는 경우가 있다고 생각합니다. 도민들은 이것을 잘 이해를 하시고, 이 도로가 예정대로 금년 연말까지는 원주까지 개통이 되고, 내년에는 강릉까지 개통이 될 수 있도록 적극 협조해 주시기 바랍니다. 정부와 도민 여러분들이 협조만 잘 한다면, 예정기일 내에 이 고속도로가 완공될 것을 나는 확신해 마지않습니다."

전국토를 종횡으로 꿰뚫는 고속도로망이 완성됨으로써 '전국 일일 생활권'이 형성되다

1973년 11월 14일, 호남고속도로와 남해고속도로의 전 구간이 완공되어 그 준공식이 거행되었다. 대통령은 이날 경부고속도로부터 호남 및 남해고속도로까지 지난 6년 동안 건설된 전국 고속도로망이 갖는 여러 가지 의미에 대해 설명했다.

"나는 오늘 우리가 대망하던 호남고속도로와 남해고속도로를 착공 20개월 만에 준공·개통하게 된 것을 온 국민과 더불어 진심으로 경축해 마지않습니다.

그리고 이로 말미암아 우리가 전국토를 종횡으로 꿰뚫는 기간 고속 도로망을 완성하여 명실공히 '전국 일일 생활권'을 형성하게 된 것을 자랑스럽게 생각하며, 또한 이와 같은 거창한 토목공사의 완성은 우리 민족의 무한한 저력과 발전의 가능성을 과시한 것으로서 우리 역사에 찬연히 기록될 것을 믿어 의심치 않습니다.

우리나라에 고속도로 건설이 시작된 것은 지난 68년이었습니다.

처음에는 모든 사람들이 우리의 국력과 우리의 기술로써 고속도로 건설이 과연 가능한가 하고 반신반의하는 사람이 대다수였습니다.

그러나 우리는 불굴의 의지와 줄기찬 노력으로 이제 총길이 1,013 km, 즉 2,500리가 넘는 고속도로를 완공하기에 이른 것입니다.

호남·남해고속도로 개통식 박 대통령은 전주와 부산을 잇는 호남·남해고속도로 개통식에 참석 개통 테이프를 끊었다.

  오늘 준공을 보게 된 이 호남·남해고속도로는 길이 358km이며 대전에서부터 계산하면 437km로서 우리나라 전체 고속도로의 43%에 해당하며 착공 20개월 만에 예정보다도 앞당겨서 훌륭하게 완성되었습니다.

  나는 이 호남·남해고속도로가 우리나라 최대의 곡창일 뿐 아니라 개발의 손길이 기다리고 있고 풍부한 자원을 간직하고 있는 이곳 호남과 남해지역의 발전과 이곳 주민들의 소득증대에 크게 기여할 것으로 믿고 있습니다.

  특히 광주~부산 간의 교통 시간을 일곱 시간에서 무려 세 시간 반으로 단축시키게 되었다는 사실은, 실로 그 경제·사회적 의의가 지대한 것으로서 전주·이리공업단지와 여수·광양공업단지 등 내륙과 임해공업단지의 발전을 더욱 촉진하게 될 뿐 아니라, 물량수송과 이로 인한 주민들의 소득증대에 절대적으로 기여하는 것이라 하겠습니다.

이것은 오로지 국민 모두가 '우리도 단결하여 노력만 하면 된다. 그리고 우리도 남들과 같이 잘살 수 있다'는 자신과 용기를 가지고 땀흘려 일한 집념의 결과입니다. 그리고 그와 같은 굳은 의지력의 승리인 것입니다."

대통령은 이어서 그 방대하고 어려운 고속도로망을 우리의 자본과 우리의 기술로 완공한 것을 자랑스럽게 생각한다는 뜻을 표명했다.

"또한 우리는 지난 6년 동안 고속도로 건설을 위해서 약 1천억 원에 달하는 막대한 자금을 투입하였습니다.

이것은 바로 우리의 국력이 그 동안 그만큼 성장하였고 민족자본이 그만큼 축적되었다는 것을 실증하는 것입니다.

그리고 우리가 더욱더 자랑스럽게 생각하는 것은 이처럼 방대하고도 어려운 공사를 전적으로 우리의 힘과 기술로 완성했다는 사실입니다.

오늘 개통된 이 고속도로의 건설 과정에서도 우리 기술진은 세계에서 가장 첨단가는 특수공법을 활용하여 연약한 지반의 안정과 교량·터널공사 등 수많은 난공사를 완벽하게 처리했던 것입니다.

지금 이 순간에도 우리 기술진은 국내뿐만 아니라 멀리 해외까지 진출하여 국제경쟁에서 당당히 외국기술진과 어깨를 겨루며 건설과 개발의 눈부신 활약을 하고 있습니다.

이것은 우리 민족의 우수성과 잠재적인 저력을 과시하는 실증이라고 생각합니다.

이처럼 오늘에 사는 우리가 이용하고 또한 앞으로 우리 자손들에게 길이 물려줄 이 고속도로는, 남이 만들어 준 것이 아니라 오직 우리의 힘과 기술로 만들어진 우리의 땀과 정열의 결정이라는 데에 보다 큰 긍지와 자부를 느끼는 것입니다.

따라서 나는 이 자리를 빌려, 이 민족적인 대역사에 온갖 심혈을 기울여 주신 시공업자와 기술진, 그리고 근로자와 관계공무원 여러 분들이야말로 조국근대화의 참다운 역군이라고 자랑스럽게 치하하면서 그간의 노고에 대하여 온 국민들과 더불어 위로와 격려를 보내는 바입니다.

아울러 이 공사를 위해 시종일관 적극 협조해 주신 이 지방 주민과 특히 농민 여러분에게 또한 사의를 표하는 바입니다."

대통령은 이어서 그 동안 완공된 고속도로의 의미를 되새기고, 앞으로 더 건설할 고속도로 계획에 대해 설명했다.

"한 마디로, 우리의 고속도로는 뻗어나는 국력의 상징입니다. 우리의 국력이 나날이 신장되고 있기 때문에 오늘 우리가 보는 바와 같이 고속도로망이 전국을 누빌 수가 있게 되는 것입니다.

또한 고속도로는 지역 사회의 균형 있는 발전과 경제의 유통구조에 커다란 혁신을 가져올 조국근대화의 대동맥입니다.

이 고속도로는 비단 물량의 수송만이 아니라, 또한 우리의 마음과 마음을 이어주는 총화단결의 대혈맥입니다.

지역 간의 거리가 좁혀지면 좁혀질수록 우리들의 마음의 거리 또한 그만큼 가까워지게 마련입니다.

따라서 나는 앞으로 이 고속도로가 모든 지역 간의 융화와 국민 총화를 더욱 공고히 해 나가는 데에 크게 기여할 것으로 확신하는 바입니다.

나는 우리 국민 모두가 아무쪼록 이 고속도로의 가치를 올바로 인식하고 소득증대와 지역발전을 위해 적극적으로 활용해 주시고 알뜰하게 가꾸어 주실 것을 당부합니다.

정부는 내년에도 원주·강릉 간의 영동고속도로와 동해고속도로를 착공할 것입니다.

그리고 고속도로 외에도 전국의 국도를 내년부터 연차적으로 포장을 해 나갈 것입니다.

76년 말까지는 전국도의 70%인 5,800km를 포장할 계획이고, 81년까지는 전국도의 100%인 8,200km를 전부 포장할 계획으로 있습니다.

국민 여러분!

지금 우리는 중화학공업 건설과 100억 달러 수출목표 달성, 그리고 전농촌의 근대화를 위한 새마을운동을 범국민적으로 추진하고 있습니다.

전국을 뻗어 나가는 고속도로와 전국도의 포장공사는 이러한 건설사업을 더욱더 촉진시키는 촉진제 역할을 할 것입니다.

우리 모두 고속도로를 완성한 그 웅지와 정열을 굳게 견지하고, 10월유신의 기치 아래 총화 단결하여 번영의 80년대를 향해 줄기차게 매진해 나아갑시다.

그리하여 민족 중흥의 위대한 조국을 우리 세대의 힘으로 완성합시다.”

제3장 소양강 다목적 댐 건설은 인간 의지로 자연을 극복한 산 증거다

종합국토개발단을 창설하여 계획적인 국토개발사업을 추진할 것이다

1969년 1월 10일, 연두기자회견에서 대통령은 지금 정부는 종합국토개발 계획에 대한 수정·보완 작업을 하고 있다고 천명했다.

"국토개발 계획에 대해서는 그동안 정부에서 여러 가지 시도를 해본 바가 있고 현재도 일부 조사 사업이 진행되고 있습니다.

국토개발 계획 또는 대국토개발계획, 종합국토개발 계획 등등 여러 가지 명칭이 있었습니다만 그러나 현재 우리 정부 내에서 하고 있는 계획을 볼 때보다 더 항구적인 안목에서 종합적인 국토개발계획을 완성해야 되겠다는 점에서 그동안 국내기술자와 외국기술자들로서 조사를 진행하고 있습니다만 이러한 단편적, 부분적, 종합성이 없는 계획보다는 하나의 종합적인 장기계획을 만들어서 앞으로 우리나라의 국토를 여하히 개발하고 어떻게 이용을 할 것인가 하는 이러한 청사진을 하나 만들어 보자 하는 것이 종합국토개발 계획입니다.

금년에 이것을 위해서 국무총리 직속하에 종합국토개발단 또는 위원회 같은 명칭을 가진 기구를 창설해서 사계 전문가, 기술자 또는 관계공무원들을 망라해서 이 사업을 금년부터 추진해 볼까 합니다. 이것은 상당히 방대한 사업이기 때문에 오랜 시일과 많은 예산이 소요될 줄 압니다.

그러나 시간이 걸리고 예산이 든다 하더라도 앞으로 우리나라의 국토를 보다 더 계획적이고 규모 있게 먼 장래를 내다보고 지금부터 앞뒤가 딱 맞는 국토개발계획을 만들어서 하나 하나 연차적으로 예산이 허용되는 범위 내에서 사업을 추진해 나가면 몇 년 후에 가서는 모든 것이 더 짜임새 있는 그러한 개발이 되어 오히려 예산을 절약하고 빠른 개발이 되지 않겠느냐고 생각되어서 이것을 금년부터 발족을 하려고 합니다.

물론 이 계획에 있어서 현재 조사가 된 것도 있고, 일부 공사에 착수한 것도 있으며 또 지금 하고 있는 것도 있고, 경부고속도로 같은 것도 이런 계획의 하나라고 봐야 할 것입니다.

물론 종합적이고 보다 더 구체적인 계획이 다 되어서 일이 착수가 돼야 하겠지만 일의 순서의 선후가 뒤바뀐 감이 없지 않습니다마는, 그러나 지금까지 해오던 것을 다시 한번 재종합하여 정리하고 방향을 설정해야 되리라고 생각합니다."

호남정유공장이 준공됨으로써 여수지역은 울산과 함께 가장 유망한 공업단지가 된다

1969년 6월 3일, 호남정유공장 준공식에서 대통령은 이 공장이 준공됨으로써 여수지역은 앞으로 울산과 함께 우리나라에서 가장 유망한 공업단지가 될 수 있다고 전망했다.

"지금으로부터 2년 전 67년 2월달에 바로 이 자리에서 호남정유공장 기공식을 올렸습니다. 그 때는 앞에 남해 바다를 끼고 있는 쓸쓸한 시골의 농촌에 불과했는데, 오늘날 이같이 웅장한 현대 시설의 정유공장을 준공보게 된 데 대해서 여러분들과 더 불어 충심으로 경하해 마지않습니다.

조금 전에 구인회 사장 말씀처럼 이 공장은 우리나라의 락희화학 주식회사와 미국의 칼텍스석유회사의 합작으로 이룩된 정유공장입니다. 이 공장 건설 과정에 있어서 여러 가지 어려운 일도 많았습니다만, 락희화학과 칼텍스회사 두 회사관계 여러분들과 또 전라남도 도당국 또 이 공사에 참여한 기술진 여러분들 그리고 현지 주민 여러분들의 그동안의 노고와 협조에 대해서 충심으로 감사를 드리는 바입니다.

호남정유 준공식

박 대통령은 호남정유공장 준공식에 참석하여 "호남지역 공업화를 강력히 추진하라"는 지시를 하였다. 이 기사를 1면 톱 기사로 다룬 〈조선일보〉(1969. 6. 4)

이 정유공장은 연간 6만 배럴이라는 기름을 생산합니다. 우리나라에는 울산에 세워진 대한석유회사의 11만 5천 배럴과 합쳐서 이제 17만 5천 배럴이라는 기름을 우리나라에서 생산하게 됐습니다. 이것은 나날이 발전되어 나가는 우리나라의 산업 건설을 뒷받침할 에너지 공급을 위해서 커다란 기여를 하리라 생각합니다. 이 공장도 앞으로 머지않아 또 다시 확장을 해서 배가할 계획으로 있는 것을 알고 있습니다.

이 공장은 우리나라 산업 발전에 기여할 하나의 기간산업으로서 특히 이 지방 발전을 위해서 호남의 발전을 위해서도 큰 공헌이 있

을 것을 믿어 마지않습니다. 이곳에 정유공장이 들어옴으로써 여기
는 앞으로 우리나라에서 가장 유망한 공업단지가 이루어질 수 있는
선도적인 시설이 이루어졌다고 봅니다.

여기는 앞에 여수라는 훌륭한 항구를 가졌고, 또한 내년부터 착공
할 예정인 대전으로부터 호남으로 내려올 호남고속도로가 이 근처
로 장차 오게 될 것입니다. 또한 그 도로는 남해안을 거쳐서 부산과
연결되고 경부고속도로와 연결을 하게 될 것입니다.

그렇게 된다면 이 지방은 가장 훌륭한 항구를 가졌고, 또 교통이
편리하고 여러 가지 공업단지로서 유리한 조건을 가지고 있기 때문
에, 장차는 울산과 더불어 우리나라에서 가장 유망한 훌륭한 그런
공업지대가 되리라는 것을 우리는 내다보고 있는 것입니다.

지금만 하더라도 벌써 이 옆에 호남화력발전소, 저 능선 너머에는
여수화력발전소가 착공을 하고, 머지않아서 두 개의 발전소만 하더
라도 약 110만 킬로와트라는 전력을 내게 될 것입니다.

앞으로 이 지방 주민 여러분들은 될 수 있는 대로 여기에 많은 공
장을 유치해 오고 그렇게 해서 이 지방 발전에 크게 도움이 되도록
노력을 해야 될 것입니다."

대통령은 이어서 지방 주민들이 그 지방 출신 국회의원을 동원해
서 공장을 유치해 놓고는 공장부지에 쓸 땅의 가격을 갑자기 몇십
배 올려서 기업들이 공장건설을 주저하거나 딴 지방으로 옮겨가는
사례가 있다는 사실을 지적하고, 현지 주민들은 공장이 들어올 수
있는 여건을 만드는 데 서로 상의해서 협조해야 되겠다는 점을 강
조했다.

"정부는 지금 공장이 서울이나 부산이나 이러한 대도시에만 집중
하지 않고, 시골로 될 수 있는 대로 분산을 하게끔 여러 가지 시책

을 쓰고 있고, 시골로 가는 공장에 대해서는 정부에서 여러 가지 특혜를 베풀어서, 공장이 지방에 분산이 되어서 지방 발전에 도움이 될 수 있게끔 이러한 시책을 밀고 있는 것입니다.

이와 아울러 현지 주민 여러분들이 이 지방에 많은 공장들이 들어올 수 있도록 노력을 해야 합니다. 그것은 무슨 말이냐 하면 공장들이 여기 들어오는 데 매력을 느낄 수 있게끔 여러분들이 여건을 조성해야 된다는 이야기입니다. 요즈음 우리나라 도처에 공업단지가 되어가고 있고 또한 앞으로 될 예정지도 여러 군데 있습니다만, 그 지방 주민들이 공장을 처음에 유치할 때는 어떻게 하든지 우리 지방에 공업을 오게 하기 위해 지방 주민 대표들이 진정서를 가지고 국회도 오고 정부에도 찾아오고 여러 가지 운동을 활발히 합니다.

그러나 일단 공장이 그 지방으로 가게끔 공업단지가 설정되게끔 결정이 되는 순간부터는 거기 있는 땅값이 하루 아침에 몇십 배씩 뛰어 올라갑니다. 이렇게 된다면 공장이 가고 싶어도 갈 수 없는 겁니다. 왜냐하면 앞으로 그 지방에 가서 공장을 짓는 기업가들이 공장을 짓기 위해서는 우선 땅을 사야 되는데, 땅값이 너무 비쌀 것 같으면 공장을 지어 봐도 건설비가 너무 많이 들어서 수지가 맞지 않기 때문에, 공장을 거기 건설하려고 생각했다가도 부득이 위치를 딴 곳으로 바꾸지 않을 수 없는 경우가 많이 생깁니다.

따라서 이 지방에 앞으로 공장을 많이 유치하기 위해서는 여러 가지 공장이 들어오는 데 필요한 여건들을 현지 주민 여러분들이 노력을 해서 만들어야 된다는 것을 특별히 당부합니다.

물론 공장이 들어오면 땅값이 어느 정도 올라가는 것은 당연한 일인데, 그러나 이것도 공장들이 들어와서 공장을 짓는 데도 그다지 큰 부담이 되지 않게끔 적정한 그런 가격을 현지 주민들이 잘 상의를 해서 우리 지방에 공장을 가져다 짓는 사람은 최고 이 선 이상으로는 땅값을 우리가 받지 말자, 그 지방 주민들이 서로 상의를 하고 합의를 해서 새로 들어온 공장에 대해서 주민들이 그런 여러 가지 성의를 베풀 것 같으면 많은 공장들이 찾아오리라 생각됩니다.

지금 현재도 공장이 가려고 그러다가 현지에 가서 땅을 사려고 토지를 매상하려고 물어보니까 하루 사이에 땅값이 몇 배나 올라버렸다 하면, 이러한 토지를 비싼 값을 주고 사가지고는 공장을 세워 봤자 수지가 맞지 않기 때문에, 공장을 세울 수 없다 해서 딴 곳으로 옮기는 사람, 또는 가려다가 주저하고 있는 사람이, 다른 지방에서 이러한 좋은 예가 많이 있다는 것을 여러분들에게 참고로 말씀 드리는 것입니다.

이제도 오면서 헬리콥터 위에서 보니까, 이 부근 일대는 앞으로 공장이 들어서기에 대단히 알맞은 장소가 될 것으로 나는 보고 있습니다. 여러분들 지방발전을 위해서 우리나라 산업발전을 위해서 가급적 이 지방에 많은 공장들을 유치하게끔 여러분들이 노력해 주실 것을 바랍니다."

전력개발 수준은 국가 산업경제를 측정하는 척도가 된다

1969년 6월 4일, 부산화력발전소 준공식에서 대통령은 우리나라의 발전소 건설계획에 대해 설명했다.

"오늘 부산화력 제 3, 4호기 가동으로서 지난 4월 5일 준공을 보게 된 서울의 당인리 제5호 발전기와 합쳐서 우리나라의 발전시설량은 163만 킬로와트가 됐습니다. 163만 킬로와트라는 숫자는 원래 정부가 제2차 경제개발 5개년계획 마지막 연도 목표량이 대략 163만 킬로와트였습니다. 그러나 그동안 우리 국내 전력의 수요가 예상하는 것보다도 급격히 늘어났기 때문에, 정부에서는 전력개발에 더욱 박차를 가해서 벌써 오늘 현재로서 전력만은 제2차 5개년계획을 달성한 셈이 되는 것입니다.

이러한 전력수요의 추세에 비추어서 정부에서는 전력개발에 대한 계획을 다시 수정을 해서 2차 5개년계획이 끝나는 71년 말에는 원 계획보다도 250만 킬로와트가 증가되는 417만 킬로와트 정도까지는 개발을 해야 되겠다는 수정계획을 가지고 지금 추진을 하고 있습니다. 지금 울산지구에서 건설 중에 있는 영남화력, 동해화력발전소, 또 인천지구에 건설 중에 있는 인천화력, 경인화력, 여수에 건설 중에 있는 여수화력, 호남화력, 이런 등등 발전소가 계속 예정대로 추진되고 있습니다.

그러나 우리나라 경제성장 추세가 처음에 우리들이 생각했던 것보다는 훨씬 더 빠른 속도로 나가기 때문에, 이 계획도 경우에 따라서는 또 수정을 해서 더 많은 전력을 개발하지 않으면 안 될 그런 경우가 있을지도 모른다는 것을 정부에서는 미리 예측을 하고 있습니다. 그 밖에 우리 한국전력회사에서는 원자력발전소, 이것을 건설할 계획을 현재 추진단계에 있고, 이것도 곧 내년 초쯤 가서는, 빠르면 금년 내로 모든 일이 착수가 되리라고 보고 있습니다. 이처럼 많은 발전소를 건설하는 데는 여러분들이 아시는 바와 같이 막대한 예산이 필요하고 투자가 필요한 것입니다. 조금 전에 한전 정래혁 사장의 설명처럼 여기 3, 4호기를 건설하는 데도 88억, 근 100억 가까운 이런 재원이 필요한 것입니다.

그러나 그 반면에 이 전력이 이만큼 수요가 늘어난다는 것은, 국가의 산업경제가 그만큼 급속히 성장하고 있다는 표시도 되기 때문에, 또는 우리 국민들의 문화생활 수준이 그만큼 높아 간다는 것을 표시하는 일면도 있기 때문에, 투자 자체로 봐서는 정부로서는 대단히 무거운 짐이 되겠지만, 우리 국가 전체로 볼 때는 대단히 반가운

일입니다.

오늘날 이 전력이란 것은 산업개발에 있어서 그야말로 원동력이 되기 때문에, 그 나라가 전력을 얼마나 개발했고, 전력을 얼마나 쓰고 있느냐 하는 것은, 그 나라 산업경제를 측정하는 하나의 척도가 되기도 하는 것입니다.

해방이 되던 1945년 우리나라가 남북으로 분단되던 그 전에, 우리나라가 가진 전력총량이 약 170만 킬로와트였습니다. 그런데 그 대부분의 발전소가 3·8선 이북에 있었습니다. 이남에 있는 것은 불과 20만 킬로와트도 되지 않았습니다. 해방 후 남북이 분단됨에 따라서 이북 공산주의자들이 북에서 남한으로 송전하던 것을 중단해 버렸습니다.

따라서 한때 우리 대한민국은 전력의 부족으로 대단히 고통을 겪은 그런 때가 있었습니다. 5·16 직전만 하더라도 이남에서 발전할 수 있는 용량은 겨우 36.7만 킬로와트였습니다.

그것마저 모든 발전소는 서울·인천 부근이나 그렇지 않으면 영동지방에 있었고, 공업이 나날이 늘어나고 있는 영남지방이나 호남 지방에는 없었기 때문에 발전소 시설이 전국적으로 균형 있게 배치되지 못했다는 흠이 있었는데, 지금에 와서는 울산·부산·여수·군산 등 남부지방에 많은 발전소가 생겼기 때문에, 전력량도 그만큼 늘어났을 뿐 아니라 전국적인 송배전에 있어서 균형을 가지게 됐습니다.

앞으로 우리나라의 전력이 우리나라 산업발전에 또는 모든 국민들의 문화생활에 크게 이바지해 줄 것을 기대해 마지않습니다. 이 발전소 건설 과정에 있어서 그동안에 외국 차관 또는 외국기술 도입 등등 여러 가지 어려운 절차가 있었고, 그런데도 불구하고 예정대로 오늘날 준공을 보게 된데 대해서, 그동안 한국전력회사 당국과 또는 여기 종사한 국내기술진 여러분들 또는 종업원 여러분들 또 이 공사에 여러가지 협력을 많이 해주신 현지 주민들과 각 기관장 여러분들의 노고와 협력에 대해서 다시 한번 감사드리는 바입니다."

남강 댐은 홍수조절, 전력생산, 농업용수 등 다목적 댐이다

1969년 10월 7일, 남강 댐 준공식에서 이 댐의 건설 경위와 그 효과에 대해 자세하게 설명했다.

"오늘 이 자리에서 우리는 인간이 대자연에 도전을 해서, 인간의 의지와 집념과 단결된 힘이란 것이 참으로 위대하고 크다는 산 증거를 눈앞에 보게 됐습니다.

지금 건설부장관의 치사에 있는 것과 마찬가지로, 이 남강 댐은 원래 이 계획을 구상을 하고 계획에 착수한 것은 약 50년 전 지금부터 반세기 전에 당시 일제 때 일본인들이 이를 구상했다가, 한 30여년 전에 이 공사에 착수를 해서 일부 공사가 진행되다가 2차 세계대전이 끝남으로 말미암아 이 공사는 중단이 됐던 것입니다.

그 후 지금부터 20년 전 1949년, 꼭 20년 전 우리 건국 초기에 자유당정부 때 이 공사를 다시 착공을 했지만, 그 다음 해 1950년 6·25전쟁으로 말미암아 이 공사는 완전히 중단이 됐습니다. 그것을 지난 62년 지금부터 8년 전에 1차 경제개발 5개년계획의 하나로서, 이 사업을 다시 시작을 해서 8년이라는 긴 세월에 걸쳐서 60억이라는 막대한 건설비가 투자되어서, 오늘 여러분들이 보시는 바와 같이 이렇게 거창하고도 웅장한 다목적 댐이 완공이 된 것입니다.

그동안에 있어서 이 댐을 구축함으로써 조상 대대로 지켜오던 집과 농토가 수몰지구에 들어감으로써, 여러 가지 피해를 입은 수몰지구 주민 여러분들의 많은 고충이 있었다는 것도 잘 알고 있습니다. 동시에 이 공사를 하기 위해서 설계·건설에 직접 참여한 시공업자 여러분 또 관계공무원 여러분, 이 지방 주민 여러분들의 많은 협력과 노력이 이만저만이 아니었다는 것도 나는 잘 알고 있습니다. 그러나 이러한 여러 가지 어렵고도 힘든 일을 우리의 의욕과 집념과 투지로서, 우리 모든 국민들이 단합된 힘으로서 이 거창한 공사는 오늘 완전히 준공이 된 것입니다. 이 댐은 섬진강 댐과 더불어 우리나라에서는 다목적 댐으로서의 대표적인 댐인 것입니다.

보통 이러한 저수지라든지 댐이란 것은 전력을 발전하기 위해서, 하나의 목적을 위해서 만들어진 댐이고, 농업용수를 마련하기 위한 저수지를 목적으로 하는 그런 댐, 또는 홍수를 막기 위해서 홍수조절용으로 된 댐, 여러 가지 단일 목적으로 만든 댐은 많지만, 이 남강 댐은 섬진강 댐과 더불어 종합적인 다목적 댐이라는 데 대단히 큰 의의가 있는 것입니다.

금년도 지난 9월에 경상남도 일대는 예기치 않던 폭우가 내려서 많은 수해를 입고, 이재민 여러분이 많은 고통을 당한 것을 잘 압니다. 만약에 금년도 홍수에 있어서 남강 댐이 완공이 되지 않았더라면, 이 남강 하류에 있는 농민 여러분들은 지금까지 우리가 입은 피해보다도 몇 배나 더 혹심한 인명피해라든지, 여러분들의 재산유실이라든지, 농경지유실이라든지, 농작물피해라든지, 이런 것을 입었으리라고 우리가 생각할 때, 이 댐이 완공됨으로써 벌써 이 지방의 주민 여러분들은 당장 금년부터 막대한 혜택을 입었다, 이렇게 생각할 수 있습니다.

이 댐은 앞으로 매년 홍수로 피해를 입던 하류에 있는 많은 농토가 이러한 피해로부터 혜택을 입게 되고, 혹 한발이 든다 하더라도 여기 저장된 물을 이용해서 농업용수로서 쓸 수 있고, 또 진주라든지 사천이라든지 삼천포라든지 이 부근에 있는 도시에 대한 상수도나 앞으로 이 지방발전을 위한 공업이 발전하는 데 있어서 가장 필요한 공업용수로도 사용할 수 있습니다.

착공 7년 6개월 만에 남강 댐 완공 남강 다목적 댐 수문이 박 대통령의 손으로 처음 열렸다. 오른쪽 끝 이한림 건설부장관, 왼쪽 끝은 구태회 공화당 의원(1969. 10. 7).

또 나아가서는 여기에 새로운 명물의 호수가 생겼기 때문에, 이것을 여러분들이 잘 연구하고 개발하면 우리나라에서 가장 훌륭한 관광지대로서 개발을 할 수 있고, 이러한 여러가지 사업으로 이 지방이 발전도 할 수 있는 것입니다. 오늘 이러한 훌륭한 댐이 완공된 데 있어서 이 지방 주민 여러분들은 다 같이 기뻐해야 될 줄 압니다. 특히 남강 하류에 살고 계시는 의령이라든지 함안의 군민 여러분들은 이 댐으로 홍수에 있어서 얼마만한 큰 혜택을 입었다 하는 것을, 몸으로 피부로 느낄 정도로 잘 인식할 줄 압니다."

대통령은 이어서 이 지방 주민들은 이 다목적 댐을 잘 활용하는 방법을 연구해야 한다는 점을 강조했다.

"이제 우리는 이런 훌륭한 댐을 완공했습니다. 오늘 이 자리에서 이 댐을 보고 우리가 무엇을 생각해야 되겠느냐, 여기 어마어마한 다목적 댐이 하나 완성이 됐다 하는 기쁨도 물론 중요하겠지만, 앞으로 이 지방발전을 위해서 우리가 이 댐을 어떻게 잘 활용을 해야 되겠느냐, 어떻게 잘 이용을 해야 되겠느냐 하는 것을 여러분들이 잘 연구해야 될 것입니다.

이 댐을 잘 이용하게 된다면 이 지방의 농업은 물론이요, 앞으로 공업발전이라든지, 기타 특수 작물이라든지, 또는 축산이라든지, 관광개발이라든지, 여러 가지 목적에 도움을 줄 수 있고, 또 여러분들에게 큰 혜택을 줄 수 있는 그런 댐이라는 것을 여러분들이 아셔야 됩니다. 이것을 잘 이용할 줄 모른다면 모처럼 이렇게 방대한 예산을 들여서 완공한 댐이 그다지 가치 없는 댐이 되고 말 것입니다. 특히 오늘날 우리가 살고 있는 이 진주는 옛날부터 유서 깊은 곳이고, 사적이 많고 풍치가 아름답고 우리나라에서도 가장 아름다운 고도인 것입니다. 여기 이러한 이 지방 발전을 위해서 크게 뒷받침될 수 있는 종합적인 댐이 있고, 또 여기서 머지않은 해변가에 삼천포라는 항만을 가지고 있고, 앞으로 2, 3년 후에 착수할 부산에서부터 호남에 이르는 고속도로가 이 근처를 통과할 것으로 생각하고 있습니다.

이런 것을 모두 종합적으로 고려할 때, 오늘 완공을 보는 남강 다목적 댐은 앞으로 이 지역 사회의 개발을 위해서, 우리가 어떻게 잘 이용하느냐 하는 것을 여러분이 연구해 주시기 바랍니다. 이것은 비단 진주·진양 등 이 호수부근뿐만 아니라 사천, 삼천포는 물론이요, 서부경남 일대의 개발에도 커다란 의의를 가진 댐이라고 생각합니다. 다시 한번 여러분들 고장에 이와 같은 이 지역 발전을 위해서 커다란 역할을 할 수 있는 종합적 다목적 댐이 완공된 데 대해서, 주민 여러분들에게 축하의 말씀을 드리며, 이 댐이 앞으로 여러분들 지방의 발전을 위해 큰 공헌을 할 수 있도록 힘써 줄 것을 당부해 마지않습니다.

남강 다목적 댐 전경 (1969. 10. 7)

마지막으로, 이 댐 건설 기간에 있어서 수고를 많이 하신 정부의
관계공무원, 또는 건설을 담당해 주신 시공업자, 또 기술자, 노무
자, 이 지방 주민 여러분들의 노고에 대해서 심심한 치하의 말씀을
드리는 바입니다.”

650만 톤의 시멘트 생산이 건설 붐을 일으키다

1969년 10월 14일, 한일시멘트공장 준공식이 있었다. 1964년에
40만 톤 규모 공장으로 준공한 바 있는 한일시멘트는 서독회사의
차관을 얻어와 100만 톤 규모의 대단위 공장으로 확장공사를 추진
한 끝에 완공된 것이다.

대통령은 이날 준공식에서 5·16혁명 직후에 있었던 산업시설 현황
과 지난 7년 동안 생산된 시멘트로 건설된 여러 가지 사업들, 그리고

시멘트를 활용한 농촌주택 개량 계획에 관해서 소상하게 설명했다.

대통령은 먼저 1961년 당시의 산업시설에 대해 회고했다.

"5·16 혁명 직후 지금부터 7, 8년 됩니다만, 그 당시 최고회의에서 제1차 경제개발 5개년계획을 짜고 있을 때, 나는 전국의 산업시설을 시찰한 바 있습니다. 그러나 1차 5개년계획을 세우자면, 우리나라의 산업시설이 어떠한 산업시설이 얼마나 있고, 그 상태가 어떤가 하는 것을 알아야만 이러한 계획을 세우는 데 참고가 될 것 같아서, 전국의 산업시설을 살펴보고 그 당시에 내가 느낀 소감은, 그야말로 우리나라에는 산업시설이라 할 만한 그런 시설이란 것이 별반 없었던 것입니다.

지금 기억에 남는 것을 그대로 이야기한다면 발전소시설이 몇 개 있었습니다. 화천발전소, 청평발전소, 당인리화력발전소, 강원도 영월의 화력발전소, 이러한 것은 일제 때 일본사람들이 만든 발전소입니다.

해방 이후에 정부에서 건설한 발전소가 마산에 한 5만 kW짜리 발전소가 하나 있었다는 것을 기억하고 있습니다. 그밖에 경인지구나 대구·광주 몇 개소에 방직공장, 직물공장 대부분이 일제강점기 때 된 공장을 약간씩 확장을 해서 가동을 하고 있었다는 것을 기억하고 있습니다.

충주에 비료공장이 그때 하나 있었는데, 이것은 미국의 운크라 원조에 의해서 한 5, 6년 걸려서 완성이 됐는데, 5·16혁명 그 당시에는 뭐가 잘못 되어서 이 공장이 완전히 가동을 못하고, 가동을 하다가 중단을 하다가 여러 가지 기술적인 검토를 하는 단계에 있었습니다.

다음에는 전라남도 나주에 호남비료공장이란 곳을 가보니까, 공장을 건설을 하다가 뭐가 잘못되어서 중단 상태에 있고 뼈만 우뚝

하게 서 있는 상태였습니다.

그 다음에 당시에 우리나라 산업시설로 기억이 남는 것은 인천에 판초자공장이 하나 있었고, 부산에 가면 조선공사가 있고, 조선공사란 배를 만드는 공장인데, 당시에 가보니까 이름은 조선공사지만 배는 한 척도 만들지 못하고, 거기는 사장·부사장·이사들은 모두 앉아서 월급은 타먹고 있는 모양 같은데 배는 한 척도 만들지 않고 있었습니다.

마당에는 풀이 수북하게 자라 있고, 배를 만드는 조선 자재가 들어와 있기는 한데, 그것이 가져다 놓은 것이 오래 되어 들에다가 야적을 해서 벌겋게 녹이 쓸어 있는 상태였습니다. 그러나 그 당시에 내 인상에 가장 깊게 남아 있는 것이 우리나라에 있는 시멘트공장 한 개가 비교적 충실히 가동을 하고 있었다 하는 겁니다.

당시 문경에 문경시멘트공장, 이건 대한양회입니다만 이것이 미국의 원조로써 이룩된 공장인데 약 20만 톤급 공장이 가동하고 있었고, 다음에 삼척에 동양시멘트공장이 약 60만 톤 규모의 공장이 가동하고 있었고, 동양시멘트 역시 일제강점시대 만들어진 공장들입니다. 그래서 그 당시에 우리나라 시멘트가 동양시멘트와 문경시멘트를 합쳐서 한 40만 톤 내지 한 50만 톤 시멘트를 우리나라에서 생산하고 있었다 하는 것을 기억하고 있습니다.

그러던 것이 오늘 한일시멘트공장의 확장 시설이 완공이 되고, 앞으로 며칠 후에 이달 말에 이 주변에 있는 성신시멘트공장이 완공됨으로써, 우리나라는 금년에 벌써 650만 톤 시멘트를 생산하게 됐습니다.

따라서 5·16혁명 당시와 비교를 하면 그야말로 금석지감을 금할 수가 없습니다."

대통령은 이어서 이제 우리는 650만 톤 시멘트를 생산함으로써 건설 붐이 일어났다는 사실을 지적했다.

"지난 7년 동안 우리나라에는 여러 가지 경제건설이 많이 되고 그야말로 건설 붐이 일어나듯 했는데, 이러한 건설이 이루어진 직접적인 원인의 하나가 우리나라에 시멘트가 많이 생산됐다 하는 것입니다.

이 650만 톤이란 시멘트를 만약 우리나라에서 생산을 하지 않고 외국에서 우리가 돈을 주고 사온다면 돈이 얼마나 들겠느냐, 약 1억 달러 가까운 돈이 듭니다. 만약 이런 시멘트를 외국에서 우리가 달러를 써가지고 수입을 해서 이런 공장을 짓는다고 하면, 도저히 이것은 불가능했을 겁니다. 그동안 1차 5개년 이후 우리나라에서는 큰 공장, 작은 공장, 중간 규모의 공장 합쳐서 약 만여 개가 섰습니다. 이런 공장들의 자재가 대부분 시멘트입니다. 그동안 우리나라에는 큼직큼직한 댐을 많이 만들어 춘천 댐이다, 의암 댐이다, 섬진강 댐, 요 며칠 전에 완공된 남강 댐, 지금 공사 중에 있는 소양강 댐, 이런 데는 시멘트란 것이 무진장으로 들어갑니다. 또 우리나라에는 그동안에 많은 교량들을 만들었고, 항만의 부두시설, 또는 주택, 최근에 와서는 전주도 옛날처럼 나무로 하는 것보다는 시멘트로 하는 것이 튼튼하고 오래 간다, 전주도 지금 모두 시멘트로 바꾸고 있는 것을 여러분은 아실 겁니다.

철도에 까는 침목 이것도 옛날에는 나무로 했는데, 최근에는 피시 침목이라 해서 시멘트 콘크리트로 하는 것이 훨씬 더 튼튼하고 오래 간다 해서, 우리나라의 침목을 이걸로 대체를 하고 있습니다.

작년 금년 우리 농촌에서 이루어지고 있는 지하수개발사업, 가령 집수암거나 관정 또는 보 이런데 전부 시멘트가 들어갑니다. 전방에 우리 국군장병들이 작년 금년도에 많은 진지보강을 하고 진지를 구축했는데, 일선 진지에 시멘트와 철근이 무진장으로 들어가고 있습니다.

심지어는 여러분들 가정의 부엌에까지 시멘트가 들어가고 있습니다. 우리 시멘트공업이 그동안에 급속히 발전했기 때문에 이러한 건설이 이루어졌습니다, 금년에 우리가 650만 톤이지만 내년 말에 가면 960만 톤, 근 천만 톤 가까운 시멘트를 생산하게 됩니다. 71년도에 가면 천백만 톤을 훨씬 넘는 이러한 생산량을 가지게 됩니다.

오늘날 그 나라 국민의 생활수준, 문화수준을 측량하는 데 여러 가지 기준이 있겠지만, 그 나라 국민들이 시멘트를 얼마나 쓰느냐 하는 이것을 가지고, 그 나라 국민의 생활수준을 측정하는 하나의 측도로 하고 있다는 것만 보더라도, 우리나라의 시멘트가 이렇게 많이 생산이 되고 건설에 도움이 됐다, 앞으로 보다 더 많은 시멘트를 생산할 수 있다, 하는 이것은 대단히 희망적인 일이라 생각합니다.

우리나라는 원래 지하자원이 대단히 빈약한 나라입니다. 그러나 한 가지 가장 다행한 일은 시멘트를 만드는 원광석·석회암만은 세계 어느 나라보다도 무진장으로 있습니다.

이 한일시멘트의 원광석은 얼마나 되는지 모르지만, 쌍용시멘트 대단위 공장 부근에 있는 그 원광석지대는, 한 공장이 가지고 있는 원광석만 하더라도 약 1억 톤이 매장돼 있다 이겁니다.

지금 1년에 2백만 톤만 생산하더라도 앞으로 500년 동안 매년 200백만 톤씩 파서 시멘트를 만들더라도 그야말로 무진장으로 많습니다. 우리나라에서는 앞으로 시멘트를 보다 더 많이 생산하려고 하고 있습니다."

대통령은 이어서 앞으로 3, 4년 후부터는 우리 농촌의 초가집을 없애고 농촌주택문제 해결에 본격적으로 착수할 수 있게 될 것이라고 전망하고, 몇 가지 근거를 제시했다.

"지금 이 시멘트가 아까 말씀드린 바와 같이 여러 가지 부문의 건설에 이용이 되고 있지만, 농촌에도 시멘트가 점차로 들어가기 시작을 했습니다. 지금 우리가 농촌에 다녀 보면서 하나 생각한 것은 여러분들 농민이 사는 주택입니다. 초가집 이것을 빨리 없애야 되겠습니다.

정부에서도 이것은 여러 가지 연구를 하고 있는데, 나는 생각하기를 앞으로 3, 4년 후부터는 본격적으로 농촌주택문제 해결에 착수할 수 있을 것이다, 이렇게 내다 봅니다.

무엇을 근거로 이런 이야기를 할 수 있느냐, 물론 지금도 시멘트가 농촌에 많이 들어가고 있지만, 앞으로 한 3, 4년 후가 될 것 같으면 정부의 재정규모가 그만큼 더 커지기 때문에, 농촌주택 개량을 위해서 우리가 훨씬 많은 투자를 할 수 있는 여력을 가질 것입니다.

이러한 전망과 또 한 가지는 현재 우리나라에 시멘트공장이 많이 있습니다만, 이 공장들이 대부분 외국에서 차관을 해와서 외국에서 돈을 빌려와서 공장을 세웠습니다. 이 한일시멘트공장도 마찬가지로 독일에서 차관을 해와서 건설한 것입니다. 그래서 이러한 공장들은 앞으로 몇 년 동안은 외국에서 꾸어온 부채를 원금과 이자로 갚아 나가야 됩니다.

원리금을 상환해야 되는데 앞으로 한 3, 4년 지나면, 내 생각으로는 그동안에 빨리 건설한 공사는 외국에 돈을 다 갚는 상태가 될 것이고, 그렇지 않은 공장도 돈을 다 갚아가는 그런 상태가 될 것 같으면, 이러한 공장들은 상당한 여유가 생길 겁니다.

그러면 여기서 생산한 시멘트를 우리 농촌의 농민들을 위해서 외상으로 많이 방출할 수 있는 그런 여력이 생길 것이다, 나는 이렇게 봅니다, 동시에 그때쯤 가면 농민들의, 농가의 소득도 훨씬 더 증대

될 것입니다.

정부투자를 많이 할 수 있는 여유가 생기고, 시멘트공장에서 시멘트를 농민들을 위해서 외상으로 많이 공급할 수 있는 여유가 생기고, 농민들의 소득이 늘고, 이런 조건들이 어느 정도 성숙이 되면, 우리나라 농촌의 주택이란 것은 급속히 개량될 수 있다, 앞으로 불과 몇 년 동안에 거의가 해결할 수 있지않겠는가, 나는 이렇게 보고 있습니다.

나는 농민 여러분들이 조상대대로 수백년 동안 오막살이 초가집에서 살아 왔는데, 여러분도 보다 좀 더 노력을 하고 여러분들 농가에 소득이 좀 더 늘고, 또 정부가 이런 노력을 하고, 또 앞으로 업계에서 농촌을 위해서 시멘트보급에 이만큼 협조를 하고 하면, 우리 농촌의 주택도 머지않아 전부 해결이 될 수 있다, 이런 것을 농민 여러분은 아시기 바랍니다.

물론 일부 사람들은 지금 정부가 농촌주택문제에 대해서 그다지 힘을 쓰지 않지 않느냐, 이런 이야기를 하는 사람이 있는데, 물론 다른 것은 제쳐 놓고 여기다가 중점적으로 투자를 하면 할 수 있는 겁니다. 하지만 정부는 지금 주택문제보다도 보다 더 급한 일들이 많습니다. 예를 들면 지금 우리는 한발 대책을 위한 농업용수 개발이라든지, 농어민 소득증대 사업이라든지, 또는 경지정리사업이라든지, 기타 농촌에 있어서 주택을 개량하는 문제보다도 앞서 할 문제가 있기 때문에, 거기에 대한 투자를 뒤로 미루고 있습니다. 그러나 이것도 앞으로 3, 4년 후부터는 정부가 본격적으로 이 부분에 투자를 할 수 있는 전망을 내다보고 있다 하는 것을 여러분에게 말씀을 드립니다.

우리나라의 시멘트공업협회에 있는 여러분들께서도 지금 내가 말하는 이러한 문제를 우리 정부 내에서도 검토를 하고 있습니다만,

여러분들께서도 한번 잘 연구를 해서, 앞으로 몇 년 후에 가서 여러분들의 기업체가 대외적인 원리금 상환이 거의 끝나고, 기업의 운영 상태가 현재보다 훨씬 더 좋아지는 그런 단계에 가서는, 우리나라의 큼직큼직한 양회협회에서 우리 농촌을 위해서, 특히 농촌의 주택문제 해결을 위해서 여러분들이 직접 참여할 수 있는 그런 문제를 여러분들도 많이 연구해 주시기를 부탁합니다.

이 공장은 64년도에 당시 40만 톤 규모의 공장이 준공됐을 때, 내가 이 자리에 다녀간 기억이 있습니다. 그동안 사장 이하 종업원 여러분들이 이 공장을 운영해서 우리나라 건설에 크게 이바지를 했고, 또 그러는 일방 이 시설의 배가를 위해서 또 여러 가지 애로를 타개하고, 오늘날 백만 톤 규모의 이러한 대단위 공장을 준공한 데 대해, 그 동안 여러분들의 노고에 대해서 심심한 치하를 드리는 바입니다.

동시에 이 회사에 차관을 대여해 준 독일 본국 회사의 여러분들에 대해서도 감사를 드리고, 또 이 지방 주민 여러분들이 그 동안 여러 가지 협조를 많이 해 주신 데 대해서도 치하를 드립니다.”

국토 종합개발 계획은 국토자원을 개발·활용하여 전국토 산업화를 촉진하자는 것이다

1971년 1월 11일, 연두기자회견에서 대통령은 국토 종합개발 계획은 우리나라의 잠재적인 국토자원을 유기적으로 개발하고 활용함으로써 전 국토의 산업화를 촉진하고, 국토의 획기적인 재편성을 해보자는 것이라고 천명하고 구체적인 개발계획에 관해 자세하게 설명했다.

“―중략 국토 종합개발 계획에 대해서 말씀을 드리겠습니다.

이것은 우리나라의 국토가 가지고 있는 잠재적인 자원과 이 자원을 유기적으로 개발을 하고 활용함으로써 전 국토의 산업화를 촉진하자는 것입니다. 이 계획의 중점적인 과업으로서는 우선 대규모 공업기지를 몇 군데 만들고 지역사회 개발에 역점을 두자는 것입니다.

흔히, 우리나라 국토는 면적이 협소하고 산악이 많고 평지가 적고 지하자원도 별반 없고 별로 쓸모없는 것처럼 생각하는 사람이 있는 것 같지만, 우리나라 국토를 우리가 다 개발을 해서 활용을 할 것 같으면 그 효용성을 높일 수 있는 좋은 상태를 가져올 것이라고 생각해서, 우리는 이 계획을 추진하고 있는 것입니다.

우선 토지 이용의 특수성에 따라서 우리나라의 전국토를 몇 개 지역으로 쪼개는 것입니다.

하나는 도시 지역, 즉 앞으로 도시가 될 지역이고, 또 하나는 근교 농업 지역, 도시를 둘러싸고 있는 근교에 있는 농업 지역, 또 순농업 지역, 같은 농업지역이라도 도시 부근에 있는 근교농업이 아니라 시골에 있는 순농업지역, 또는 산림보호를 해야 될 산림지역, 또는 주말에 모든 국민들이 가서 휴양을 할 수 있는 휴양지구 또는 자연문화재보존지역, 우리 조상 때부터 내려오는 문화재를 잘 보존을 해서 관광지역으로 개발할수 있는 그러한 문화재보존지역, 또는 대륙붕 지역, 이렇게 구분을 하고 그 유기성을 도모하기 위해서는 전국토를 다음과 같이 몇 개 지역권으로 구분을 하고 있습니다.

지금 종합 국토개발 계획에 있어서는 수도권, 태백산을 중심으로 한 경상북도, 충청도, 강원도 일부를 포함한 태백권, 전주권, 부산권, 광주권, 제주권 등 8대권으로 구분을 해서 각 권의 주축을 서로 연결을 시켜서 개발을 하자는 것입니다.

다음에 공업입지도 경인지구를 비롯해서 전국에 24개 지구로 확대해서 국제규모의 대규모공업단지를 건설하고, 공장을 지방에다 분산을 하고, 또 인구도 지방에다 분산을 시켜서 국토의 규모 있는 발전을 기해 보려 합니다.

다음에, 교통수단에 있어서도 고속도로, 고속철도 건설과 대도시에 있어서는 지하철, 고가철의 시설, 통신망에 있어서도 자동화를 기하고, 항만에 있어서도 울산항을 비롯한 16개의 중요한 공업항을 앞으로 중점개발을 하고, 국제항만시설을 보다 확충을 하고, 또 국내공항시설도 개선하여 대중화한다는 것이 국토 종합개발 계획에 포함되어 있는 줄거리로 되어 있습니다."

제3차 경제개발 5개년계획 서문

1971년 2월 25일, 대통령은 제3차 경제개발 5개년계획 서문을 발표했다. 제3차 계획은 그 계획기간 중에 농업의 중점개발, 중화학공업 건설, 수출의 획기적 증대에 역점을 둔 '완전 민족자립'의 청사진이라고 설명했다.

"두 차례의 경제개발 5개년계획을 성공적으로 완수하고, 다시 제3차 계획을 수립하여 그 착수작업을 준비하게 된 것을, 국민 여러분과 더불어 충심으로 기쁘게 생각하는 바입니다.

지난 10년간, 우리는 앞을 가로막은 험난한 시련과 난관을 극복하고 비약적인 경제발전을 이룩하였고, 10년 성장의 과정에서 우리의 민족적 저력에 대한 자신과 긍지를 되찾아, 의욕에 넘친 줄기찬 전진을 거듭하고 있습니다.

이번 3차계획은 바로 10년개발의 성과와 경험을 보다 큰 약진의 발판으로 삼아, 우리들의 의욕과 자신과 노력을 더욱더 새로이 하여, 우리나라를, 상위 중진국 수준을 넘어 선진국 대열에 육박하게 하려는, '완전 민족자립'의 청사진입니다.

우리는 동 계획기간 중에 농업에 대한 중점개발로, 경제건설의 혜택이 농어민과 저소득층을 포함한 전 국민에게 골고루 돌아가도록 하고, 철강·기계·조선 등 중화학공업을 건설하며, 수출의 획기적인 증대로 국제수지를 개선하려는 데 역점을 둘 것입니다.

이번 계획기간 중에는 북괴도발의 격화와 한반도를 둘러싼 동북 아시아정세의 급격한 변동 등, 여러가지 시련이 예상되고 있습니다.

시련과 난관은 이것을 극복하는 용기 있는 민족에게 반드시 영광을 안겨다 주었다는 것이 역사의 교훈입니다.

나는 우리 국민들이 일치 단결하여, 보다 큰 분발과 노력으로 민족적 시련을 극복하고, 3차5개년계획을 성공적으로 완수할 수 있다는 것을 확신하면서, 중흥의 새 날을 위한 우리들의 굳센 결의를 국민 여러분과 더불어 다시 한번 다짐하는 바입니다."

금년에 낙동강 상류에 안동 댐 건설 착수하고 앞으로 인화 댐, 합천 댐을 만든다

1971년 3월 18일, 한국 폴리에스테르 구미공장 준공식에서 대통령은 한강, 금강, 영산강, 낙동강 등 4대강유역 개발계획에 관해 간단히 언급하고, 금년부터 시작하는 낙동강유역 개발사업의 구체적인 내용에 관해 상세하게 설명했다.

"또 한 가지 말씀드릴 것은 벌써 정부에서 발표를 한 바가 있습니다만, 정부에서는 앞으로 약 10년에 걸쳐서 우리나라에 있는 4대강유역을 개발하려고 합니다. 4대강이라는 것은 한강, 금강, 호남 쪽으로 내려가는 영산강, 그리고 낙동강을 말하는데, 이 4대강 유역의 면적은 우리나라 전 국토의 약 7할이 되는 것입니다. 그중 낙동강은 금년부터 착수를 합니다. 4대강 개발을 위해서 우리가 그 동안 연구 조사하고 여러 가지 준비를 하는 데 십년이 걸렸습니다. 지금 시작해서 완전히 끝이 나자면 약 10년, 그러니까 전후 20년이 걸리는 것입니다.

4대강유역에 투입되는 돈이 약 3천 140억이 된다고 하면, 숫자상 10억 달러가 되겠습니다. 아랍 공화국의 나셀 대통령이 처음 집권해서 나일 강 상류에다 아스완 댐이라는 것을 만들었습니다. 그 아스완 댐에 들어간 돈이 얼마나 되느냐 하면 약 10억 달러입니다.

우리나라 4대강유역 개발의 공사를 모두 합치면 아스완 댐만한 규모의 사업이 되는 것입니다.

그러면 무엇을 하느냐, 이 낙동강은 영남지방 전역에서는 하나의 젖줄기와 같이 우리 둘에게 가장 중요한 강이기는 하지만, 이것을 우리가 개발하지 않고 자연 상태로 방치했기 때문에, 지난 수천년 동안에 우리들 조상대에서부터 매년 홍수가 나거나 또 이 유역에 한발이 생기면 막대한 피해를 입었습니다. 숫자로만 집계를 해도 일년에 수십억 피해를 입었습니다. 우리 단군할아버지 이래 오천년 동안이나 매년 50억 피해를 입었다고 하면 아마 여러분들이 계산을 해 봐도 천문학적인 숫자가 나올 것입니다.

이것은 자연을 극복하지 못했기 때문에 입은 피해입니다. 낙동강에 홍수가 나면, 내가 구미 보통학교에 다닐 때 우리가 다니던 통학길이 저 산 밑에 있는 저 길인데, 낙동강 물이 저기까지 올라왔어요. 그 길을 지나가지 못해서 뒷산으로 올라가 학교를 다니던 기억이 납니다. 홍수가 나면 이 일대가 전부 물바다가 돼 버립니다. 또, 가물기 시작하면 이 근처가 전부 한해를 입었습니다.

그것을 막기 위해서 우선 낙동강에 홍수 조절을 해야 되겠습니다. 그것을 막기 위해서는 댐을 만들어 놓아야 됩니다. 저 상류에서부터 안동 댐이 금년부터 착수됩니다. 인화 댐, 앞으로 경상남도 합천에 설 합천댐, 재작년에 완공한 남강 댐, 그 외 또 댐이 하나 있는데, 이러한 댐을 만들어서 물을 댐에다가 저장을 해 가지고 비가 아무리 많이 오고 홍수가 나더라도 갑자기 쫙 내려가서 유역이 범람되지 않도록 조절을 합니다.

한발이 들었을 때는 어떻게 하느냐, 한발이 들었을 때는 거기 저장된 물을 천천히 뽑아서 이 유역에다가 공급을 합니다.

저 낙동강 유역에 있는 공장에는 공업용수로 끌어다 쓸 수 있고, 앞으로 이 지방에 우리가 상수도로 쓸 수 있으며, 또 농사엔 농업용수

안동 댐 건설현장에서 공사 진척상황을 보고받고 점검하는 박 대통령

로도 끌어다가 쓸 수가 있습니다.

홍수가 나면 빨리 나가지 못하도록 하고, 가물면 서서히 담아둔 물을 뽑아서, 홍수도 없고 한해도 없는 전천후 지역이 될 것입니다. 그때는 이 낙동강유역은 현재보다도 농토가 훨씬 더 많이 나올 거고 피해도 없고 또 내륙 공업단지가 여기저기 생길 것이고, 여기에 있는 헐벗은 산에 나무들이 울창하게 서서 아름다운 고장이 될 것입니다.

작년 가을에 홍수가 났을 때, 나는 헬리콥터를 타고 저 낙동강 하

구에서부터 강을 따라 올라오면서 공중에서 생각한 바가 있습니다. 이 낙동강은 공중에서 보면 굉장히 큰 강입니다. 이 낙동강을 우리 인력으로써 잘 개발을 하면, 이 유역에 사는 모든 주민들이 잘살 수 있으나, 이 강을 우리가 다스리지 못하면, 이 낙동강 주변에 사는 농민은 언제나 가난을 면할 수 없다는 것을 나는 생각했습니다. 다행히 이 낙동강 개발사업이 금년부터 착수되어, 앞으로 십년 동안 이것이 완공되면 우리 고장은 보다 살기 좋은 고장이 되며, 따라서 구미공업단지는 중요한 위치를 차지하게 될 것이고, 보다 더 큰 역할을 하리라고 생각합니다."

우리나라도 원자력발전소를 만들게 되다

1971년 3월 19일, 원자력발전소 기공식에서 대통령은 먼저 원자력 시대가 열리게 된 역사적 배경에 대해 설명했다.

"20세기 전반기에 우리 인류는 원자력이라는 괴상한 물질을 개발했습니다. 2차 세계대전 말엽에 당시 미국의 루스벨트 대통령이 저명한 과학자 아인슈타인 박사에게 명령을 해서 만든 것이 원자폭탄이었습니다. 처음에는, 이 원자력은 여러분이 아시는 바와 마찬가지로, 태평양 전쟁 말기에 미국이 일본의 히로시마와 나가사키에 투하해서 가공할 만한 파괴력과 살상력을 발휘했던 것입니다.

그 결과, 당시 군국주의 일본은 연합국에 항복을 하고 인류 사상 가장 비참한 이 전쟁은 그것으로 일단 종말을 봤던 것입니다. 그러나, 전쟁이 끝난 후 세계 여러 나라에서는 미국을 위시해서 소련이라든지 영국, 프랑스, 최근에 와서는 중공까지도 원자력을 이용하는 전쟁무기 개발에 모두 열중하고 있습니다.

인류가 원자력이라는 물질을 발견해서 전쟁에 사용해서 굉장히 큰 효과를 거둔 것도 사실이지만, 오늘날과 같이 이것을 전부 전쟁 목적에 사용하기 위해서 원자폭탄이나 수소폭탄을 만들기 시작하면 자칫하다가는 인류는 자기가 만들어서 자기가 멸망하는 자승자박이 되지 않겠느냐 하는 그러한 여론들이 많이 일어나는 것도 사실입니다.

그래서, 1950년대 중반기에 미국의 아이젠하워 대통령이 이 원자력을 전쟁 목적에만 사용하지 말고, 오히려 평화적인 목적에 사용하는 방법을 연구해 보라 하는 것을 지시해서, 그 뒤에 이 원자력은 전쟁 목적 외에 우리 인류의 복지 향상을 위한 평화적인 목적에 사용하기 위해서도 개발이 진행되고 있습니다.

여러분들이 아시다시피, 원자력은 의학 부문에서 상당한 개발을 보고 있습니다.

최근 암에 걸린 암환자들 치료에는 이것을 사용해서 많은 성과를 올립니다. 또 농업부문에도 상당한 연구가 진전되고 있습니다. 그 밖에 가장 많이 개발이 촉진되어 왔고 많이 사용하고 있는 것은, 이 원자력을 이용해서 원자에너지로 전력을 개발해 보자 하는 것입니다. 이 원자력발전소가 오늘날 미국을 위시해서 선진국에서 많이 건설 중에 있는 것입니다.

아이젠하워 대통령이 평화 목적을 위한 원자력 개발을 제창한지 14년만에, 우리나라에서 오늘 바로 이 자리에서 약 60만 킬로와트 능력의 발전소를 건설하게 되었습니다. 지금 아시아 지역에 있어서는 일본을 제외하고는 우리나라가 두 번째로 이 원자력발전소를 지금 착수한 것입니다."

대통령은 이어서 원자력발전은 화력발전에 비해서 여러 가지 면에서 이점이 있다는 사실을 설명했다.

"원래 이 전력이라는 것은 처음에는 수력발전, 최근에 와서는 화력발전, 이렇게 발전되어 오다가, 이 원자력이 발명되고 나서는 원자력을 이용해서 발전소를 만드는 것이 가장 싸게 먹히고, 또 요즘 말썽이 되고 있는 공해 문제라는 것이 거의 없다는 이 점을 갖고 있습니다.

화력발전은 거의 다가 석탄을 원료로 쓴다든지, 또는 기름을 사용해야 되는데, 석탄이라든지 기름이라는 것은 그 자원이 오래 쓰면 제한될 뿐 아니라, 또 먼 거리에서 수송하는 데 수송비가 많이 먹힙니다.

원자력은 처음 건설 초기에는 건설단가가 굉장히 비싸지만, 장기적인 안목으로 볼 때는 원자력을 사용하면 훨씬 더 발전단가가 싸게 먹힌다 하는 그러한 이유 때문에, 대개 선진 각국에서는 지금 원자력발전을 서둘러서 만들고 있습니다. 어떤 학자가 발표한 바에 의하면, '1980년대에 들어가면 전세계 발전량의 거의 5분의 1 정도가 원자력발전으로 전환될 것이다' 하는 이야기를 한 사람이 있습니다.

물론, 우리나라에 있어서는 앞으로 화력발전도 계속 만드는 동시에 점차 원자력발전소도 건설해 나가야 되겠습니다.

여러분들이 잘 아시겠지만 원자력발전소를 만드는 것이 우리에게 어떤 점이 유리하느냐, 내가 본 것을 여러분에게 이야기하겠습니다.

몇 년 전 우리나라 진해 항구에 미국의 원자력잠수함이 한 척 들어왔습니다. 잠수함에 초대를 받아 내가 가서 타본 일이 있어요.

그 잠수함은 물론 핵무기로 무장을 하고 있었습니다.

그런데 그 잠수함이 사용하는 연료가 옛날 같으면 기름을 싣고 다녀야 되겠는데, 이 잠수함은 연료로 원자력을 사용합니다.

조그만, 궤짝만한 원자력 연료를 싣고 다니면 이 배는 한 일년 동안 전세계를 돌아다녀도, 어디 딴데 가서 기름이라든지 석탄이라든지 이런 것을 보급받을 필요 없이, 그것만 가지고 사용합니다.

얼마나 편리하고 연료가 절약이 되느냐 하는 것은 대작 여러분들도 짐작이 갈 것입니다. 오늘 여기서 착공을 보게 되는 이 원자력발전소도 앞으로 준공이 되고 나면 여기서 사용하는 것은 다른 화력발전소처럼 원유를 싣고 온다든지, 방카C유를 쓴다든지, 석탄을 쓴다든지, 이런 것을 쓰지 않고 조그만 원자력 연료 하나만 가지면, 일년 이상 쓸 수 있습니다. 아주 싸게 먹힌답니다.

그대신 처음 건설 초에 있어서는 굉장히 건설단가가 비싸게 먹는 것은 사실입니다.

조금 전에 한전 김 사장이 설명했지만, 60만 킬로와트에 약 1억 7천만 달러가 듭니다. 지금 우리나라의 화력발전이라는 것은 보통 1킬로와트당 약 200달러 정도 먹히는데, 60만 킬로와트면 1억 2천만 달러 정도 먹히는 것이 알맞은데, 1억 7천만 달러가 먹힌다는 것은 굉장히 비싸게 먹는다는 이야기입니다.

그러나 긴 장래를 내다볼 때는 처음에는 돈이 많이 들지만 조그마한 원자력 원료로 사용하기 때문에, 시간이 가면 갈수록 여기서 발전하는 이 전력은 굉장히 싼 전력을 공급할 수 있다는 것입니다.

20세기 후반기에 있어서 이러한 가장 발달된 원자력발전소를 우리나라에서도 이제 만들게 되었다는 데 대해서, 우리는 대단한 자부와 또한 기쁨을 금할 수 없습니다."

대통령은 끝으로 우리나라 여러 분야에서 전력수요가 계속 증가함에 따라 전력개발의 필요성과 중요성은 더욱 커지고 있다는 사실을 설명했다.

"우리나라에는 지금 경제건설 기타 모든 국가개발에 가장 많이 소요되는 것이 전력입니다.

공장에도 필요하고 우리 국민들의 문화생활을 위해서 전력수요는 나날이 늘어 가고 있는 것입니다.

　정부는 지금 우리 농촌의 전화(電化)를 위해서, 농촌전화사업을 몇년 전부터 추진을 하고 있습니다. 1964년도만 해도 우리 농촌에 전기가 불과 12%밖에 들어가지 않았습니다. 가령, 농가 홋수가 100호라 하면 거기 한 12호 정도밖에 전기 혜택을 보지 못했습니다. 작년 1970년 말 현재로서는 27% 정도밖에 안 됩니다. 이것이 앞으로 계속 추진이 되면, 3차 5개년계획이 끝나는 1976년 말에 가서는 약 70% 정도의 농촌 전화가 된다고 내다보고 있는 것입니다. 70%라면 아주 먼 벽지라든지 또는 섬이라든지 낙도, 이런 데까지는 미치지 못할지 모르지만, 대부분의 농촌에는 전기가 들어갈 수 있는 것입니다. 1979년에 가면 우리 농촌이나 어촌이나 100% 완전히 전기가 다 들어갈 것입니다.

　이 농촌전화사업 계획은 지금 추진되고 있습니다. 우리나라에는 현재 약 220만 킬로와트 정도의 전력을 생산하고 있는데, 금년 말이면 280만 킬로와트, 3차 5개년계획이 끝날 무렵에 가면, 오늘 여기에 착공을 보게 되는 원자력발전소 60만 킬로와트를 포함해서 약 600만 킬로와트 전력을 우리는 가지게 될 것입니다.

　그렇게 되면, 우리가 비상시에 필요한 모든 전력을 충분히, 무제한 송전하고도 상당한 여력을 가지게 될 것입니다.

　우리 국민들이 전기를 얼마만큼 쓰느냐, 지금 내 옆에 여기 전기난로를 하나 갖다 놨는데, 이 전기를 많이 쓰는 양에 따라서 그 나라의 수준이나 경제발전도를 추정할 수 있는 것입니다.

　아직 우리나라에는, 특히 우리 농촌에 있어서는 전력 혜택을 그다지 많이 받지 못하고 있는데, 우리가 매년 이러한 발전소를 만들고 전력생산을 많이 함으로써, 도시는 물론이요, 우리 농촌에까지 비단 공장이라든지, 가로등뿐만 아니라, 가정에까지 여러분들 부엌에까지, 온돌에까지 그 전력이 장차 들어갈 수 있다 하는 것을 여러 분들이 아시면, 전력개발이라는 것이 얼마만큼 중요하다는 것을 알 수가 있고, 또 이 전력이 개발됨으로써, 우리가 얼마만큼 혜택을 받을 수 있다는 것을 알 수 있을 것입니다. 보다 더 큰 경제발전을 촉진할 수 있고, 보다 높은 문화생활을 할 수 있을 것입니다.

오늘 이 원자력발전소 건설에 있어서는, 그동안 오래 전부터 미국 수출입은행과 교섭을 해서 차관이 성립되었던 것인데, 웨스팅하우스회사, 또 이번에 지원해 주는 영국회사, 우리 한국전력회사, 상공부 당국 여러 관계관들이 그동안 이 사업을 추진하는 과정에 있었던 수고에 대해서 감사를 드립니다.

특히, 이 지방 주민 여러분들은 앞으로 이 공장이 완공될 때까지는 여러 가지 협조를 많이 해 주셔야 될 것입니다. 그 동안, 또 여러분들이 협력해 주신 데 대해서 감사를 드립니다."

제3차 5개년계획 기간에는 고속도로, 항만, 철도 등 사회간접자본을 확충할 것이다

1972년 1월 11일, 연두기자회견에서 대통령은 제3차 5개년계획 기간 중에 추진할 고속도로건설, 항만건설, 철도건설 등 사회간접자본 확충계획에 관해 설명했다.

"고속도로 건설에 있어서는 제2차 5개년계획 기간 중에 655km의 고속도로를 건설한 데 반해, 이번 제3차 5개년계획 중에는 약 1,000 km 고속도로를 더 건설할 계획으로 있습니다.

중요 도로계획을 말씀드리면, 지금 벌써 착공하고 있는 전주에서부터 광주, 순천, 진주, 마산 등으로 해서 부산으로 가는 호남선, 남해안선은 내년 말까지 완공될 예정이고, 또한 작년 연말에 완성을 본 서울~원주 간 도로를 연장해서 강릉까지 가는 영동고속도로, 삼척에서 속초까지 가는 동해안 고속도로들이 1974년까지는 완공될 예정으로 있습니다.

그 밖에 고속화도로 648km를 건설해서 제3차 5개년계획 기간 중에 도합 1,648km의 고속도로 및 고속화도로가 완성이 되는 것입니다.

그밖에 국도포장은 앞으로 매년 실시해 나갈 예정입니다. 지금 현재 전국 국도포장률은 27%입니다. 이것은 지난 선거 때 국민들한테 약속한대로 1976년까지는 70%를 포장해 나갈 것입니다.

그 다음에 항만, 부산항을 비롯한 13개 중요한 항구를 3차 5개년계획기간 중에 중점적으로 개발해서 항만의 하역능력을 현재보다 약 2배를 증강시키자는 계획입니다.

가장 대표적인 인천항 도크공사가 내년 6월에 완공될 예정인데, 이 도크가 완성됨으로써 8,000톤급 내지 5만 톤급 선박 18척을 동시에 접안하게 함으로써, 현재 인천항이 가지고 있는 하역능력은 약 4배로 늘어날 것입니다. 이 때에 가면 지금 건설부에서 검토하고 있는, 경인고속도로와 같은 4차선 고속도로를 또 하나 더 만들어야 되지 않겠느냐 하는 문제가 제기되게 될 것으로 압니다.

내년에 가서 인천도크가 완공되어 하역능력이 현재의 4배로 될 것 같으면, 현재 가지고 있는 경인 4차선 고속도로를 가지고는 도저히 부족할 것으로 보고 있는 것입니다.

다음 문제는 산업선의 전철화인데 중앙선, 태백선, 영동선 등 산업선은 벌써 착공 중에 있으며 350km의 전철화가 완공이 되면 영동지방에 있는 석탄, 시멘트 등의 수송능력은 현재보다 배 이상으로 증가하게 될 것입니다."

소양강 다목적 댐 건설은 인간 의지로 자연을 극복한 산 증거다
1972년 11월 25일, 소양강 다목적 댐 담수식에서 대통령은 먼저

소양강 다목적 댐 건설현장을 시찰하고 있는 박 대통령

소양강 다목적 댐 인공호수에 물이 들어차는 광경을 보고 있는 박 대통령 (1972. 11. 25)

사력공법 댐으로서는 동양 최대의 소양 댐은 우리의 기술자들에 의해 우리의 기술로 완성된 것으로서 인간이 대자연에 도전하여 인간 의지로 자연을 극복하고 개가를 올린 산 증거라고 경하했다.

"여기, 또 하나 우리 인간이 대자연에 엄청난 도전을 하여, 인간의 의지로서 자연을 극복하고 개가를 올린 산 증거를 우리는 눈앞에서 보고 있습니다.

지금 건설부장관 경과보고에서 여러분들이 잘 들으신 바와 같이, 이 공사는 약 5년 반 기간과 270억 원이라는 엄청난 돈이 들었습니다. 정부에서는 오래 전부터 4대강유역 개발계획을 꾸준히 추진해 왔습니다. 그중 제일 먼저 한강 유역에 대한 공사를 착수해서, 그동안 춘천 댐, 의암 댐 등을 완성했고, 또한 양수리 부근에 있는 팔당 댐과 오늘 이 담수식을 올리게 되는 소양강 댐 공사가 예정대로 추진되고 있는 것입니다.

4대강이라는 것은, 여러분이 아시는 바와 같이, 한강과 낙동강, 금강 그리고 호남지방을 흘러가는 영산강입니다.

이 4대강유역의 농경지는 우리 남한에 있는 전농경지의 약 7할 정도가 됩니다.

4대강유역을 잘 개발하면 홍수를 조절할 수 있고, 이 유역에 새로운 공업지대를 개발할 수 있게 되며, 근대적인 영농방식을 발전시킬 수 있게 됩니다.

나는 우리 농촌도 이 개발이 끝날 무렵에는 근대적인 농촌이 될 수 있다는 희망을 가지고 있습니다.

금강유역 공사는 벌써 작년에 착수를 했고, 낙동강유역과 영산강유역은 금년에 착수해서 지금 공사가 진행 중에 있습니다.

이 소양강 댐은 하류에 춘천, 서울이 있고 인천 특히 경인공업지구를 안고 있기 때문에, 이 댐이 앞으로 우리나라의 건설과 발전에

공중에서 내려다본 소양강 댐 1973년 10월에 준공된 동양 최대의 사력 댐. 한강유역의 홍수조절, 농업용수·공업용수를 공급하는 다목적 댐이다.

수문을 열자 물보라의 장관을 이루고 있는 소양강 댐

얼마나 기여할 것인가를 상상하고 남을 수 있다고 생각합니다.

홍수조절이라든지 이 댐 위에 새로 건설될 발전소의 전력생산이라든지, 또 경인지구에 보낼 공업용수, 상수도 기타 유역의 공업 관계 기여 등으로 앞으로 한강유역 발전에 이 댐이 어떠한 구실을 할 것인가를 생각할 때, 이 댐 건설의 의의가 얼마나 크다는 것을 우리가 알 수 있을 것입니다.

이 댐은 사력공법 댐으로는 동양에서 가장 큰 댐이라고 합니다. 이러한 공사가 우리의 기술자들에 의해서 우리의 기술로서 이렇게 훌륭하게 완성되었다는 데 대해서 나는 기쁨을 금할 수 없습니다.

나는 그 동안 이 공사에 많은 수고를 한 건설부 관계 공무원 여러분들과 수자원개발공사 여러분들, 또 이 공사를 직접 시공한 현대건설 여러분, 그리고 이 지방 주민 여러분들 특히 수몰지구 주민 여러분들의 여러 가지 협조, 이러한 것이 모두 같이 합쳐져서 이 공사가 이루어졌다고 생각합니다."

대통령은 이어서 우리나라 지도를 바꿔 놓을 만한 이 거창한 역사가 유신헌법이 절대 다수 국민의 찬성으로 확정된 직후에 준공되어 더욱 기쁘다는 뜻을 표명했다.

"우리는 지난 21일 유신헌법 개정안을 국민투표에 붙여 국민 여러분들의 절대 다수의 압도적인 지지와 찬성으로 확정하였습니다. 특히, 우리 강원도 지방 도민 여러 분들이 다른 어느 도보다도 적극적으로 많은 지지를 해준 데 대해서 나는 대단히 감명 깊게 생각하고 있습니다.

유신사업이라는 것이 무엇이냐, 결국은 우리가 가지고 있는 좋은 점은 잘 보존하고 가꾸어 나가며 잘못된 것, 낡은 것, 부조리한 것들은 과감하게 없애 버리고, 과거의 여러 가지 비능률적이고 비생산적

착공 8년 만에 팔당 댐 준공 박 대통령은 팔당 댐 완공으로 한강 하류 지역이 매년 겪던 홍수를 방지하게 되었으며, 공업용수는 물론 상수도용수, 김포평야에 대한 농업용수 등 풍부한 수자원을 갖게 되었다고 말했다(1974. 5. 24).

인 것은 우리가 과감하게 추방하고, 국민들이 한데 뭉쳐 힘을 합쳐서 우리의 조국을 빨리 안정되고 부강한 나라로 만들자는 것입니다.

그렇게 해서 평화적인 통일을 빨리 하자는 것이 유신과업입니다.

따라서, 오늘 여기 준공을 보게 된 이 소양강 댐도 우리가 추진한 유신과업 중에서도 중요한 사업의 하나라고 생각합니다.

나는 국민 여러분들이 자기가 맡고 있는 직책을 어느 때보다도 성실하게 충실히 책임 있게 잘 하는 것이 우리나라를 번영되게 만들고 우리나라를 국제사회에서 보다 높은 지위로 이끌어 올리며, 또 우리 민족이 갈망하는 평화적인 통일을 하루 빨리 추진할 수 있는 길이라고 확신합니다.

유신헌법이 통과된 직후 소양강 같은 계곡에 우리나라의 지도를 바꾸어 놓을 만 한 거창한 역사가 준공을 보게 된 데 대해서 나는 국민 여러분들과 더불어 기쁘게 생각합니다.

그 동안 이 공사에 수고를 하신 공무원 또는 여기에 종사한 모든 종사원, 기술자 여러분들에게 감사를 드립니다."

4대강유역 개발사업 중에 한강 수계에 속하는 사업은 약 995억, 1천억이라는 돈이 투입되어 10년 동안 걸려서 이루어지는 사업으로, 3차 5개년계획 기간 중에 그 절반이 이루어졌다. 춘천 댐과 의암 댐, 소양강 댐과 팔당 댐이 완성되고, 평택, 화성지구에는 전천후 농업사업이 이루어졌다. 그중에서 소양강 댐은 우리나라 최초의 대규모 다목적 댐으로 1967년에 착수되어, 72년 11월 25일에 담수가 시작되었으며, 1973년에 공사가 완료되었다.

이 댐의 설계를 맡은 일본공영은 처음에는 콘크리트 방식의 공법이 더 낫다고 권유했다. 그러나 사업주체인 수자원공사가 일본공영과 현지조사를 새로 한 후 사력공법으로 건설하기로 했다. 현지조사 결과 강바닥의 모래와 자갈을 활용해 사력 댐을 만들면 시멘트와 그 수송비 등이 안 들어 공사비의 15~20%를 절감할 수 있다는 계산이 나왔고, 또 사력 댐 중심부에 들어가야 하는 단단한 점토가 공사예정지의 상류 4km 지점에 많이 있는 것으로 확인되었기 때문이었다. 사력공법에 의한 댐 건설은 비용절감 효과가 있을 뿐만 아니라 국가안보상으로도 이점이 있었다. 왜냐하면 댐이 폭격당해도 폭격당한 부분만 조금 파일뿐 댐 전체에 금이 가거나 하여 큰 손상을 입지 않기 때문이었다.

제4장 산림녹화는 국토재건과 식량증산 바탕이다

산은 민족자본이다

1969년 11월 12일, 전국산림대회의 날, 이 날은 우리나라의 산림
정책에 있어서 역사적인 전환점이 된 날이다.

전국의 임업인과 이동 산림계장 등이 한 자리에 모인 이 대회에
서 대통령은 '우리가 잘살 수 있는 길은 산에 있다', '산은 광대한
숨은 자원이다', '산은 우리의 자본이다' 등의 표현으로 우리가 지금
까지 치산치수나 산림녹화에 대하여 지니고 있는 관념을 근본적으
로 바꾸어야 한다는 점을 강조하고 식목과 사방공사를 통해 재해를
예방해 온 기존 산림정책에서 한 걸음 더 나아가서 산지개발과 이
용을 통해 산지의 생산력을 증가시켜 소득을 창출해 내는 새로운
산림정책을 추진해야 되겠다는 방침을 밝혔다. 한 마디로 우리나라
산림의 가치를 재발견해야 한다는 것이다.

대통령은 먼저 우리는 종래의 치산(治山) 관념을 근본적으로 고
쳐야 한다는 점을 역설했다. 우리는 750만 정보의 광대한 산을 갖
고 있다. 산은 쓸모없는 무용지물이요 가치없는 존재라는 관념을 버
리고, 산은 민족자본의 하나요 우리와 우리 자손들이 의지하고 살아
가야 할 소중한 삶의 터전이라는 확신을 가져야 되겠다는 것이다.

"오늘 뜻깊은 산림대회에 참석하여 우리의 가장 시급한 치산사업
에 종사하는 여러분과 함께 진지한 논의를 갖게 된 것을 매우 뜻깊

게 생각하는 바입니다.

　이 모임의 가장 중요한 목적은 우리가 갖고 있는 광대한 자원인 750만 정보(町步)의 국토를 어떻게 하면 푸르고 기름지게 할 수 있을 것인가의 뚜렷한 방향을 찾는 데 있다는 것입니다.

　물론 오늘의 이 산림대회는 여러분이 매년마다 한 해 동안의 치산사업을 되살피고 또 서로 견주는 행사로서 의의가 없는 바 아니지만, 나로서는 금년의 이 행사는 특별히 새로운 의의를 지녀야 할 것으로 생각하는 바입니다.

　왜냐하면, 우리는 종래 우리가 치산에 대하여 지녔던 관념을 근본적으로 다시 고치지 않으면 안 되겠기 때문입니다. 그것은 우리가 광대한 산림이 쓸모 없는 무용지물이고 거치장스럽고, 무가치한 존재라는 관념으로부터 이것은 우리가 상속받은 가장 막중한 민족자본의 하나이며, 우리와 우리의 자손이 이 산에 의지해서 장구한 세월을 두고 생을 영위해 나가야 할 소중한 '삶이 터전'이라는 확신을 가져야 되겠기 때문입니다."

　대통령은 이어서 왜 우리가 잘살 수 있는 길을 산에서 찾아야 하는지 그 이유를 세 가지로 요약, 설명했다.

　첫째, 해마다 재해를 막기 위해 막대한 재정을 투입해 식목을 하고 산이 헐벗고 있고 불법벌채가 활개치고 있다는 것이다.

　둘째, 목재나 수목을 원료로 하는 제품의 수입이 연간 3, 4천만 달러에 달하고 있고, 국내의 목재 부족은 목재 가격을 앙등시키고 각종 산업발전에 지장을 주고 있다는 것이다.

　셋째, 인구증가로 평탄한 지역에서는 발붙일 곳이 없어 젊고 많은 인구가 일손을 놓고 있으며 평지의 생산력이 아무리 증가해도 이것만으로 연간 국민소득을 5%나 10% 끌어올린다는 것은 어려운 일

治山治水
一九七七年 四月 三0
大統領 朴正熙

이라는 것이다.

따라서 우리가 이용해 온 약 250만 정보의 평지보다 3배나 큰 750만 정보의 산에 있는 광대한 숨은 자원을 이용하는 데서 잘살 수 있는 길을 찾아내야 하겠다는 것이다.

"치산치수는 치국의 근본이라고 한 옛말은 우리의 귀에 익은지도 오래입니다.

우리가 해마다 겪는 재해의 주원인이 산이 황폐한 데 있다는 것도 주지의 사실입니다.

그리하여, 산에 나무를 심어야 하고 사방을 해야 하기 때문에 정부는 해마다 막대한 재정을 이에 투입해 온 것입니다. 이것이 오늘까지의 치산의 목적이며 방법이었던 것입니다.

정부와 여러분의 그동안의 노력은 확실히 상당한 성과를 거둔 것만은 틀림없습니다. 많은 산이 푸르러졌고 많은 국민이 산을 가꾸기에 이르렀습니다. 그러나, 이 자리에서 분명히 강조해 두고 싶은 것은 이것만으로써 만족할 수 있다고는 나는 도저히 생각할 수 없다는 것입니다. 아직도 대부분의 산이 벌거벗은 채로 있으며, 무자비한 불법 벌채가 횡행하고 있습니다.

목재나 수목을 원료로 하는 제품 수입은 연간 3~4,000천만 달러에 달하고 국내의 목재 부족은 목재 가격을 보기 드문 높은 값으로 끌어 올렸으며, 이와 같은 목재의 전반적 부족은 각종 산업발전에 많은 지장을 초래하고 있는 것입니다. 뿐만 아니라 인구증가 때문에 이미 평탄한 지역에서는 더 발붙일 곳이 없을 만큼 비좁은 땅이 되어 버렸고 많은 인구가 일손을 놓고 있는 실정입니다.

　평야부의 생산력이 아무리 증가된다 하더라도 그것만으로 국민의 연간소득을 5%나 10%로 끌어 올린다는 것은 용이한 일이 아님은 명백합니다. 우리는 여러 가지로 보다 잘살 수 있는 길을 찾아내어야 하겠습니다.

　그중 한 가지 길은 바로 산에 있는 것입니다. 우리에게는 약 750만 정보나 되는 산이 있습니다. 우리가 기껏 이용해 온 약 250만 정보의 평탄부의 3배나 되는 산이 있으므로 해서 우리는 이용할 수 있는 광대한 '숨은 자원'을 갖고 있는 것이기도 합니다.

　내가 '산을 보호·육성한다'는 지난날의 소극적인 관념으로부터 '산은 우리의 자본이다' 하는 적극적인 의욕으로 전환되어야 한다고 주장하는 이유가 바로 여기에 있습니다.

　여러분이나 온 국민이 집터나 논밭을 아끼고 가꾸는 거와 마찬가지로, 산도 국민 누구나의 귀중한 생산자원으로서 마음껏 투자할 수 있도록 하는 새로운 제도적 뒷받침을 세울 것을, 산림관계인사 여러분에게 강력히 요망해 두는 바입니다."

　대통령은 이어서 우리가 산을 우리 것으로 키우겠다는 결의만 있다면 산은 반드시 우리의 보금자리가 될 수 있다는 신념을 피력했다.

　"나는 다른 나라 국민들이 논밭에 곡식을 심어 온 것을 그만 두고 나무를 심어서 그 보다 많은 수익을 올린다는 말을 듣고 있습니다. 또한 그들은 산에 퇴비와 거름을 주어서 나무의 성장을 촉진시킨 결과 전답에서 곡식을 심은 것보다 많은 이익을 보았다는 말도 또한 듣고 있습니다.

다른 나라의 이러한 경험을, 우리가 본따지 못한다는 하등의 이유가 없는 것입니다.

내가 확신하는 것은 우리가 산을 꼭 '우리의 것으로' 키우겠다는 결의만 있다면 산은 반드시 우리의 보금자리가 될 수 있다는 점입니다.

이러한 새로운 산림정책의 방향을 실천에 옮기기 위해서는 정부가 앞장을 서야 할 것은 다시 말할 필요조차 없을 것입니다. 제도면에서 실천면에서 정부가 국민의 앞장에 서고 또 온 국민이 이에 뒤따라야 하겠다는 것입니다. 우리는 오늘의 모임을 계기로 새로운 발견을 한 것입니다.

'지금까지 가졌던 땅보다도 세 배나 넓은 땅을 발견했다'는 새로운 사실입니다. 이것은 분명히 어느 먼 곳의 보다 큰 대륙하고도 바꿀 수 없는 우리의 귀중한 재산인 것입니다.

여러분이나 온 국민이 이 넓은 땅의 주인이 되느냐, 그렇지 않으면 영영 버리고 마느냐 하는 것이, 오직 오늘 이 순간으로부터의 여러분의 결심과 노력 여하에 달려 있다는 것을 부탁드리는 바입니다."

대통령은 끝으로 산을 좀먹는 산림도벌을 뿌리뽑아야 되겠다는 것을 강조했다.

"마지막으로 한 가지 강조해 둘 것은 산림을 보호하기 위한 시급한 당면과제입니다. 근자에 와서, 일부 지방에서는 산림도벌이 극심하여 우리가 그 동안 노력해 온 바를 송두리째 짓밟고 있다는 것을 듣고 있거니와, 이러한 '산을 좀먹는' 악의 요소는 앞으로 철저히 뿌리뽑을 것을 지시해 두는 바입니다.

더욱이 도벌을 취체(取締)하고 방지하는 데 있어서 흔히 이것이 영림서 당국의 일이라 해서 일반 행정관청이나 경찰이 이를 등한히 하거나 간여하지 않고 또 방관하는 일이 있는 듯하나, 이는 그야말로 무사안일의 표본이라는 것을 지적해 두지 않을 수 없습니다.

앞으로는 영림서 당국은 물론이려니와 일반시장 군수 및 경찰서장들이 책임을 지고 서로 협력해서 철저히 이를 취체해 주어야 하겠습니다.

오늘 산림대회를 하나의 기점으로 삼아 산림보호나 육성 문제는 물론이려니와 한 걸음 나아가서는 산에 대한 새로운 인식, 그리고 이를 바탕으로 하여 산을 최대한으로 개발 이용하는 문제들을 적극 실천에 옮기게 될 것을 바라 마지않습니다. 여러분들은 이와 같은 치산사업의 새로운 방향을 실현하는 개척자로서의 사명을 다해 줄 것을 간절히 당부해 마지않는 바입니다."

산림녹화는 국토재건과 식량증산 바탕이다

1965년 4월 5일, 제20회 식목일에 대통령은 산림녹화의 필요성과 벌채(伐採)와 도벌(盜伐) 문제에 대해 평소의 소신을 밝혔다.

대통령은 먼저 산림녹화는 국토재건과 식량증산의 바탕이라는 사실을 강조했다.

"예로부터 치산치수가 중요한 국가정책의 하나로 인정되어 오고 있거니와, 그것은 우리가 산야의 황폐화를 방지하지 못하고는 자연의 변덕스러운 광포와 그로 인한 인명피해나 재산손실의 위협 등을 면할 길이 없는 까닭이며, 반대로 산림녹화가 제대로 되면 청산녹수

(靑山綠水)의 미관과 기름진 옥답(沃畓)을 가꿀 수 있기 때문이라 하겠습니다.

그런데 우리의 경우를 돌이켜보면, 해방 직후의 분별없는 남벌(濫伐)을 비롯하여, 6·25전쟁과 산림시책의 빈곤, 그 위에 애림사상의 결핍 등으로 인해 우리의 강토는 극도로 황폐되어 홍수와 한발이 있을 때마다 많은 금전·옥답이 폐허가 되고, 적지 않은 이재민이 재산과 생활기반을 상실한 채 생활고에 시달려야 했던 것입니다.

따라서 국토를 녹화하려는 국가적 과제는 이재민 발생의 사전방지를 위해서 뿐만 아니라, 영농·교통·보건 등 여러 가지 국가정책의 조화 있는 실현은 물론 이것만이 국토재건의 근본 바탕이 되기 때문인 것입니다.

그리고 이 산림녹화사업은 지금 정부와 온 국민이 전례 없이 굳은 결의로써 추진하고 있는 증산운동의 선행요건임은 되풀이할 필요조차 없을 것입니다. 물 없는 땅, 나무 없는 산을 두고 증산이란 기대할 수 없기 때문입니다.

더욱이 목재나 수목을 원료로 하는 제품의 수입이 연간 3,000~4,000만 달러에 달하고 있음을 생각할 때 목재수요에 대한 조속하고도 충분한 국내조달은 국제수지의 개선에도 커다란 공헌을 하게 되는 것입니다.

그리하여 정부는 지난 4년간, 종래의 비효과적이며 형식에 그쳤던 산림정책을 지양하고 집중적인 복구조림과 기존임야의 보호육성으로 삼림자원의 증대를 도모하는 한편, 산정과 계곡 그리고 해안에 대한 사방공사 사업에 중점적 시책을 베풀어 왔던 것입니다.

이와 같은 정부의 시책은 점차로 눈에 보이는 보람찬 결실을 거두어 가고 있습니다. 그러나 나무를 심고 가꾸는 일은 국민 각자가 솔선하여 행하여야 할 일인 것이며, 정부의 일방적 호소나 행정적 조치만으로는 아무런 성과를 기대할 수 없는 것입니다.

이러한 의미에서 요즈음 여러 지방에서 국민들의 자발적인 의사로 활발히 전개되고 있는 '포플러심기' 운동은 바로 국민의 자발성을 보여 주는 명백한 증거로서 이러한 '포플러심기' 운동은 더욱더 활발하게 추진되어야 하겠습니다."

대통령은 끝으로 산림녹화사업은 심은 나무를 꾸준히 가꾸어 나가는 장기적인 계획과 노력이 있어야 한다는 점을 역설했다.

"나는 지금 나무를 심는 일이 시급하고도 중요하다는 말씀을 드렸습니다. 그러나 이보다 더 중요한 일이 또 하나 있습니다. 그것은 심은 나무, 자라는 나무를 함부로 꺾거나 베어 쓰지 않는다는 정신적 자세인 것입니다. 아무리 나무를 심어봤자, 분별없는 벌채가 활개를 치는 한 그것은 밑빠진 항아리에 물붓기나 다름없는 일일 것입니다.

그러기에 산림녹화사업은 나무를 심는 손쉽고 자그마한 노력에서 시작되어, 심은 나무를 꾸준히 가꾸어 나가는 부단하고도 장기적인 계획과 노력에 직결되어야 할 것입니다.

국민 모두가 헐벗은 산을 대할 때 내 몸의 살이 벗겨진 듯 쓰라려 하고, 거기 나무 한 그루가 심어질 때 내 몸에 옷 한 가지가 걸쳐진 것처럼 흐뭇하게 생각하는 마음가짐이 있어야 하겠다는 것입니다.

내가 알기로는 관헌의 눈을 속인 악덕상인이나 혹은 상인과 결탁한 썩은 관리들이 불법도벌을 자행하는가 하면, 도벌을 취체하고 방지하는 책임은 영림당국에 있다는 형식에 얽매여 일반 행정관청이나 경찰이 이를 방관하고 있다고 하거니와, 이는 바로 사회를 좀먹

포플러나무를 안고 있는 박 대통령 불가능이라 판단되었던 산림녹화를 밀어붙여 금수
강산을 되찾았다(1965. 3. 4).

고 나라를 망치는 범법행위로서 준엄한 법의 다스림을 받아야 할
것입니다.

도벌이나 남벌을 막는 일은 특정기관이나 특정개인에게만 떠맡길
일이 아니라, 국민 누구나가 산림보호자요 후견인으로서 도벌방지
와 남벌예방에 힘써야 하겠습니다.

'일하는 해'에 들어서서 맞이하는 오늘의 이 식목일은 다른 어느 해
보다도 더 많은 나무를 심고 더 많은 노력과 정성으로 자라는 나무
를 가꾸어 나가야 하겠습니다. 나무를 심고 가꾸는 일, 그것은 곧
증산을 위한 기초작업이며, 건설을 위한 필수조건인 동시에 온 국민
의 마음을 푸르고 새롭게 하는 정신적 미화작업을 겸하게 될 것입
니다. 국민 여러분! 내 나라의 장래와 내 자손의 번영을 위해 묘목

과 삽을 들고 산과 들로 나갑시다."

나무를 안 심은 휴전선 일대는 밀림지대로 변했다

대통령은 1966년부터 매년 3월 중순부터 4월 말까지를 '식목의 달'로 정했다. 헐벗은 산지를 하루속히 녹화하고 개발하고 이용해야 할 국가적인 필요성을 충족시키려면 지금까지 해온 것처럼 식목일 하루만 나무를 심는 방법 가지고는 어림도 없다고 판단했던 것이다. 그래서 매년 3, 4월 30여 일 동안 전 공무원, 군장병, 학생, 사회단 체 등이 전국에서 조림사업과 사방공사를 대대적으로 전개하기로 한 것이다.

그해 4월 6일 식목의 날 행사에서 대통령은 이러한 사실을 밝히 고 국민들의 적극적인 참여와 협조를 호소했다. 대통령은 먼저 나무 를 심는다는 것과 인재를 양성한다는 것은 그 뜻과 방법이 같은 것 으로 이 두 가지는 하루아침에 되는 것이 아니라 오랫동안 정성들 여야 한다고 말하고, 우리는 가난하기 때문에 산림이 헐벗어 있으나 지금부터라도 정성을 다하여 나무를 심고 가꾼다면 우리도 머지않 아 부강한 선진국처럼 아름다운 강산을 이룩하고 잘살 수 있게 될 것이라는 희망을 피력했다.

"우리나라에는 옛날부터 십년대계를 위해서는 나무를 심어야 하 고, 백년대계를 위해서는 인재를 양성해야 한다는 말이 있습니다.

십년 또는 백년의 먼 장래를 위해서 이 나라가 보다 부강하고 잘 살 수 있고, 번영된 나라가 되도록 하기 위해서는 우선 나무를 심어 서 산을 푸르게 해야 하고, 많은 인재를 양성해서 장래 이 나라의 훌륭한 일꾼들이 될 수 있는 인재를 많이 배출하는 것이 국가의 가 장 근본이 된다는 이야기입니다.

오늘날 우리 사회에 여러 가지 어려운 문제들이 산적해 있고, 우리들이 당장 시급히 해결해야 할 문제들이 하나 둘이 아니겠지만, 무엇보다도 국가의 십년 또는 먼 앞날의 백년대계를 위해서 나무를 가꾸어 산을 푸르게 하고, 많은 인재를 양성해서 국가의 장래를 보다 튼튼하게 한다는 일을 우리들은 소홀히 할 수 없는 것입니다.

나무를 심어서 가꾼다는 것과 사람을 가르치고 키워서 인재를 양성한다는 것은 결국 같은 뜻입니다. 식수 양재한다는 것은 말은 다르지만 뜻은 같은 것입니다. 또 그 방법도 같은 것입니다. 우리가 나무를 심어서 이 나무가 앞으로 수년 또는 수 10년 뒤에 커다란 나무가 될 수 있도록 하기 위해서는 우리가 단지 심는 것만 가지고는 그 목적을 달성할 수 없는 것입니다.

심는 것과 동시에 정성들여서 잘 가꾸어야 하고 보호해야 하는 것입니다. 인재도 마찬가지입니다. 그저 막연히 교육만 해서 인재가 양성되는 것이 아니라, 우리의 꾸준한 노력과 지도가 필요한 것입니다.

나무를 심는 사업과 인재를 양성하는 사업이라는 것은 일조일석에 되는 것이 아닙니다. 오랜 시일에 걸쳐서 우리가 꾸준히 노력을 계속하여야만 비로소 되는 것입니다.

오늘날 여러분들이 선진 각국을 가보았을 때, 잘살고 부강한 나라는 예외 없이 그 나라의 강산이 다 푸르고, 산림이 잘 보호되어 있는 것을 보았을 것입니다. 그와는 반대로 가난하고, 못사는 나라일수록 산에 나무가 없고, 산림이 보호되어 있지 않고 헐벗은 모습을 많이 보았을 것입니다.

그런 후자에 속하는 모습이 바로 우리의 조국강산이라는 것을 생각할 때, 때가 늦은 감이 없지 않지만, 지금부터라도 이 사랑하는 조국강산에 정성들여서 나무를 심고 가꾼다면, 머지않은 장래에 우리도 다른 나라같이 아름다운 강산을 이룩할 수 있을 것입니다. 이것이 곧 장차 우리나라가 잘 살 수 있는 길이요, 우리 자손들에게 훌륭한 유산을 남겨 주는 유일한 길인 것입니다."

대통령은 이어서 나무를 심는 것 못지않게 나무를 다치지 않고 베지 않는 것이 애림의 길이고 녹화의 길이라고 말하고, 6·25전쟁 당시 폐허가 되었던 휴전선 일대의 비무장지대가 지난 10여년 동안 아무도 식목을 하지 않았는데도 울창한 밀림지대가 된 사실을 그 예로 들었다. 그리고 해마다 장충단공원에서 식목을 하지만 사람들이 잔디밭을 밟아버리고 나무는 꺾는 등 나무를 아끼고 보호할 줄 모른다면 나무를 백년 심어보았자 이 일대가 녹화될 수 없다는 점을 지적했다.

"지금 여러분 시야에 보이는 이 장충단 일대의 나무들을 보십시오. 매년 우리는 여기에 와서 식목을 합니다. 나무를 심는 것도 중요하지만, 심고 난 다음에 이 나무를 잘 보호를 하고 가꾸어서 키울 줄 알아야 합니다.

나는 항상 나무를 심는 것보다도 오히려 나무를 다치지 않고, 베지 않는 것이 곧 애림하는 길이요, 녹화하는 길이라고 강조하고 있습니다.

혹시 여러분들 가운데 전방에 있는 휴전선 일대에 가본 분이 계실 줄 압니다. 특히 판문점 부근을 지나다 보면, 휴전선 일대는 지금 완전히 밀림지대가 되어, 그야말로 정글지대같이 되어 있습니다.

이 장소는 지금부터 한 10여년 전, 6·25전쟁이 한창 격렬했을 때, 거기에는 산에 나무가 거의 한 포기도 없었습니다. 나무는 고사하고 풀도 없었습니다. 아군과 적이 매일같이 포격을 퍼붓고, 치열한 전투가 벌어졌기 때문에, 심지어 일부 남아 있는 나무도 진지 전방에 나무가 서 있으면 사격에 방해가 된다고 해서, 모조리 쳐버렸던 것입니다. 그러나 그 뒤 10여년 동안에 여기는 완전한 밀림지대

황폐된 모습(포항 청하 하동)

시공 직후(1977년 시공)

변화된 모습
이경준·김의철 지음 《박정희가 이룬 기적, 민둥산을 금수강산으로》에서

가 되었습니다.

거기에는 누가 들어가서 나무를 심은 것도 아닙니다. 다만 사람이 들어가기 어려운 장소이기 때문에 들어가지 않았고, 나무를 베지 않았던 것뿐입니다.

우리나라처럼 이렇게 국토가 비옥하고, 이렇게 땅이 살찐 곳에는 일부러 나무를 심지 않는다 하더라도, 있는 나무를 다치지 않고 건드리지만 않으면 가을에 나무에서 씨와 잎이 떨어지고, 풀씨도 떨어져서 불과 몇 해 안 가서 완전히 녹화되는 것입니다.

따라서 우리가 앞으로 나무를 심는 것도 중요하지만, 심어놓은 나무를 우리 모든 국민들이 잘 키우고, 보호하고, 다치지 않는 일에 보다 더 관심을 가져야 될 것입니다.

우리는 매년 이 장충단 근처에 나무를 많이 심었습니다. 여기에 시민들이 나무를 심는 것은 이 일대를 아름다운 서울의 풍치지대로 만들어 즐겁게 휴식할 수 있는 장소를 만들자는 취지에서입니다.

수많은 시민들이 들어가선 안 될 곳인 저 잔디밭에 들어가서 마구 밟아 버린다든지, 젊은 청춘 남녀들이 봄철에 소풍다니면서 집에 가져가기 위해서 꽃나무를 함부로 꺾는 등 수목을 아낄 줄 모르는 시민들이 있는 한, 여기에 나무를 백년 심어 보았자 이 일대는 녹화가 되지 않을 것입니다.

저 위에도 지금 보니까, 내가 알기에는 사람이 다녀서는 안 될 곳입니다. 젊은 청년들이 모두 거기에 앉아서 밟고 있는데, 한쪽에서는 나무를 심고, 나무를 보호해야 하다고 강조하고, 한쪽에서는 다니면서 나무를 빼가고, 꺾고, 이런 식으로 해서는 우리나라가 녹화되기는 대단히 어려울 것입니다.”

대통령은 이어서 어린이, 노인, 환자를 제외한 모든 국민이 나무한 포기라도 심어야만 국민으로서의 책임과 도리를 다 했다고 느낄 정도의 애림정신이 투철할 때 이 나라의 산림은 녹화될 수 있다고 말하고, 국군장병, 전 공무원, 학생, 기관, 단체들이 사방공사와 조림사업을 전개하는 3, 4월 '식목의 달'에 모든 국민이 이러한 사업에 적극 참여할 것을 당부했다.

"나무를 심는 것도 좋고, 사방(砂防)을 하는 것도 좋고 이런 행사를 하는 것도 좋지만, 문제는 모든 국민이 산림녹화라든지 조림이라는 것은 어떤 몇 사람의 책임이 아니라, 우리 전체 국민들의 똑같은 책임이라 생각하고 범국민적인 자각이 있어야 합니다.

그리고 적어도 오늘만은 온 국민들이 어린이, 노인, 환자를 제외하고는 어느 장소에 가서든지 단 한 포기의 나무라도 심어야 되고, 그것을 심어야만 국민으로서 할 일을 다했다는 느낌을 가질 수 있는 그런 정도까지 산림을 아끼고, 보호할 줄 알고, 애림할 줄 아는 정신, 이러한 생각이 온 국민들에게 깊이 침투될 때, 우리나라의 산림녹화는 머지않아 이룩되리라고 나는 확신합니다.

우리가 비단 식목일이라고 해서 이러한 행사를 하고, 또 우리 각자가 몇 포기의 나무를 심고 간다고 해서 결코 녹화가 되는 것은 아닙니다.

금년에는 정부도 오늘만 식목일로 하지 않고, 지난 3월 중순부터 4월 말까지를 '식목의 달'로 정해서, 전후방 우리 국군장병들은 물론, 전 공무원, 학생, 기관, 단체가 범국민적으로 나와서, 전국 방방곡곡에서 사방공사와 조림사업을 전개하고 있습니다. 우리 모든 국민이 이러한 사업에 적극적으로 참여하고 협력할 것 같으면, 우리의 노력으로 우리나라 강산이 하루라도 더 빨리 푸르게 되리라는 것을 확신하고 내 인사를 끝마칩니다."

연료정책의 근본적인 대전환을 계획하다

1966년 12월 17일, 청와대 출입기자단과 가진 기자회견에서 대통령은 연료정책의 근본적인 대전환을 계획하고 있다고 밝히고 그 내용에 관해 설명했다.

"지금 정부가 당면한 여러 가지 어려운 문제 가운데서도 지금 말한 연료·전력·수송문제가 가장 중요하다고 생각하고 있습니다. 특히 연료에 있어서는 종합적인 연료, 즉 석탄·전력·유류 등 제문제(諸問題)에 대해서 구체적인 계획과 방안을 세우고 있어, 내년부터는 해결될 수 있게끔 여러 가지 노력을 하고 있습니다.

특히 연료문제에 있어서 잠깐 말씀드린다면, 종래 우리나라에서 연료라고 하면 주로 석탄과 화목이었습니다. 물론 그 가운데는 일부 유류나 전기에 의한 전열기계를 쓰는 부문도 있었지만, 대종(大宗)을 이루고 있은 것은 역시 석탄과 화목이었습니다. 그러나 근년에 와서 산림의 벌채를 엄금했기 때문에 이에 비례해서 석탄의 수요가 급격히 늘어났습니다.

금년의 석탄생산은 계획대로 1천 수십만 톤을 생산은 했지만, 석탄의 수요가 급격히 늘어났기 때문에 금년 초가을에 연탄파동을 겪었습니다. 그래서 정부로서는 앞으로의 연료대책에 대한 근본방향을 재검토하고 있습니다. 석탄은 물론 현 수준 또는 그 계획량을 계속 생산해야 되겠지만, 이것만으로는 우리나라 연료문제는 해결할 수 없다, 연료문제에 대한 근본적인 대전환을 가져와야 될 그런 시점에 왔다고 판단하고, 내년부터는 석탄생산을 촉진하는 동시에 유류연료 대체를 과감히 수행하는 데 대한 조치를 하고 있는 중입니다.

대략 현재 계획으로서는 석탄 약 5백만 톤에 해당되는 유류 벙커C유·경유·중유의 대체를 수행할 작정이며, 이를 위해서 각종 시설이라든지 유류도입 문제 등에 대한 계획이 수립되어 추진 중에 있습니다. 내년부터는 이 문제가 해결되리라 생각합니다.

그리하여 앞으로 도시에 있어서 연료를 많이 쓰는 큰 산업시설이라든지, 또는 병원·호텔 기타 연료를 대량으로 소비하는 기관에 있어서는 앞으로 벙커C유로 대대적인 전환을 할 것이고, 서울 같은 대도시는 앞으로 가스공급을 할 수 있는 시설을 해야 되겠으며, 이것도 지금 추진 중에 있습니다. 전력이 많이 개발되면 전력도 많이 쓰도록 해야 되겠습니다.

도시나 산업시설에는 될 수 있는 대로 유류·가스·전력 등으로 전환하고, 과거에 도시에서 많이 소비했던 석탄은 시골과 중소도시에 많이 공급할 작정입니다. 그러면 저 시골 농촌이나 벽지는 어떻게 할 것인가? 그런 데까지 석탄이나 유류를 공급할 수는 없습니다. 그런 지방에는 우리 농림부에서 추진하고 있는 연료림 조성을 대대적으로 장려해서, 이것으로써 대체할 계획을 추진하고 있습니다. 대체로 계획대로 진행되고 있는 것으로 알고 있습니다."

옛날부터 우리나라의 농촌이나 도시에서 사용하는 연료는 산에서 채취한 나무와 낙엽 등 임산(林產)연료였다. 1957년 십구공탄이 생산되면서 정부가 임산연료의 도시반입을 금지하고 무연탄 사용을 권장하고, 널리 보급함에 따라 도시에서 임산연료를 사용하는 일은 거의 없어졌으나 농촌에서는 여전히 마을 주변에 있는 산에서 낙엽을 긁어오고, 불법으로 도벌을 해서 임산연료를 사용했다.

낙엽은 나무를 잘 자라게 하는 비료와 같은 작용을 할뿐 아니라, 홍수가 나거나 한발이 들 때는 물의 양을 조절하여 한해와 수해를 방지하고, 산의 습도를 유지하여 병충해 발생을 억제하는 등 산림보호에 중요한 역할을 한다. 이러한 낙엽을 해마다 긁어다 연료로 사용했기 때문에 농촌의 산은 풀조차 자라지 못하는 척박한 토양으로 변했다. 따라서 산림녹화를 위해서는 무엇보다도 농가의 연료문제를 해결하는 것이 필요했다. 그래서 자유당 정부는 1959년부터 낙엽채취를 금지하고 농촌의 연료림 조성에 착수하였다.

5·16혁명 후 1962년 군사정부도 제1차 경제개발 5개년계획의 중점사업의 하나로 55만 2천 정보의 연료림 조성 5개년계획을 수립하여 이를 추진하였다. 특히 1966년 초가을에 일어난 이른바 '연탄파동'을 계기로 정부는 '연료혁명'을 단행하기로 결정하고 농촌 연료림 조성을 대대적으로 권장했다. 즉, 유류의 대량 공급, 석탄의 대단위 탄좌 개발, 연료림 조성을 통해 산업시설과 대도시는 유류, 가스, 전력으로, 중소도시는 석탄으로, 농촌 벽지에는 시목(柴木 : 땔나무)으로 연료문제를 해결하고 대도시를 위해서는 가스공장을 건설하기로 했다. 대통령은 이러한 정부계획을 설명한 것이다.

헐벗은 선산(善山)에 나무를 많이 심어 가꾸고 보호해야겠다

1967년 3월 30일, 경북 선산군의 일선교(一善橋) 준공식에서 대통령은 먼저 오랜간만에 고향에 온 감회를 피력하고 고향을 사랑한다는 것은 조국을 사랑한다는 마음과 일치하는 것이라고 말하고, 헐벗은 선산에 나무를 많이 심고 가꾸고 보호해야 되겠다는 점을 특별히 당부했다.

"오랜간만에 고향 땅을 찾아서 여러분들을 이 자리에서 만나게 되니 기쁘기 한량없습니다.

그동안 고향에 계신 여러분들이 나에 대해서 항시 음으로 양으로 여러가지 도와주시고 성원해 주신 데 대해서, 진심으로 감사의 말씀을 드립니다.

사람은 누구나 자기가 태어난 고향을 사랑합니다. 자기의 고향을 사랑한다는 것은 인지상정이라, 누구도 다 같은 생각일 것입니다.

내가 이 고장에서 태어나고, 이 고장에서 잔뼈가 굵었고, 또 우리의 조상들의 뼈가 이 고장에 묻혀 있기 때문에, 우리가 아무리 객지에 가서 오래 산다 하더라도, 또는 나이를 아무리 많이 먹는다 하더라도 어릴 때 자라난 고향산천은 잊을 수 없는 것입니다.

우리들이 자기가 태어난 고향을 사랑한다는 것은, 곧 우리나라를 사랑하는 것이오, 내 조국을 사랑한다는 마음과 일치되는 것입니다.

고향을 사랑할 줄 모르는 사람이 국가에 대해서 충성하는 법이 없고, 고향을 사랑할 줄 모르는 사람이 조국에 대해서 봉사하는 일이 없습니다.

따라서 여러분들도 다 같이 우리 고향 선산을 위해서 앞으로 보다 일을 많이 하고, 이 고장의 훌륭한 발전을 위해서 노력을 해야 될 것입니다.

이것은 우리들의 의무요, 또 우리 조국에 대한 하나의 보답입니다. 우리 고향에서 여러 가지 좋은 건설상이 이루어져 가고 있다, 또는 고향에 여러 가지 발전이 되어 가고 있다, 이런 이야기를 들으면 가장 기쁘게 생각하게 됩니다.

이번에 일선교 준공식이 있다는 얘기를 듣고, 이번 준공식에는 꼭 내가 참석을 해서, 고향에 계신 여러분들을 한번 뵈어야 되겠다, 이렇게 오래 전부터 벼르고 있었습니다.

그런데 여러분!

우리 고향은 문자 그대로 선산, 착할 선자 뫼 산자, 착한 산인데, 한 가지 오늘 고향에 계신 여러분들에게 특별히 당부를 해야 될 말이 있습니다.

우리 선산은 옛날부터 살기 좋고, 산천이 아름답고, 우리 고장에서는 훌륭한 인물들이 많이 났습니다. 그런데 오늘날 왜 우리 고향의 산들이 저렇게 모두 벌겋게 헐벗고 있습니까? 나는 선산을 지나 다닐 때마다 기차로 갈 때나 비행기로 이 위를 갈 때 늘 보고, 우리 고향이 딴 고향보다 산이 제일 나쁘다, 선산인데 선산이 아니라 나쁜 산이다, 이런 생각을 가지고 있습니다.

이건 우리가 그동안에 우리 고향 산의 산림을 애호하고, 나무를 가꾸고 심고 하는 이런 고향산천을 아끼는 마음이 적었기 때문에, 오늘날 이런 결과가 오지 않았나 하는 것을 생각을 합니다.

앞으로 우리 고향을 사랑하면 할수록, 무엇보다도 우리 고향의 산에 아름다운 나무를 우리가 심고 가꾸고 보호를 해야 하겠다는 것을 우선 이 기회에 여러분들에게 말씀을 해드립니다."

산림녹화해서 경제적 이익을 추구해야 한다

1968년 4월 5일, 식목일에 대통령은 산림을 적극적으로 가꾸고 녹화해서 경제적 이익을 추구해야 한다는 점을 강조했다.

"우리는 매년 수많은 나무들을 우리 강토에 심어 왔습니다. 금년만 하더라도 약 4억 5천만 본에 달하는 많은 나무를 심을 계획으로 있습니다. 그런데 우리가 매년 이렇게 많은 나무를 심어 왔는데도 불구하고, 오늘날 우리나라의 산에 나무가 비교적 적고 헐벗은 산이 많은 이유는 어디에 있습니까? 이것은 두말할 나위도 없이 산을 푸르게 하는 데는 나무를 심는 그 자체도 대단히 중요하지만, 심은 나무를 우리들이 정성껏 가꾸고 잘 애호해야 된다는 것을 알아야 되겠습니다. 지난 5년 동안 우리가 심은 나무만 하더라도 약 35억 본 이상의 나무를 전국에다 심었습니다. 이러한 나무들이 전부 다 잘 뿌리를 박아 살아 있다면, 아마 지금쯤 거의 우리나라의 산들은 울창한 산림을 이루게 되었을 것입니다.

따라서 우리가 나무를 심을 때에 있어서는 심는 그 자체도 정성껏 심어야 되겠고, 심어놓고 난 다음에 이 나무를 모든 국민들이 한결같이 정성껏 가꾸고 애호하고 잘 키워야 된다는 것을 우리는 또 다시 깨달아야 하겠습니다. 산에 나무가 많고 산림이 울창하다는 것은 그 나라의 모든 것을 측정하는 기준이 되는 것입니다.

그 나라의 문화 수준이라든지, 국민들의 민심이라든지, 또는 그 나라의 경제 상태라든지, 이런 것을 측정하는 데 좋은 기준이 되는 것이 바로 산림입니다.

우리가 외국에 나가 보면 대부분의 선진국가에는 어디를 가나 산에 나무가 울창하고, 또 나무도 열대지방 같이 자연적으로 자라난 나무도 있겠지만 아주 토박한 그러한 땅에다가 사람의 힘과 노력으로써 나무를 심고 가꾸어서 푸른 산을 만든 곳을 우리는 많이 볼 수 있습니다. 좋은 예로 이스라엘 같은 나라는 그 국토가 전부 사막으로 되어 있는 나라입니다. 비도 오지 않고 물도 없습니다. 수백 마일 멀리 떨어져 있는 강물을 파이프로 끌어 와서 사막에다 물을 뿌려 잔디 씨를 심고 나무를 심어서, 오늘날 가 보면 우리나라 산보다 나무가 울창하게 자라고 있다는 것입니다. 이것은 무엇을 말하느냐 하면, 그 국민들의 마음가짐과 나무를 아끼고 산림을 애호하는 그 정신이 모든 부문에 뻗쳐서 오늘날 그 나라의 경제성장과 모든 발전에 밑거름이 되고 있는 것입니다.

산에 나무가 많다는 것은 첫째는 풍치가 아름답고 또 우리들의 정서를 부드럽게 해주는 데도 크게 이바지하지만, 특히 우리나라에서 지금까지의 경험에 비추어 볼 때는 매년 우리가 겪는 홍수라든지 또는 한해에 대한 피해를 막는 데 있어서도 산에 나무를 가꾸어야 한다는 것은 절실한 문제입니다.

그러나 오늘날 우리는 여기서 일보 더 전진해서 이 산림을 적극적으로 가꾸고 녹화해서 경제적 이익을 추구해야 하겠다는 것입니다. 여러분들이 아시는 바와 같이 우리나라에는 전 국토의 75%, 거의 4분지 3이 산으로 되어 있습니다. 평야는 4분지 1밖에 되지 않습니다. 이 많은 산을 우리가 잘 이용을 함으로써 우리나라의 산림이 좋아지는 것은 물론이요, 우리나라의 경제가 보다 더 좋아질 수 있고 우리의 생활을 보다 더 향상시킬 수 있다는 것입니다. 따라서 오늘 여러분들이 지금부터 나무를 심기 시작하는데, 한 포기를 심더라도 나무가 반드시 살 수 있도록 정성껏 심고 난 뒤에는 모든 사람들이 잘 가꾸고 아껴서 우리나라의 산이 푸른 산이 되도록 정성을 다할 것을 당부하는 바입니다.”

애림정신은 어릴 때부터 교육을 통해 습성화돼야 한다

1969년 4월 5일, 식목일 행사에서 대통령은 우리나라의 산이 선진국가의 산처럼 푸르고 울창하게 됐을 때 우리나라는 선진국처럼 잘사는 나라가 될 수 있다고 말하고, 이스라엘을 예로 들어 설명했다.

“나는 항상 이런 것을 생각합니다. 우리나라가 선진국가와 같은 잘사는 나라가 되자면 언제쯤 되겠느냐, 여러 가지 요인이 있겠지만 우리나라의 산이 선진국가와 같이 푸르고 울창하게 됐을 때 우리도 그런 나라만큼 잘살 수 있다, 나는 그렇게 확신하고 있습니다.

작년에 중동을 갔다 온 어떤 분이 돌아와서 나한테 보여 준 사진을 보니까, 이스라엘과 시리아 국경지대에서 찍은 천연색 사진입니다.

이쪽에, 앞쪽에 사진을 찍은 앞면에는 완전히 울창한 이런 산림지대가 있고 푸른 들이 전개되어 있는가 하면 그 건너편에는 허연 사막지대가 보였습니다. 두말할 필요도 없이 푸른 곳은 이스라엘 국토요, 허연 데는 시리아 땅입니다.

그 지역은 불과한 20여 년 전만 하더라도 똑같이 현재 시리아와 같은 그런 사막지대였는데 이스라엘 사람들이 건국 20년 만에 이

24회 식목일 행사 서울 영등포구 등촌동 입구에서 제2한강교에 이르는 김포가도에 가로수로 수양버들을 심었다(1969. 4. 5).

사막에다 물을 끌어와 나무를 심고 풀을 심고 해서 오늘날 완전히 구라파 나라와 같은 그러한 풍성한 나라가 됐습니다.

오늘날 이스라엘은 건국한 지 불과 20여 년밖에 안 되는데 2백 50만밖에 되지 않는 인구에, 작은 국토에, 주위에서 1억이 넘는 타민족과 매일과 같이 투쟁을 하면서도 오늘날 국민소득 천 달러를 넘는 이러한 부강한 나라가 됐습니다.

이런 것을 우리가 볼 때 그 나라의 산이 푸르고 아름답고 나무가 잘살고 한다는 것은 결국 그 나라의 국력과 경제력의 하나의 표시다, 이렇게 이야기해도 과언이 아닐 겁니다."

대통령은 이어서 애림은 애국의 길이며, 애림정신은 어릴 때부터 교육을 통해 습성화되어야 된다는 점을 강조했다.

"우리 모두가 나라를 사랑하는 마음에 있어서는 변함이 없을 겁니다. 나라를 사랑하는 길은 여러 가지 있겠지만, 우리는 간단히 손쉽게 할 수 있는 일부터 해야겠습니다.

우리 강토를 덮고 있는 아름다운 이 산림을 아낄 줄 모르고 함부로 벌목을 하는 이런 사람들은 아무리 입으로 나라를 사랑한다는 애국을 떠들어 봤자, 이것은 언행이 일치되지 않는 일종의 사이비 애국이라고 나는 생각합니다.

이러한 나무를 아끼고 나무를 애호한다는 정신을 우리는 어린 시절부터 교육을 해야 되겠습니다.

우리들 가정에서 우리들 초등학교 어린이 때부터 또 사회에 나와서 항시 이런 것을 교육을 하고 습성화함으로써 나무라는 것을 절대 꺾거나 베는 것이 아니다, 가꾸고 키워야 되는 것이다, 이러한 습성을 붙임으로써 우리나라의 산림녹화가 빨리 이루어지지 않겠는가 하는 생각이 듭니다. 따라서 오늘 여러분들이 심는 것도 이러한 정성으로 심어 주고 심은 후에도 정성을 가지고 이것을 잘 가꾸고 키워 주시기 바랍니다."

쓰지도 못하는 소나무 '망국송'은 모두 뽑아 버리고 수종을 개량해야 한다

1969년 9월 5일, 목초의 날에 대통령은 우리가 그동안 심어온 소나무는 쓰지도 못하고 나라를 망치는 '망국송'이라고 규정하고, 이러한 소나무를 모두 뽑아 버리고 일본처럼 수종을 개량해야 한다고 천명했다.

우리나라도 몇백 년 전에는 미국 '캘리포니아 주'에 있는 '요세미티 국립공원'에서 본 것과 같은 좋은 나무들이 전국의 산에 울창하게 서 있었으나 우리 조상들이 좋은 나무를 잘라서 쓸 줄만 알았지,

심을 줄을 몰랐기 때문에 좋은 나무는 멸종되고 쓰지 못할 나무만 남아 있다, 따라서 장기계획을 세워서 이것도 모두 개량해 나가야 한다, 그러나 이것은 정치적 선전효과를 노리고 서둘러 해보겠다는 생각을 버리고 40년 또는 50년 장기계획을 세워서 연차적으로 추진해야 한다, 그렇게 하면 40~50년 후에는 우리나라 산에 쓰지 못하는 소나무는 없어지고 좋은 나무들이 울창하게 서 있을 것이며, 그것은 우리나라의 국력이 되고, 또 우리 후손들에게 남겨줄 우리 세대의 유산이 될 수 있다는 것이다.

"매년 식목의 날 지방에 가보면, 초등학교 아이들까지 전부 동원해서 나무를 심는데, 뭘 심느냐, 쓰지도 못하는 소나무, 망국솔이다 이겁니다. 나라를 망치는 솔입니다.

일본에도 과거에 그런 소나무종자가 있었는데, 일본에선 과거에 이걸 전부 다 뽑아 없애 버리고 수종을 완전히 바꾸어 버렸습니다.

아까 오다가 차 안에서 농림장관에게 우리나라도 산에 나무의 수종을 바꾸라고 이야기했는데, 이것은 절대 1, 2년 동안에 되는 것이 아닙니다. 어떤 한 개 정권하에서 정치적으로 무슨 선전 효과를 노리기 위한 조급한 생각을 해서도 안 되며, 적어도 4, 50년 이런 장기적인 계획을 세워 연차적으로 서서히 우리나라의 수종을 바꾸어 나갑시다.

4, 50년 후에 물론 그때 우리는 다 죽고 땅밑에 가 있을는지 모르겠지만, 우리 자손들 대에 가서는 이렇게 울창한 아름드리된 나무들이 산에 울창하게 서 있을 것입니다. 이게 우리나라의 국력입니다. 이걸 우리가 지금부터라도 계획을 세워서 해야 되겠습니다.

외국에는 지금 소나무가 아니라 좋은 나무가 서 있습니다. 물론 열대지방 같이 가만히 두어도 비가 잘 오고 기온이 높아서 저절로 자라는 이러한 지대도 있지만, 그러나 대부분의 나라에서 이런 좋은 수목이 있는 것은, 순전히 사람의 노력과 정성으로서 과거 몇십 년 동안 또는 몇백 년 동안 심고 가꾸어서 이런 것이 자란 거지, 자연적으로 그런 나무가 서 있는 예는 거의 없는 겁니다.

요전에 미국에 갔을 때 캘리포니아 주에 요세미티라는 국립공원이 있었습니다. 넓이가 우리나라의 한 군만한 이런 곳인데, 거기는 1년 내내 비가 오지 않습니다. 안 오는데 지금 가 보면 꼭 우리나라의 소나무와 향나무 종류의 나무인데, 굵기가 우리 사람의 두 아름드리 세 아름드리, 높이는 한 50m, 60m 이런 나무들이 그 일대에 울창하게 서 있습니다.

또 어떤 지대에 가면 향나무가 있습니다. 우리나라에서 말하는 향나무 그것과 같은 종류의 나무로 봤는데 우리나라의 향나무란 보통 가정의 문 앞에 관상목으로 조금 심었거나, 농촌에 가면 우물가에 향나무가 하나 자라 있거나 한데 우리나라 시골서는 옛날에 미신적인지 뭔지 모르지만, 우물가에다가 향나무를 심어 두면 우물에 벌레가 생기지 않는다, 이래서 그걸 심어뒀다고 그러는데, 우리 국내에서 본 향나무란 것은 기껏 굵기가 여기 기둥만한 이런 나무, 크기도 불과 얼마 되지 않는 이런 나무인데, 거기는 비도 오지 않는 그런 나라에 향나무가 사람 아름드리로 세 아름드리 네 아름드리, 높이는 수십 미터된 것이 그 산 일대에 울창하게 서 있는 겁니다.

그래서 난 우리 농림부에다가 거기에 있는 그 수종을 우리나라에 갖다가 심어서 살 수 있는가 시험을 해보라고 요전에 이야기했는데, 다만 거기에는 겨울에 눈이 조금 온다고 합니다. 눈이 와서 눈이 녹은 그 물이 개울에 흘러갈 정도지 그 외에는 거의 비가 오지 않는다는 것입니다. 그런데도 이렇게 잘 자란다, 우리나라도 옛날 한 몇백 년 전에는 그러한 나무들이 전국에 울창하게 서 있었다고 합니다.

그런데 왜 오늘날 그런 나무들이 없느냐, 우리 조상들이 다 잘라

먹은 겁니다. 좋은 나무는 전부 잘라 버리고 쓰지 못하는 나무만 남겨두었으니까, 지금 와서 좋은 나무는 모두 멸종이 되어 버리고 쓰지 못하는 것만 잔뜩 산에 남아 있습니다.

원래 나무라든지 풀 종류도 종자가 좋은 것은 번식이 느리고, 쓰지 못할 잡초가 빨리 자라는 것과 마찬가지로, 소나무나 이런 것도 쓰지 못하는 종자가 나쁜 것은 번식률이 굉장히 높다는 것입니다. 좋은 나무는 다 잘라서 과거에 때 버리고 없애 버리고, 지금 쓰지 못하는 것만 잔뜩 남아 있으니까, 우리나라 산에 가보면 어디를 가보더라도 쓸모없는 그런 나무만 남아 있습니다. 그것도 우리가 장기 계획으로 개량을 해 나가야 하겠습니다.

이것은 결코 우리 당대에 또는 앞으로 몇년 내에 서둘러서 성급하게 하겠다는 생각을 가지면 되지 않습니다. 앞으로 50년, 앞으로 100년, 앞으로 한 몇백 년 후에 우리 후손들 대에도 우리들이 살아 있는 이 때 모습이 그때도 남을 겁니다. 사진이 있고 텔레비전이 있고 영화가 있고 하니까, 앞으로 몇백 년 후에 우리 자손들이 그것을 봤을 때, 나무가 없는 벌건 산에 아름드리 되는 나무들이 울창하게 서 있다, 이게 언제부터 이렇게 됐느냐, 옛날에는 우리나라의 산이 이랬는데, 언제부터 우리 조상들이 이렇게 노력을 해서 지난 몇백 년 참 정성들여 가꾸어 오늘 이렇게 훌륭한 좋은 나무가 섰다고 생각할 것입니다. 이것이 후손에 남겨 줄 우리의 유산입니다. 그렇게 했을 때 그 자손들은 그 나무를 그야말로 참 아낄 겁니다. 우리 조상들의 정성이 깃들어 있는' 나무라 해서 아낄 겁니다.

요즈음 사람같이 그렇게 나무를 남벌하거나 그런 무엇을 하지 않을 것이라 생각합니다. 자손들한테 조상의 그런 정성이 깃든 것을 물려주어야만, 후손들이 그걸 아낄 줄 알고 가꿀 줄 알고 소중하게 생각하는 겁니다. 그것이 없어서 우리 조상들이 뭐 우리에게 남겨

준 게 있느냐, 이러한 생각들을 가지게 되면 대단히 곤란합니다."

전국의 산림이 광릉처럼 울창해지면 우리나라는 잘사는 나라가 된다

1970년 4월 5일, 식목일 행사에서 대통령은 애림은 애국과 같은 것이며, 애국적인 국민이 많은 나라는 반드시 잘산다고 말하고 우리나라의 경우 충북 사단마을을 그 예로 들어 설명했다. 그리고 앞으로 우리가 나무를 많이 심고 잘 가꾸어 전국의 산림이 광릉처럼 울창해지면 우리나라는 세계에서 가장 잘사는 나라가 될 것이라고 예단했다.

"나무를 사랑하고 산림을 애호하는 마음은 나라를 사랑하고 애호하는 마음과 똑같은 것이며, 이런 애국적인 국민이 많은 나라는 반드시 잘살기 마련입니다. 나무를 사랑할 줄 모르고 산림을 애호할 줄 모르는 사람이 애국자인양 하는 것은 거짓말입니다.

여러분 가운데에도 외국에 갔다 온 분이 많이 있다고 생각합니다만, 어느 나라에 가보더라도 산에 나무가 울창하고 국민들이 나무를 아끼고 잘 가꿀 줄 아는 나라는 틀림없이 잘사는 나라들입니다.

그와 반대로, 산에 나무가 하나도 없고 산이 헐벗어 있는 나라가 잘산다는 말은 아직까지 들어보지 못했습니다.

이것은 우리나라도 마찬가지입니다.

전국을 돌아다녀 보면 충청북도의 사단이라는 동네처럼 부락민들이 나무를 아끼고, 산림을 애호하고, 이를 잘 가꾸어 울창하게 하고, 산을 푸르게 하는 고장은 잘살게 마련입니다. 또 그런 고장 사람들은 인심도 대단히 후합니다.

그와 반대로, 산에 나무가 한 포기도 없고 벌겋게 헐벗은 곳에 옹기종기 모여 있는 초가집 동네치고 잘사는 동네는 여러분도 보질 못했을 겁니다.

왜 그러냐 하면, 그만큼 나무를 아낄 줄 모르고, 산을 가꿀 줄 모르고, 산림을 애호할 줄 모르는, 다시 말하자면 나라를 사랑할 줄 모르는 사람들끼리 모여 사는 동네니까 잘살 리가 없는 것입니다. 내가 이런 얘기를 하면, '그러면 태백산이나 지리산같이 산림이 울창한 산골짜기에 사는 화전민들은 왜 못 사느냐?' 하는 질문을 하는 사람이 있을는지 모릅니다.

그러나 많은 화전민들이 산림이 울창한 곳에 살기는 하지만 그 사람들은 산림을 아끼고 나무를 사랑하는 사람들이 아닙니다. 반대로, 그 사람들은 나무를 깎고, 꺾고, 찍고, 화전을 이룩해서 산림을 해치는 사람들입니다. 그 화전민들이 앞으로 나무를 사랑할 줄 알고, 나무를 잘 가꿀 줄 아는 마음씨를 가질 때라야 잘살 수 있다는 것을 단언합니다.

우리나라가 언제쯤이면 잘살 수 있겠는가?

이런 말을 하는 사람이 많이 있습니다. 그건 간단히 한 마디로 이야기할 수 있습니다. 우리나라가 잘사는 나라가 되려면, 우리 주변에 나무를 한 포기라도 더 심어야 하며, 이곳 광릉처럼 산림이 울창해지면 세계에서 가장 잘사는 나라가 될 것입니다.

현재와 같이, 산에 나무가 없는 벌건 산을 갖고는 도저히 잘살 수가 없는 것입니다."

대통령은 이어서 나무는 생명을 가진 생물이며, 나무를 심고 키울 때는 어린애를 키우듯 정성을 쏟아야 하고, 사람과 나무가 정이 통하고 피가 통해야 한다고 하면서 육림이 육아와 같은 것이라고 비유했다.

"나무를 아낀다는 것이 나라를 사랑하는 것과 마찬가지 마음씨라는 말은 간단한 이치 같지만 상당한 진리가 내포되어 있는 것입니다.

우리가 나무를 심었다고 해서 그 나무가 다 사는 것은 아닙니다. 나무라는 것은 생명을 가진 생물입니다. 나무를 심을 때는 정성껏 심어야 되고, 심고 난 뒤에는 정성껏 가꾸고 아껴야 되는 것입니다. 우리가 어린애를 키우는 데 여러 가지 정성을 쏟아야 하는 것과 마찬가지로 어린 묘목을 땅에다 심어서 큰 나무가 되게끔 가꾸자면 웬만한 정성을 들이지 않으면 안 됩니다.

우리가 심는 묘목을 보면, 어린 나뭇가지에 가는 뿌리가 달려 있는 것이 애처롭도록 연약하게 보입니다. 땅을 깊이 파서 그 뿌리가 다치지 않게 마치 어린애를 다루듯이 심어야 이것이 자라서 이 나라를 푸르게 만드는 것입니다.

즉, 이 나무가 잘 자라야 우리가 잘살 수 있다 하는 생각으로 정성을 갖고 심어야 하는 것입니다. 심은 사람과 그 묘목과 정이 통해야 하고 피가 통해야 하는 것입니다. 우리는 매년 식목주간이라 해서 수억 본의 나무를 전국 도처에다 심었습니다. 이에는 막대한 예산도 들었고 노력도 경주했습니다만, 만약에 우리가 그동안 심어 놓은 나무들이 그대로 잘 살아서 컸다면 오늘날 우리나라 산은 울창해졌을 겁니다. 그런데, 왜 아직까지 붉은 산이 많고 나무가 적으냐 하면 나무를 정성껏 심지 않았기 때문입니다.

또, 심어 놓고 정성껏 가꾸지 않고 관리를 잘하지 않았기 때문입니다. 흔히, 신문에도 납니다만, 도벌을 한다든지 또는 나무를 잘라서 숯을 굽는다든지 하는 등 산림을 해치는 경우가 많았는데, 어느 지방에서는 이렇게 나무를 해치는 행위가 이루어지고 있는 것조차 모릅니다. 이것은 정부의 산림경찰이나 관계공무원들이 단속하고 있지만, 이들만으로는 도벌을 철저히 막기가 어렵기 때문이며, 결국 우리 전 국민이 산림경찰이 돼야 하는 것입니다.

화전을 일구던 자리에 조림하는 광경

　잘라서는 안 될 나무를 자른 사람, 또 자른 나무를 본 사람은 누구를 막론하고 이것을 고발해서 이러한 행동을 못하게끔 전 국민이 협력을 해야만 나무를 가꾸고 보호할 수 있는 것입니다.

　서울 시내에서 창동과 의정부를 지나오는 길 연변에도 옛날에는 틀림없이 이 광릉 일대와 같이 산림이 울창했을 겁니다.

　언제 어떻게 없어졌는지 모르지만 사람들이 나무를 아낄 줄 모르고 전부 자르고, 베고, 애호하지 않았기 때문에 오늘날 저와 같이 헐벗고 보기 싫은 벌건 산들이 되어 버린 것입니다.”

대통령은 끝으로 벌건 산을 볼 때마다 외국인들 보기에 창피하고 부끄러운 감이 있으며, 모든 사람들이 부끄럽게 생각하고 공동의 책임을 느끼기 전에는 우리나라 산이 푸르러질 수 없다고 말하고, 과거에 권력층 사람들이 입으로만 애국자임을 자처하면서 권력을 남용해서 도벌과 벌채를 자행함으로써 산을 황폐하게 만들었던 사실을 지적하고, 나무 한 포기를 정성껏 심는 것이 바로 애국애족의 길임을 깨달아야 한다는 것을 거듭 강조했다.
“나는 지방에 나가 벌건 산들을 볼 때마다 외국사람들 보기에 창피스럽고 부끄러운 감이 있습니다.
만약에, 외국 사람들이 와서 저런 상태를 본다면, 어떻게 돼서 한국사람들은 자기 나라 산의 나무를 저렇게 아낄 줄 모르느냐, 본래 애국할 줄 모르느냐, 그렇게 나라를 사랑하는 마음이 없는가 하는 생각이 반드시 들 것입니다. 자기가 사는 동네 주변에 벌건 산이 있으면 그 동네에 사는 모든 사람들이 똑같이 책임을 느끼고 부끄럽게 생각해야 할 것입니다.
이러한 정신을 갖기 전에는 우리나라 산이 푸르러질 수가 없습니다. 과거에 우리나라 산림을 해친 사람은 반드시 농민들뿐만이 아닙니다. 상당한 권력층에 있는 사람들이 권력을 남용해서 도벌을 하거나 벌채를 해서 산을 황폐하게 만든 예가 많았습니다. 그런 사람들처럼 겉으로는 자기가 가장 애국자인 것처럼 말하면서도 실제로는 애국을 행동으로 할 줄 모르는 사람, 즉 입으로만 애국하고 나무 한 포기 심을 줄 모르는 그런 사람이 많은 사회에서는 나라도 잘살 수 없고 산이 푸를 수도 없습니다.

나무를 아끼고, 나무를 사랑하고, 산림을 애호하는 것은, 즉 애국하는 마음과 직결되는 것이며, 나무 한 포기 한 포기를 정성들여 심는 자체가 조국을 사랑하고 나라를 아끼고 국민을 사랑하는 일임을 깊이 깨달아야 하겠습니다. 전 국민이 이러한 마음을 가지고 나무를 심고 앞으로도 계속 산림을 애호해 주기를 바랍니다."

산림훼손하는 소풍객은 학교교육과 언론을 통해 계몽해야겠다

1970년 4월 22일, 한해대책을 위한 지방장관 회의에서 대통령은 봄철에 소풍객들의 산림훼손 행위에 대해 학교교육과 매스컴을 통해서 국민을 계몽할 필요가 있다는 점을 강조했다.

"화재도 예년보다 몇십 배 늘어났는데, 이건 아마 봄철이 되면 야외로 소풍 나가는 사람들이 담뱃불이나 음식을 해먹고 난 불을 잘 끄지 않고 그냥 돌아가서 일어난 것 아닌가 생각합니다. 나무를 심어서 보기 좋은 나무가 되자면 적어도 15년 내지 20년이 되는데, 사람들이 담배꽁초 하나 떨어뜨려 저 몇백 정보 태워 버리면 다시 복구하자면 몇십 년이나 걸리게 됩니다. 이것 역시 학교교육은 물론 신문, 라디오 등 매스컴까지 다 동원해 주민들에게 계몽을 잘 해야 되지 않겠는가 생각합니다. 그와 동시에 내가 지방에 출장가다 보면 산에 있는 진달래를 초등학교 아이들이 한 아름씩 안고 오는데, 문교부장관은 교육감들한테 얘기해서 초등학교서부터 중·고등학생에게까지 교육을 시키는 게 좋겠어요.

일본서 온 사람들이 얘기하는 걸 들은 일이 있는데, 일본에도 우리나라와 마찬가지로 계절이 되면 진달래 등 꽃이 많지만 소풍 다니는 사람이 나무 하나, 꽃 하나 꺾어 가지고 다니는 사람 구경할래야 없다는 것입니다.

이것도 교육하면 된다고 봅니다. 우리나라 사람들은 진달래를 뜯어서 먹기도 하고 시골서는 떡도 해 먹는 버릇이 있지만 교육하면 시정된다고 봅니다.

일본사람들이 최근에 가장 골치를 앓고 있던 게 있는데, 생활수준이 높아져서 껌을 많이 씹는다는 겁니다. 이걸 씹고 나서 아무 데나 버려서 아주 골치를 앓았답니다.

껌을 씹고 나서 쌌던 종이에 다시 싸서 쓰레기통에 넣어야 하는데, 아무 데나 던져서 다른 사람들이 밟으면 쩍쩍 붙어다니게 한다든지, 벽에다 붙여 버린다든지 하는 버릇이 일본사람들에게도 있는 모양인데, 이걸 고치느라고 매스컴이다, 학교교육이다, 여러 가지 방법을 써서 한 1년 이상 걸려서 시정이 됐다고 합니다. 우리나라 사람들도 산에 가서 담뱃불을 버려선 안 된다, 음식을 먹고 지저분한 걸 버려선 안 된다, 소풍을 가서 꽃을 꺾어선 안 된다 하고 한두 번 얘기해 가지고선 안 될 것입니다. 상당 시일이 걸려서 교육해야 되지 않겠는가 생각됩니다. 단속과 교육이 병행되어야 되겠습니다."

마을주민들이 식목하고 도벌을 막는 협동정신을 발휘하면 몇 년 후에는 산이 울창해진다

1971년 3월 18일, 한국폴리에스테르 구미공장 준공식에서 대통령은 산에 나무를 심고 아끼지 않는 사람은 애향심이나 애국심을 말할 자격이 없다고 말하고, 마을 주민들이 협조해서 식목을 하고 도벌을 막는 협동정신을 발휘하면 몇 년 후에는 산이 울창해진다는 점을 강조했다.

(중략) "또 한 가지, 오늘 이 자리에서 우리 고향에 계시는 여러분들에게 하나 당부할 이야기가 있습니다. 이건 몇년 전에도 내가 와서 여러분들에게 말씀을 드렸는데, 내가 여기 늘 지나다닐 때 공

중에서 보고 이 상공을 지나갈 때는 내 고장이라고 반가우면서도 또 하나 서글픈 감을 금치 못합니다. 뭐냐 하면, 산에 나무가 없다 하는 것입니다.

우리나라는 이웃에 있는 일본이라든지, 딴 나라에 비해서 산에 나무가 없는 것이 하나 흠입니다. 이건 과거에 우리들 조상 때부터 나무를 숭상하고 가꾸는 그런 습관이 적었기 때문입니다. 정치가 혼란하고 사회가 혼란하면 임자 없는 산에 제멋대로 들어가서 전부 도벌을 해서 저 산이 전부 헐벗은 산이 되어 버렸습니다.

근년에 와서 우리나라 산들이 많이 좋아져 가고 있습니다. 그러나 특히 남한에서 다른 지방의 어디보다도 가장 나무가 없는 데가 바로 우리 고장 선산입니다. 또 김천, 상주, 칠곡 일대가 가장 나무가 적습니다.

우리 고장의 이름은 옛날엔 선주라고 했다가 근년에 와서 선산이라고 했습니다. 착한 산이라는 이야기입니다. 착한 산은 산에 나무가 많고 울창하고 좋은 산이라는 뜻인 데, 나무가 하나도 없고 벌건 산이 뭐가 착한 산입니까? 옛날, 한 백 년 전에 우리나라에는 김삿갓이라는 방랑 시인이 있었어요. 함경북도 길주라는 데를 지나가면서 어느 집에 들어가서 저녁을 좀 얻어먹고 가자고 문을 두드리니까 문을 딱 닫아걸더래요. 주인이 내다보니까 거지같은 사람이 왔으니까 주인 없다고 그러면서 문을 안 열었습니다.

김 삿갓이라는 사람이 욕을 한 마디 써 붙여 놓고 갔어요. 길주라는 것은 좋을 길자고, 고을 주자인데, '길주 길주 불길주다'고 써 놓았습니다. 또, 그 집에 주인 이름이 뭔가 하니까 허 아무개였습니다. 허씨, 허는 허가한다는 뜻 아닙니까, '허가 허가 붕허가' 이런 욕을 한마디 써 놓고 갔습니다.

나는 내 고장 선산을 지나면서 심술궂은 사람이 지나면 '선산 선산 불선산'이라 할 줄 압니다. 산에 나무를 심어야 합니다. 우리 고장은 어디 가서 선산이 어떻고, 금오산이 어떻고, 살기 좋은 고장이고, 이런 소리를 우리가 하기 전에, 우선 우리 고장 산과 앞산, 붉은 산에다가 나무를 심자는 것입니다.

우리나라에서 어느 고장보다 나무가 울창한 아름다운 그런 고장을 만들자는 것입니다. 자기 사는 뒷산에 나무도 한 포기 없는 벌건 산 밑에 사는 사람이, 나라를 사랑하고 애국을 논하고 할 자격이 없다는 것입니다. 우리나라 사람들은, 내가 자주 이야기 하지만, 행동보다도 말이 앞서요. 말로는 비단같이 굉장한 것 같이 떠드는데, 행동이 따라가지 않습니다. 애국 애족하기 전에 우선 내 고장부터 내 고향부터 사랑할 줄 알아야 합니다. 애향심이라는 것이, 즉 애국심입니다. 내 고장을 아끼는 것이 무엇이냐, 여러 가지 일이 있겠지만, 우리가 손쉽게 할 수 있는 것은 산에 나무를 심는 것입니다. 4월달은 식목의 달입니다. 우리 고장에 있는 모든 사람들이 산에 나무를 심는 것은 군에서나 면에서 하는 일이라는 관념을 가져서는 안 되겠습니다. 우리 동네 벌건 산에다가 우리 동네 사람들이 전부 협조해서 나무를 심어서 몇 년 후에는 울창한 그런 산이 되게 합시다. 누가 산에 올라가서 도벌을 한다면, 그 산이 자기 산이 아니더라도 가서 도벌을 못하도록 말릴 수 있는 그러한 협동정신이 강하면, 우리 고장이라는 것은 앞으로 몇 년 이내에 훌륭한 아름다운 고장이 되리라는 것을 확신합니다.

앞으로 얼마 안 있으면 산에 나무를 심는 4월달이 되기 때문에, 오늘 여러분들을 만난 기회에 특히 산림을 가꾸자는 당부를 합니다.

이 공장건설에 애를 쓰신 이원만 의원, 또 이원천 씨, 이 고장 출신 국회의원 김봉환 의원, 또 경북지사 기타 모든 유관기관 기관장, 주민 여러분들의 그 동안 노고에 대해 치하의 말씀을 드립니다. 특히 이 공장은 우리나라 기업인과 일본 기업인이 합작한 회사입니다. 조금 전의 설명에도 있었지만, 일본의 도래이엔지니어링주식회사와 미쓰이물산회사가 같이 합작투자를 해서 만든 공장이다 하는 점에서 대단히 의의가 있는 것입니다. 앞으로 이 공장이 우리나라 산업발전을 위해서, 또 이 고장발전을 위해서 많은 기여를 해 주기를 바라고, 이 지방 주민 여러분들이, 또 이 공장으로 말미암아, 또 이 고장에 있는 공업단지로 말미암아, 여러 가지 혜택을 많이 볼 수 있도록 연구를 하고 노력해 줄 것을 당부합니다."

식목이나 조림은 경제적 이익을 추구하는 방향으로 나아가야 한다

1971년 4월 5일, 식목일에 대통령은 앞으로 식목이나 조림은 국토녹화에서 한 걸음 더 나아가 경제적 이익을 추구하는 방향으로 나가야 하겠다는 점을 강조했다.

"우리나라에서는 해마다 4월 5일을 식목일로 정하고 온 국민이 거국적으로 나무를 심고 산림을 애호하는 운동을 전개해 왔습니다. 그 동안, 우리 국민들이 나무를 아끼고 보호하는 정신이 높아져서 지난 수년 동안 우리나라의 산은 과거보다 확실히 많이 푸르러졌습니다. 우리나라 사람으로서 외국에 나갔다가 여러 해만에 돌아온 분의 이야기를 들어보면, 비행기를 타고 우리 국토를 들어서면서 아래를 내려다보면 확실히 몇 년 전보다 우리나라 산들이 많이 푸르러졌다는 것입니다. 그러나 이 정도로 우리가 만족해서는 안 됩니다.

여러분들이 보시는 바와 같이, 이 근처의 산을 보다 더 힘을 들여 개량하고, 나무를 많이 심고, 심은 나무는 잘 보호하고 가꾸어서 산을 푸르게 해야 하겠다는 생각을 해야 할 것입니다.

지금까지 우리가 해 온 식목이나 조림은 주로 나무가 없는 벌거숭이 산을 일단계로 푸르게 해 보자는 데 치중해 왔던 것입니다. 다시 말하면, 지금까지는 국토를 녹화하고 붉은 산을 푸르게 해서 보다 더 아름답게 해 보자는 정서적인 면을 위주로 해 왔습니다. 그러나 앞으로 한 걸음 더 나아가, 경제적인 이익을 추구할 수 있는 방향으로 조림을 하는 것이 좋겠다고 생각하는 것입니다.

여러분들이 아시는 바와 같이, 우리나라는 국토의 4분의 3이 산이고 4분의 1이 농토입니다.

원래가 작은 나라에 산이 많기 때문에 경작할 수 있는 면적은 극히 제한되어 있습니다.

그러나 국토의 4분의 3을 차지하고 있는 산을 우리가 앞으로 잘 개발하고 또 임산자원을 크게 개발하면, 이것은 경제발전에도 이바지될 수 있고, 우리 국민들의 소득증대에도 크게 도움이 될 수 있을 것입니다.

정부에서는 지난 7, 8년 동안 산지조사를 해 왔습니다. 이용 목적별로 여기에는 나무를 심겠다, 저기에는 풀을 심어 초지를 만들어 목장을 하겠다는 등 산지 이용 구분 조사도 다 끝냈습니다.

그리하여, 정부는 그 계획에 따라 전국에 14개 대단지를 책정해서 거기에 연차적으로 투자를 하게 될 것입니다. 오늘 나무를 심는 이 지역도 종합계획에 들어 있는 단지의 일부분인 것으로 알고 있습니다."

대통령은 이어서 금년부터 시작하는 '통일동산가꾸기' 운동에 대해 설명했다.

"금년부터 전국 각 지역 단위로 '통일동산가꾸기' 운동을 벌이고 있는데, 그 취지는 여러분들이 잘 아실 줄 믿습니다.

우리 모든 국민들이 한결 같이 갈망하고 있는 국토 통일 문제는 입으로만 통일 통일 해 봤자 그 통일이 하루 이틀에 될 수 있는 것은 아닙니다. 통일이 빨리 다가오도록 하려면 우리가 정성을 들이고 노력하고 힘을 써야 할 것입니다.

우리가 일상생활을 통해서 우리의 하는 일에 보다 더 충실하고, 자기의 맡은 바 책임을 완수하는 것 그 자체가 통일에 대한 우리의 노력이요, 통일에 접근하는 방법이라는 것은 두말 할 필요도 없을 것입니다.

그러나, 우리가 좀더 우리의 통일에 대한 정성과 노력을 한곳에 집중적으로 기울이고, 그것도 지역단위의 주민들이 서로 협동해서 통일에 대한 우리의 염원을 하나의 어떤 실천 행동으로 옮겨 보자는 뜻에서 전국의 읍, 면 단위 또는 학교단위로 부근의 어떤 지역을 선정해서 나무 없는 곳에 나무를 심자는 것입니다.

전 부락민, 전 읍민들이 협력해서 나무를 심고, 그 나무가 우리 정성과 노력으로 매년 자라난다는 것은 우리들의 염원인 통일의 싹이 그만큼 자라난다는 것입니다.

그 나무가 잘 자라서 커지면 통일이 그만큼 가까이 오고 있다는 것을 우리가 느끼게 될 것이고, 그 나무가 자라지 않거나 말라죽는다면 통일에 대한 우리의 정성이나 노력이 부족함을 나타낸다는 것을 명심해야 한다는 뜻에서 '통일동산'이라고 이름짓고 그 운동을 전개하고 있는 것입니다.

이 운동은 내무부, 문교부, 농림부 3개 부처 주관으로 하고 있는데, 정부는 이 운동을 권장만 하고, 전국 각 지역 주민들이 자발적으로 할 수 있도록 맡기라고 관계 장관에게 지시했습니다. 그리고, 반드시 금년 내에 전부 일률적으로 할 필요도 없다고 강조했습니다.

금년 내에 모든 준비가 갖추어져 올 봄에 할 수 있는 곳은 올 봄에 하고, 그렇지 못한 곳은 앞으로 준비가 갖추어지는 대로 가을부터나 혹은 내년부터 하면 되는 것이며, 원칙적으로 정부에서는 아무런 지원도 하지 않을 방침입니다.

이것은 순전히 그 지방 주민들의 협동정신과 자발적 노력으로 하도록 해 보자는 것입니다.

금년에 이미 참가한 지역과 학교들이 상당히 많이 있는 줄 압니다만, 앞으로 몇 년이 지나고 나면 어느 지역 주민들이 협동 단결이 잘되어 있고 정성을 쏟아 나무를 잘 가꾸고 있느냐 하는 것이 눈에 보이게 나타날 것입니다."

대통령은 이어서 산에 가서 나무 한 그루 심고, 송충이 한 마리 잡는 조그마한 행동이 통일에 대한 정성의 표시가 되고 애국심의 표시가 된다는 점을 역설했다.

"나는 통일에 대한 우리의 마음이 간절하고, 통일을 그리는 마음이 지극하다면 산에 나무를 심어야 할 것이요, 산에 가서 송충이 한 마리라도 잡는 것이 통일에 대한 정성의 표시가 될 것이며, 이 조그마한 행동이 나라를 사랑하는 애국심의 표시가 될 것이라고 생각합니다.

흔히, 우리나라 사람들은 입으로는 애국이라는 것을 많이 부르짖지만 실지 행동은 말대로 하지 않는 일이 많은데, 이것이 우리나라 국민들의 하나의 통폐라고 나는 솔직히 이야기 하고 싶습니다.

오늘만 하더라도 산에 나무가 없다는 것을 개탄하는 사람은 수없이 많습니다. 그러나, 이러한 식전에 반드시 참석하지 않는다고 하더라도 자기가 사는 이웃의 뒷산이나 앞산에 가서 무슨 나무든지 좋으니 한 그루 심는다든지 남이 심고 있는 것을 도와 주는 것이 애국하는 마음일 것입니다.

애국이라는 것은 말만 가지고 되는 것이 아니라 행동이 따라야 되는 것입니다. 산에 나무 한 그루 심는다고 해서 통일이 하루 이틀

전국적으로 번지고 있는 송충이를 잡기 위해 공무원, 학생들이 동원된 가운데 대학생들이 태릉에서 송충이를 잡는 모습(1971. 6. 5)

에 될 것도 아니고, 송충이가 몇 마리 있다고 해서 통일이 안 될 것도 아니요, 또 송충이를 몇 마리 잡는다고 해서 내일모레 통일이 될 것도 아닌데 그까짓 것 해서 무엇하랴는 사고방식을 가진 사람들이 우리 주변에는 아직도 많이 있습니다.

우리 국민들은 이렇게 입으로는 그럴싸한 구호를 부르짖으면서도 행동으로 실천하지 못하는 그릇된 태도와 생각을 우리들 머리에서 정리해 버려야 할 것이며, 모든 것을 행동에 직결시켜 실천하는 훈련을 해야 하겠습니다.

그렇게 해야만 우리나라의 산이 빨리 푸르러지고 우리 경제도 빨리 발전해서 우리나라가 부강해지고 통일도 빨리 올 것입니다.

작은 행동 그까짓것 해서 무엇 하겠느냐는 생각은 가장 좋지 않다고 생각합니다. 산에 나무 한 그루 심는 것이 뭐가 그렇게 대단하냐고 생각하는 사람은 참다운 애국도 못하는 사람이라고 생각합니다."

대통령은 이어서 서울시에서 매주 수요일마다 아침 일찍 전개하고 있는 '내집 앞 쓸기' 운동도 애국하는 길이 된다는 점을 강조했다.

"얼마 전부터 서울시에서는 매주 수요일 아침마다 일찍 일어나 내집 앞 쓸기 운동을 벌이고 있습니다. 이것도 서울시가 주창한 것이지만, 어디까지나 시민들이 자발적으로 참여해서 하자는 것입니다.

시민들이 상당히 많이 호응해서 아침 일찍 일어나 청소를 하고 있는데, 이것도 생각하기에 따라서는 대단치 않은 것이라고 할지 모르지만, 또 한편 생각하기에 따라서는 대단히 중요한 것입니다.

서울에는 지금 약 500만 시민이 살고 있는데 중심가의 번화한 거리는 대단히 깨끗이 되어 있습니다. 그것은 서울시에서 청소부에게 월급을 주며 새벽부터 밤까지 쓸고 있기 때문입니다.

그런데 뒷골목에 가보면 엉망진창인 골목이 많습니다. 물론, 그렇지도 않은 골목도 많습니다만, 자기 집안에서 쓸어 모은 쓰레기를 담 밖으로 내던져 버리는 모양입니다.

이웃이야 어떻게 되든 내 코앞만 깨끗하면 된다는 사고방식을 가진 사람이 많습니다. 특히, 도시민의 생리에 이런 것이 많을 줄 압니다. 앞뒷집에 살면서 성도 이름도 모르는 경우가 많습니다. 그러나 아침 일찍 일어나 같이 사는 이 마을 이 골목을 비 한 자루씩 들고 웃는 낯으로 같이 쓸면서 몰랐던 얼굴도 이름도 익히면 기분도 좋아지고 마을도 깨끗해질 것이 아니겠습니까? 나는 이것도 애국하는 마음이라 생각합니다.

독일 철학자 니체가 언젠가 이런 말을 했습니다. '자기 집 앞의 쓰레기를 쓰는 행동은 애국의 초보다'

그러나 말로만 떠들면서 하지 못하는 사람들이 있습니다. 그런 사람들은 관념론자는 될지언정 실제 애국하는 사람이 아닐 것입니다. 빗자루를 들고 쓰는 것은 간단합니다. 그러나 아침에 일찍 일어나 하자니 귀찮고 나가자니 춥기도 하고 또 이때까지 하지도 않았는데 빗자루를 들고 나가자니 이웃 사람 보기에 쑥스럽고, 또 내가 자발적으로 한다면 모르겠는데 서울시에서 하자고 하니까 나가야겠다, 관에서 하자니까 따라가는 것 같아 멋쩍다고 생각하는 사람이 없지 않습니다. 이러한 사고방식은 우리 머리에서 싹 청소해 버려야 할 것입니다.

좋은 일이다, 나라를 위한 일이다, 우리 민족에 도움이 되는 일이다, 우리 지방 발전을 위한 일이다라고 생각하면 체면이나 위신 따위는 따지지 않고 나가서 실제로 행동을 하는 사람이 애국자인 것입니다."

대통령은 끝으로 선거 때 우리가 정성들여 가꾼 나무를 도벌해 버리는 것은 애국심이 없는 사람이 하는 행동이라고 비판했다.

"식목운동 자체도 산림녹화를 위해서 하는 것이지만, 이것도 하나의 애국운동이라 생각하고 모든 국민들이 적극적으로 참여해야 하고 내 산이다 네 산이다, 할 것 없이 앞으로는 어디에나 나무를 심고 모두가 합심해서 잘 가꾸어 나가야 될 것입니다.

오늘 이 산에 나무를 심고 얼마 안 있어 이 앞을 고속도로가 지나가게 되면 서울이나 다른 지방 사람들이 주말에 놀러오는 일이 많아질 것입니다.

그 사람들이 만약에 나무를 꺾는다든지, 또 진달래나 다른 꽃을 꺾을 때는 이 부락민이나 심지어 초등학교 어린이들까지도 나가서 '아저씨 꽃을 꺾지 마세요', '나뭇가지를 꺾지 마세요' 하고 충고할 수 있을 정도로 모든 사람들이 나무를 아끼고 사랑하는 마음을 한결같이 가져야 되겠습니다. 그렇게 해야만 심은 나무가 견뎌 날 것이며, 그렇지 않으면 눈깜박할 사이에 꺾이고 말 것입니다.

얼마 안 있어 대통령선거와 국회의원선거가 실시되는데, 내가 제일 걱정하는 것은 선거 때 산에 있는 나무가 가장 큰 피해를 입는다는 것입니다.

또, 서울에서는 선거 때면 판잣집이 갑자기 많이 늘어납니다. 지금 도로변에 접도구역 표시를 해두고 있는데, 나는 몇 달전 국무총리에게 접도구역 내 건축을 철저히 단속하라고 지시한 일이 있습니다.

그런데 선거 때가 되면 언제 섰는지도 모르게 집이 들어선다는 것입니다. 접도구역이기 때문에 길에서 몇 미터라는 규정이 있는데도 그 표시를 안쪽으로 뽑아 옮기고 집을 짓는다는 것입니다.

공무원들이 선거 때라고 해서 딱딱하게 굴고 단속을 심하게 하면 국민이 반발해서 선거에서 표가 나오지 않을까 하는 생각으로 눈을 감아 주는 일이 있는지 모르지만, 표가 나오고 안 나오고 하는 것은 문제가 아닙니다.

나무를 꺾는다, 무허가 건물을 짓는다, 접도구역 내에 건축을 한다, 또 밀주를 담근다는 등 선거 때 문란해지는 여러 가지 일들은 국민 스스로가 자각해서 하지 않도록 해야 할 것입니다.

특히, 우리가 정성들여 가꾼 나무를 선거 때라고 해서 감쪽같이 도벌해 버린다는 것은 가장 애국심 없는 사람들이 하는 행동이라고 나는 생각하는 것입니다."

'한국에 나무가 없다는 것은 하나의 기적이다'

1972년 4월 5일, 식목일 행사에서 대통령은 먼저 우리나라와 이스라엘의 식목 노력을 비교, 설명했다.

"내가 이야기하기 전에 여러분들이 한번 주변에 있는 산들을 보시면, 우리나라의 산이 얼마나 헐벗고 있고, 따라서 우리가 하루바삐 산을 가꾸고 나무를 애호하여야 되겠다는 것은 이야기하지 않아도 잘 알 것입니다.

그러면, 우리나라는 옛날부터 산에 나무가 없었느냐, 그렇지 않다는 것입니다. 옛날에는 우리나라에도 좋은 나무들이 울창하게 서 있었는데, 그 동안 좋은 나무는 전부 잘라다가 쓸 줄은 알았지만, 좋은 나무를 갖다가 계속 심을 줄은 몰랐고, 일부 심었지만 이것을 관리하고 가꾸지는 않았기 때문에 오늘 우리나라의 산이 저런 꼴이 되어 버렸습니다.

마침, 어제 저녁에 최근에 이스라엘에 갔다 온 사람이 찍어온 사진을 보았습니다. 이스라엘이란 나라는 2차 세계대전에 독립이 되었으니까 독립한 지가 지금부터 20년쯤 되었을 것입니다.

옛날은 완전히 사막이고, 또 일부 지역을 제외해 놓고는 일 년 동안에 비가 한 방 울도 오지 않는 그러한 사막지대입니다.

거기에다 이스라엘 사람들은 외국에서 좋은 수종을 가져와서 지난 20여 년 동안 심고, 가꾸고, 키웠습니다. 불과 20여 년입니다.

그 사람들은 또한 이웃에 있는 아랍 여러 나라와 전쟁을 계속하면서도 나라를 건설했는데, 사진에 나타난 그림을 보니까 아름드리되는 큰 나무들이 개발된 지역에 울창하게 서 있었습니다. 그 나무의 수종은 무엇인지 모르지만, 키가 몇 10미터나 되는 나무들이 울창하게 서 있고 완전히 녹화가 되어 있습니다.

그 비도 오지 않는 땅에 어떻게 나무가 자라느냐, 몇백 킬로미터나 되는 먼 곳에서 물을 끌어와서 인공적으로 그 나무를 키웠다는 것입니다.

그러한 여러 가지 여건을 볼 때에, 우리나라 산에 나무가 없다는 것은 말이 안 됩니다.

어떤 이스라엘 사람이 우리나라 사람을 보고 이러한 농담을 하더라고 그래요. '당신의 조국에 가서 나는 하나의 기적을 봤다, 한국과 같이 그렇게 토질이 비옥하고 일 년에 강우량도 많고 모든 여건이 좋은데, 산에 나무가 없고 가난하다는 것을 우리는 도저히 이해할 수가 없다.' 자기들이 볼 때에 '하나의 기적이다'라고 말하더라는 것입니다. 우리를 조소하는 이야기입니다."

대통령은 이어서 산에 나무를 심고 나무를 아낄 줄 모르는 사람은 애국을 논할 자격이 없다는 평소의 소신을 피력했다.

"나무를 아낄 줄 모르는 사람은 나는 애국을 논할 자격이 없다고 전에도 늘 주장했습니다. 우리나라 국민들 중에 애국을 부르짖는 사람이 많은데 나무를 아낄 줄 아는 사람은 그리 많지 않습니다.

지금은 우리나라 산에 나무가 적지만 우리 국민의 마음가짐에 따라서는 불과 앞으로 수년 내에 산의 나무가 울창하게 될 수도 있고, 그렇지 않으면 지금과 같이 저렇게 보기 싫은 상태가 언제까지나 계속될 것입니다. 그리고 산에 나무를 심는 것만이 능사가 아닙니

다. 심는 것도 중
요하지만 나무를
심어 앞으로 이것
을 어떻게 잘 관
리를 하느냐, 이
나무를 얼마나 잘
가꾸느냐, 이것이
더 중요하다고 봅
니다.

매년 식목 기념
일이라고 해서 이
런 행사를 일 년
에 한 번씩 하는
데, 물론 식목이
란 것은 오늘 하
루만 하는 것이
아닙니다.

일년 내 어떤
나무는 가을에 심
는 것이 좋은 나

용인군 구성면 청덕리에서 열린 제27회 식목일 기념식에 참석
한 뒤 조림현황판을 살펴보는 박 대통령 (1972. 4. 5)

무도 있고, 여름에 심는 것이 좋은 나무도 있고 해서, 일년 내 나무
를 심고 우리가 가꾸어야 되는데 매년 통계를 보면 금년에는 우리
전 국민이 식수를 몇억 본 했다, 내년에는 몇억 본 심을 계획이다,
이렇게 발표를 합니다. 실제 아마 그만큼 심었는지도 모릅니다. 그
러나 아마 오늘의 식목일이 27회로 기억을 하는데 그 동안 심은 나
무가 잘 활착이 되고 그것이 잘 관리가 돼서 잘 자랐더라면 오늘날

아마 우리나라 산이 울창하게 되어 있을 것입니다.

심어 놓은 다음 사람들은 거들떠 보지도 않고, 일체 관리를 하지 않고 방치해 두니까 심기는 심었는데 대부분 죽어 버렸습니다. 안 심는 것보다 못하게 되었습니다. 심어 가지고 잘 관리를 해야 되겠습니다."

대통령은 이어서 나무를 한 포기 심더라도 잘 연구해서 좋은 수종을 골라서 심어야 한다는 점을 강조했다.

"또 한 가지 오늘 여러분에게 강조하고 싶은 것은, 우리가 앞으로 나무를 심는데 수종을 잘 골라야 되겠다는 것입니다. 오늘도 서울서 여기까지 오는 도중에 보니까 여기저기서 나무들을 많이 심고 있었습니다. 우리나라 사람들은 나무를 심으라고 하면 흔히 저 소나무를 생각하는데, 이제부터는 우리나라 산에 소나무를 심지 않았으면 좋겠어요. 소나무를 심으려면 아주 수종이 좋은 것, 가령 잣나무라든지, 또 외국에서 가져온 소나무 종류 중에도 좋은 나무들이 있습니다.

잣나무 또는 강송, 춘양목이라고 하는데, 금송, 쭉 곧게 올라가는 아주 좋은 나무들이 있는데 그러한 좋은 수종을 골라서 적지에다가 계획적으로 조림을 해야 할 것입니다.

일반적으로 나무를 심으라고 하면 전부 다 리기다송을 심는데, 리기다송도 물론 재래종 소나무보다는 잘 자라지만, 리기다송을 심어 가지고는 우리나라 산이 빨리 녹화되리라고 생각지 않습니다.

솔을 심으려면 아주 좋은 수종을 선정해서 적당한 지역에 계획적으로 심어서 잘 가꾸고, 그 외는 가급적 우리나라 토질에 빨리 자라는 좋은 수종을 심자는 것입니다.

요즈음, 새마을가꾸기를 하는 부락에 가 보면 모두 열심히 일들을 하고 있습니다. 큰길에서 국도에서, 자기 부락까지 들어오는 농로를 뚫고 대단히 열심히 참 잘하고 있는데, 그 길 양편에다 가로수를 심는다고 심어 놓은 것을 보면 무엇을 심느냐 하면 손가락만한 리기다송을 갖다 심어 놓거나, 그렇지 않으면 우리나라에서는 측백이라고 하는, 오늘 오다가 이름은 농림부장관에게서 처음 들었습니다만 노간주, 측백나무 종류입니다. 아마 여러분들이 여기 들어오다가 이 넘어 학교 운동장 울타리에다가 심어 놓은 것을 보았겠지만 저런 종류의 나무는 심어가지고 아무리 잘 가꾸더라도 한 20년 지나야 우리 사람 키로 한 길 될까 말까 합니다. 그것도 잘 커야 그렇지 그렇지 않으면 그 정도도 크지 않는다는 것입니다. 더군다나 재래종 소나무란 것은 저 산꼭대기에 손가락만한 것이 서 있는데, 저 소나무가 아마 10년 이상 자랐을 것입니다. 저런 종류의 나무를 심어가지고는 우리나라 녹화는 되지 않습니다.

우리나라에 빨리 자라고 좋은 수종들이 있습니다. 물론, 그것은 토질과 위치에 따라서 선정을 잘 해야 하겠지만, 이탈리아 포플러도 좋고, 플라타너스도 좋습니다. 또는, 요즈음에 우리나라의 현신규 박사가 연구를 해서 보급하고 있는 은수원사시나무 같은 종류라든지, 또는 백합이라는 청와대 뒤뜰에 있는 나무인데 아주 나무가 쭉쭉 잘 곧고 잘 자라서 이름이 무엇인가 알아 봤어요, 아주 빨리 자라고 모양도 좋고 쭉 곧은 나무를 심어야 하겠습니다.

우리나라에는 또 벽오동, 오동나무 같은 것도 수종이 좋은 것을 갖다가 많이 심는 것도 좋습니다.

기타 이런 낮은 산, 또 산기슭, 이런 데는 가급적이면 유실수를 많이 심으면 좋겠습니다. 밤나무라든지, 감나무라든지, 대추나무라든지 그러한 것을 심고 가로수로서는 은행나무 등 여러 가지 좋은 수종 나무들이 많은데, 그 지형과 토질에 알맞고 또 그러한 나무를 심었을 때 그 주위 환경과 잘 어울릴 수 있는 나무를 심었으면 좋겠습니다.

따라서, 나무를 한 포기 심더라도 여러 가지로 연구를 해서 심고, 또 이것을 잘 가꾸면 우리나라는 토질이 비교적 비옥하고 또 연중 강우량이 비교적 많은 나라이기 때문에 불과 몇 년 내에 우리나라 산은 울창하게 될 것으로 봅니다."

대통령은 끝으로 앞으로는 '나무는 절대로 손대지 못하는 것이다'라는 관념을 어른은 물론 초등학교 어린아이 때부터 철저히 심어 주어야 되겠다는 점을 강조했다.

"옛날 독일에서 히틀러가 집권하고 있을 때에는 산의 나무를 벤 사람은 총살했다고 합니다. 우리나라에도 물론 나무를 벤 사람은 벌을 받도록 되어 있는데, 내가 볼 때에는 이 법이 좀 약한 것 같아요.

앞으로 국회가 열리면 법을 고쳐 '앞으로는 나무는 절대로 손대지 못하는 것이다'라는 관념을 어른은 물론이고, 초등학교 다니는 어린아이 때부터 철저히 넣어 주어야 되겠어요.

이것이 곧 나라를 사랑하는 것이고 애국하는 길입니다. 우리는 이러한 정신교육을 해야 되겠습니다. 그래야만 산의 나무가 견디어 날 수 있습니다.

봄철에 보면 소풍 갔다 오는 사람들이 산의 진달래나 꽃을 한아름씩 끌어안고 집에 와서 자기 집에 갖다 꽂는 예가 있는데, 자기 집에 갖다 꽂으면 자기 집 방 안은 환하고 좋을지 모르지만 산에 심어 놓은, 또 들에 심어 놓은 나무는 다 쓰지 못하게 되지 않느냐 하는 것을 어릴 때부터 가르쳐야 되겠다는 것입니다.

나무는 사람을 키우는 것처럼 공을 들이고 정성들여서 가꾸어야 하겠습니다. 그렇게 하면 우리나라는 앞으로 몇 년 내에 울창해지리

은수원사시나무 조림지 병충해에 강하고, 빠르고 곧게 자라며, 꺾꽂이도 잘 되고, 건조하거나 비탈진 곳에서도 잘 자란다(사진은 춘천시 신북면 천전리 은수원사시나무 조림지).

라고 확신합니다.

특히, 심어 놓은 나무를 우리가 잘 가꾸어야 되겠습니다. 그것도 저것도 못하려면, 아예 심지 않으려면 일체 나무를 건드리지나 말라, 이것입니다. 지금 저 휴전선 부근에 가 보면 전쟁이 끝나고 그 동안 휴전이 한 20여년 계속되었는데, 전쟁 중에는 그 곳에 포탄이 떨어지고 폭격을 맞고 해서 나무가 하나도 없는 빨간 산이었는데, 그 동안 사람이 드나들지 않으니까 완전히 정글지대가 되어 있는 데가 많습니다.

그것은 무엇이냐, 결국은 심지 않더라도 건드리지 않고 다치지 않고 가만히 두기만 해도 우리나라 땅에서는 그 정도로 나무가 자랄 수 있다는 것입니다.

하물며, 우리가 좋은 나무의 수종을 골라서 적지에다 심고 계속적으로 잘 관리를 하면, 우리나라에는 나무가 반드시 잘 자란다는 확신을 가지고 앞으로 나무를 심고 나무를 애호해 주시기를 바랍니다."

경사진 산지의 사방조림에 있어서는 계단식 방법을 연구해야겠다

1972년 6월 20일, 하곡수매에 관한 지방장관 회의에서 대통령은 우리 국민들이 국토를 애호하고 보전하겠다는 관념이 부족해서 산에 나무가 없고 벌겋게 헐벗어 있다는 사실을 지적했다

…(중략)… "그 다음에는 내무부에서 슬라이드를 가지고 설명을 한 국토보존에 관한 문제입니다.

여기에는 조림, 사방, 황폐되어 있는 소하천 개보수, 또는 택지 조성을 한다고 산을 깎아 허물어뜨려 놓은 곳에 대한 사후보완 등 여러 가지 문제가 있습니다.

또, 지방에 가 보면 광산을 캔다고 산꼭대기에 굴 모양으로 뻐끔하게 뚫어서 산은 빨갛게 깎아 놓고, 거기서 무슨 광석을 얼마나 캤는지 모르지만, 폐광한 뒤에는 사방을 한다든지 조림을 한다든지 해서 가급적 원상으로 복구를 시켜야 할 텐데, 전연 손질도 안 하고 방치상태에 있는 일이 많습니다.

또, 요즈음에 도처에 건설공사가 많이 이루어지고 있는데, 건설업자들이 산을 완전히 한 절반 파헤쳐 흙을 갖다 쓰고 나서는 공사가 끝나면 방치해 두고 가버리고, 채석을 한다고 해서 산을 깎아 돌만 캐어 쓰고는 그대로 방치해 놓고 가버리는 경우도 많습니다. 뒤에 그것을 누가 보수하란 말입니까? 조림도 마찬가지입니다. 우리나라를 흔히 금수강산이라고 하고 아름다운 나라라고 하는데, 사실 자연은 아름답고 좋은 나라입니다. 그러나 산에 있는 나무들을 봅시다.

사람이 심은 나무는 거의 없습니다. 모두 하느님이 비를 많이 내려 주셔서 자연적으로 자라난 것입니다.

이 나라에 사는 백성들은 심을 생각은 안 하고 그저 덮어놓고 가서 자르고 긁어내고 하는 데도 저 정도로 산에 나무나 풀이 살아 있다는 것은 우리나라의 기후라든지 모든 여건이 나무나 풀이 자라기에 얼마나 좋으냐 하는 것을 증명하는 것입니다.

여러분들은 아마 이스라엘의 영화를 여러 번 봤을 것입니다. 풀한 포기 없고 일년 내내 가야 비 한 방울 오지 않는 곳에 수백리 밖에서 물을 끌어다가 사람의 힘으로 풀을 자라게 하고 나무를 심어서 자라도록 하는 이스라엘에 비하면 우리나라같이 조림과 사방을 하여 산을 푸르게 하기에 쉬운 곳도 없을 것입니다. 그런데도 지금 저런 상태로 산에 나무가 없고, 있다고 해도 쓸모없는 나무들이 몇 포기 서 있고, 또 어떤 곳에 가면 벌겋게 산이 헐벗어 있다는 것은 결국 우리나라 사람들이 국토를 애호하고 보존하겠다는 관념이 부족해서 그런 것입니다."

대통령은 이어서 산림녹화를 위해서는 적어도 50년 앞을 내다보는 장기계획을 세우고, 우리나라에 알맞은 수종을 연구하여 그 묘목들부터 대대적으로 확보, 보급해야 한다는 점을 강조했다.

"몇 년 전, 군정 때라고 생각하는데, 우리나라의 조림사방과 지하수개발에 대한 기술지도를 받기 위해 이스라엘에서 기술자 몇 사람을 우리 혁명정부에서 초청한 일이 있었습니다.

그때 이스라엘 기술자들이 우리나라에 와서 지방을 한 바퀴 둘러봤습니다. 보고난 뒤 며칠 후에 우리 농림부에 와서 자기는 한국이 이스라엘처럼 사막지대며, 일년 내 비도 거의 오지 않는 곳인 줄로 알고 자기네들이 이스라엘에서 한 방법을 참고로 하여 도와 줄까

하고 왔는데, 한국에 와 보니 땅이 비옥하며 강우량이 많고 기후가 좋기 때문에 우리로서는 당신들한테 도와 줄 것이 아무것도 없다면서 이튿날 짐을 싸 가지고 가버렸습니다.

나는 그 소리 듣고 그때 얼굴이 화끈할 정도로 창피했습니다. 그 사람들이 가면서 뭐라고 했겠느냐, 천하에 게을러빠진 백성들이 이 땅에 살고 있다 이렇게 이야기 안 했겠느냐 이겁니다.

조림도 매년 한다고 떠들고 있는데 우리가 조림에 대해서는 좀 더 연구를 해야 되겠습니다. 우선 우리나라에 알맞은 수종이 어떤 것이냐, 이것이 얼마나 필요한가를 농림부와 산림청 또는 연구기관에서 조사연구하여 우리나라에 장려할 묘목을 대대적으로 지금부터 확보하자는 것입니다.

가령, 금년 가을이나 내년에 할 것을 지금부터 해서 묘목을 심고 전국에다 묘포를 만든다든지, 필요하면 정부가 거기에 대해서 보조를 해준다든지, 융자를 준다든지 해서 내년 봄에 이것을 갖다 어디다 심는다 하는 그런 계획을 지금부터 모두 준비해서 내년 봄에 심어야 하겠습니다.

우리나라에서 조림하는 것을 보면 매년 사월달 식목기간을 전후해서 공무원·학생 등이 나와서 한 며칠 동안 떠들다가 그 다음에 그만 소리조차 없어져 버리고 맙니다.

그래가지고는 산이 푸르러질 리가 없습니다. 연중계획이 되어야 하고, 연중계획만 가지고도 안 되는 것입니다.

앞으로 5년·10년·20년·30년. 적어도 한 50년 앞을 내다보는 계획을 세워 가지고 단기적으로 해야 될 것, 중기적으로 해야 될 것, 장기적으로 해야 될 것을 가려서 꾸준히 밀고 나가야 우리나라 산에 나무가 울창해지고 강산이 아름다워지지 지금 하고 있는 것과 같은 고식적인 방법으로는 백년 가봤자 산에 쓸모 있는 나무가 우거질 것 같지 않습니다.

　그러면 어떻게 해야 되느냐, 매년 봄에 연례행사식으로 식목을 간단히 때워 넘길 것이 아니라 장기계획을 세워서 지금부터 묘목을 대대적으로 확보하는 것이 급선무입니다.

　어떤 나무를 심느냐, 각 지방마다 그 토질에 따라서 적합한 수종이 있을 것입니다. 우리나라에 나무에 관한 전문가들이나 기술자들이 많으니까 그런 종류의 묘포를 지금부터 대대적으로 확장해 나가자는 것입니다. 부락 뒤나 근처에 든지 또는 산기슭 같은 데는 가급적이면 경제성이 높은 유실수를 장려하는 것도 생각해야 할 것입니다.

　요즈음 재래식 소나무 같은 것을 심는 사람은 거의 없겠지만 흔히 사방을 하라, 조림을 하라고 하면 서울 시내에도 리기다소나무, 전나무 등을 심는 사람이 있습니다. 그런 것을 심을 장소는 따로 있는 것입니다. 봄에도 내가 식목일에 우리나라 산에 조림을 촉진하기 위해서는 속성수를 심어야 한다고 강조했습니다. 즉, 빨리 크는 나무를 한 7할 심고 20년, 30년, 50년 걸리는 나무는 한 3할 정도만 심자는 것입니다. 바쁘다 이겁니다. 우선 빨리 푸르게 만들어야 하겠고, 또 장기적으로 봐서 긴 안목으로 좋은 나무를 많이 심어 가꿔 나가야 되겠다는 것입니다.

　리기다소나무 같은 것은 하나 심어서 사람 키 정도가 된다든지 쓸모 있게 되자면 적어도 20년, 30년 걸리는데 그런 것을 저 뻘건 산에 심어 가지고는 될 것 같지 않다는 것입니다.”

　대통령은 이어서 부락 주변에는 밤나무를 심어야 하겠다는 점을 특별히 강조했다.

　“부락 주변 같은 곳은 가급적이면 밤나무 같은 유실수를 많이 심어야 하겠습니다. 요전에 어디 갔다 오다가 경주에서 대구에 오면서 보니까, 경주군인지 영주군인지 모르겠지만 고속도로 주변에 야산이 하나 있는데 밤나무로 완전히 덮여 있어요. 경북지사도 같이 보았는데 불과 한 5년 됐다는 것입니다. 금년에는 밤이 상당히 많이 열립니다. 밤이란 것은 식량도 된다고 생각합니다.

작년에도 일본사람들이 우리나라 밤을 많이 사러 왔다가 없어서 못사는 수도 있었다는데, 전국에 밤나무를 저렇게 많이 심으면 요다음에 밤값이 떨어져 아무것도 안 되지 않느냐 하는 걱정을 하는 사람도 있을지 모르지만 밤은 관계없다고 생각합니다.

밤을 많이 심어서 만일에 1년에 수십만 석이 생산된다면 정부가 필요한 공장을 짓자는 것입니다. 정부가 사들여 고구마로 가루 만들듯이 가공하면 밤도 식량이 될 수 있다고 생각합니다.

일본사람들이 우리나라에서 밤을 많이 사 가는 이유는 고급 과자, 소위 일본사람들이 말하는 나마가시 같은 것을 만들기 위해서 사가지고 간다고 합니다.

우리나라에서도 밤이 대량으로 나올 수만 있다면 공장을 지어 과자를 만든다든지, 식량을 만들 수 있을 것입니다.

밤이 또 하나 좋은 것은 저장하기가 쉽다는 것입니다. 껍질을 벗기지 않고 땅을 파고 묻어 두면 한 1년, 2년은 그대로 저장이 되기 때문에 밤을 많이 심는다고 해서 우리 농민들이 손해를 보지는 않으리라고 생각합니다."

대통령은 이어서 산림청과 지방의 임업시험장 직원들이 묘목보급과 기술지도를 하지 않고 있다고 힐책했다.

"그 다음에 감이라든지 대추가 좋은데, 농민들이 심으려고 해도 지금 묘목이 없습니다. 우리나라 산림청과 지방에 있는 임업시험장에서 일하는 사람들도 정신 좀 차려야 될 것 같습니다.

몇 군데 임업시험장을 다녀보니까 마치 어떤 사람이 자기 정원에 관상수를 심어 놓고 취미삼아 들여다보고 있는 것 같은데 그렇게 해 가지고 무엇을 하겠다는 것입니까?

자기 시험장만 나무가 자라고 있으면 뭐하느냐 말입니다. 인근에 나무를 자꾸 보급해서 부근이 푸르러야 되는 것이 아닙니까? 경주에 있는 경북의 무슨 시험장을 보니깐 그 남쪽에 있는 산은 빨갛게 헐벗어 있는데 시험장만 아주 울창하게 되어 있었습니다.

그렇다면 그곳에 잘 되는 나무는 인근에 있는 농민이라든지, 군이든지, 시에 대량으로 그 묘목을 만들어 주어 심도록 하고 자주 나가서 기술지도도 해주어, 전국적으로는 못 하더라도 우선 시험장 인근에 부터라도 점차 녹화가 되어 나가야 될 것이 아니냐는 말입니다.

묘목을 확보할 때 지금까지는 정부에서 업자들에게 자금을 융자해 주어 묘포를 만들어서 묘목을 심게 해서 그것을 사들여 왔는데 성실한 업자들에게는 그렇게 하는 것도 좋겠지만, 거기에는 여러 가지 잡음이 많이 있다는 것을 나는 잘 알고 있습니다.

나는 그것보다는 지금 새마을사업을 열심히 잘하고 단결이 잘 되어 있는 부락에다 정부가 자금을 융자하거나, 그렇지 않으면 묘목의 씨를 구해 준다든지, 또는 1년생 묘목을 주어 그 부락에서 잘 키워 가지고 어느 정도 크면 도에서 전부 사주는 방법이 더 좋으리라고 생각합니다. 그리하여, 도에서 다른 지방이나 부락에 심도록 하면 그 부락의 소득증대에 도움이 될 것이고 조림에도 도움이 될 것이라는 것입니다."

대통령은 이어서 경사가 가파른 산지에 대한 사방조림에 있어서는 계단식 방법을 연구해야 되겠다는 점을 강조했다.

"서울시 양 시장이 경북지사로 있을 때 이러한 이야기를 한 적이 있습니다.

'이렇게 경사가 급한 산은 폭우가 오면 산꼭대기부터 사태가 나서 벌겋게 되어 버리니 보통 하는 방법으로 해 보았자 마찬가지가 아니냐? 경상북도에서 특수 사방을 해보시오' 하고, 그 뒤에 정부에서 예산도 지원해 준 기억이 납니다.

이런 데는 그냥 잔디만 붙여가지고는 안 되니까 콘크리트로 낙차공을 만들고 계단식으로 해서 비가 어지간히 와도 밀려 내려가지 않도록 특수한 방법을 했는데, 이번에 오다 보니까 이제는 잘 붙어 있는 것 같았습니다. 퍼렇게 나무가 자라고 있었습니다.

이러한 기술을 연구해서 이러한 지형에는 어떻게 한다, 저런 데는 어떻게 한다는 식으로 해야지 그냥 사방을 하라고 하면 형식적으로 줄을 죽죽 긋고 잔디를 몇 포기 갖다 붙여 놓는데, 그렇게 해 보았자 소나기 한 번 오면 쫙 쓸려나가 하나마나가 되는 것입니다.

우리나라에는 사방할 장소가 대단히 많습니다.

서울서 춘천 가는 경춘가도 주변의 주민들한테 내무부에서 큰 기술도 가르치지도 않고 사방을 하도록 했는데 상당히 잘 한 걸로 보았습니다. 조금만 연구하면 되는 것입니다. 소하천도 마찬가지입니다.

우리나라에 요즘 관광객이 많이 들어오고 있습니다. 우리나라 사람들은 관광이라면 경주 불국사, 부여의 백제고적, 설악산에 눈 온 경치를 내세우는데, 물론 그것도 좋은 자원이 되지만, 관광객들이 비행기로 와서 그 장소에 똑 떨어져서 그것만 구경하고 가는 것이 아니라, 배로 오거나 비행기로 와서 그 곳까지 기차나 자동차 등 육로로 가서 구경을 하고 또 육로로 돌아가는데 그 연도에 있는 우리나라 농촌이나 도시, 산과 소하천 등을 한국 국민들이 얼마만큼 아끼고 보존을 하고 알뜰하게 해 놓는가 하는 것도 모두 관광의 재료가 되는 것입니다.

절은 몇천 년된 고적으로 상당한 관광의 가치가 있지만 도중에 길이 엉망으로 포장도 안 되었고 길가 양 옆에 있는 산에는 나무 한 포기 없으며, 사태 난 곳에는 사방도 되어 있지 않다는 식으로 해서는 관광진흥이란 안 되는 것입니다."

대통령은 이어서 정부가 국토보전을 위해서 연차적으로 추진하고 있는 사방공사, 조림사업, 소하천 보수공사 중에서 부락주민들이 할 수 있는 정도의 공사는 새마을사업을 잘 해서 표창을 할 만한 부락에 돈 몇십만 원 주기보다는 사방·조림·소하천 보수사업을 주는 것이 좋겠다는 뜻을 천명했다.

"우리나라에 지금 시급한 게 사방, 조림, 소하천 보수 등인데 국토보전에 있어서는 이것이 상당히 중요한 문제이기 때문에 정부가 연차적으로 하나하나 해 나가야 하겠는데, 이것도 앞으로 하는 방법은, 지금 건설부에서도 하고 있고 농림부와 내무부에서도 하고 있는데, 이 사업을 분류해서 농민들이 할 수 있는 정도의 공사는 농민들에게 맡기도록 하는 것이 좋겠다고 생각합니다.

물론 큰 강, 대하천의 호안공사나 제방공사는 농민들한테 주어서도 안 될 것입니다. 또, 특수한 기술이 필요한 것도 안 될 것입니다.

그런 것은 정부 공사로 한다든지 도 공사로 한다든지 하고, 그렇지 않은 것, 즉 슬라이드에 나온 것처럼 농촌에 가면 부락 앞에 있는 조그만 하천의 제방이 무너진 것, 이런 것은 앞으로 업자들한테 도급이나 청부를 주지 말고 부락민들한테 주자는 것입니다.

내무부에서 통계가 나왔는지 모르지만 조금 전에 슬라이드에서 본 멋있게 쌓은 소하천 보수 같은 것은 업자들에게 주어서 하자면 몇백만 원 들 것입니다. 말하자면, 한 5백만 원 들 공사를 농민들한테 주면 몇분의 1정도의 예산 가지고도 충분히 된다고 나는 생각합니다. 자재대를 도와주고 나머지는 부락민들이 나와 일하면 노임으로 주겠다, 그러면 부락민들의 소득증대도 되고, 농한기에 할일 없을 때 고용도 그만큼 늘 것이며, 또 자기 부락 앞의 지저분한 것을 스스로 고치니 기분도 좋을 것이고, 더욱이 부락지도자들한테 맡겨서 하게 되면 절대 부정이나 협잡도 없을 것입니다.

업자들한테 맡기면 입찰을 한다, 수속절차를 밟는다, 군에 쫓아간다, 도에 쫓아간다, 중앙의 건설부, 내무부까지 쫓아간다, 왔다, 갔다, 중간에 청탁이 있다, 그래서 내가 보기에 그런 공사는 제대로 되어 있는 것이 없습니다.

내무부 같은 데서 기준이 나오지 않겠나 보는데, 지형에 따라서 가까운 데서는 돌을 운반하는 데 노력이 덜 들겠지만 먼 데서 돌을 운반하는 경우에는 업자가 하는 예산의 3분의 1, 경우에 따라서는 그 이하의 돈을 그 부락에다 맡기고 이런 식으로 일을 당신들이 해라, 그리고 남은 돈은, 가령 여자는 얼마, 남자는 얼마 해서 노임으로 뿌려도 좋고 그렇지 않으면 부락기금으로 적립을 해라, 부락 사람들이 스스로 의논해서 결정하라, 그러면 부락의 소득증대에도 크게 도움이 된다, 예산도 절약이 된다, 공사에 부정 같은 것도 일체 없게 된다, 이겁니다.

앞으로 금년 봄에 새마을사업을 잘 한 부락에 대해서는 상금을 준다, 표창을 한다고 하는데 구체적인 방침은 잘 모릅니다만 부락에다 돈을 몇십만 원씩 주는 것도 한 가지 방법이겠지만, 그것보다는 표창을 할 만한 부락에는 이런 사업을 주자는 것입니다.

가령 예를 들어, '당신네 부락 앞에 있는 몇백 미터 소하천을 보수해야 되겠는데 업자에게 시키면 한 천만 원이 드는데 정부에서 한 300만 원 보조해 주겠으니 부락민들이 의논해 이것을 해보겠느냐?'고 제안하게 되면, 자기들이 계산을 해봐서 할 만하면 '올 가을

농한기에 부락민들이 총동원해서 하자'고 할 것입니다.

그러면, 시멘트 얼마하고, 돌주머니, 철망 같은 것이 필요하겠지요.

그 다음에는 사람이 나와서 돌을 나르고 쌓으면 되는 것이니까 300만 원 중에 자재대로 한 5~6십만 원만 제외하고 나머지는 동네 사람들이 나와서 일한 만큼 노임으로 뿌려주면 그것이 농가의 부업 아닙니까?

그것이 소득증대 아닙니까? 반드시 논에다 벼심고 고등소채를 하고 특용작물을 하는 것만이 소득증대가 되는 것은 아닌 것입니다.

그렇게 되면 그만큼 부락민들의 단결도 강화될 것이며, 농한기에 일거리가 있어 소득증대도 될 것이고, 정부로서는 예산 절약이 될 테니까 이런 방법으로 표창을 하는 것이 오히려 낫지 않겠느냐 하는 것입니다. 그리고, 묘포를 만들 때에도 이런 아이디어를 살려서 해주면 좋을 것입니다.

결국 표창을 하는데 공짜로 그냥 주는 것이 아니라 어떤 과정을 하나 밟아서 부락민들이 나와서 일하고 거기서 소득증대도 하고 부락 환경정리도 할 수 있는 방법으로 하는 것이 좋지, 그냥 봉투지에다 금일봉을 주게 되면 단결이 잘 되어 있는 부락은 한 푼도 쓰지 않고 부락 기금으로 넣는 부락도 있을 테지만, 어떤 부락에서는 일한 사람들이 전부 나누는 곳도 있어 자칫 잘못하면 여러 가지 잡음도 나기 쉬운데, 이런 식으로 하면 나와서 일한 사람들한테 가령 하루에 남자는 몇백 원, 여자는 몇백 원으로 정해서 나와 일하는 날수에 따라서 노임을 지불하면 일이 잘 되지 않겠나 하는 생각입니다."

대통령은 이어서 회의 벽두에 내무부 손수익 지방국장이 슬라이드를 가지고 설명한 황폐된 산의 사방조림 공사와 소하천 개보수 현황을 자세히 검토하기 위해서 슬라이드를 다시 한번 한 장, 한 장

돌려가면서 공사진행 상황에 관해 손 국장에게 여러 가지 질문을 하고, 이에 대한 평가와 의견을 제시했다. 특히 농촌에 있는 소하천 전체의 보수사업은 연차적으로 현지 부락이 주민들에게 주는 방식으로 추진해야 하겠다는 뜻을 분명히 했다.

• 그리고 국토 보존문제에 있어서, 한번 저 슬라이드 한장 넘겨 보시오, 내가 조금 서라고 하면 세우고 불좀 끄고, 넘기라면 넘기시오.

지금 이건 서울에서 춘천 가는 도중에 어디를 찍은 것인 모양인데, 그렇지요?

• 가평읍에서 춘천 가는 도로입니다.

• 지금 서울에서 춘천 가는 도중은 그래도 양쪽 산에 나무도 많고 비교적 다른 데보다는 나은데, 전국에 다녀보면 저런 데가 도처에 수없이 많아요, 저런 상태를 두고 우리가 금수강산이니 무어니 하고 누구한테 큰 소리를 치고 자랑을 합니까? 한번 넘겨 보시오.

또 다음, 이런 것은 부락민들에게 노임을 주어서 하는 거죠?

• 예, 부인들이 하루에 400~450원씩 받고 하고 있습니다.

• 남자는 얼마요?

• 남자는 한 700원……

• 저 곳이, 이제 저기에는 몇 가지 특별히 기술이 필요할거요. 자칫 잘못하면 비 오면 확 무너지니까 그렇게 안 되도록 지도를 해서 하나하나 연차적으로 전국토를 손질해 나가자는 것이오. 그 다음 넘겨요.

저곳은 업자가 공사하느라고 파갔는지 도로 확장하느라고 끊었는지 모르지만 전국에 가면 도처에 저런 상태요.

• 이것은 그 자리를 바로 손질해 놓은 것입니다.

• 이것도 농민들 기술 가지고는 상당히 잘 했는데 저 꼭대기는 다른 방법으로 해야지 만일 비가 와서 저 곳이 와르르 무너지면 밑에까지 다 내려오지 않겠어요. 저런 것은 앞으로 기술적으로 조금만 더 연구하면 될 것입니다.

• 다음,

• 이건 그 자리 바로 밑에 단을 쌓고 한 것입니다.

• 이런 것은 상당히 잘 했어요. 나무 같은 것을 제대로 살려 놓고, 그 뒤로 쌓아야 하며, 뒤에 있는 암석들을 그대로 잘 이용을 해야 합니다. 이런 것은 상당히 잘 했는데요.

• 다음,

손 국장, 이쪽 편으로 경사를 지운 건 기술적으로 무슨 이유가 있나요?

• 아까 보고 말씀을 드렸습니다만, 산의 등고선과 맞추어서 하는 것이 산사태를 더 잘 방지할 수 있다고 보았기 때문에 그렇게 지도를 하고 있습니다.

• 저것도 연구를 하여 기술적으로 하면 잘 될 텐데,

• 사진이 잘못돼서 조금 내려온 것 같은데, 이것 자체가 이렇게 기울어진 것은 아닙니다. 반듯하게 되어는 있습니다만 커브를 준 것은 산의 등고선에 맞춰서 했기 때문입니다.

• 그 다음,

이런 정도면 비가 와도 괜찮겠군. 그 다음, 이것도 상당히 잘 했는데 앞에 있는 나무는 그대로 놓아 두고. 내무부장관, 이곳은 내일이라도 지사들이 현지를 볼 수 있도록 하시오.

• 오늘 오후에 지사들을 현지로 안내하겠습니다.

• 이런 것도 참 잘 되었어요. 이곳은 기술자가 지도를 했나요? 농민들이 했나요?

• 이곳은 경기도와 강원도의 농림국장, 산림국장, 도 직할 사방 관리소, 그리고 군의 토목계장, 산림계장들이 지도를 하고 현지 주민들에 의해서 이루어진 것입니다.

• 또 다음,

이곳은 뒤의 암석을 그대로 살렸는데…… 밑에는 자연석을 맞추어서 상당히 튼튼하게 되었는데,

다음, 암석이 떨어져서 내려오지 않을까?

저런 데는 계단 부분보다 위에 있는 암석을 조심해야지, 저런 데는 좋은 나무를 심을 필요가 없다고 생각해요. 아카시아 같은 것을 심어서 자꾸 뻗어 나가게 해서 덮고 사이사이로 바위가 노출되도록 하면 튼튼해지지 않을까?

• 예, 저희들도 저 사이는 원형을 찾아가지고 흙이 있는 데는 진달래나 쪽제비싸리나 이와 같은 값싼 나무를 사이사이에 심도록 지도를 하고 있습니다.

• 다음,

이런 것은 상당히 아이디어가 좋아요. 사방하라면 줄을 족족 넣는데 이렇게 경사가 완만한 데는 저렇게 넙적넙적한 돌이나 잔디나 잡초를 그 사이사이에 넣어 다져 놓아도 그대로 붙지 않겠느냐 그런 생각이 듭니다.

• 이건 석수로라고 하나?

• 예, 석수로라고 저희들이 이름을 붙였습니다.

• 다음,

저건 계단을 더 몇 군데 위에다가 만들어야 되겠군. 그냥 바로 내려오면 물 속력에 의해서 저것이 무너져 내려오지 않을까?

저런 것도 금년에 해보고 여러 가지 시험을 해봐서 저런 정도의 경사라면 저 정도라도 견뎌 낸다, 저런 데는 저렇게 해서는 안 된다

는 것이 입증되면 요다음에는 계단을 만들어서 유속을 죽여 떨어지도록 하면 좋겠구만.

• 그래서, 장관 방침에 의해서 금년에 해보고 저것이 터지면 다시 성급하게 터진 데를 고치려고 달려들 것이 아니라 시간을 두고 물주머니가 어디서 생겨서 그렇게 되었는가의 원인을 충분히 규명해서 하도록 하는 것을 교육하도록 지침을 주고 있습니다.

• 나는 우리나라 건설업자들의 기술이 상당히 늘었다고 보는데 고층 건물만 짓는 것이 능사가 아니라 토건 같은 것, 이런 것을 연구해서 어떻게 해야만 저런 것이 유지되는가에 대해서도 연구를 해주어야겠다고 생각합니다.

이 쪽이 산인가? 어느 쪽이 산인가?

• 조금 전에 보신 가운데 수로에 근접, 사진을 찍어 낙차공을 만들고 있는 장면입니다.

• 저기 가운데 흙부분이 튀어나온 데는 자그마한 돌들을 깔아 놓으면 돌 사이에 흙을 끌고 내려오지 않겠지요, 상식적으로 생각하면 그런 것 같아요, 이건 낙차공을 만들려고 그래?

• 낙차공과 겸해서, 자꾸 사태가 나면 저것이 벌어져 커질 가능성이 있기 때문에 미리 단을 쌓고 좁혀서 낙차공을 겸해서 하고 있는 것입니다.

• 또 하천 문제인데, 이거 보시오, 이것이 금수강산을 자랑하고 있는 대한민국의 농촌 거의 대부분의 상태요, 저것은 지금 앞의 그것을 하고 있는 것이오?

• 앞의 사진과 관계없습니다. 그런 못된 부분을 잡은 사진입니다.

• 이건 부락 사람들에게 순전히 노임만 주어서 하는 거지요?

• 예.

• 특수한 자재도 없이 돌만 가지고 하는 거요?

• 자재로 철망태 원형을 사다가 부인들이 현장에서 엮어가지고 그 속에 돌을 쌓고 철망태를 입히든지 돌을 넣는 식으로 하고 있습니다.

• 우리나라 농촌의 소하천 전체를 앞으로 몇 년이 걸릴지 모르지만 연차적으로 이런 식으로 모두 해야 할 것입니다.

이것은 길이가 얼마나 되는지 모르지만, 만약에 건설업자에게 맡긴다면 아마 굉장히 많은 예산이 들어야 할거요, 주민들에게 맡기면 훨씬 더 싼 돈으로도 된다 이것입니다.

또, 이런 것도 잘 하고 있지 않아요?

• 이것은 정리되기 전의 상태를 찍은 겁니다.

이것은 그 하천이 정리된 다음의 상태를 찍은 겁니다.

• 이렇게 하면 정돈도 되고 수해도 막을 뿐 아니라 잘하면 전국적으로 땅이 상당히 많이 나올 거요, 전국적으로 하면 굉장한 땅이 나올 거요.

이런 것도 과거에는, 건설업자에게 돈을 몇천만 원 주어야만 되지 주민들의 힘으로는 도저히 안 된다고 생각하고 있거든요, 현지 주민들에게 노임을 조금씩만 살포해서 하면 이렇게 되는 것 아니요.

됐어요, 그 정도 해둡시다.”

산림녹화를 위한 핵심사업은 조림사업이었지만, 또 하나의 중요한 녹화사업은 조림을 위한 사방사업이었다.

우리나라 농촌이나 도시나 온돌용 연료로 나무의 가지나, 뿌리나 낙엽을 모두 이용하였으므로 산림이 크게 훼손되었다. 특히 낙엽채취로 임야의 비옥도가 저하되고, 표토가 드러나 지력이 약화된 데다가 표면의 지층이 고정되어 있었기 때문에 보통 방법으로는 조림을 성공시키기가 어려웠다. 따라서 조림을 하기 전에 사방사업을 할 필요가 생겼고, 이러한 면적이 상당히 많아서 대대적인 사방사업을 해

경북 영일군 의창읍 오도동 사방사업장을 불시에 시찰한 박 대통령(1975. 4. 17)

야만 했다. 그래서 군사정부는 1962년에 사방사업법을 제정하여 사방사업이 필요한 산지에 대해서는 산주인의 동의 없이도 국가가 사방사업지구로 지정하여 사업을 시행하고, 산의 소유주가 입게 될 손실은 국가가 보상하도록 하였다.

그리고 그해 가을에 산림기술자대회를 열어 사방사업 교육을 실시하였고, 63년부터 64년 12월까지의 시한법으로 '녹화촉진 임시조치법'을 제정하고, 부역 명령을 받은 국민은 연간 일정기간 녹화사업에 의무적으로 종사하도록 하여 2년 동안 대대적인 사방사업을 추진하였다. 그 결과 62년에 사방사업이 필요한 곳으로 집계되었던 37만 헥타 중에 난공사 지구를 제외한 30여만 헥타 지역에 대한 사방사업이 64년 말에 완료되었다.

그리하여 65년부터는 한편으로는 이 사방공사가 끝난 지역에 대한 보수공사를 실시하면서, 다른 한편으로는 산간계곡 사방사업과

해안사방사업을 강화하였다. 그리고 68년부터는 국제연합특별기금 (UNDP)과 세계식량기구(WFO)로부터 기술과 기재와 양곡을 지원받아 14개 강유역 사방단지에 대한 사방사업을 추진했다.

사방사업에 있어서 특수공법과 많은 비용이 필요한 난공사 지구는 경상북도 영일지역이었다. 영일지구는 여러 개의 산들이 연결되어 있고, 그 면적이 4천 5백여 헥타나 되는 광활한 지역이다. 그 당시 이 지역은 한 마디로 황무지였다. 산에는 나무 한 그루, 풀 한 포기 없었다. 뿐만 아니라 산에는 흙이 없고 밟으면 밑으로 흘러내리는 왕모래가 뒤덮여 있었다. 이 벌거숭이 지역이 바로 국제여객기가 동해를 지나 한국에 들어올 때 외국 승객들이 가장 먼저 보게 되는 한국의 산하였다. 그래서 우리나라에 대한 외국인들의 첫 인상은 한국의 산에는 나무가 없다는 것이었다. 대통령은 이 지역을 하루라도 빨리 사방사업으로 녹화시켜야 한다고 판단했다.

1971년 9월 17일과 18일 양일 간 대구에서는 전국 도지사, 시장, 군수들이 모여 비교행정 회의가 열렸는데 이 회의가 끝난 후 대통령은 이들과 함께 새마을가꾸기 운동에 가장 성공한 영일군의 몇개 시범부락을 시찰했다. 시찰을 마치고 돌아가던 중에 영일지구를 지나가게 되었는데, 이때 대통령은 이 영일지역은 외국인들이 여객기를 타고 한국에 들어올 때, 가장 먼저 눈에 띄는 지대라고 말하고, 이 지역을 사방사업으로 완전히 녹화하는 계획을 수립해서 추진하라고 내무부장관과 산림청장과 도지사에게 지시했다.

사방공사는 1973년부터 시작되었다. 말이 사방사업이지 사실은 거대한 토목공사나 다름없었다. 산의 경사지에 돌과 뗏장을 각각 2백39여만 개로 단층을 쌓아 왕모래가 흘러내리는 것을 막고, 그 단층 위에다 산 밑 평지에서 흙을 날라다가 성토를 한 다음에 그 성토 위에 묘목 2천 4백만 그루를 심었다. 낭떠러지에서는 밧줄로 몸을

혈투를 벌인 영일지구 사방공사 방대한 면적에 대해 토목공사의 모든 특수기술도 모자라 공수특전부대원과 등산기술까지 동원해야 했다.

묶은 채 나무를 심고, 씨를 뿌리고 비토(肥土)를 집어넣었다.

1975년 4월 17일, 대통령은 경상북도 연두순시를 마치고 이튿날 대구에서 지프로 영일지구 산지 사방사업의 공사현장에 도착했다. 대통령은 작업 중인 근로자들을 격려하고 묘목 종류와 비토의 내용과 수로(水路) 크기까지 자세하게 살펴보고 현장에서 수고하는 일선공무원들의 노고를 치하했다.

이 대단위 산지 사방공사는 5년 동안 연인원 360만 명, 총공사비 38여억 원이 투입되어 77년 완공되었다. 이 공사의 성공으로 벌거숭이였던 영일지구는 푸른 녹지대로 변했다. 이것은 우리나라의 사방사업에 있어서 길이 남을 기념비적인 작품이었다.

조림사업에 있어서 가장 어려웠던 지역은 대관령지대였다. 해발 800m 이상인 이 지역은 기온이 낮고 일조시간도 짧은 데다가 바람이 강하게 불기 때문에 산 정상에는 천연생 나무도 1m 이상 자라지 못하는 잡목과 덩굴이 뒤엉켜 있는 고원지대로 이곳에 조림이 가능하다고 생각하는 사람은 없었다.

대통령은 바로 이 험준한 산지에 조림을 하기로 결정했다. 1975년 10월 14일 영동고속도로 개통식날 대통령은 대관령 정상과 그 주변에 전나무, 잣나무 등 경제림을 심는 방안을 연구하라고 관계장관에게 지시했다.

대통령은 옛날에는 여기에도 나무가 있었을 것이고, 특히 이곳은 국토의 척추인 백두대간의 주간(主幹)이고 많은 사람들이 쉬면서 보고 가는 곳이니 여기에 나무를 심고 잘 가꾸어 보는 게 좋겠다고 강한 의욕을 보였다. 이에 따라 서울~강릉 간 영동고속도로 대관령 휴게소 주변 특수조림 작업이 착수되었다. 이 지역의 영림서 직원과 근로자들이 공사 현장에서 합숙하면서 일을 시작했다, 바람이 강하게 부는 정상에는 발을 세워서 방풍시설을 했고, 주 수종과 함께 비료목(肥料木)을 같이 심었고 지주를 세워 묘목을 고정시켰다. 묘목이 뿌리를 내릴 때까지는 담당 공무원들이 초속 200~300m 바람 속에서 나무를 정성껏 보살폈다. 이러한 노력 끝에 대관령에는 경제성이 높은 조림을 하는 데 성공했고, 이 지역 주민들의 소득증대에도 기여했다.

영일지구나 대관령과 같은 난공사는 아니었으나 이러한 대단위 사방공사가 70년대에 많이 완공되었다. 경북의 금릉, 선산고속도로 주변, 경남 하동, 진양의 남해고속도로 주변, 경기도 영릉을 중심으로 한 여주, 이천지구, 충남 예산의 덕숭산, 전북 익산의 미륵산, 전남의 곡성 일대가 대대적인 산지사방 공사에 의해서 푸르고 아름다운 산림지대로 탈바꿈했다.

박 대통령이 지시한 추풍령식 조림 사진은 경기도 포천군 창수리

구태의연한 조림녹화 방법에 대해 근본적인 재검토를 해야겠다

1973년 1월 16일, 농림부 연두순시에서 대통령은 지금까지 산림청에서는 고식적이고 구태의연한 방법으로 조림녹화를 해 왔다고 지적하고 우리의 산림정책에 대해 근본적인 재검토를 해야 한다는 점을 강조했다.

"산림정책에 대해서는 앞으로 근본적인 재검토가 있어야 되겠습니다. 산림청에서 여러 가지 연구를 하고 있겠지만 이것도 지금까지 하는 것을 보면 고식적이고 구태의연한 방법으로 하고 있습니다. 물론 매년 산림청에 배당되는 예산이 그리 많은 것은 아닙니다만, 그러나 그 범위 내에서도 잘 연구를 해서 이 예산을 효과적으로 쓰고 산림정책을 보다 더 효과적으로 지도를 하고 밀고 나갔더라면 우리나라의 산이 더 푸르러졌고 그동안 나무도 상당히 많이 자라났을 것입니다.

지금 일본은 기후도 우리보다도 따뜻하고 비도 자주 오고 습기도 많아서 뻘건 산은 아마 구경 못할 것입니다. 그런데도 일본에서는 조림운동을 벌여 작년에 외국에서 3백 여만 달러어치의 묘목을 들여오고 우리나라에서도 일부 사간 모양이며 금년에는 6백만 달러어치를 더 들여다가 심는다고 합니다.

　우리는 재정형편이 그렇게 여유가 없기 때문에 외국에서 묘목을 사올 형편은 못되지만 우리나라 토질과 기후에 알맞은 수종을 선택해서, 그것도 우리나라 지역마다 다르겠지만, 남해안지역이라든지 동해안, 서해안지역 또는 중부지역에 묘목으로 대량 생산하여 심고 관리하는 방법을 농민들에게 가르쳐 주어서 자꾸 보급해야 하겠습니다. 또 도벌도 강력히 단속해야 하겠습니다. 또 하나는 금년부터 농림부에서 법을 만들어서라도 나무 밑에 떨어져 있는 낙엽을 갈퀴로 긁는 것을 금지시켜야 되겠습니다. 풀을 베어다가 연료로 쓰거나 아카시아 등 연료림을 베어다 때거나 나뭇가지를 쳐서 때는 것은 모르지만 산에 가서 갈퀴를 가지고 낙엽을 긁어 버리는 것은 나무를 자르는 것보다도 더 나쁜 현상이라고 그럽니다. 전문가들의 얘길 들으니까 낙엽을 빡빡 긁어 버리니까 표토(表土)에 습기가 없어져서 나무가 자라지 않는다는 겁니다.

　나무 밑에 잎사귀만 떨어져서 그대로 쌓이고, 그 밑에서 풀이 나고 그래야 여름에 비가 오고 겨울에 눈이 오면 밑에 습기가 차 있어서 나무가 자란다는 것입니다. 물론 우리나라의 나무는 겨울에는 크지 않고 동면상태에 있다가 봄에 가서 섭씨 5~6℃는 돼야 그때부터 뿌리가 움직이기 시작해서 나무가 크기 시작한다고 합니다. 그런데 나무 밑에 있는 낙엽을 빡빡 긁어 버려 땅이 너무 건조해져 나무가 자라지 않는다 이거에요. 이것도 어떻게 막는 방법을 우리가 강구를 해야 합니다."

대통령이 이어서 임업시험장이 그 본연의 임무를 수행하지 못하고 있다고 힐책했다.

"산림관계로 여러가지 연구기관이 많은데 임업시험장에 가보고 내가 그전에도 여러 번 주의를 했습니다만, 임업시험장에 근무하는 사람들은 어떤 나무를 심어야 잘 자라겠느냐, 어떤 비료를 어느 정도 줘야 하고, 농약은 무엇을 써야 되고, 가지를 어떻게 쳐야 되고, 접은 어떻게 붙여야 되는지를 연구해야 되겠지요. 그러나 그런 연구만 하고 앉아 있지 말고 그와 병행해서 한편으로는 연구해낸 좋은 수종의 묘목을 대량으로 임업시험장에서 생산하여 근처에 있는 부락에 나누어 주자 이겁니다. 그래서 이 나무는 이렇게 심고, 비료는 어떻게 주고, 관리는 어떻게 하면 된다, 이런 것을 가르쳐 주면서 자꾸 보급을 해 나가자 이겁니다. 자기 혼자 시험장에 앉아서 무슨 정원수를 가꾸면서 취미로 들여다보고 앉았다가 무슨 책이나 하나 써서 내고는 자기 할 일 다 끝났다, 이런 식으로 해가지고는 임업시험장으로서의 역할을 다 했다고 나는 보지 않습니다."

국토보전사업 추진과정을 책자로 만들어 공무원과 학교에 보급해서 교육시켜야겠다

1973년 2월 5일, 경제기획원 월간 경제동향 보고회의에서 대통령은 내무부에서 슬라이드로 보고한 국토보전사업 추진과정을 전부 종합해서 책자를 만들어 공무원과 학교에 보급하여 교육을 시키도록 하라고 지시했다.

그동안 사방(砂防)과 조림(造林)과 녹화(綠化)를 한다고 상당히 노력해 왔으나 그 방법과 기술문제를 연구하지 않고 형식적으로 해놓았기 때문에 그것들이 보전되지 못했다. 작년에 내무부에 지시해서 산의 계곡에다가 만리장성 같은 제방을 쌓아놓고 거기에 나무를 심도록 했는데, 명칭은 특수사방이니 경관조성이라고 했지만 이것이 바로 국토보존이다. 하천도 전부 제방을 쌓고 거기에 나무를 심는 일은 계속 해나가면 몇 년 뒤에 가서는 우리나라에 황폐된 데는 거의 없어지게 된다는 것이다.

"내무부에서 내온 슬라이드를 보니까 명칭은 특수사방이니, 경관조성이니 하는데 이것이 국토보전이라는 것입니다. 지금 우리나라의 지방을 다녀보며, 여러분들도 눈에 많이 띄리라고 봅니다만, 우리나라는 기후가 좋고 산수가 아름답고 금수강산이라고 하는데, 과거 수백 년 동안 우리 조상들이 입으로만 국토를 보호했지 실제 내가 사는 내 조국강산을 아름답게 가꾸겠다는 그런 노력이 없었다, 우리 조상들한테는 미안하지만 내가 보기에는 거의 아무것도 해놓은 것이 없다는 것입니다. 아까 슬라이드에 나온 사진에서 본 허물어진 비탈이라든지, 황폐한 산이라는 것은 대한민국이 생긴 이후에는 누구 하나 손질도 안 하고 그대로 방치해 두었습니다. 그래도 저 정도 황폐하고 번듯한 것을 보면 우리나라의 산이 좋다고 생각합니다.

그동안 사방을 한다, 조림을 한다, 녹화를 한다고 정부가 상당히 애를 써왔지만 결국은 그 방법이라든지 그 기술문제는 좀 더 연구를 하지 않고 과거 일제강점기에 일본사람들이 하던 그런 것만 본따가지고 형식적으로 해놓으니까 그것이 보전이 안 되었다, 이렇게 봅니다. 이것을 건설부나 산림청 같은 데서 벌써 착수를 했어야 될 텐데 그것이 안 되어서 작년에 내무부에다 지시를 해서 저 산의 계곡에 길이가 10리 이상이나 되는 제방을 마치 만리장성 모양으로 쌓아 놓았습니다. 이것은 특수한 기술자가 가서 쌓은 것이 아닙니다. 내무부 산하에 있는 일반직 공무원들이 가지고 있는 여러 가지 참고서적도 보고 연구를 하고 또 아무 기술도 없는 현지 주민들이 나와 망치로 돌을 깨서 쌓고 시멘트다, 철근이다 하는 자재를 들여

서 쌓은 것입니
다. 우리가 조금
만 더 연구를 하
고 노력을 해서
저런 식으로 지속
해 나간다면 몇
년 뒤에 가서는
우리나라에 저렇
게 황폐된 데가
거의 없어질 것입
니다.

　하천도 이제 전
부 저렇게 쌓아야
됩니다, 산에 나
무 심는 것만이
국토보전이 아닙
니다. 정부가 강
제로 시킬 수 없

기 때문에 지금 새마을운동이다, 농촌의 소득증대사업이다 하는 것
과 결부시켜서 자기 부락 근처에 저런 데가 있으면 정부가 그 설계
를 만들어 현지 주민들을 동원해서 나오면 하루 노임을 남자는 얼
마, 여자는 얼마, 애들은 얼마 해서 저렇게 하면 노임살포도 되고
농가소득 증대도 되고, 또 산도 저렇게 보전되고, 국토보전도 된다
고 보는 것입니다. 내무부에서는 지금 한 것을 전부 종합한 책자를
만들어서 우리 공무원들과 지방관서에만 줄 것이 아니라 농업고등
학교 같은 데에도 나누어 주자 이겁니다.

슬라이드에서 본 저 사방공사는 특수한 사방인데, 솔직히 말하면 우리나라 대학의 토목과 같은 데서 저런 특수한 사방에 대한 특수 공법이 벌써 연구가 됐어야 할텐데 그게 안 돼 있어요. 우리나라의 기술이라면 요즘에 많이 발달된 것이 건축기술입니다. 서울에도 20층, 30층 건물이 지금 올라서고 있는데 다리 놓는 것, 댐 만드는 것, 고속도로 만드는 것, 이런 기술은 상당히 발달이 되었습니다.

계곡에 제방을 쌓는 저런 소소한 일을 인근에 사는 주민들이 자기들의 노력을 가지고 한번 해냈지만, 그것이 영원히 유지되는 것은 아니고 비가 오면 또 허물어질 것이니까 그때는 그때대로 보수(補修)를 하고 손질을 하고 거기다 나무를 심고 돌을 갖다쌓는 그런 일을 계속적으로 해야 하는 것인데, 저런데 대한 기술은 고등기술도 아니고, 지방고등학교라든지 중학교라든지 심지어는 초등학교 5, 6학년 된 학생들한테 가르치면 그 초등학교 교사들도 알고 그 주인들과 농민들도 알 수 있는 것입니다.

대학에서는 좀 더 기술적으로 연구를 하고 자재를 뭘 쓰면 좋겠다든지 설계를 어떻게 하는 것이 공사를 해놓고 나면 더 오래 가고 튼튼하겠다든지 그런 연구가 이루어져야 우리나라의 국토가 깨끗이 보전되지 않겠는가?

내무부에서는 책자를 많이 인쇄해서 필요한 자료를 붙여 공무원들한테도 많이 배포하고 학교 같은 데도 주어서 저런 것을 교육시키도록 하는 것이 크게 도움이 되지 않겠는가 그렇게 생각이 듭니다."

제5장 산지를 자원화하고 국토의 생산성을 극대화해야 한다

우리나라 산이 저토록 헐벗어 버린 데 대해 우리는 반성해야 한다

1973년 4월 5일, 식목일에 대통령은 경기도 미금에서 모국을 방문한 재일교포들과 함께 밤나무를 심었다. 대통령은 이날의 기념사에서 앞으로 10년 내에 황폐한 우리의 전국토를 아름다운 금수강산으로 만들기 위한 치산녹화 10년 계획에 관해 자세하게 설명했다.

대통령은 먼저 산에 나무를 심고 아끼고 조국강산을 울창하게 만드는 것이 가장 실속 있는 애국이요 나라를 사랑하는 길이라는 점을 역설했다.

"매년 이때가 되면 우리는 식목주간을 설정해서 집단적으로 나무를 심어왔습니다. 그 동안 통계에 의하면 해방 이후 지금까지 약 46억 본 내지 50억 본 정도의 나무를 심은 것으로 되어 있습니다.

최근에 와서는 매년 약 3억 본 정도의 나무를 심었습니다. 금년에도 내무부와 산림청 당국의 계획에 의해 약 2억 9천만 본의 나무를 심는다고 합니다.

이렇게 많이 심었지만 우리나라의 산은 여러분들이 보시는 바와 같이 여전히 헐벗은 상태에 있습니다.

지금 여러분들이 서 있는 방향에서 앞에 보이는 산은 상당히 임상이 좋습니다. 우리는 우리나라 산을 적어도 앞으로 몇 년 내에 이쪽

앞에 보이는 저 높은 산 정도의 산림상태로 만들어야 되겠습니다.

여러분들 잠깐 뒤를 한번 돌아보십시요. 저쪽 산은 아마 최근에 조림을 한 모양인데, 그러나 저 산은 그래도 비교적 상태가 좋은 편입니다. 서울 근교나 도시 주변이 나쁜데 이보다도 훨씬 더 형편없는 산들을 우리는 도처에서 볼 수가 있습니다.

오늘 이 자리에는 재일교포 여러분들이 조국의 산을 푸르게 하기 위해서 원로에 모국을 방문하여 이 행사에 참석하고 있는 데 대해 나는 대단히 기쁘게 생각합니다.

여러분들이 비록 해외에 계시더라도 우리 조국의 강산을 푸르게 만드는 데 같이 참석하여 보탬이 되겠다는 그 마음씨에 대해서 나는 대단히 고맙게 생각합니다.

나라를 사랑하는 길에는 여러 가지가 있겠지만, 큰 소리만 하는 것보다 간단한 것부터, 우리 주변에서 할 수 있는 것부터 하나하나 해나가는 것이 가장 실속 있는 애국이요, 나라를 사랑하는 길인 것입니다.

공연히 허장성세나 큰 소리만 하는 사람치고 실제 행동을 보면 나라를 위해서 하는 일이 별로 없는 것이 보통이고 오히려 여러 가지 애국과 역행되는 행위를 하는 사람이 많다는 것을 우리는 알고 있습니다.

이 땅은 우리 조상들이 살고 갔고, 오늘날 우리가 살고 있고, 또 언젠가는 우리가 죽어서 모두 이 조국 강산에 묻혀야 될 땅입니다.

또한, 길이길이 우리 후손들이 이 땅에서 살아야 될 것입니다. 여기는 우리가 가장 사랑하는 조국이요, 조국의 강산입니다.

그 사랑하는 표시를 무엇으로 해야 되겠습니까? 우리는 당분간 '애국'이란 말은 입에서 딱 떼어 버리고, 우선 산에다 나무를 심고 나무를 아끼고 이 조국 강산을 하루바삐 울울창창하게 만듭시다. 그런 상태를 만드는 것, 이것이 무엇보다도 나라를 사랑하는 길인 것입니다.

나무 한 포기도 없이 벌겋게 헐벗은 산, 아마 여러분들이 해외에 갔다가 돌아올 때 절실하게 느꼈을 것입니다.

재일교포 여러분들도 아마 오시면서 비행기 위에서 그런 것을 뼈저리게 느꼈을 것입니다. 일본은 공중에서 보면 푸른데 동해 바다를 건너서 포항 일대의 우리나라 땅에 들어서면 산이 벌겋다는 것입니다.

물론, 일본이 우리보다는 강우량이 많고 기후가 좀 따뜻하다는 영향도 있겠지만 그것은 별 문제가 아닙니다.

우리나라의 이 기후 조건에서라도 우리 국민들이 조금만 더 나무를 아끼고 산을 가꾸는 정성을 표시하면 일본 이상으로 우리나라도 푸르를 수 있다는 것입니다. 저 앞에 보이는 산에 누가 올라가서 나무를 심은 것은 아닙니다. 저절로 자라서 사람이 손을 대지 않고 건드리지 않으니까 불과 몇 년 동안 저런 정도로 울창하게 된 것입니다."

대통령은 이어서 오늘날 우리나라의 산이 저토록 헐벗어 버린 것은 우리가 너무나 나무를 아낄 줄 몰랐기 때문이며, 이 점에 대해 우리는 반성해야 한다는 점을 역설했다.

"흔히 우리나라는 강우량이 적고 추워서 나무가 잘 자라지 않는다는 소리를 하는데 절대 나는 그렇지 않다고 생각합니다.

지금 산에 남아 있는 저 정도의 나무도 누가 올라가서 심은 것은 결코 아닙니다. 올라가서 자르고 밑의 낙엽을 긁어내고 나무를 못살게 굴어도 저 정도로 살아 있는 것입니다. 그만큼 우리나라 산이 비옥하고 나무가 잘 자라는 토질인 것입니다.

이 땅에 사는 우리 국민들이 너무 나무를 아낄 줄 몰라서 오늘날 우리 산이 저렇게 헐벗어 버렸다는 점을 우리는 크게 반성해야 될줄 압니다.

그 동안 우리는 나무를 많이 심었습니다. 그러나 심는 것만으로 식목이 끝난 것은 아닙니다. 심은 후에 잘 관리하고 가꾸고, 아끼고, 보호를 해야 합니다. 그리고 나무는 아무 데다가 아무 나무나 심으면 다 된다고 생각해서는 안 됩니다.

또한 식목을 하고 가꾸는 것을 하나의 간단한 상식으로 생각해서는 안 될 줄 압니다. 조림은 어디까지나 기술인 것입니다. 어떠한 수종을 어떠한 땅에다 심어서 어떻게 관리를 하고, 어떻게 가꾸어야만 이 나무가 산다는 상당한 기술이 필요한 것입니다.

우리가 그 동안 수십억 본을 심었지만 거의 다 죽어 버리고 살지 못했다는 것은 사후관리를 하지 않았고 알맞은 나무를 알맞은 땅에 심지 않았기 때문인 것입니다.

또, 함부로 들어가서 나무를 막 베거나 떨어진 낙엽을 마구 긁어 냈기 때문에 토질이 건조해지고 척박해져서 심은 나무가 죽어 버리고 산은 헐벗어 있는 것입니다.

우리나라도 산에 나무를 정성껏 심고 관리를 잘 하면 한 5년이면 여러분들 정면에 보이는 저 산 정도의 푸른 산이 되고 한 10년만 잘 가꾸면 완전히 울창한 산이 될 수 있는 것입니다."

대통령은 이어서 정부는 농촌의 연료문제를 해결해 가면서 치산녹화 10년계획을 추진하려고 하고 있으나 농민들이 연료가 없다고 산에 들어가서 나무를 마구 자르고 낙엽을 긁어다 쓴다면 우리나라의 산은 영원히 녹화될 수 없다는 점을 강조했다.

"얼마 전에 정부에서 치산녹화 10년계획이라는 것을 만들어서 일부 발표를 했는데 이에 대해 각계에서 여러 가지 시비가 많았다는 것을 나는 알고 있습니다. 아무 대책도 없이 느닷없이 이런 계획을 그냥 막 밀어대면 어떻게 하느냐, 실현성이 없는 계획이 아니냐는 것이었습니다.

물론, 그 계획은 아직 확정된 것이 아니기 때문에 지금 다시 정부에서 조정을 하고 있고, 일부 실정에 맞지 않는 것은 다소 수정을 하고 보완을 해서 가급적이면 우리 국민들의 불편을 덜어 주거나 고통을 덜어 주는 방향으로 밀고 나가려고 합니다.

그러나 정부가 지금 앞으로 10년 동안에 이 나라의 산을 완전히, 적어도 외국의 산 정도로 푸르게 만들기 위한 기본 계획과 방침에는 하나도 변동이 없습니다. 이것은 기어이 해야 되겠습니다.

지금 이 계획을 추진하자니까 당장 곤란한 것은 우리 농촌의 연료문제라고 합니다. 물론, 그러한 문제를 우리가 한편으로 해결해 가면서 이 계획을 추진하려고 합니다만, 그러나 농민들이 연료가 곤란하다고 해서 산에 함부로 들어가서 나무를 막 자르거나 낙엽을 긁는 것을 그대로 방치할 수는 없는 것입니다. 그렇게 한다면 우리나라 산은 영원히 녹화될 수 없습니다.

나는 정부의 이 계획이 농촌의 여러 가지 실정을 충분히 감안하지 못하고 당면한 문제를 충분히 반영하지 못했다는 잘못도 있다는 것을 시인합니다. 그런 점은 일부 수정을 해야 하겠지만, 그러나 우리 농민들도 반성을 해야만 합니다.

정부가 약 7~8년 전에 어떻게 하든지 산의 녹화를 추진하기 위해서 그 사전 대비책으로 농촌의 연료문제를 해결하려고 노력한 적이 있었습니다. 덮어놓고 산에 못 들어간다, 나무를 자르지 못한다고 해서는 곤란하니까 각 부락단위로 연료림 조성을 권장하고 정부가 많은 보조도 해 주었습니다. 지금 정부통계에 나와 있는 것은 약 40여 만 정보의 연료림이 조성되어 있는 것으로 되어 있습니다.

그것이 만일 그대로 되어 있다면 부락단위로 만들어진 연료림으로 다른 산의 나무를 건드리거나 낙엽을 긁지 않더라도 충분히 연료가 해결될 수 있도록 되어 있는 것입니다.

그러나 실제는 대부분이 연료림 조성을 하지 않았습니다. 하기는 했더라도 첫 해에 심어놓고 그 다음부터는 관리를 하지 않았고 자란 후 잘라가고 나서는 다시 연료림 조성을 계속하지 않았기 때문에, 지금 와서 정부가 이런 시책을 추진하려니까 땔감은 어디서 구해다 때란 말이냐 하고 큰 소리를 하는데, 우리 농민들도 정부의 시책에 좀 더 적극적으로 협조를 해야 했었습니다.

7~8년 전에 이미 각 부락마다 연료림을 조성해 놓았더라면 지금 이런 시책을 추진하는 데 하등 지장이 없을 것입니다.

그러나, 현실은 연료림 조성을 하지 않은 농민들의 연료문제가 어렵기 때문에 이 문제를 해소할 수 있는 최소한도로 계획을 보완해 가면서 녹화 계획을 밀고 나가야 되겠습니다. 앞으로 적어도 한 10년 동안은 이 나라의 산을 푸르게 만들기 위해서 우리가 좀 어려운 점이 있더라도 참아야 되겠습니다."

대통령은 끝으로 과거에 나무 밀식지역의 간벌을 허가해 주었더니 나무 베는 사람, 부락주민, 감독공무원이 공모하여 쓰지 못할 나무는 자르지 않고 좋은 나무를 쳐버렸다는 사실을 지적했다.

"그리고 여러분들이 보는 저 산에도 솔직히 말하면 잘라서 연료로 쓸 수 있고 또 언젠가는 좀 쳐내야 될 나무들이 상당수가 있는 것입니다. 나무가 많이 밀식되어 있는 곳은 일부 간벌도 하고 가지도 쳐내야만 나무가 더 잘 자란다고 그래요. 그러나 정부가 그런 나무를 연료로 하고 대신 다른 데다 나무를 심으라고 하지 못하는 이유는 과거에 정부가 몇 번 허가를 해 보았지만, 나무 베는 사람, 부락 사람, 감독하는 산림공무원들이 서로 공모하여 쓰지 못하는 나무는 자르지 않고 오히려 좋은 나무는 다 쳐버렸기 때문인 것입니다.

그런 것을 허가해 주었다가는 오히려 좋은 나무를 다 망칠 것같아서 잘라서 괜찮을 것도 지금 허가를 못하고 있는 것입니다.

그러므로 앞으로 여기에 대한 구체적인 계획이 얼마 후에 나오겠지만, 우리 농민들도 정부의 시책을 잘 이해하고 협조해야 하겠습니다.

가령, 부락 뒷산에 재래종 소나무, 참나무 등 쓸모없는 나무들이 많이 있다면 한쪽으로는 부락의 공동연료림을 조성하고, 그 연료림이 조성되어서 연료가 될 때까지는 부락 공동조림 계획을 세워서, 한편으로는 일부 나무를 심으면서 쓸모없는 나무를 쳐내면, 당분간 우리 농민들의 연료에도 큰 문제가 없을 것이라고 생각합니다.

문제는 우리 국민 한 사람 한 사람이 산의 나무를 아끼고 쓰지 못할 나무는 자르되 자른 대신에 거기다가 그 보다 몇 배나 더 나무를 많이 심고 또 정성껏 가꾸면 일부 연료림을 쳐내더라도 산은 오히려 더 좋아지고 빨리 푸르러질 것입니다.

그러나 나무를 심은 뒤에 연료림을 쳐내도 좋다는 이런 정책을 악용하여 쓸모없는 나무 몇 포기 심어놓고 좋은 나무를 다 쳐버리면 몇 해 안 가서 산은 완전히 황폐되어 버린다는 것입니다.

정부가 가장 염려를 하고 경계하고 있는 것도 바로 이 점이라는 것을 우리 국민들은 잘 이해를 하시고, 조림녹화는 정부만의 책임이 아니라 정부와 우리 국민 전부가 심지어 어린아이들까지 초등학교 아동들까지도 나무를 아낄 줄 아는 애림사상을 널리 보급해서, 어린아이들이 나무를 건드리는 것을 어른들이 보면 타일러서 말린다든지 못하게 한다든지 서로서로 충고를 하고 권장을 해서 모든 사람이 산림에 대해서는 감시자고 감독자가 될 수 있도록 한다면 몇 년 내에 우리나라 산은 울창하게 될 것입니다.

안 될 리가 없습니다. 과거에 우리나라는 금수강산이라고 했습니다. 그것은 당시에 저 벌건 산들이 전부 울울창창한 나무들이 들어서, 봄에는 봄대로, 여름에는 여름대로 울창하고, 가을에는 단풍이 들고, 겨울에는 눈이 와서 그 경치가 아름답기 그지없었기 때문이었습니다.

그런데 우리 조상들은 나무를 자르기만 했지 심지를 않고 가꾸지 않았기 때문에 오늘날 산들이 저 꼴이 된 것입니다.

이제 다시 한 5년 내지 10년 동안 전 국민이 마음을 합쳐서 우리의 조국 강산을 아름답게 만들어 보자, 외국의 누가 와서 보더라도 한국의 산이 정말 울창하고 아름답다, 후대의 우리 자손들이 과거 한때는 우리나라 산들이 헐벗었는데 어느 시대의 우리 조상들이 한 10년 동안 공을 들여 어려운 점을 참아가면서 조림녹화를 해 이렇게 울창하게 했다 하는 그런 말을 들을 수 있도록 우리가 다 같이 노력을 해야 되겠다는 것입니다."

산을 망치는 농민들에 대한 교육과 지도를 해야 한다

1974년 1월 24일, 내무부 연두순시에서 대통령은 작년 연말에 농촌 연료문제 해결을 위한 시책이 일부 지방에서 관계기관의 지도와 감독이 불충분해서 산을 망치는 사례가 있다고 지적하고, 철저한 교육과 지도를 해야 되겠다는 점을 강조했다.

"산림정책에 있어서는 산림청이 내무부로 들어와서 산림청이 일 년 동안 여러 가지 기초적인 사업을 많이 해서 여러 가지 성과가 많이 이루어졌습니다.

작년 연말 농촌에 연료문제 때문에 나무 가지치기라든지 추풍령식 간벌이라든지 잡목솎아내기라든지를 해서 연료문제를 해결을 했는데 일부 지방에서는 경찰, 지서, 군, 서, 산림직원들의 지도 감독이 불충분해서 위에서 지시한 대로 잘 안 되어 있는 데가 있다고 보고가 들어왔습니다. 예를 들어 가지치기에서도 나무 위에서 몇 미터까지, 키가 얼마만한 나무는 얼마까지, 이런 가지를 쳐야 한다는 규정이 있는데, 그것을 무시해 꼭대기까지 나무를 회초리 매로 쳤다는데 그런 나무는 앞으로 살기가 곤란할 겁니다.

솎아내기 하라고 했는데 멀쩡한 나무를 잘라 버린다거나 또 추풍령식가지치기는 작년 연말에도 얘기를 했지만 내가 보건대 일부 지역에서는 가운데 벌채한 폭이 너무 넓다 이겁니다. 경부고속도로 내려가다가 판교리가 있는데 우측에 보면 그게 금년 겨울에 한 것 같은데 이것은 한번 쳐놓으면 다시 메꿀 도리가 없고 나무가 자라는 10년 15년 이상 기다려야 합니다. 사전에 거기에 대한 지도를 안 해놓고 농민들에게 추풍령식 간벌을 하라고 하면 연료를 많이 채취하기 위해서 될 수 있는 대로 가지를 많이 쳐버리는 데 이것은 곤란하다 이겁니다. 지도원이 지도를 철저히 하지 않으면 원상복구가 어렵다 이겁니다.

밑에 있는 군수·면장·경찰서·지서·동장에 대한 교육을 철저히 해서 부락민들이 자기 마음대로 할 것이 아니라 부락민들한테 책임자가 붙어 잘못되었을 때는 감독 책임자가 책임을 지게끔 하지 않으면 산을 망치는 사례가 됩니다."

식목은 소득증대에 기여할 수 있는 수종을 사전에 잘 선택해야 한다

1974년 4월 5일, 제29회 식목일에 발표한 담화문에서 대통령은 울창한 산림은 부강한 국력의 상징이며, 따라서 식목은 반드시 소득증대에 기여할 수 있도록 사전에 수종을 잘 선택해야 한다는 점을 강조했다.

"우리는 오늘 스물 아홉 번째의 식목일을 맞이하였습니다.

그동안 우리는 스물여덟 차례의 식목일 행사를 해 왔으나 그때마다 의례적인 연례행사로 시종했던 감이 없지 않습니다.

우리나라 전 국토의 4분의 3을 차지하고 있는 산들이 아직도 녹화되지 못한 채 우리의 손길을 기다리고 있는 오늘의 실정이 바로 그것을 입증하고 있는 것입니다.

우리는 과거의 형식적인 식목일 행사를 솔직히 반성하고 이를 새로운 분발의 계기로 삼아 나가야 하겠습니다.

따라서, 나는 금년에는 4월 1일부터 15일간을 국민 식수기간으로 정하고 형식적인 행사에 그칠 것이 아니라, 보다 실질적인 식수운동을 전개해 나갈 것을 촉구하는 바입니다.

나무를 심는 것은 곧 나라를 사랑하는 길입니다.

지금 우리들이 살고 있는 이 강토는 우리의 생활 터전일 뿐만 아니라, 우리 조상들의 얼이 깃들어 있는 땅이며, 더욱이 앞으로 우리의 후손들이 자자손손 영원토록 번영해 나갈 영광된 겨레의 터전입니다.

그렇기 때문에, 우리의 고장은 하루속히, 그리고 영원히 푸르게 가꾸어져야 하는 것입니다.

국토를 울창하게 만드는 일이야말로 가장 순수한 애국의 길인 동시에 번영의 길입니다.

따라서, 우리가 애국을 하는 데 특정일이 있을 수 없듯이 나무를 심고 가꾸는 것도 일년을 하루같이 계속해 나가야 하는 것입니다.

또한, 울창한 산림은 바로 부강한 국력의 상징입니다. 그리고 잘 가꾸어진 산림은 근면하고 알뜰한 국민성의 표상입니다.

우리는 황폐하고 메마른 땅을 푸른 산, 기름진 옥토로 가꾸어 번영을 누리고 있는 부지런한 국민들을 세계 곳곳에서 찾아볼 수 있습니다.

우리도 부지런히 나무를 심고 알뜰히 가꾸어 하루빨리 이 강산을 울창하게 만들어 나가야 하겠습니다.

그러기 위해서는 비록 한 치의 땅일지라도 이를 경제성 있게 활용하여 나무를 심고, 한 그루의 나무일지라도 내 몸과 같이 보살피고 가꾸는 정성과 집념이 있어야 하는 것입니다.

또한, 심은 나무는 반드시 주민의 소득증대에 이바지할 수 있도록 사전에 수종을 잘 선택해야 합니다. 즉, 지역에 따라 기후와 토질 등의 특성을 과학적으로 조사 분석하고 가장 알맞는 육성 방법을 연구해 나가야 하는 것입니다.

우리가 이처럼 기술과 정성을 다하여 꾸준히 노력해 나간다면 전 국토는 불과 몇 년 사이에 완전 녹화되고 10년 내외에 울창하게 될 것입니다.

그리하여, 우리나라는 풍요한 자원, 아름다운 풍치, 한수해를 모르는 자연환경 속에서 길이 발전해 나갈 수 있을 것입니다.

나는 우리 모두가 나무를 심는 것은 바로 잘살기 위한 새마을운동이라는 굳은 신념을 가지고, 도시와 농촌을 가릴 것 없이 산림녹화와 아울러 환경청소운동을 적극 전개해 나갈 것을 강조해 두는 바입니다.

나는 오늘 국민 한 사람 한 사람이 새마을정신으로 굳게 뭉쳐서 형식보다는 실질을 숭상하는 꾸준한 자세로 산림녹화에 더 많은 땀과 정성으로 앞장 설 것을 거듭 당부하는 바입니다.”

산의 낙엽채취를 근절시켜야겠다

1975년 1월 28일, 내무부 연두순시에서 대통령은 산의 낙엽채취를 완전히 근절시켜야 되겠다는 점을 강조했다.

"요 몇 년 동안 지방을 다녀보면 우리나라의 산이 확실히 많이 푸르러지고, 녹화가 되어가고 있는 것은 우리가 다 직접 느낄 수가 있을 정도입니다.

특히 최근에 '산에 낙엽을 채취해서는 안 된다' '나무 잎사귀 떨어진 것을 갈퀴를 가지고 긁어서는 안 된다'고 계몽하고 그런 행위를 강력히 단속을 해서 그런 성과가 나타난 것 같습니다. 아마 금년 여름만 되면 우리나라 산들이 작년보다도 훨씬 더 풍성해지지 않겠는가 생각됩니다.

역시 나무를 자르는 것을 막는 것보다도 떨어진 낙엽을 긁지 못하도록 막는 것이 더 중요하다는 전문가들의 이야기를 요즈음에 와서 더 절실히 느끼고 있습니다. 최근에 지방에 가면 산에 들어가서 몰래 낙엽을 긁어가는 그런 사례들이 있다 이겁니다.

단속을 더 철저히 해야 되겠습니다. 그렇게 해서 낙엽채취는 완전히 근절시켜야 하겠습니다. 그동안 부락단위로 주민들이 하고 있는 공동연료림 조성사업과 가지치기와 간벌작업 등이 순조롭게 이루어지고 있어서 농촌의 연료사정이 좋아졌고, 또 농가 아궁이 개량사업 덕택으로 임산연료가 상당량 절약되고 있다는 것입니다. 따라서 연료로 쓰기 위해서 낙엽을 긁어가는 행위는 철저하게 막아야 하겠습니다.

각 지방 영림당국, 경찰서장, 파출소장은 물론이고 부락의 모든 주민들이 감시자가 되어 공동으로 방지해야 할 것입니다.

산에 낙엽이 쌓이게 되면 금비를 주는 것과 같은 시비효과가 있어서 산림녹화에 도움이 되고 장마 때 빗물을 흡수하여 수해를 방지하는 데도 기여하게 되는 것입니다."

1962년부터 실시한 두 차례의 연료림조성 5개년계획은 그 성과가 부진했다. 그 원인을 조사한 결과 산의 소유주들이 아카시아, 오리나무 등 연료림을 심는 것은 달갑지 않게 생각하기 때문이라는 사실이 판명되었다.

그래서 대통령은 1973년부터는 산지를 피하고, 마을 주변의 빈터니 유휴지, 도로변이나 개천변 등 이용 가능한 모든 땅에 연료림을 조성하도록 하였고, 이에 따라 각 지방에서는 도로변에 족제비싸리를 대량으로 심어 연료림으로 사용했다.

1972년 7월 6일의 월간 경제동향 보고회의 때 대통령은 소여물을 끓이느라고 그 연료로 산의 나무를 자르고, 낙엽을 긁어다 쓰는 사례가 있다고 지적하고, 소에게 생풀을 먹이는 방법을 연구해 보라고 지시한 바 있었는데, 얼마 후 생풀이 끓인 여물보다 영양가가 더 높다는 실험결과가 나오자 전국적으로 소에게 생풀먹이기 운동을 전개하여 나무와 낙엽을 보호하고 농가 아궁이 개량사업을 추진해야 되겠다는 점을 강조한 바 있다.

1973년에 농촌의 재래식 아궁이보다 3할 정도의 임산연료를 절약할 수 있는 개량 아궁이가 개발되었는데, 이 개량 아궁이로 74년부터 76년까지 3년 동안 농가 아궁이를 개량한 것이다. 그 결과, 농촌에서 1년간 쓰는 1천 1백 여만 톤의 임산연료가 330여만 톤이나 절약되었다.

또 1975년부터는 전국에서 육림시책으로 추진한 마을 공동의 가지치기와 잡목 솎아내기 등으로 연료림 외에 상당량의 임산연료를 생산하여 공동분배함으로써 농촌연료가 많이 확보되었다.

대통령의 지시에 따라 각 지방의 경찰서장, 파출소장의 책임하에 마을 공동으로 낙엽채취를 감시하고 방지한 결과 낙엽채취는 근절되었고, 75년 당시 연간 약 2천만 톤으로 추산된 낙엽이 해마다 산에 그대로 퇴적되어 금비로 환산하면 약 50만 톤 비료가 해마다 시비되는 효과가 있어서 산림녹화에 크게 기여했다. 농촌연료림은 1977년 말까지 계획목표량보다 2천 정보가 더 많은 84만 7천 정보가 조성 완료되었고, 육림시책에 따른 임산연료 공급도 매년 늘어났다.

게다가 농어촌 전화(電化)사업도 전국적으로 확대되고, 도시 주변 농촌에서는 석탄과 석유 등을 연료로 사용하기 시작했다. 이러한 여러 가지 시책과 노력의 결과 1977년을 고비로 농촌의 연료문제는 완전히 해결되었다.

대통령은 이어서 산림녹화를 촉진하기 위해서는 속성수 7할, 장기수 3할 비율로 심되 우선 하천부지나 산 속에 이태리포플러나 은수원사시나무를 심는 운동을 대대적으로 전개하라고 지시했다.

"그 다음에, 요 며칠 전에 한국일보를 보니까 포플러 심기운동을 벌이고 있다가 중단되어 버렸다는데 전국 시골 방방곡곡에 이태리포플러 심기가 쭉 계속 되었더라면 좋을 뻔했어요, 나는 그것을 또 했으면 좋겠어요. 이태리포플러라든지 은수원사시든지 우리나라에서 잘 자라고, 빨리 자라는 나무, 물론 소나무 종류도 수종을 지금부터 서서히 개량해 나가는 것을 병행하되, 우선 우리나라는 빨리 자라는 그런 속성수를 약 7할, 나머지 장기수를 약 3할, 이런 정도로 해 나가야 되겠다, 그렇게 해서 빨리 푸르게 하고, 밑에 잎사귀가 떨어져서 어디를 가든지 나무잎사귀가 우거진 그런 산들을 만들어야 되겠다는 것입니다.

지금 나무들을 많이 심은 곳을 가보면 주로 잣나무, 전나무, 리기다 소나무에요. 물론 그런 것도 토질에 따라서 심는 데도 있겠지만 우리나라는 겨울이 되면 나뭇잎이 다 떨어지고 살풍경해지고 하니까 겨울에도 퍼렇도록 상록수를 특별히 좋아하는 것 같은데, 나는 우리나라의 현 단계에 있어서는 속성수를 7할, 그리고 시간이 오래 걸리는 장기수 계통에 속하는 것을 3할, 이런 정도로 밀고 나가야 녹화가 빨리 되지 않겠는가 생각합니다.

그걸 하자면 이태리포플러라든지 은수원사시라든지 이런 나무들을 하천부지라든지 산속이라든지 도처에다가 많이 심는 그런 운동을 대대적으로 벌려 나가야 되겠다는 것입니다.

그러나 요전에 산림청장에게도 지시를 했지만 최근 구라파에 갔다온 사람들 이야기를 들어보면 스웨덴이라든지 핀란드라든지 그런 데는 위도상으로 보아도 우리나라보다도 훨씬 북쪽에 있고, 더 추울 텐데 울창한 소나무 종류 나무들이 많다는 것입니다.

그렇다면 우리가 그곳의 수종을 가져다가 그것이 우리나라에 맞는지, 안 맞는지 연구를 해야 되지 않겠느냐 하는 생각을 합니다. 일제강점기에 심었던 리기다소나무를 백날 심어봤자 녹화가 빨리 되지 않지 않느냐 이겁니다.

한때 미국의 오리건 주인가 어디인가 무슨 소나무가 한 20년만 되면 두 아람, 세 아람 되는 그런 나무가 있는데 그 주의 주지사인가, 누군가가 우리나라에 묘목을 보내주어 산림청인지 농촌진흥청인지 주어서 시험을 해보라고 했는데 아마 잘 안 된 모양 같아요. 잘 안 되면 어떤 이유로 안 되는지 연구를 해서 우리나라는 앞으로 상록수 계통에 속하는 것은 수종을 갈아야 됩니다. 재래종 소나무는 언젠가는 다 없애 버리고 개량된 소나무로, 그것이 앞으로 50년이 걸릴는지, 100년 걸릴는지 모르지만 장기적인 안목에서 수종을 개량하고 우선은 그 나무가 자랄 때까지 기다리기가 뭐 하니까 속성수를 많이 심고 그 두 가지를 같이 병행해 나가야 되겠다고 생각합니다."

겨레 마음이 착해지고 기름져 가니 조국 산야도 살찌고 건강해져 간다

1975년 9월 2일, 대통령은 영동고속도로 새말~강릉 구간 공사현장에 들러 자신과 희망에 찬 건설역군과 주민들을 격려하고 주변 산야가 산림으로 울창해지고 있는 모습을 보면서 느낀 감회를 이날 저녁에 쓴 일기에서 밝혔다. 겨레의 마음이 착해지고 기름져 가니 조국 산야도 살찌고 건강해져 간다는 것이다.

'영동고속도로 공사상황을 보기 위해 10시 30분 출발, 12시 원주 1군사령관 숙소에 도착, 점심을 먹고 환담. 1시 출발 강릉으로 향(向). 둔내 공사 사무소에 들러 공사현황을 청취함. 74년 3월 27일 착공. 험준한 산악지대 난공사 구간을 예정대로 진행하여 94.7%의 진도를 보이다. 공사 사무소 직원들의 공사에 대한 열의와 왕성한 책임감에 고맙고 기쁘기 한이 없다.

이러한 젊은 일꾼들이 이 나라에 수없이 많이 있으니 이 나라의 장래는 양양하기만 하다. 조국근대화의 기수들, 그대들의 애국심과 정열이 식지 않는 한 이 나라는 영원히 융창하고 번영하리라.

도중에 대자연과 싸우며 준령을 뚫고 시속 70~1백 km 속도로 달릴 수 있는 고속도로를 다듬고 있는 민간회사 직원, 도로공사 직원, 인근 주민들의 검게 탄 얼굴에는 자신과 희망이 넘쳐흐르고 있었다. 그들을 격려하고 손을 흔들어 격려의 정을 보내면서 자동차를 달렸다.

표고 7백~9백 m나 되는 고지대에는 산림이 울창하고 오곡이 무르익어 아름답기 한량없다. 수년 전부터 실시한 화전(火田) 정리도 잘 되어 헐벗고 벗겨진 산이란 거의 눈에 띄지 않는다.

조국 산야가 살찌고 건강해져 가는 것을 피부로 느낄 정도로 변모해 가고 있다. 겨레의 마음이 착해지고 기름져 가면 산하도 마찬가지로 달라져 간다고 느꼈다."

화전 정리는 가장 성공적인 사업이다

1976년 1월 23일, 내무부 연두순시에서 대통령은 화전(火田) 정리사업을 산림청에서 하는 사업 중에서 가장 성공적인 사업이라고 평가했다. 강원도, 충북, 경북 북부 지방에 가면 화전민들이 산에 들어가 산을 깎아서 산을 망쳐놨는데, 다시 들어가지 못하게 해서 거기에 조림을 하면 우리나라의 산도 옛날 모습을 점차 찾게 되리라고 생각한다는 것이다.

"화전이 장관브리핑에 의하면 경상북도 일부를 제외하고 완전히 없앨 수 있다고 보고했는데 산림청에서 하는 사업 중 가장 성공적인 사업이라고 봅니다.

강원도 지방, 충북, 경북 북부지방에 가면 머리에 부스럼 나는 모양으로 산을 깎아 화전민들이 들어가서 산을 모두 망쳐 놨는데 다시 들어가지 못하도록 해서 거기에 조림해 가면 우리나라 산도 옛날 모습을 점차 찾으리라 생각합니다."

옛날부터 강원도에서 경상남도까지 뻗어내린 태백산맥의 오지에는 산의 나무와 풀을 불태운 자리에 몇 년 동안 농사를 지어먹다가 지력이 약해지면 또 다른 산지로 옮겨 똑같은 짓을 되풀이하는 이른바 화전민들이 사는 화전지대가 여러 곳에 흩어져 있었다. 화전은 대부분이 경사가 심한 국공유림의 임야를 불법으로 소각하여 농사를 짓고 있기 때문에 산림을 파괴하고 국토를 황폐화시키게 되며, 산불을 유발할 위험을 안고 있다.

이러한 화전은 강원도와 충청북도와 경상북도에 많았고, 경기도와 전라북도 일부 산간지역에도 있었다.

대통령은 1966년에 '화전 정리에 관한 법률'을 제정하여 정부지원으로 화전민의 이주 정착사업을 전개하도록 하였다. 그 당시 전국에 산재해 있던 화전민 호수는 약 30만호 정도로 추정되고 있었다. 대통령은 해마다 연초에 각 지방을 순시할 때마다 지방장관들로부터 화전 정리 추진 상황을 보고받고, 이를 강력하게 추진하라고 당부했다.

그러나 정리 초기의 성과는 부진했다. 그것은 국고지원이 충분하지 못했기 때문이기도 했지만, 그보다는 화전민의 특수성에 더 큰 원인이 있었다.

원래 화전민은 농토가 없는 가난한 사람들이 산에 들어가서 농사를 지어먹고 사는 데서 생긴 것이지만, 그 당시 화전민 중에는 이런 사람들뿐만 아니라, 전란을 피하려는 사람, 사업에 실패한 사람, 유사 종교인, 심지어는 범죄인 등이 있었기 때문에 정부가 이주 정착을 시켜도 감시가 소홀한 틈을 타서 다시 산으로 들어가 화전을 일구는 일이 많았던 것이다. 게다가 화전민들은 사람들이 잘 들어가지 않는 깊은 산속에 흩어져 있었기 때문에 정확한 호수를 파악하는 것이 쉽지 않아서 지방장관들의 보고 숫자도 매년 변동되거나 수정되는 일이 많았다.

대통령은 1973년말 현재 전국에 있는 화전실태를 철저하게 조사하도록 하고, 이 실태조사를 토대로 74년부터 77년까지 4개년계획으로 정부가 재정자금을 집중적으로 지원하여 화전을 완전 정리하기로 하였다.

먼저 화전이 제일 많은 강원도와 충청북도 화전을 정리한 다음에 경상북도 화전을 정리하고, 그 다음에 경기도와 전라북도 화전을 정리하도록 하였다. 경사 20도 이상의 산림지대에 있는 화전민은 모두 집단이주시켜 그 지역은 나무를 심어 산림지대로 만들고, 경사

20도 미만 화전은 이를 불하하여 농경지로 쓰도록 하였는데, 화전 총면적의 7할 이상이 산림화 대상 지역이었다. 이주 정착하는 화전 민에 대해서 정부는 이주비와 가옥건축비를 국고에서 보조해 주었 고, 생계지원을 위해서 한우융자와 양묘장 설치, 상전조성, 노임살 포사업을 병행 실시했다.

화전 정리는 4개년계획의 마지막 연도인 1977년에 남은 2천 3백 여 가구가 이주 정착함으로써 완료되었다. 그 후 두 차례 항공정찰 에서 새로 발생한 것이 발견되었으나 78년에 모두 정리되었다. 그 리하여 수백년 동안 빈곤의 상징으로 전해 내려온 화전은 이 땅에 서 자취를 감추게 되었다.

경제림단지에 경제성 있는 수종을 심어 농가소득을 증대시켜야 한다

1977년 1월 21일, 내무부 연두순시에서 대통령은 앞으로 조림녹 화를 위해서는 경제림단지를 조성해서 경제성이 많은 수종을 심어 서 주민들의 소득증대에 도움이 되도록 해야 한다는 점을 강조했다.

"앞으로는 조림녹화 산림정책은 경제림단지를 만들어서 산에다 그냥 나무만 심는 것이 아니라 그것이 경제성이 높고, 그것도 역시 주민들의 소득증대에 이바지할 수 있도록 밀고 나가야겠습니다. 이 건 우리 정부가 오래 전부터 추진하던 정책방향이고, 대단히 옳은 정책이라고 봅니다.

그동안에 빨간 산을 빨리 푸르게 옷을 입혀야 되겠다 해서 주로 사방녹화에 힘써 왔고, 실용성에 대해서는 그렇게 신경을 쓰지 않고 했지만, 이제부터는 경제성이 많은 나무를 심어야 되겠습니다, 앞으 로 10년 또는 20년 길게는 30년, 50년 후에 가면 우리나라 산에 이 러한 수종이 꽉 들어차서 국토가 그만큼 아름다워지고 자연이 아름답고, 또 한발이라든지 홍수방지 등 치산치구 면에 있어서도 좋을 뿐만 아니라 이것이 전부 값어치 있는 나무가 되어서 경제적으로도 이바지할 수 있는 그런 방향으로 나가야 되겠다는 것입니다.

이제부터 수종 선택, 나무 심는 땅을 잘 골라야 된다는 것을 작년부터 조금씩 시도해 봤는데, 역시 나무에는 비료를 주어야 합니다. 나무를 심어놓고 아무리 자라도록 빌어봤자 나무가 자라지 않는 모양인데 작년에 거의 같은 소나무라도 같은 땅에 심어서 비료를 준 나무와 안 준 나무는 한 3~5년 지나니까 벌써 굵기가 2배, 3배 달라집니다. 과거에는 비료가 부족해서 산림에까지 미쳐 돌아가지 못했는데, 금년에는 제7비도 준공이 되고, 우리나라 비료도 상당히 여유가 생겼기 때문에 이제부터는 산림에다가 비료를 많이 주는 것을 점차 추진해 나가야겠습니다."

대통령의 지시에 따라 산림청은 제1차로 전국에 86개 경제림단지를 선정하여 1979년까지 3년에 걸쳐서 2천 정보를 경제림단지로 개발했다.

제1차 치산녹화 10년계획은 순조로이 추진되어 목표연도 1982년보다 4년이나 앞당겨 그 계획사업들이 모두 완성될 수 있다는 전망이 확실해졌다. 그러자 대통령은 앞으로 산림정책은 사방조림의 차원을 넘어 경제림조성의 방향으로 나가야 한다고 생각했다.

대통령은 제1차 치산녹화 10년계획을 추진한 결과 우리나라 산들이 몰라보게 녹화되었고, 전국 어디서나 조림단지를 볼 수 있게 되었으나 산림녹화는 이 계획의 일차적인 목표일뿐이며, 그 궁극목표는 산의 생산성과 효용가치를 높여서 산을 자원화하고, 새로운 경제권으로 개발하는 데 두고, 앞으로는 소득과 직결될 수 있고 산업에 유용한 경제림 단지를 조성하는 데 주력해야 되겠다는 구상을 갖고 있었다.

적어도 20년, 50년 앞을 내다보는 장기적인 안목으로 경제성과 수익성이 높은 수종을 선정하고 이 수종에 알맞은 지역을 골라서 단지를 만들어 과학적인 방법으로 심고 가꾸어 나가자는 것이며, 이것을 마을단위, 직장단위로 추진하면 보다 더 큰 성과를 거둘 수 있다는 것이다.

대통령은 우리가 치산녹화 10년계획을 꾸준히 밀고 나간다면 머지않은 장래에 산업용재를 우리 손으로 양산할 수 있게 되고, 우리나라가 임산자원국으로 발전할 수 있다는 확신을 가지고 있었다.

산지를 자원화하고 국토 생산성을 극대화해야 한다

1977년 4월 5일, 제32회 식목일에 대통령은 담화문을 발표하고, 먼저 산업고도화와 경제자립을 촉진해야 할 우리의 처지에서는 산지를 자원화하고 국토의 생산성을 극대화하는 것이 시급한 과제라는 점을 강조했다.

"오늘 서른두 번째 식목일을 맞이하여, 나는 국가백년대계인 치산 녹화의 중요성을 다시 한 번 강조하고, 국민 여러분의 적극적인 참여와 협조를 당부하고자 합니다.

특히, 지난 겨울에는 강추위와 가뭄이 장기간 계속되어 피해가 적지 않으므로, 금년에는 그 어느 해보다도 나무를 더 많이 심고 부지런히 가꾸는 데 힘써야 하겠습니다.

알뜰하게 다듬어진 국토와 아름다운 자연은 우리 당대의 행복과 번영을 위해서뿐만 아니라, 사랑하는 후손들에게 길이 물려 주어야 할 가장 값진 유산입니다.

산에 나무를 심고 가꾸는 일은 바로 국토개발과 자연보존의 첫걸음이며, 울창한 산림은 부강한 국력, 근면한 국민성의 상징이기도

합니다.

예부터 치산치수를 일컬어 국정의 대본이라 했고, 우리 속담에 '산이 황폐하면 마을이 망한다'는 말의 참뜻도 여기에 있는 것입니다.

오늘날 부강하고 잘사는 나라들을 보아도 국토가 모두 푸른 숲으로 덮여 있고, 풍부한 임산자원을 자랑하고 있는 것은, 치산녹화가 국가 발전을 얼마나 크게 뒷받침하고 있는가를 말해 주는 뚜렷한 증거라 하겠습니다.

더욱이, 이렇다 할 부존자원도 없고 세계적인 자원난마저 겹친 가운데, 하루빨리 산업을 고도화하고 경제자립을 촉진해야 하는 우리의 처지에서는, 산지를 자원화하고 국토의 생산성을 극대화하는 것이 시급한 문제가 아닐 수 없습니다.

그렇기 때문에, 정부는 지난 1973년부터 치산녹화 10년계획을 강력히 추진하고, 해마다 산림개발에 막대한 예산을 투입하고 있을 뿐만 아니라, 금년에만도 무려 6억 6천만 그루의 나무를 심을 계획으로 있는 것입니다.

나는 근래 몇 년 사이에 산들이 몰라보게 푸르러졌고, 전국 어디서나 잘 가꾸어진 조림단지를 볼 수 있게 된 것을, 국민 여러분과 더불어 마음 든든하게 생각합니다.

그림 같은 농촌 풍경이 모든 국민의 마음을 한결 살찌게 해 줄 날도 머지않았습니다.

나무를 아끼고 사랑하는 정신은 우리의 애국심을 더욱 짙게 해 줄 것입니다."

대통령은 이어서 그 동안에는 사방녹화와 연료림 조성을 산지의 황폐와 사태를 막는 데 힘써 왔으나, 앞으로는 경제림단지 조성에 주력해야 한다는 점을 강조했다.

"그러나, 우리 주변에는 아직도 개발의 손길을 기다리고 있는 버려진 산지와 땅이 남아 있습니다.

우리는 한 치의 땅이라도 방치하지 말고 한 그루의 나무라도 더 많이 심어서 우리 국토를 구석구석 알뜰하게 금수강산으로 가꾸어야 하겠습니다.

또한, 그 동안에는 주로 사방녹화와 연료림조성 등, 산지의 황폐화 사태를 막는 데 힘써 왔으나, 앞으로는 경제림단지 조성에 주력해야 하겠습니다.

즉, 나무를 심되 10년, 20년 뒤를 내다보는 장기적인 계획하에, 수익성이 높은 수종을 적지를 골라, 과학적인 방법으로 심고 가꾸어야 한다는 말입니다.

나무는 거짓이 없어서 우리가 정성과 노력을 쏟은 만큼의 대가를 정확하게 되돌려 준다는 것을 잊지 말고, 산지 시비와 병충해 방제는 물론, 산불을 조심하고 함부로 산에 들어가서 산림을 훼손하는 일이 없도록, 사후관리에 철저를 기해 줄 것을 국민 여러분에게 당부합니다.

또한, 치산녹화는 정부나 산주들만의 책임이 아니라, 국민이 다 같이 참여하고 협동정신을 발휘할 때 소기의 성과를 거둘 수 있는 것이므로, 지금도 도시와 농촌에서 활발히 전개되고 있는 새마을운동의 일환으로 계속 추진해 나가야 한다는 것을 거듭 강조하는 바입니다.

이처럼 우리가 추진하는 치산녹화사업은 다만 산에 푸른 옷을 입히고 자연경관을 아름답게 가꾸는 데 그치는 것이 아닙니다.

산지를 자원화하고 새로운 경제권으로 개발하는 데 적극적인 뜻이 있는 것입니다.

우리가 치산녹화 10년계획을 꾸준히 밀고 나간다면, 머지 않아

산업 용재를 우리 손으로 양산할 수 있게 되고, 나아가서 우리나라가 부강한 임산자원국으로 발전할 수 있다고 나는 확신합니다.

국민 여러분!

화창한 봄날에 국민 모두가 한 그루의 나무를 정성껏 심고 가꾸는 것이, 바로 내일의 희망을 심고 우람한 조국을 가꾸는 일임을 명심합시다. 그리하여, 우리 강산을 더욱 아름답고 기름진 국민생활의 터전으로 가꾸어서 자손만대에 자랑스럽게 물려줍시다."

대통령은 이날 나무를 심은 후에 산림청장 등 산림관계 공무원들과 점심 식사를 하면서 가을에 육림일을 하루 정해서 봄에 심는 나무를 가꾸는 날로 하는 것이 좋겠다는 구상을 밝혔다.

봄에 식목일 하루 오전에 산에 가서 나무를 심은 후에는 심은 나무를 거의 돌보지 않는데 이래가지고는 식목의 성과가 나지 않는다, 조림지역에서 가을에 봄에 심은 나무의 생육상황을 점검하고 병충해방제라든가, 비배관리라든가, 잡목 솎아내기라든가, 가지치기 등을 잘해 줘야 나무가 잘 자랄 수 있다. 치산녹화사업을 보다 효과적으로 촉진하자면 온 국민이 이러한 육림 정신, 애림정신을 발휘해야 한다. 나무를 심는 것만으로 그치지 않고 계속해서 심은 나무를 가꾸고 아끼는 것은 산을 녹화하는 길인 동시에 자연을 보호하는 길이다. 지금 전국 각지에서 국민들이 자발적으로 자연보호운동을 전개하고 있는데, 이번 가을의 첫 번째 육림일을 계기로 범국민적인 자연보호운동을 추진했으면 한다, 정부 내에 필요한 기구를 만들고 민간기구도 결성하여 정부와 온 국민이 힘을 모아 대대적으로 추진해 보자는 것이다.

후손을 위해 조국강산을 아름답고 쓸모있게 가꾸는 것은 우리 세대의 의무다

1977년 11월 5일, 첫 번째 육림의 날에 정부기구인 자연보호위원회와 민간기구인 자연보호협의회는 공동으로 자연보호 범국민궐기대회를 개최하였다.

대통령은 이날 행사에서 먼저 우리의 강산을 더 아름답고 쓸모있게 가꾸어 후손에게 길이 물려주는 것은 산업혁명시대에 살고 있는 우리 세대의 의무요 사명이라는 점을 강조했다.

"친애하는 국민 여러분!

이 대회에 참석하신 서울시민 여러분!

온 국민들의 자발적인 참여로 시작된 자연보호운동이 오늘을 기점으로 범국민운동으로 전개되게 된 것은 때늦은 감이 있기는 하지만, 매우 다행하고도 경사스러운 일이라 아니할 수 없습니다.

새삼 말할 것도 없이 자연이란 우리 인간에게 생명의 원천인 동시에 생활의 바탕입니다.

햇빛을 비롯해서 물, 공기, 산과 땅, 동물과 식물, 그리고 기상 등 대자연을 이루고 있는 이 모든 요소들은 인간이 생활을 영위해 나가는 데 있어 필수 불가결의 자원이며 활력소입니다.

일찍이 우리 선조들은 반만년 역사를 가꾸어 오면서 이 땅을 삼천리 금수강산이라고 찬미하며, 아름다운 대자연과 인간과의 관계를 슬기롭게 조화시켜 가면서 살아 왔습니다.

이처럼 신비하고 은혜로운 삶의 바탕이 자연환경인데, 그동안 시대의 변천 속에서 어느덧 이를 소홀히 여기는 일들이 생기고 있습니다.

자연자원들이 마치 무진장한 것처럼 착각하여 이를 함부로 낭비하거나, 또는 파괴하거나 훼손하는 일들이 날로 늘어나고 있으니, 이는 참으로 안타깝고도 가슴 아픈 일이 아닐 수 없습니다. 이러한 문제점

은 바야흐로 전세계적으로 제기되고 논란되고 있습니다.

인간은 자연환경을 끈질기게 개척하면서 과학기술과 산업문명을 발달시켜 왔지만, 그렇다고 문명의 발전이 이 이상의 자연오염이나 파괴로 귀결되어서는 안 되겠다는 각성이 높아가고 있는 것입니다.

자연은 한번 오염되고 훼손되면 제 모습을 되찾는 데 오랜 시일이 걸리고 때로는 그 복원이 영영 불가능한 경우조차 있으며, 자연자원도 결코 무진장한 것이 아니라는 것을 우리는 깊이 깨달아야 하겠습니다.

우리나라에서도 산업이 크게 발달하고 국민의 생활수준이 향상되어 감에 따라 자연의 이용도가 급증해 가고 있으며, 이에 비례해서 자연환경의 오염과 훼손도 나날이 늘어가고 있는 실정입니다.

이러한 심각한 문제들을 더 늦기 전에 우리들 스스로가 슬기와 정성을 다해서 해결해 보자는 것이 이 운동의 목적입니다.

조국근대화의 세찬 물결 속에서 우리가 쾌적하고 풍요한 생활을 누리기 위해서는, 먼저 자연의 질서와 조화를 해치지 않고 자연을 아끼며 절도 있게 이용하는 슬기를 터득해야 합니다.

조상에게서 물려받은 우리 강산을 더 아름답고 쓸모 있게 가꾸어서 후손에게 길이 물려주는 일이야말로, 산업혁명 시대에 살고 있는 우리 세대의 의무요 사명입니다.

우리 강산, 우리 자연을 내 몸같이 아끼고 보호하는 정신은 바로 국토를 지키고 나라를 사랑하는 정신인 것입니다. 이것이 곧 애국심입니다. 오늘은 마침 첫 번째로 맞이하는 '육림의 날'이기도 합니다. 정부가 매년 11월의 첫 토요일을 '육림의 날'로 삼기로 한 것도 우리 국민의 애림사상을 고취하고 치산녹화사업을 보다 효율적으로 촉진하여, 조국 강산을 아름답고 풍요한 낙토로 만들자는 데 그 목적이 있습니다.

나무를 심고 가
꾸는 일은 자연보
호의 첫 걸음일
뿐 아니라, 산림
자원 육성으로 산
업발전에 이바지
하는 길입니다.

한 걸음 더 나
아가 우리는 나무
를 심는 것만으로
그치지 말고, 심
은 나무를 돌보고
가꾸는 일에도 정
성을 기울여 자연
보호와 치산녹화
에 한층 박차를
가해 나가야 하겠
습니다."

장충체육관에서 열린 자연보호 범국민대회 (1977. 11. 5)

대통령은 이어서 농촌과 도시, 남녀노소 구별 없이 모두가 자연보
호운동 실천대열에 참여하여 수려한 금수강산과 알뜰한 나라사랑의
정신을 자손만대에 자랑스러운 유산으로 물려주자고 호소했다.

"국민 여러분!

나는 오늘 이 시각을 기해서 농촌과 도시, 남녀노소 구별 없이 우
리 국민 모두가 자연보호운동에 적극적으로 참여해 줄 것을 제의합
니다.

아름다운 산과 맑은 강물이 조화를 이루면서 무수한 명승지를 이루고 있는 우리 강산은, 그 동안 일부 사람들의 무관심과 지각 없는 행동으로 어느 구석은 쓰레기로 뒤덮여 있는가 하면, 산불과 도벌 등으로 상처를 입은 곳도 적지 않은 실정입니다.

다행히 그동안 우리 국민들이 새마을운동을 통하여 하천과 절개지 등을 손질하고 생활환경을 개선하는 등, 꾸준히 노력한 보람으로 우리 강산과 농촌의 모습이 몰라보게 달라지고 있지만, 아직도 더 관심을 기울여 보살펴야 할 부분이 많이 남아 있습니다.

특히, 지적해 두고자 하는 것은 내외 관광객의 수가 격증하고 있는 요즈음 오히려 식자층에 속하는 일부 사람들의 지각 없는 행동으로 말미암아, 유락 관광지의 경관이 훼손되고 환경이 오손될 뿐 아니라, 풍기 문제에도 불미스런 점들이 있다는 점입니다.

지금 세계 속의 한국으로 등장하고 있는 우리나라에는 세계 여러 나라로부터 매일같이 수많은 방문객과 관광객이 찾아들고 있습니다.

멀리 외국에서 찾아온 손님들에게 깨끗하게 정돈되고 알뜰하게 가꾸어진 우리 강산을 보이는 일은 문화민족으로서의 긍지를 스스로 높이는 일이요 국위를 선양하는 길입니다.

우리 모두가 국토에 대한 지극한 사랑과 정성으로 자연보호를 꾸준히 생활화해 나간다면, 우리는 고도산업국가를 건설하면서도 공해오염 요인을 미연에 방지할 수 있고, 깨끗하고 아름다운 자연환경 속에서 풍요하고 건강한 국민생활을 누리게 됨으로써 하나의 시범을 보일 수 있을 것입니다.

국민 여러분, 우리 모두 지금 이 시각부터 자연보호운동의 실천 대열에 너도나도 다 함께 앞장서 나섭시다. 그리하여, 수려한 금수강산과 더불어 알뜰한 나라 사랑의 정신을 자손만대에 자랑스런 유산으로 물려줍시다."

북한산을 오르며 자연보호운동에 나선 박 대통령

　내무부는 77년 10월 2일, 지방장관 회의에서 매년 11월 첫 토요일을 '육림의 날'로 정한다는 방침과 자연보호운동 추진 기본계획을 하달했다. 그리고 정부기구로 국무총리를 위원장으로 하는 자연보호위원회를 설치하였고, 민간기구로는 21명의 위원으로 구성되는 자연보호협의회를 설립했다.

　그리고 전국적으로는 지역, 직장, 직능단체별로 4만 4천여 개의 자연보호회를 구성하고 그 책임보호구역을 정하여 산과 강과 댐, 그리고 공원과 휴양지 등 보호대상에 대한 훼손과 오염을 방지하도록 하였다.

　세계 어느 나라에서나 일인당 국민소득이 5백 달러 수준을 넘게 되면 이른바 바캉스 붐이 일어난다고 한다. 우리나라도 예외는 아니었다.

　60년대에 제1, 2차 경제개발 5개년계획이 성공적으로 끝나고 70년대에 들어서자 우리 국민의 1인당 소득이 5백 달러 수준에 이르렀고, 이때부터 관광과 바캉스 붐이 일어나기 시작했다. 주말이나 공휴일이면 수많은 행락인파가 전국의 산천과 국공립공원으로 나들이를 했다. 그들은 국민들이 해마다 정성을 다하여 심고 가꾼 나무를 꺾거나 훼손시켰고, 산계곡이나 하천에 온갖 쓰레기를 버렸다. 육식 찌꺼기, 빈병과 깡통, 못쓰게 된 놀이기구 등 그 가짓수도 다양했고 그 양은 엄청난 분량이었다.

이로 인해 우리의 산하는 다시 훼손되고 오염되고 파괴되기 시작했다. 치산녹화 10년계획에 따라 온 국민이 그토록 정성들여 심고 가꾼 나무들로 울창해지기 시작한 산들이 또다시 병들기 시작한 것이다.

그 당시 많은 선진공업국가들 중에는 극심한 공해와 오염에 시달리고 자연이 파괴되고 산천 경관이 훼손되어 생활환경이 급격히 악화되자 뒤늦게 공해방지나 자연보호를 위해 엄청난 비용을 쓰고 그 때문에 경제성장마저 둔화되어 고민하는 나라가 적지 않았다. 그때까지만 해도 우리나라는 아직은 선진공업국가들 정도로 자연의 훼손과 공해의 위협을 심각하게 받고 있지는 않았으나 산업화와 도시화의 피해를 미리 예측하고 우리의 금수강산을 보존하여 살기 좋은 환경을 만들기 위해 자연보호운동을 해야 한다고 한 것이다.

대통령은 공업화가 더 진전될수록 자연이 갖는 생태학상의 환경보전기능은 더욱더 중요해질 것이라고 내다본 것이다. 그 당시 자연보호운동은 나라마다 그 여건과 상황에 따라서 보호 범위와 대상이 달랐다.

우리나라는 이 운동을 자연정화와 자연보존과 환경보전이라는 세 가지 방향으로 추진하였다. 자연정화와 보존은 모든 국민들이 자발적으로 참여하여 추진하였고, 환경보전은 '환경보전법'에 따라 행정적인 규제와 기업에 대한 지도, 감독을 강화함으로써 이루어졌다.

즉, 대기오염과 수질오염, 화학약품남용으로 인한 악취와 소음 등이
규제되었다.

나라와 국토를 사랑하는 마음이 있어야만 자연보호 성과를 거둘 수 있다

1978년 1월 18일, 연두기자회견에서 대통령은 사람이 자연을 잘
보호하면 자연도 사람을 보호해 준다는 점을 강조했다.

"요즈음 거리에 나가니까 아주 재미있는 표어가 붙어 있더군요.
'사람은 자연보호 자연은 사람보호' 참 재미있고 적절한 표현이라고
봅니다.

사람이 자연을 잘 보호하면 자연도 사람을 잘 보호해 줍니다. 그
러나, 사람이 자연을 함부로 파괴하고 훼손하면 자연은 인간에 대해
서 무서운 보복을 하는 것입니다.

전에 자연보호대회가 있었을 때에도 내가 강조한 것으로 압니다
마는 자연이라는 것은 우리의 생활환경입니다.

우리 주변에 있는 것이 전부 자연이 아닙니까.

우리는 그 속에서 우리 생활에 필요한 여러가지 자원을 구하기
때문에 우리 생명의 원천이라고도 볼 수가 있습니다.

또, 어떤 면에서는 인간도 자연의 일부분입니다. 자연에서 태어나
서 결국은 자연으로 다시 돌아가는 것이 인간이라고 볼 때 우리가
자연을 아끼지 않고 훼손하거나 파괴한다는 것은 인간자체의 생명
을 해치고 위협하는 일이라고도 볼 수가 있겠습니다.

지금 근대화다, 공업화다, 경제건설이다, 이런 것이 추진되는 과
정에 있어서 흔히 피해를 입는 것은 자연인데, 우리나라도 지금 급
속한 산업화과정이 진행됨에 따라 그러한 현상이 점차 늘어나고 있
기 때문에 우리는 이것을 미연에 방지하고 바로 잡기 위해서 지금

부터 많은 노력을 하고 있습니다.

특히 우리나라와 같이 부존자원이 풍부하지 못한 나라에 있어서는 시기를 놓치지 않고 우리가 미리 미리 관심을 쏟고 이에 대한 대책을 세우고 노력해서 잘 보호해 나가야 되지 않을까 생각합니다.”

대통령은 이어서 나라를 사랑하고 국토를 사랑하는 마음이 있어야만 자연보호의 성과를 거둘 수 있다는 점을 강조하고, 이것은 우리가 할 수 있는 가장 손쉬운 애국운동이라고 천명했다.

“이것을 하는 데도 역시 여러 가지 방법이 있겠지요.

제도적으로 자연을 훼손하지 못하도록 법을 만든다든지, 규정을 강화한다든지, 단속을 더 강화한다든지, 또는 정부가 정책적으로 많은 계획을 수립하고 예산을 투입해서 자연보존이나 국토 보존 계획을 꾸준히 밀고 나가는 것도 다 필요하고, 또 지금 하고 있는 일입니다.

우리가 지금 ‘그린벨트’를 설정한다, ‘풍치지구’를 설정한다, ‘녹지대’를 어떻게 한다, ‘공해 방지’에 대한 법을 만든다, ‘산림과 조류’에 대한 보호법을 만든다, 이런 것은 모두 제도나 법규정에 관한 문제들입니다.

또 작년 연말에 자연보호회라는 것을 전국적으로 조직했는데, 이 조직이 범국민적인 운동을 전개하는 것도 필요합니다. 또는, 정부 안에 앞으로 전담기구를 만들어서 이것을 더 강화해 나가는 것은 현재도 하고 있고 앞으로도 꾸준히 해 나갈 것입니다.

그런데, 이런 것은 제도적으로, 법적으로 규제 단속하는 것도 중요하지만 더 근원적으로 중요한 것은 사람들이 자연을 사랑하는 마음, 또 국토를 사랑하는 마음이 있어야만 이런 일들이 잘되어 나가고 성과를 거둘 수 있다고 생각합니다.

아무리 단속하고, 나무가 없는 데 가서 심고, 조림사방을 하고, 공해를 제거해도 한쪽에서는 자꾸 그것을 오염하고 파괴하면 감당을 못할 것입니다.

역시 우리 모든 사람들이 자연을 사랑하고 국토를 사랑하는 마음가짐을 갖는 것이 더 중요하다는 것을 강조하고 싶고, 이것을 하기 위해서는 우리 생활 주변에서부터 손쉽게 할 수 있는 것을 하나하나 실천하는 데 우리 모두가 앞장서는 것이 좋겠다고 생각합니다.

우리 주변에 쓰레기가 있고 담배꽁초가 버려져 있는데, 줍기는 좀 쑥스럽고 또 이것을 내가 안 치워도 누가 치우겠지 하는 생각부터 고치자는 것입니다. 나부터 먼저 하자는 것입니다.

그렇게 해 나가면 우리나라의 자연은 잘 보존되어 나가리라고 생각합니다.

이것은 우리가 할 수 있는 가장 손쉬운 하나의 애국운동이요, 나라를 사랑하는 마음이라고 생각합니다.

며칠 전 신문을 보니까 강원도 지방에 눈이 많이 왔을 때입니다마는 홍천 지방에서 산림청 직원들과 주민, 학생들이 나와서 눈이 많이 오고 난 뒤에 야생동물이나 조류들이 먹을 것이 없어 굶주려 비틀비틀하는 것을 보고 딱하게 생각한 나머지 가마니를 눈 위에 깔아 놓고 거기에다 사료를 주어 새와 토끼 등 짐승들이 와서 먹게 하는 사진이 나온 것을 나는 흐뭇하게 보았습니다.

얼마나 아름다운 마음씨입니까? 우리 국민들 마음이 이렇게 착하고 아름다워진다면 우리는 반드시 앞으로 복받는 민족이 될 것이요, 또 복받는 나라가 반드시 될 것이라는 생각을 했습니다.

그동안 자연보호운동도 모든 국민들이 적극적으로 호응해서 좋은 성과를 올리고 있는 데 대해서 대단히 기쁘게 생각하고 또 국민 여러분들에게 감사를 드립니다.

그러나 이 운동은 앞으로 꾸준히 지속적으로 계속해 나가야 된다고 생각합니다.

일시적으로 떠들썩하다가 언제 없어졌느냐고 할 정도로 용두사미 격이 되어서는 안 됩니다.

우리가 이것을 일상생활화하고 습성화해 나간다면 우리나라는 세계에서도 가장 아름답고 살기 좋은 나라가 될 것입니다.

이처럼 아름다운 강산, 아름다운 자연은 우리가 사는 이 시대에 있어서는 우리의 생을 보다 더 즐겁게 해 주는 대자연이 될 것이고, 또 이것은 잘 보존해서 후손들에게 돌려 줄 소중한 유산이기도 합니다.

그렇게 하는 데 대한 책임이 우리에게 있다는 것을 국민들 모두가 인식해 주셔야 되지 않겠는가 이렇게 생각합니다.”

자연보호운동을 대대적으로 전개해야겠다

1978년 1월 25일, 경제기획원 연두순시 때 대통령은 자연보호운동에 대한 국민들의 인식이 부족한 것 같다고 말하고 이 운동을 대대적으로 전개할 필요가 있다는 점을 강조했다.

“지금 우리는 전국의 중요한 관광지, 고적(古蹟), 문화재에 대한 보호운동을 대대적으로 전개하고 있는데 지방출장을 갔다오면서 보니까 자연보호에 대해서 국민들이 아직까지 잘 이해를 못한다고 그럴까 그런 정신이 대단히 희박한 것 같아요.

봄, 여름, 가을철에 산에 와서 휴식을 취한다든지, 놀고 간다든지 그런 것은 대단히 좋은 일인데, 거기 와서 술을 먹고 또 술 먹은 것은 좋은데 먹고 나서는 그 술병을 전부 다 바위에다가 두들겨 깨어 유리조각이 사방에 흩어져 있고, 비닐봉지와 깡통 따위를 마구 버리고 있어요.

요즘 자연보호니, 환경보호니 하는 얘기를 하는데 이런 운동을 좀더 대대적으로 전개하여 국민들이 이런 데 대해서 보다 더 많은 관심을 가지고 자연을 보호하는 것이 대단히 중요하다고 생각합니다.

최근 외국관광객들이 많이 오는 데 한국인들이 자기 나라의 아름다운 자연을 아낄 줄 모르고 함부로 더럽히고 훼손하는 것을 보면 그 사람들이 좋은 인상을 받을 리가 없습니다. 외국사람 아니더라도 우리 스스로가 자연을 보호하고 아끼는 운동을 한번 범국민적으로 벌여야 되지 않겠느냐는 생각이 듭니다.

요즘에 우리나라 사람들이 여름철도 그렇고, 가을, 봄철에 국내관광을 많이 하고 있고 그 숫자가 부쩍 늘어났는데, 산이나 들이나 경치가 좋은 그런 장소를 한번 지나가고 나면 그곳은 완전히 폐허가 되어 버립니다, 쓰레기를 버린 장소가 되어 버린다는 것입니다. 이것은 큰 문제라고 생각합니다. 이것은 우리가 범국민적인 국민운동으로 전개할 필요가 있다고 보는 것입니다.

이것은 정부의 노력만으로는 해결 안 됩니다. 언론기관, 자연보호협의회 같은 단체, 학생 그리고 국민들이 나라를 사랑하고 애국을 하는 일은 가장 손쉽고 간단한 자연보호에서부터 출발해야 될 줄 압니다. 산에 와서 쓰레기를 버리는 사람을 보면 교육을 못 받아서 그런 것을 모를 사람이나 어린애들이 가서 그런다면 이해가 가는데, 고등학교, 대학을 다 나와 교육을 많이 받은 부류에 속한 사람들이 이런 짓을 한다는 것입니다. 이것은 참 한심한 일이에요.

또 하나, 요즘 비닐봉지를 많이 쓰지 않습니까? 외국에서는 비닐봉지를 일반쓰레기와 분리하여 통을 따로 만들어 넣었다가 지정한 장소에서 태워 없앤다고 하는데, 우리나라도 도시 공원이나 지방 관광지나 유휴지에서는 비닐봉지를 따로 모아서 일반쓰레기하고 따로 넣어서 지정한 장소에 가서 태워 없애는 방법을 실시하는 것이 어떻겠습니까?"

소득증대와 산업용재의 자급자족에 기여할 산지 자원화에 힘써야 한다

1978년 4월 5일, 제33회 식목일에 발표한 담화문에서 대통령은 앞으로 우리는 경제성이 큰 유실수나 장기수를 더 많이 심고 가꾸어 소득증대와 산업용재의 자급자족에 기여할 산지의 자원화에 박차를 가해야 되겠다는 점을 강조했다.

"친애하는 국민 여러분!

오늘은 서른 세 번째 맞이하는 식목일입니다.

특히 금년은 우리 국민들이 매년 나무를 많이 심고 힘써 가꾼 보람으로 제1차 치산녹화 10년계획을 4년이나 앞당겨 마무리짓는 해가 되어, 오늘 맞이한 식목일의 의의는 더욱 큽니다.

돌이켜보면, 정부가 치산녹화 계획에 착수했던 당시만 해도 우리 주변에는 헐벗은 산이 많았고, 산에 나무가 있어도 경제성이 없는 잡목림이 대부분이었습니다.

또한, 그때 일부에서는 농촌의 연료문제 등과 관련하여 이 계획이 무모하고 현실성이 없다고 시비와 논란도 없지 않았습니다.

그런데, 우리는 불과 6년 동안에 국토 녹화의 기반을 완전히 다지고 내년부터는 명실 공히 '치산부국'을 향한 본격적인 계획을 추진할 수 있게 된 것입니다.

나는 이 성과야말로 '하면 된다'는 새마을정신으로 땀 흘려 일한 우리 국민의 근면성과 이를 바탕으로 줄기차게 뻗어가는 국력의 표징이라 믿어, 국민 여러분과 더불어 자랑스럽게 생각하는 바입니다. 옛부터 치산치수는 국가백년대계로서 국정의 근본이라 했습니다. 산에 나무를 심고 가꾸는 것은 국토와 자연을 아름답게 보전하는 첫 길이며, 울창한 산림은 부강한 국력의 상징이기 때문입니다.

더욱이, 이렇다 할 부존자원 없이, 산업근대화와 자립경제를 촉진하고 있는 우리의 처지에서는, 하루빨리 전 국토를 효율적으로 개발하여 생산성 높은 경제권으로 조성하는 일이 무엇보다도 중요한 과제가 아닐 수 없습니다. 그중에서도 산지의 자원화는 바로 국토개발의 핵심적인 과제입니다.

산림의 참다운 가치는, 사방녹화뿐만 아니라 소득과 직결될 수 있고 산업에 유용한 경제림을 조성하는 데 있습니다.

우리나라는 전 국토의 3분의 2가 산이며, 기후조건이 좋은데도 임산자원이 부족하여 산업용재를 수입하고 있는 실정입니다.

앞으로 우리는 경제성이 큰 유실수나 장기수를 더 많이 심고 부지런히 가꾸어서 소득증대에 기여하고 산업용재를 자급자족할 수 있도록 산지 자원화에 박차를 가해야 하겠습니다.

이를 위해서는 우리 국민 모두가 나무를 내 몸처럼 아끼는 애림사상에 투철해야 하고, 나무를 심은 뒤에도 산지시비에서 산불방지에 이르기까지 사후관리에 배전의 정성과 노력을 기울여야만 소기의 성과를 거둘 수 있습니다.

작년에 정부가 새로 '육림의 날'을 제정하고 범국민적인 자연보호 운동을 제창한 뜻도 여기에 있습니다.

우리가 이같은 노력을 꾸준히 기울여 나간다면, 머지않아 우리나라는 울창한 산림으로 뒤덮인 금수강산을 세계에 자랑할 수 있게 되고 풍부한 임산자원국이 될 수 있다고 나는 믿습니다.

국민 여러분!

지금 우리가 살고 있는 이 강토는 조상의 피와 얼이 스며 있고, 앞으로 우리 후손들이 영원토록 번영해 나갈 오직 하나의 생활 터전입니다.

우리들에게는 한 그루의 나무라도 더 많이 심고 정성껏 가꾸어, 조상으로부터 물려받은 이 국토와 자연을 알뜰히 보전하고 기름진 낙토를 이루어 길이 후손에게 돌려줄 책임이 있습니다. 이것이 곧 나라 사랑을 실천하고 부강한 조국을 건설하는 길입니다.

울창한 숲과 아담한 현대식 농촌주택들이 그림같은 조화를 이룬 아름다운 자연 속에서 행복을 누리며 살아가는 것이 우리들의 오랜 꿈이었습니다. 이 꿈은 지금 하나하나 실현되어 가고 있습니다.

오늘 뜻깊은 식목일을 맞이하여, 그 동안 치산녹화와 자연보호운동에 적극 참여하고 협조해 주신 국민 여러분의 노고를 치하하면서, 앞으로 가일층의 분발이 있기를 당부하는 바입니다."

'마을 앞 하천 쓰레기를 주우면서 주민들과 이야기하는 것이 참 재미있고 즐거웠다'

1978년 9월 23일, 대통령은 이날의 일기에서 이날 오후 도봉산 입구에서 자연보호운동에 참여해서 이곳 주민들과 마을 앞 하천의 쓰레기를 주우면서 이야기를 나눈 것이 재미있고 즐거웠다고 적고 있다.

'오후에 도봉산 입구에 가서 자연보호운동을 하다. 주민들과 같이

자연보호운동 도봉산 계곡에서 자연보호캠페인을 벌이던 창덕여고 학생들이 갑자기 나타난 대통령을 맞이하는 표정들을 하나하나 살피는 즐거움을 누리게 해 주는 사진이다(1978. 9. 23).

어울려 마을 앞을 흐르는 하천에 들어가 쓰레기를 주우면서 주민들과 이야기하는 것이 참 재미있고 즐거웠다.'

자연보호헌장은 일상생활에서 실천해야할 행동지표가 돼야 한다

1978년 10월 5일, 자연보호헌장 선포식에서 대통령은 먼저 작년 가을 자연보호운동을 시작한지 불과 1년 동안에 국민들의 적극적인 호응과 참여로 이 운동은 큰 성과를 거두고 있다는 사실을 지적했다.

"친애하는 국민 여러분!

작년 가을 우리가 자연보호운동을 시작한 지 불과 1년 동안에 이 운동은 온 국민의 적극적인 호응과 참여로 큰 성과를 거두고 오늘 자연보호헌장 선포식을 갖게 된 것을 나는 기쁘게 생각하면서 국민 여러분의 협조와 노력에 감사하는 바입니다.

그때, 자연보호 범국민운동 궐기대회에서도 강조한 바와 같이, 우리가 자연을 보호하고 사랑하는 것은 우리 인간이 자연으로부터 보호받고 혜택받기 위해서입니다.

물과 공기는 물론 산과 땅, 동식물, 그리고 우주기상 등 우리를 둘러싸고 있는 대자연은 인간에게 있어 생명의 원천인 동시에 어느 한 가지도 없어서는 안 될 귀중한 자원이요 생활의 터전입니다.

그럼에도 불구하고 우리 인간은 문명의 발달 속에서 눈앞의 편익에만 정신이 팔려 대자연의 고마움을 잊고 자연 자원의 훼손이나 낭비에 크게 마음을 쓰려 하지 않았습니다.

특히 근대산업 발달과 더불어 이런 풍조는 세계적인 현상이 되어 산림의 황폐, 대기와 해양의 오염 등 자연환경의 손상은 점점 더 심각해지고 있습니다.

이와 같은 추세가 그대로 방치된다면 인류에게는 머지않아 생존 그 자체가 위협받는 무서운 위기가 닥쳐오리라는 것은 명약관화한 일입니다.

옛말에도 '숲이 우거지면 부자가 나고, 숲이 망가지면 마을이 망한다'는 말이 있습니다.

이만큼 자연과 인간생활은 밀접한 관계에 있다는 말입니다.

알뜰히 정성들여 가꾸면 삶의 보금자리가 되는 자연이지만, 반대로 한 번 오염되고 파괴되면 다시 제 모습을 찾는 데 오랜 세월이 걸릴 뿐 아니라, 경우에 따라서는 영영 복원조차 할 수 없게 되고 만다는 사실을 우리는 잊어서는 안 되겠습니다.

다행히 우리 강산은 벌써 오랫동안 온 국민이 때마다 나무를 심고 가꾸어 이제 제법 울창한 모습을 드러내게 되었습니다.

새마을운동의 꾸준한 추진으로 하천과 노변, 그리고 건설사업장의 절개지 등이 가지런히 정돈되어 사람의 정성스러운 손길을 느끼게 하는 것은 매우 흐뭇한 일이 아닐 수 없습니다.

호젓한 등산로에 마련된 휴지통, 군데군데 배치된 벤치들에서도 자연을 아끼고 사랑하는 고운 마음씨를 느낄 수가 있습니다.

푸른 뒷동산을 끼고 아담하고 산뜻한 문화주택이 들어서고 있는 농촌 풍경은 그야말로 한 폭의 그림이라 하겠습니다.

비록 때늦은 감은 없지 않지만, 이제 우리가 자연의 은혜로움과 소중함에 눈을 돌리고 온 국민이 자발적으로 자연보호운동을 벌이게 된 것은 지극히 다행한 일이라 하겠습니다."

대통령은 이어서 오늘 우리가 선포하는 자연보호헌장은 앞으로 우리 모두가 그 정신을 몸에 익혀 우리의 일상생활 속에서 실천해 나가야 할 행동지표가 돼야 한다는 점을 강조했다.

"우리가 국민적 슬기를 모아 제정·선포하는 자연보호헌장은 앞으로 우리 모두가 그 정신을 깊이 터득하고 몸에 익혀 일상생활 속에서 하나하나 실천해 나가야 할 산 행동지표가 되어야 할 것입니다.

우리가 아무리 좋은 헌장이나 법규를 만든다 해도 진실로 자연을 사랑하고 보호하는 것은 구호가 아니라 오직 우리 한 사람 한 사람의 마음가짐이요 눈에 띄지 않는 조용한 실천입니다.

최근 주말을 이용해서 서울 근교에 나가 자연보호운동을 하는 현장을 둘러보기도 하고 청와대 직원들을 보내서 여러 곳을 확인한 결과, 대단히 잘하고 있는 곳도 많이 있는가 하면 아주 형식적이고 무성의하게 하고 있는 곳도 많다는 것을 알게 되었습니다.

대체로 사람들 눈에 잘 띄는 곳은 잘 되어 있으나 길에서 조금 떨어진 곳, 숲속, 바위틈 등에는 여전히 쓰레기, 오물 등이 많이 버려진 채 방치되어 있었습니다.

이 운동에 참여하는 많은 단체나 기관들을 보면 책임자들이 나오지 않는 경우가 많고, 나왔다 하더라도 어떤 사람은 신사복 차림에 넥타이까지 매고 나와 구경만 하거나 하이힐을 신고 나온 부녀자들도 있었다고 합니다.

모든 일에는 일에 임하는 자세와 성의가 가장 중요한데, 이와 같은 무성의한 자세와 태도로써는 이 운동의 성과를 거두기는 어려울 것 같습니다.

이 운동은 결코 남이 강요하기 때문에 하는 것이 아니고 우리들 자신의 생활환경을 우리들 스스로가 깨끗하고 아름답고 쾌적하게 가꾸어 나가기 위한 자율적인 운동이 되어야 할 것입니다.

거듭 강조하거니와, 오늘 우리가 선포하는 자연보호헌장은 그 헌장 정신이 바로 우리의 행동지표가 되고 실천강령이 되어야 하겠습니다.

범국민적인 자연보호운동이 행여 형식적 행사가 되지 않도록 눈에 보이지 않는 구석구석까지 알뜰한 손길을 뻗치고 정성을 기울여야 할 것입니다.

우리 어린이들이 맨발로 뛰어놀아도 좋을 정도로 산과 강, 집안이나 직장, 농촌이나 도시 어디를 가도 깨끗하고 아름다우며 질서와 조화 있는 환경을 이룩하자는 것이 자연보호운동의 참뜻입니다.

그것은 곧 우리들 한 사람 한 사람의 마음까지도 정결하고 건강하게 만들어 주는 정신순화운동이기도 합니다.

오늘 뜻깊은 헌장선포를 계기로 우리 모두 다시한번 분발하고 협력하여 더욱 알찬 자연보호운동에 힘차게 앞장서 나섭시다."

산에 쓰레기를 버리고 가는 등산객 행태는 개탄스러운 일이다

1979년 1월 1일, 연두기자회견에서 대통령은 그동안 범국민적으로 추진되어 온 자연보호운동은 많은 성과를 거두었다고 천명했다.

"재작년부터 우리 국민들이 범국민적으로 전개한 자연보호운동은 그 동안에 많은 성과를 올렸습니다. 공해로 오손된 우리의 자연환경이 그 동안에 크게 정화되고, 또한 면목을 달리하게 되었습니다. 자연보호운동은 자연에 대한 우리들의 인식을 새로이 하고, 또 자연을 사랑하는 것은 곧 나라를 사랑하는 일이라고 하는 것을 일깨워 주는 데에도 크게 기여했다고 봅니다.

지금 우리나라에는 약 5만 9천여 개의 자연호보협의회가 있습니다. 회원수는 9백만이 조금 넘습니다. 지난 수개월 동안 이 운동에 참가한 사람은 5천 8백만 명이 되어 그야말로 범국민적으로 이 운동에 참여했다고 볼 수 있습니다.

특히 작년 10월 5일 선포한 자연보호헌장은 이 운동의 역사적인 의의를 한층 더 높이게 되었고, 동시에 이 운동이 앞으로 나갈 방향과 지표를 명시한 것이라고 믿습니다."

대통령은 이어서 제1차 치산녹화 10년계획의 성과와 제2차 계획에 대해 설명했다.

1차 계획기간에는 헐벗은 산에 나무를 심는 사방녹화를 중점적으로 했으나 2차 계획기간에는 산지의 자원화를 위해 수종개량과 계획조림을 하고 산림의 기업화를 위한 여러가지 정책을 시행한다는 것이다.

"과거에 우리나라 산들은 헐벗은 산, 나무가 없는 산, 황폐된 산이 많았는데, 지난 73년부터 치산녹화 10개년계획을 추진해 그 동안에 많은 성과를 올려서 몰라볼 정도로 산들의 모습이 달라졌습니다.

그래서 이 제1차 계획은 예정보다 약 4년 앞당겨 작년 말로 끝났으므로 금년부터는 제2차 치산녹화 10개년계획을 세워서 79년부터 88년까지 추진해 나갈 생각입니다.

1차 기간 동안에는 헐벗은 산에다 잔디를 입히고 풀을 심고 나무를 심는 사방녹화가 위주였는데, 이번에 시작되는 2차 10개년계획에서는 한 걸음 더 나가서 산지의 자원화를 위해, 보다 더 좋은 수종으로 개량하고 계획조림을 하고, 산림의 기업화를 위한 여러 가지 정책을 강력하게 시행해서 산이 하나의 자원이 될 수 있도록 하는 계획을 앞으로 적극 추진하려고 합니다."

대통령은 이어서 등산객들의 쓰레기 투척행태를 개탄스러운 일이라고 비판했다.

"그런데 며칠 전 텔레비전 방송에 설악산 대청봉 일대의 사진이 나온 적이 있었는데 등산객들이 버리고 간 빈 깡통, 빈 병, 비닐봉지 등이 수없이 쌓여 있었습니다.

지금은 눈이 와서 일부가 덮여 있고 일부는 그냥 나와 있는데, 이런 것을 보고 개탄을 안 할 수가 없습니다.

작년 연말이나 금년 연초에 등산한 사람들이 가지고 간 것을 먹고 그대로 버린 것 같은데, 거기 올라가는 등산객들이라면 적어도 상당한 교육도 받은 교양이 있는 사람들이고 또 올라갈 때에는 교

육도 받는다고 합
니다. 자기들이
가져가서 먹었으
면 내려오면서 다
시 배낭에 넣어서
메고 와서 지정된
장소에 버린다면
자연은 그대로 보
존이 될 것인데,
거기다가 그냥 버
리고 가면 누굴보
고 치우라는 것입
니까? 참으로 개
탄스러운 일입니
다.

그런 사람들은
등산을 할 자격이
없는 사람들입니
다. 주말이면 초
등학교 어린이들
까지 가서 쓰레기

서울 종로구 북악산 계곡에서 청와대 비서실 직원들과 자연보
호운동을 벌이는 박 대통령 (1979. 10. 8)

를 줍는데, 상당한 교육도 받고 교양이 있는 사람이 그런데 가서 쓰
레기를 마구 버린다면 이것은 대단히 한심스러운 일이라 아니할 수
없습니다.

나도 작년 가을 주말에 몇 번 자연보호운동에 나가 보았지만, 산
에는 쓰레기 버리는 장소도 있어 조금만 가서 버리면 뒤에 다 치우

고 할 일도 없을 텐데 그냥 아무데나 마구 버리고 있었습니다. 그래서 앞으로는 쓰레기를 줍고 치우고 하는 일도 해야겠지만, 먼저 버리지 않는 교육과 계몽을 해야 되겠습니다. 버리지 않으면 치울 것도 없을 것입니다. 자연보호운동은 들에 나가서 하는 것도 중요하지만 가정에서, 학교에서, 직장에서, 사회에서 쓰레기 안 버리는 교육이 선행되어야 할 것입니다."

농촌주택 개량계획을 제일 우선적으로 추진해야겠다

1979년 2월 14일, 내무부 연두순시에서 전국의 무허가 암자와 기도원 철거현황에 관하여 구체적인 수치에 대해 질문하고 장관의 답변을 듣고서 대통령은 금년 중에 이것들을 완전히 정리하라고 지시했다.

대통령 : 전국에 산재되어 있는 무허가 암자, 기도원을 5월 말까지 전부 다 철거한다는 데 구체적으로 설명해 보세요. 될 수 있는 대로 연말까지는 철거하고 못한 것은 금년 3월 말이나 4월 말까지 시간 여유를 주어서 철거를 하고 보존할 것은 잘 보수해서 보존하는 방침으로 있었는데 지금까지 철거를 한 것은 얼마이며 보존할 것은 얼마나 되는지 숫자로 보고해 보세요.

내무부장관 : 지난해 총 조사건수는 28,516건이었습니다. 그 가운데 보존적 판단이 된 것이 9,421동, 보수로 판단된 것이 4,046동, 철거로 판단된 것이 15,049동입니다. 15,049동 가운데 불법건물이 12,259동, 적법건물이 2,790동으로 판단되었습니다. 지금 현재까지 철거된 것은 6,397동입니다.

대통령 : 아직 철거해야 할 것이 얼마나 되나요?

내무부장관 : 약 9,000여 동입니다. 15,049동 중 5월 말까지 완료

할 계획으로 있습니다. 철거 과정에서 약간의 충돌과 원성이 있는 지역도 있어 날짜를 조금 늦추어서 5월 말까지 완료할 예정으로 있습니다.

대통령 : 보존한다는 기준은 대략 어떤 것인가?

내무부장관 : 보존한다는 것은 역사가 10년 정도 되었거나 종교단체 혹은 정부에 등록된 것 등은 보완하는 방향으로 했습니다. 등록된 것도 상당히 많이 있습니다. 총 대상 28,516동 중에서 철거대상이 15,049동으로 50%가 약간 상회합니다.

대통령 : 이에 대한 숫자를 오찬시간에 구체적으로 보고해 주세요. 이는 금년 중으로 완전히 정리해야 할 것입니다. 보존할 것은 보존하는 한편 적당한 위치에서 보존토록 하고 초라한 것은 보수를 잘 해서 오래 유지가 되도록 할 것이며, 경관을 해치지 않도록 해야 할 것입니다. 무허가를 철거하는 데 충돌이란 있을 수 없는 것입니다. 반년 동안의 여유를 주었으므로 충분할 것입니다. 시도에는 5월 말까지 철거토록 장관이 지시했나요?

내무부장관 : 시도에 5월 말까지 철거토록 지시를 하지 않고 3월 말까지 지시를 했습니다.

대통령 : 앞으로는 일단 정리하고 나면 일선시장, 도지사에게 감독과 책임을 지워 무허가건물이 늘어나지 않도록 하고, 완전 정리가 되고 나면 그 결과를 중앙에서 보고 받으세요. 현재 남아 있는 것이 얼마이고 어느 위치에 어떤 것이 있다는 등의 기록을 가지고 그 이후 것은 무허가 건물이 늘어난 것이다고 보고 즉각 철거해야 할 것입니다. 그렇지 않으면 앞으로 소위 이름난 명산들도 작년에 보니까 도봉산 등을 비롯해서 몇 년 못 갈 것 같아요."

대통령은 이어서 화전 정리는 지금 현재 어디를 가도 완전하게 되었는가라고 질문했고, 산림청장은 76헥타는 조림만 남아 있고 철거는 완료했으며 조림사업은 79년에 완료하겠다고 보고했다.

대통령은 자동차 편으로 영동고속화도로를 따라 강릉까지 가보면 화전을 없애기 위해서 새로 녹화된 곳에 나무들이 잘 자라서 상당히 좋다, 처음에는 형편없었는데 화전을 없애니까 역시 좋아졌다고 평가했다.

"대통령 : 화전 정리는 지금 현재 어디를 가도 완전히 없어졌나요? 있다면 새로 늘어난 것인가?

산림청장 : 76헥타는 조림만 남아 있고 철거는 완료했습니다. 조림사업은 79년에 완료하겠습니다.

대통령 : 영동고속화도로를 자동차 편으로 강릉까지 가보면 도로 양쪽에 화전을 없애기 위해 새로이 녹화한 데가 있는데 나무들이 잘 자라서 상당히 좋아요. 처음에는 형편없었는데 화전을 없앰으로 해서 역시 좋아졌습니다."

대통령은 이어서 농촌주택 개량계획을 제일 우선적으로 추진하라고 지시했다.

"농촌주택 개량사업은 대체로 잘 되어 가고 있는 것 같습니다. 현재 자재문제는 없으나 합판가격이 상승해서 애로가 있다는데 지금 분야를 늘리더라도 농촌주택 계획을 제일 우선적으로 해요, 지금까지 건축은 도시가 했지 농촌은 없었습니다. 그렇다고 도시는 건축을 하지 말라는 것은 아닙니다. 농촌주택 개량을 제일 우선순위로 두라 이겁니다. 장관도 지적을 했지만 지방을 다니면서 유심히 보면 어떤 곳은 취락구조 개선의 위치를 완전히 바꾸어 가지고 뒤에 있는 자연환경을 잘 어울리게 한 부락이 있는가 하면 주택은 문화주택으로 산뜻하게 잘 지었는데, 이왕 그렇게 하려면 위치를 바꾸는 것이 좋지 않았겠느냐?

예를 들면 토지구입 등 여러 가지 어려운 문제가 있겠지만 집은 한번 지으면 몇백 년을 옮기지 않고 그대로 있는 부락들이 대부분입니다. 시골에 가서 역사를 들어보면 이 마을이 언제부터 있었고 이 동네 사는 누군가 16대 조상 때부터 살았다, 그러니까 한번 집을 짓고 살면 몇백 년씩 가는 것입니다.

특히 자기 고향에 대한 애착이 많아서 위치가 좋고 나쁜 것보다 조상들이 살던 땅이다 하고 떠나지 못하는 습관이 있기 때문에 이런 부락은 새로 위치를 잡고 문화주택을 갖게 되면 특별한 개발이나 변혁이 있기 전에는 몇백 년 갈 것입니다.

그렇기 때문에 위치 선택과 그 주변의 자연환경이 잘 조화가 되겠끔 내무공무원이 잘 지도하고 있으나 그렇지 않은 것이 있으니까 좀 더 지도를 잘해 주기 바랍니다."

대통령은 끝으로 행정기구, 행정체제 등 제도보완을 위한 새로운 착상은 좋은 착안이라고 평가했다.

"내무부에서 새로이 추진하는 행정기구, 행정체제 등 제도 보완의 새로운 착상은 좋은 착상이라고 봅니다. 우리나라 각 분야가 급속히 발전하고 행정업무가 늘고 도시가 비대해지고 있어 과거에 해오던 행정제도 중에는 적응이 어려운 것이 상당히 많은 것 같은데, 전문가들로 하여금 연구 발전시켜 나가도록 하고, 즉흥적인 것은 가급적 지양해 나가는 것이 좋을 것입니다."

유엔은 한국을 20세기의 대표적인 녹화사업 성공국가라고 평가했다

대통령은 해마다 4월 5일 식목일이 되면 공무원, 학생, 군인, 일반시민과 함께 나무를 심었다. 그러나 그 당시에는 산이 모두 벌거 숭이가 되어 메마르고 척박한 토양으로 변해 있는 등 생육조건이 열악해서 산림녹화의 성과가 없었다.

전국의 산림은 표피(表皮)가 망가져 뼈가 드러나 있었다. 그래서 비만 오면 흘러내리는 토사(土砂)를 고정시키고 녹화를 해서 표피를 복구하는 작업이 산림녹화에 있어서 가장 시급한 일이었다. 따라서 식목을 할 때에는 우선 빨리 자라는 은수원사시나무, 이태리포플러, 오동나무 등 이른 바 속성수를 심고 또 산지를 비옥하게 하여 뿌리가 잘 뻗고 맹아력이 강한 아카시아나 오리나무를 심도록 권장했다.

특히 67년에 입목육종연구소의 현신규 박사가 개발한 은수원사시나무가 전국에 보급되고 또 68년부터는 농어민 소득증대 특별사업의 일환으로 개량종 밤나무와 호두나무 대추나무 등이 보급되면서 전국의 산들이 점차 푸르러지기 시작했다.

그러나 60년대 말이나 70년대 초까지도 벌거숭이산이 많았다. 지난 10여년 동안 해마다 수억 본의 나무를 심었으나 식목 수량에 비하면 녹화의 성과가 너무나 빈약했다. 왜 그랬을까? 여기에는 여러 가지 원인이 있다고 대통령은 생각했다. 예컨대, 우리는 무엇보다도 식목에 대한 지식과 기술이 부족했다. 그저 땅파고 묘목 꽂고 흙으로 묻는 것을 식목으로 알았다.

그러나 심은 나무를 가꾸고 아끼는 애림정신과 사후관리 능력이 없었다. 나무를 심고 난 후에는 거들떠보지도 않고 그대로 방치해 두었다. 잘 자라면 다행이고 말라 죽으면 뽑아 버렸다. 뿐만 아니라 도벌이나 남벌이 끊이지 않았고, 낙엽을 마구 긁어다가 연료로 사용하였고 이에 대한 단속이 잘 되지 않았다.

이러한 여러 가지 문제점들을 해결하지 못한다면 해마다 수억 본의 나무를 심어봤자 10년, 20년이 지나도 국토녹화는 어렵겠다, 따라서 식목에 대한 기술교육이라든가 심은 나무의 사후관리라든가 도벌이나 남벌에 대한 단속 등의 문제를 해결하고 식목의 효과를 극대화할 수 있는 능률적인 행정체제를 갖춤으로써 10년 내에 전 국토를 녹화해야 되겠다고 대통령은 생각했다.

1973년 1월 12일, 연두기자회견에서 대통령은 80년대에 있어서 우리나라 경제의 미래상을 제시하는 가운데 치산녹화 10개년계획을 추진할 뜻을 밝혔다. 즉 전 국토의 녹화를 위해서 앞으로 10개년계획을 수립해 가지고 80년대 초에 가서는 우리나라를 완전히 푸른 강산으로 만들어야 되겠다는 것이다. 대통령은 곧 이어서 이 계획을 수립하여 효율적으로 추진할 수 있는 몇 가지 조치를 취하였다.

그 하나는, 산림청장에 손수익 경기도지사를 임명한 것이고 다른 하나는 산림청을 농수산부에서 내무부로 옮겨 놓은 것이다. 손 청장은 내무부 지방국장으로 재직할 때부터 대통령이 그의 행정능력과 추진력을 인정하고 있던 정통 내무관료였고, 내무부는 지방행정조직과 경찰력, 전국공무원의 절대 다수를 관장하고 있는 데다가 새마을운동을 주관하고 있는 주무부처였다. 대통령은 산림청장에 손 지사를 이동시키고 산림청을 내무부로 이관시키면서 각 시와 도의 산림과를 산림국으로 승격시켰으며, 각 군과 읍, 면에는 산림담당 직원을 배치하고, 각 도에 유림사업소와 사방사업소, 임업시험장을 설치하도록 했다.

그리고 식목에 대한 기술지도는 산림공무원이 책임지고 산림에 대한 사후관리는 도지사, 시장, 군수가 책임지며, 산림보호와 단속은 경찰서장, 지소장, 파출소장이 책임지도록 그 업무를 분담시켜 상호간에 유기적인 협력체제를 강화하도록 했다. 그리하여 치산녹화사업에 지방행정력, 경찰력, 공무원, 새마을주민을 집중적으로 투입하여 단시일 내에 국토를 녹화시킬 수 있는 능률적인 행정체제를 갖추어 놓았다.

여기에는 10년 내에 치산녹화의 기반을 조성해 놓음으로써 앞으로 50년 100년 계속 산림이 성장할 수 있도록 하겠다는 대통령의 의지가 담겨 있었다. 대통령은 이렇게 해서 이룩될 푸른 금수강산은 우리 후손들에게 물려줘야 할 우리 세대의 유산이라고 생각했다. 치산녹화 10년계획은 전 국토의 녹화를 목표로 73년부터 82년까지 10년 동안 모든 국민이 마을과 직장, 가정과 단체, 기관과 학교 등을 통하여 항상 나무를 심고 가꾸도록 하고, 조림과 생산, 국토보존과 소득을 연결시켜 산지에 새로운 경제권을 조성하며, 전국의 모든 임야를 완전히 녹화한다는 내용의 대사업 계획이었다.

우선, 나무를 심는 데 있어서는 과거와는 달리 산림관계 공무원들이 묘목 취급방법과 식수요령에 관해 국민들을 교육시킨 후에 식목을 하도록 했다. 또한 수종을 표준화하여 묘목을 양산하고, 조림 기술을 전문화하였다. 즉 과거에 42개나 되던 수종 중에서 유실수는 밤나무, 속성수는 이태리포플러, 은수원사시나무, 오동나무, 오리나무, 아카시아, 장기수는 잣나무, 낙엽송, 삼나무, 편백의 10대 수종을 표준화하였으며 속성수와 장기수 비율은 7대 3으로 하여 속성녹화를 추진하도록 했다.

산림은 국가의 백년지대계(百年之大計)다. 따라서 국가의 임산자원을 확보하기 위해서는 경제림 등 장기수(長期樹) 위주의 조림을 하는 것이 마땅한 일이었다. 따라서 우선 급한 대로 속성수를 많이 심고, 장기수를 심어나가도록 했다. 그래서 속성수와 장기수 식목비율을 7대 3으로 권장하도록 한 것이다.

범국민 식수에 있어서는 새마을운동의 일환으로 마을 양묘(養苗)와 마을 공동식수에 중점을 두었으며, 특히 마을 공동식수는 산림청

공무원과 새마을지도자의 작업지도에 따라 마을 공동작업으로 실시하도록 했다.

치산녹화 10년계획을 추진하는 데 있어서는 하나의 문제가 있었다. 농촌의 연료문제였다. 정부는 67년 제2차 연료림 조성 5개년계획에서도 제1차 계획 때와 같은 면적의 연료림조성사업을 추진하였다. 농촌에도 연탄이 보급되고 있어서 산의 나무를 잘라서 땔감으로 사용하는 사례는 많이 줄어들었으나 그 당시만 해도 나무를 베고 낙엽을 긁어모아 연료로 사용하는 습관이 남아 있었다. 그래서 새마을 단위로 연료림 조성계획을 세워서 아카시아나 리기다소나무 묘목을 심도록 하고 이것을 정부가 사주는 형태로 '마을양묘'를 추진했다.

그러나 72년 그동안 추진해 온 연료림조성 현황을 조사해 본 결과 총계획 면적의 절반 이상이 조성되지 않은 것으로 나타났다. 제1차 치산녹화 10년계획에 의하면 산에서 나무를 남벌하거나 낙엽을 채취하는 것은 엄격하게 규제받게 되어 있었다. 우리 농민들에게 있어서 이것은 중대한 문제였다. 당장 연료문제가 생기기 때문이었다. 농민들은 크게 반발했다. 농촌 연료문제에 대해 아무런 대책도 없이 이런 계획을 느닷없이 마구 밀어붙이면 우리는 연료를 어디서 구하라는 말이냐고 거세게 항의했고, 그것은 실현성 없는 정책이라고 비판하면서 그 계획을 중단하거나 취소하라고 요구했다. 그러나 농촌 연료문제에 있어서는 농민들에게도 책임이 있었다. 정부에서는 이미 60년대 초부터 농민들에게 연료림을 조성할 것을 권장해 왔는데 농민들이 이를 적극적으로 받아들이지 않았기 때문이었다.

이러한 상황에서 정부가 치산녹화 10년계획을 추진하면서 농민들에게 연탄사용을 권장하고 수목의 남벌과 낙엽채취를 금지하자 농민들이 들고일어난 것이다. 그래서 대통령은 이날의 식목일 기념사에서 한편으로는 농민들을 나무라면서 한편으로는 이들을 설득했다. 즉, 정부가 그 동안 권장, 장려해 온 연료림을 조성하지 않고 있다가 이제 와서 땔감이 없다고 불평하는 것은 잘못이며, 앞으로는 부락 공동조림계획을 세워서 나무를 심으면서 쓸모없는 나무를 간벌하여 사용함으로써 농촌 연료문제를 해결해 나가야 되겠다는 것이다.

대통령은 산림녹화에 있어서 사후관리의 중요성을 강조했다. 즉 나무를 심는 것도 중요하지만 심은 나무를 잘 자라도록 가꾸는 것이 더 중요하다는 것이다.

대통령은 치산녹화 10개년계획에 따라 100만 헥타 조림계획을 추진하면서 봄에 심은 나무는 가을에 모든 임지를 대상으로 매복조사를 통해 그 활착률을 확인하여 활착에 실패한 데 대해서는 책임소재를 묻고, 사후관리를 철저하게 할 것을 강조했다.

대통령은 사후관리를 위해 육림(育林)의 날을 정하도록 했다. 왜 나무를 심는 식목일만 있고 나무를 기르는 육림의 날은 없는가? 앞으로는 육림의 날을 정하고, 또 육림기간도 정해서 그 기간 동안 봄에 심은 나무에 비료도 주고, 가지치기도 해주고, 잡목도 제거해 주어 잘 자라도록 하는 것이 좋겠다는 것이다.

그래서 해마다 11월 첫째 토요일을 육림의 날로 정하고 토요일부터 일주일 동안을 육림기간으로 정했다. 대통령은 또한 산림용 비료개발도 지시하였고, 이에 따라 산림용 고형복합비료가 개발되었다.

대통령은 매년 식목일이면 장소를 옮겨 가면서 조림을 했는데 해마다 기념조림지가 바뀌어 그것이 형식적인 기념행사로 끝나고 마는 것 같다고 생각해서 74년부터는 의왕의 일정한 산지를 정해서 해마다 이곳에서 오동나무, 잣나무 등을 심고 사후관리를 하도록 했다. 제1차 치산녹화 10년계획은 4년 앞당겨 1978년에 끝났다. 78년부터는 제2차 치산녹화 계획에 착수하여 장기수와 경제림조성에 중점을 두고 용재(用材) 자원증산에 주력했다. 84년 임업통계요람에 의하면 남한의 전체 산림면적의 84%가 20년생 이하 나무로 뒤덮여 있는 것으로 파악되었다. 이것은 60년과 70년대의 20년 동안에 심은 나무들이 우리나라 산림의 절대다수를 점하고 있다는 것을 의미한다. 6·25전쟁의 참화로 대부분의 산림이 불타 버려 벌거숭이 산으로 뒤덮였던 조국의 강산이 20여년 만에 다시 푸른산, 맑은 물이 흐르는 금수강산의 옛 모습을 되찾은 것이다.

예로부터 우리나라에는 '산에 심어놓은 나무는 산주의 발자국 소리를 듣고 자란다'는 말이 전해 내려오고 있다. 5·16혁명 후부터 20여년 동안 대통령의 발자국 소리를 듣고 자라난 나무들이 전국의 모든 산에서 싱그러운 향기를 내뿜고 있다, 유엔이 이스라엘과 함께 우리나라를 20세기에 있어서 대표적인 녹화사업 성공국가로 평가한 것도 대통령시대에 이루어진 치산녹화사업의 성과에 근거를 두고 있다. 오늘날 국내외 저명한 인사들 가운데에는 대통령이 이룩한 가장 큰 업적은 '한강의 기적'이라는 경제발전보다는 헐벗었던 남한의 국토를 다양한 수목으로 수놓아진 아름다운 강토로 복원시킨 '산림 녹화'라고까지 말하는 사람들도 있다.

사실 오늘날 인공위성 사진에 나타나는 한반도의 모습에서 가장 대조적인 것은 현대적인 대형공장이나 고층빌딩이 숲을 이루고 있는 대도시의 모습보다도 38선 이남의 푸른 강산과 38선 이북의 벌거숭이 산이다. 이것은 실로 5·16혁명 직후부터 10·26 운명의 그날까지 치산치수에 대한 남다른 연구와 계획적인 노력을 계속해 온 대통령의 그 지극한 국토사랑이 거두어들인 결실이었다.

제6장 '아름다운 서울' 개발계획 밀어붙인 불도저 시장

무허가 판자촌에 포위된 수도 서울

급속한 경제발전에 불가피하게 수반되는 일반적인 현상은 대도시에 인구와 소득이 집결되고 농촌에는 인구와 소득이 감소하여 도시와 지방 간에 발전상의 격차가 생기고 도시인과 농민 사이에 소득격차가 벌어지게 된다는 점이다.

1960년대에 급속한 공업화와 지속적인 경제성장을 이룩하는 과정에서 우리나라도 그랬다. 그 당시 우리나라에 나타난 가장 큰 사회적 변화의 하나는 농민들이 농촌을 떠나 서울 등 대도시로 이주하는 이른바 이농현상이었다.

우리 정부는 초기 공업화과정에서 경제성장을 효율적으로 급속하게 추진하기 위하여 자원과 시설과 두뇌가 모여 있는 도시를 중심으로 공업화와 경제성장 정책을 추진했고 그것은 다시 도시의 성장을 촉진시켰다. 특히, 서울에는 권력과 부와 온갖 사회문화적인 기구와 인력도 집중되어 다양한 삶의 기회가 농촌이나 다른 중소도시에 비해 폭넓게 열려 있었다. 그래서 농민들이 서울을 향해 몰려오는 이농의 물결이 일어났다.

1960년대 초에 우리 국민의 70% 이상은 자연의 변덕에 그대로 노출되어 있는 가난하고 헐벗은 농민이었고, 이들은 소득의 90% 이상을 생계비로 썼고, 겨우 연명하는 절대빈곤상태에 있었다. 그러나 공업화가 성공적으로 진척됨에 따라 우리 농민들은 그들을 토지에 결박하고 있던 쇠사슬을 끊어 버리고 우리도 한번 잘살아 보자는 꿈을 안고 새로운 일터를 찾아 서울 등 대도시로 이주한 것이다.

농촌의 경제적 조건이 악화되지 않은 경우에도 농민들은 라디오나 신문이나 여행을 통해서 또는 먼저 서울 등 대도시로 이주한 사람들의 이야기 등을 통해 도시의 생활양식에 영향을 받게 되어 그들의 현재의 생활수준보다 높은 서울 등 대도시의 생활에 대한 열망을 간직하고 있었다. 실제로 도시는 높은 임금과 도시생활 방식이라는 두 가지의 매력을 갖고 있었다. 농민들은 경제적으로 빈곤하였고, 불결한 생활을 해왔다. 그러나 도시화를 수반한 산업화는 도시의 생활수준을 크게 향상시켰고, 사람들의 수명을 연장시켰다. 뿐만 아니라 경제발전은 도시에서의 직업획득기회를 증대시킴으로써 도시이주의 불확실성을 크게 감소시켰다. 그리하여 농촌인구는 임금이 높고 날로 급성장하는 서울 등 대도시로 이주했다. 그중에서 가장 많은 이농민이 몰려든 곳이 서울이었다. 경제개발 초기에 서울로 들어온 이농민들은 경제적 생활이 향상되었다. 예를 들면, 서울의 무단정착지인 판자촌 이주민들은 대개 자신들의 집을 갖고 있고 농촌 평균소득의 3~4배 소득을 올리며 그들의 현생활이 농촌에 있을 때보다 훨씬 좋아서 농촌으로 돌아갈 생각을 하지 않았다. 이처럼 농민들이 농촌에서 서울로 이주하는 주된 동기는 향상된 경제생활의 기회를 획득하는 데 있었다.

경제적 발전은 산업에 있어서 중간계층과 상층계층에 끊임없이 새로운 일자리들을 만들어 냈다. 저번에는 쉴새없이 서울로 밀려오는 이농민들이 하위 계층의 일자리를 메웠다. 서울에 처음 도착한 이농민들은 먼저 온 그들의 선배가 보다 높은 자리로 올라갈 때 그 뒤를 메꾸고 일하게 되었다. 그리고 새로 온 이농민은 자기의 고생이 일시적인 것이며, 새로운 이농민이 제 차례가 되어 지금의 자기 자리에 들어올 때는 그도 또한 그 윗자리로 올라갈 수 있는 충분한 가능성이었다고 믿고 있었다. 이처럼 이농민들은 그들도 앞으로 서울에서 사회적 성공의 계단을 몇 단계 올라갈 수 있고, 언젠가는 번영된 생활을 할 수 있다는 희망을 가지고 있었다. 그래서 그들은 당장은 힘들더라도 서울을 삶의 터전으로 삼기로 하고 수도 서울의 생활에 스스로 동화되고 통합되려고 노력했다. 그러나 농촌인구가 서울로 급속하게 대량 유입됨에 따라 여러 가지 문제가 발생했다. 서울의 변두리 지역에는 무허가 판잣집이 계속 늘어났고 서울인구의 급속한 팽창에 따라 도시 공공시설의 건설부담이 증대했다. 서울 주택난은 심각해졌다. 게다가 주택을 건설할 택지의 수요도 크게 늘어나 심각한 부족현상을 보였다. 토지와 주택이라는 부동산 인기품목으로 투기 바람이 쏠리게 되었고, 부동산 투기로 경제질서가 왜곡되었다. 행정관리의 효율성이 점점 더 저하되고 수도 서울의 과대비만증 치유에 필요한 비용은 증대했다. 교통문제, 공해와 환경오염이 악화되기 때문에 이에 대처하기 위한 경비도 막대하게 증가했다.

농촌인구의 서울 유입이 많으면 많을수록 일자리 마련, 빈민가 정리, 주택건설, 공공 서비스 제공 등 서울 유입 인구의 욕구를 충족시키기 위해 할 일은 더욱 많아졌다. 그러나 산업화 초기 단계에서는 자본과 기술의 부족으로 이러한 일들은 한꺼번에 만족스럽게 이루어질 수가 없었다. 따라서 주택, 위생시설, 의료시설, 오락시설 등이 제대로 갖추어지지 않아 그들의 생활조건은 열악할 수밖에 없었다. 또 일자리만 하더라도 서울로 몰려드는 모든 이농민에게 줄 수 있는 일자리를 계속, 그것도 단시일 내에 창출해 내는 데는 한계가 있었다. 그 결과 서울에 온 이농민들 사이에는 실업이 증가했다.

왜냐하면 새로 창출된 서울의 일자리 하나를 찾아 두 사람 이상의 농민들이 농촌에서 이동했기 때문이다. 따라서 서울의 공업지대에서 보다 많은 일자리를 창출함으로써 실업을 해결하려는 노력은 별다른 효과를 거두지 못했다. 설사 일자리를 공급한다고 하더라도 만족할 만한 생활수준을 제공해 주지 못했다.

결국, 농민들이 잘살게 될 수 있다는 푸른 꿈을 안고 서울에 도착했을 때 그들을 기다리고 있는 것은 사회적 냉대, 정치적 소외, 그리고 경제적 빈곤이었다. 그들의 생활은 소외되고 가난한 것일 수밖에 없었다. 그들은 사회적으로는 거리의 건달, 깡패 등 사회적 하층민이 되었고 정치적으로는 매수정치에 편승함으로써 자신들의 정치적 이해를 보호하고자 하였으며 경제적으로는 잡상인으로서 하루하루의 생계를 꾸려나가면서 서울 변두리 판잣집에서 가난과 불안 속에 사는 빈민촌을 형성하고 있었다.

이러한 빈민촌이 증가하는 데 작용한 요인의 하나가 선거였다. 선거는 도시의 무허가 판잣집에 살고 있는 사람들과 도시빈민들이 정부나 집권당에게 그들의 물질적 필요를 충족시켜 주도록 압력을 가할 수 있는 절호의 기회가 되었다. 무허가 주택건설을 중지시키거나 금지시키려는 조치는 선거에서 여당에게 불리하게 작용했다. 선거에 앞서 몇 주 동안에 무허가주택 거주자들은 최소한 현재의 주택의 무단거주를 합법화시켜 준다는 구두약속을 받아냈으며, 또한 그때가 무허가 주택 건설이 가장 활발한 시기였다. 정치적 고려 때문에 시에서는 무허가 주택지구에 시의 서비스를 설비해 주고 재정지원을 해주었다. 시장과 구청장은 각 선거구에 있어서 여당 국회의원 출마자에 대한 주민들의 지지도에 따라 자금을 분배했다. 입후보자들은 지지자들을 위해 대부를 얻어 주고 직업을 구해 주며 정부 당국과의 교섭을 도와주는 등 무허가 판자촌의 유권자 개개인을 위해서 봉사를 했다.

　이러한 의미에 선거는 무허가 판자촌의 영세민 유권자에게는 물질적 혜택과 경제적 이익이 광범위하게 배분되는 측면이 있고, 여당의 국회의원 입후보자에게는 득표수가 늘어날 가능성이 증대하는 측면이 있었다. 그렇다고 여당 입후보자의 당선이 보장되는 것도 아니었다. 이른바 '여촌야도' 현상이라고 해서 농촌에서는 여당이 우세하고 도시, 특히 서울에서는 야당이 압도적으로 우세했기 때문이다. 그럴수록 여당 입후보자들은 선거를 전후한 시기에 구청장이나 경찰서장 등에게 판잣집을 철거하지 못하도록 압력을 가함으로써 판자촌 주민들의 환심과 지지를 얻으려고 했다. 이 때문에 구청장이나 경찰서장은 정부의 판잣집 정리방침을 실행하는 데 미온적이었고, 하룻밤 사이에 수십 동의 새로운 판잣집이 생겨나도 이를 방치하고 있었다. 그 결과 서울의 판잣집은 늘어났고, 정리하면 또 생겨나는 악순환이 되풀이됨에 따라 빈민촌은 확대되어 나갔다.

경인선 복선개통은 경인 간 교통난 완화와 서울인구 분산에 기여할 것이다

　1965년 9월 18일, 제66주년 철도의 날 기념식과 경인복선 개통식이 있었다. 대통령은 이날 행사에서 경인선 복선개통은 영욕의 시련을 겪어온 우리의 철도사에 있어서 역사적인 일이라고 평가했다. 우리나라 철도의 효시인 경인선이 단선으로 66년 동안 운행되어 오다가 오늘 복선으로 개통된 것은 뜻깊은 일이다. 이 복선 공사는 63년 11월에 착공되어 총공사비 2억 4천 8백여만 원 들여 완공된 것으로 앞으로 경인 간 교통난 완화와 수도 인구분산에 크게 공헌하게 된다는 것이다.

　"나는 오늘 우리나라 철도의 효시인 경인선이 그 복선공사를 끝내고 개통식을 갖게 된 것을 뜻깊게 생각하는 바입니다. 우리나라 철도가 창설된지 66주년을 기념하는 오늘 이 자리에서, 단선으로 66년간을 운행되어 오던 경인선이 복선으로 개통하게 되었다는 이 점에 나는 큰 의의를 찾고자 하는 것입니다.

돌이켜보면, 오늘에야 비로소 복선으로 개통하게 되었다는 것에 우리는 만시지탄을 금하지 못하기는 합니다만 그러나 우리의 철도 는 66년이라는 연륜을 쌓아 오는 그 과정에서 우리 민족사와 더불 어 수난 속에서 뻗어 왔고 온갖 풍운과 영욕의 시련을 겪어야 했던 것이며, 이러한 철도사에 비추어 볼 때 오늘의 이 복선 개통식은 실 로 역사적인 일이라 아니 할 수 없습니다.

오늘 완공을 본 경인선 복선공사는 63년 11월 착공되어 총공사비 2억 4,818만 원을 들여 이루어졌으며, 앞으로 경인 간의 교통난을 완화해 줄 것은 물론 수도에 집중하는 인구의 분산을 위해서도 큰 공헌을 하게 된 것입니다.

나는 오늘의 이 뜻깊은 자리를 빌려 그동안 많은 애로와 어려운 여건하에서도 오늘의 기쁨을 가져오는 데 헌신해 온 여러분들의 노 고에 심심한 사의를 표하고 또한 그 업적을 높이 치하해 마지않습 니다."

대통령은 이어서 철도의 중요성과 1차 5개년계획에서 이루어진 철도의 발전에 대해 설명했다.

"철도는 산업발전을 뒷받침하는 가장 기본적인 힘입니다. 미국 철도의 발달이 미국의 산업발전과 오늘의 국력 과시의 선행조건으 로 되었던 것은 널리 알려진 사실이거니와, 어느 나라를 막론하고 철도는 그 나라 산업의 동맥이요 국력증강의 받침대이며 문화수준 의 척도가 되고 있는 것입니다.

우리가 지난 수년간 다른 어느 부문보다도 우선적으로 철도사업의 진흥을 서둘러 왔던 것도, 이와 같이 철도의 발전 없이는 산업발전이나 국가사회의 근대화가 이루어질 수 없다는 확신에서입니다. 정부는 경제개발 5개년계획의 일환으로 최근 2, 3년에 동해북부선·황지선·능의선 등 산업선의 건설을 보았고, 지역사회 개발과 지하자원 개발을 위한 철도망 확장사업을 성공리에 완성시키고 있습니다.

또한 이와 병행하여, 객차의 국내생산과 시설장비의 개선면에 있어서도 눈부신 발전을 가져온 것이 사실입니다.

그러나 그동안에 우리가 이룩한 철도 분야에서의 이와 같은 결실들은 생산과 건설과 수출 분야에 있어서의 그것과 마찬가지로 그것 자체만을 가지고 말할 때는 확실히 비약적인 것이라 자부할 수 있지만, 조국의 근대화라는 거창한 목표에 비추어 본다면 아주 작은 기초작업에 불과하다는 것을 잊어서는 안 될 것입니다.

급증하는 각종 재화의 유통과 새로이 개발되는 여러 자원의 수송운반의 필요성은 산업철도의 보다 큰 발전을 촉구하고 있으며, 동력의 디젤화와 시설의 현대화 등 철도개선을 위한 과제는 한두 가지가 아닌 것입니다.

우리나라의 철도발전과 이를 바탕으로 하는 산업진흥이 오직 여러분의 성실과 근면 그리고 창의와 노력에 달려 있다는 막중한 책임과 사명감에 투철해 주기를 당부하는 바입니다.”

'아름다운 서울' 개발계획 밀어붙인 불도저 시장

1966년은 제1차 5개년계획이 끝나는 해였다. 제1차 5개년계획은 계획기간 중에 한발 등 자연재해와 한일회담, 월남파병을 둘러싼 정치적 혼란 등 어려운 일이 많았으나 계획사업은 대부분 성공적으로 마무리되었다.

남산터널 제2호선 기공식에 참석하여 발파 버튼을 누르고 있는 박 대통령 오른쪽이
김현옥 서울시장이다(1969. 4. 21).

대통령은 1차 5개년계획의 성과에 자신을 얻고, 제2차 5개년계획
을 준비하면서 국토 종합개발 계획의 일환으로 경부고속도로 건설
과 서울 등 대도시의 도시개발을 구상하고 있었다.

1966년 3월 31일, 대통령은 서울시장 윤치영을 해임하고 그 후임
에 김현옥 부산시장을 임명했다. 김현옥은 '불도저'라는 별명을 얻
을 정도로 강력한 추진력이 있었고, 또 창의력도 남달리 뛰어난 것
으로 알려져 있었다.

대통령은 김현옥의 그 추진력과 창의력이 '아름다운 서울'을 만들
고자 하는 자신의 서울개발 계획을 추진하는 데 필요하다고 판단하
고 그를 서울시장에 기용한 것이다.

대통령은 임명장을 수여하고 서울개발의 목표는 수도 서울을 선
진국가들의 수도처럼 깨끗하고 아름다우며 살기 좋은 도시로 만드

는 것이라고 말하고 앞으로 서울시장이 해야 할 급선무에 대해 당부했다. 즉, 서울은 6·25전쟁으로 파괴된 후 종합적인 도시개발 계획을 세워 가지고 계획적으로 개발했어야 하는데 그동안 무계획하게 건물이 들어섰고 도로도 옛날 그대로 남아 있는 것이 대부분이다, 게다가 최근에 공업이 급속히 발전하고 도시화가 진척됨에 따라 농촌을 떠나 무작정 서울로 올라와 변두리에 판잣집을 짓고 사는 이농민들이 늘어나고 있는 추세에 있다.

이것을 그대로 방치하면 얼마 안 가서 서울도 남미의 몇몇 개발도상국가들의 수도처럼 사람 살기 힘들다는 소리가 나올 정도로 불결하고 무질서한 도시가 되어 버릴 것이다.

따라서 서울시는 앞으로 구획정리를 해서 도로를 곧고 넓게 다듬거나 신설하고 시민아파트를 건설하여 판잣집을 정리하고 더 이상 무허가 판잣집이 늘어나지 않도록 철저히 단속해야 되겠다는 것이다. 이날부터 4년 여의 짧은 기간 내에 김현옥은 서울의 외관을 몰라보게 탈바꿈시켜 놓았다.

인간 불도저로 이름난 김현옥은 서울시장에 취임한 후 발군의 창의력과 추진력을 발휘하여 수익자부담 원칙에 따라 도로를 신설하고, 개수하고, 확장하기 시작했다. 이때부터 서울의 좁은 도로는 4차선 또는 6차선으로 확장되고, 도로가 없던 곳에는 새 도로가 뚫렸으며, 터널과 교량이 새로 생겼다. 그는 '돌격'이라는 글자가 새겨진 헬멧을 쓰고 시도 때도 없이 건설현장에 나타났다. 그때까지 서울시민의 대중교통 수단이 되어온 도로 위 전차노선은 완전히 뜯어 없애고 차도로 포장되었다. 독립문~구파발, 청량리~망우리, 왕십리~광나루 등 서울 외곽 간선도로는 그 폭이 8~10m에서 35~40m로 확장되었다. 사직터널, 삼청터널, 남산 1, 2호 터널이 뚫렸고

무허가 판잣집을 철거하고 그 위에 건립한 금화시민아파트 준공식에 참석하여 단지를 둘러보는 박 대통령(1969. 4. 21)

마포대교가 착공되었다. 서울역앞 고가도로, 청계천 고가도로가 건설되었고 북악스카이웨이, 강변도로가 가설되었다. 서울 도심에는 세운상가, 낙원상가가 들어섰고, 여기에 시민아파트가 건설되었다.

1969년 12월에는 경부고속도로 준공에 맞추어 제3한강대교가 준공되었고, 이로써 강남개발이 시작되었다. 여의도 개발계획이 수립된 것도 이 무렵이었다. 이보다 앞서 1968년 9월에는 서울 사창가의 상징인 종로3가 유곽촌이 이른바 '나비작전'으로 알려진 계획에 따라 완전히 정리되었다. 특히, 김현옥은 서울 주변에 웅거해 있는 판잣집을 16만 여동이나 정리했고, 시민아파트를 수백 동 건설하여 판잣집 주민을 이주시켰다. 6백년 고도(古都)인 서울의 옛 모습이 그 자취를 감추고 현대적인 대도시로 변모하기 시작하는 데 불과 4년밖에 걸리지 않았다. 그것은 육사출신 장교였던 김현옥의 강력한 추진력의 성과였고, 또 그의 이른바 총력속도전의 산물이었다.

그러나 이 속도전은 뜻하지 않은 불행한 사태를 가져왔다. 4개월 전에 준공된 와우아파트가 1970년 4월 8일 붕괴되는 바람에 33명이 생명을 잃는 대형참사가 발생한 것이다. 비서실장으로부터 사건을 보고받은 대통령은 한동안 말없이 침통한 표정을 짓다가 전문지식과 기술이 없는 업자들이 암벽 위에 집을 지어 이런 변을 당했다고 혼잣말처럼 말하고는 무엇보다도 먼저 희생자들에 대한 원호대책을 위해서 정부가 할 수 있는 모든 조치를 성의껏 다 하고, 그 다음에 이 사건으로 인하여 파생될 여러 가지 문제를 처리하는 데에도 소홀함이 없도록 하라고 지시했다.

김현옥 시장은 곧 청와대로 대통령을 찾아와 목메인 소리로 사건 내용을 보고하고 죄송하고 면목없다고 사표를 제출하고, 사건 수습을 위해 현장으로 달려갔다. 야당은 이 사건을 문제삼아 대통령과 김현옥을 싸잡아 비난했다. 대통령과 김현옥은 71년도 대통령선거를 앞두고 서울의 대도시 개발성과를 과시하기 위해 성급하게 부실공사를 했고, 그로 인해 서민들이 목숨을 잃었다는 것이며, 김현옥 시장은 즉각 사퇴해야 한다는 것이다. 김현옥은 사태수습이 일단락된 후 4월 16일 사퇴했고, 그 후임에 양택식이 임명되었다.

서울 인구분산과 교통난 해결 위해 경인선 전철을 건설하다

1971년 4월 7일, 경인선 전철 착공식에서 대통령은 수도 서울의 인구분산과 교통난 해결을 위해서 정부가 추진하는 여러 가지 계획에 대해 자세하게 설명했다.

"오늘 경인 전철의 기공식을 보게 된 것을 여러분들과 같이 기뻐하는 바입니다.

우리나라의 수도 서울은 지금 인구가 약 550만이 약간 넘습니다. 또한, 수도권 내에, 즉 서울을 중심으로 해서 반경이 약 50킬로 권내에 있는 것을 수도권이라고 하는데, 이 지역 안에 지금 살고 있는 인구가 약 860만이며, 앞으로 한 10년 후가 되면 수도권 내에는 약 2,200만의 인구가 살게 될 것으로 우리는 내다보고 있는 것입니다.

이와 같이, 대도시에 인구가 자꾸 집중하는 경향은 비단 우리나라뿐만 아니라 이웃에 있는 일본이라든지 기타 모든 나라에서 똑같은 현상입니다.

농촌에서, 시골서 도시로 인구가 자꾸 집중하게 되는데, 이러한 현상은 여러 가지 어려운 문제를 야기하고 있습니다.

첫째, 도시에 인구가 많이 집중함으로써 생기는 문제로, 가장 시급한 것은 교통량의 문제입니다. 여러분들이 아시는 바와 같이 우리나라 수도 서울만 하더라도 매일매일 차량이 늘어나지만 그래도 일반 시민들이 느끼는 교통문제는 날이 갈수록 더 어렵고 고통스럽다는 이야기를 많이 듣고 있습니다.

이 문제를 해결하기 위해서 우리는 차량을 증차하고, 버스를 늘리고, 길이 좁기 때문에 도로를 확장하고, 그래도 안 되기 때문에 육교를 가설하고, 그래도 또 교통이 해결되지 않기 때문에 고가 도로를 놓고, 남산터널을 뚫는 등 여러 가지 일을 서둘러 왔지만, 인구가 계속 빠른 속도로 늘어나기 때문에 교통문제를 해결하는 것은 결코 쉬운 문제가 아닌 것입니다. 그러면 지금부터는 어떻게 해야 되느냐, 땅 위로는 이제 더 하기가 점점 어려워져 간다, 땅 밑으로 들어가야 되겠다, 즉 지하철을 만들어야 되겠다는 이야깁니다.

서울시에서는 이 달 중순경에 지하철을 착공합니다.

앞으로 10년간에 걸쳐서 서울역을 중심으로 해서 다섯 개의 노선을 부설하려고 계획을 추진하고 있는데, 이 지하철이 완성되면 서울시의 교통은 많이 해결이 될 것으로 봅니다.

그러나 지하철만 가지고도 근본적인 문제는 해결되기 어렵습니다. 보다 더 근본적인 해결책은 서울에 인구가 많이 몰려들지 않도록 하는 대책을 세워야 하고, 동시에 서울시내 사는 사람들은 가급적이면 서울 근교에 있는 근교도시로 분산을 시켜야 합니다.

이렇게 하기 위해서는 어떻게 하느냐, 여기에도 물론 여러 가지 문제들이 있겠지만, 우리가 우선적으로 해야 될 것이 서울시와 근교에 있는 도시와를 연결하는 전철을 놓아야 되겠다는 것입니다.

그래서 이번에 교통부에서는 서울역에서 시작해서 인천까지 전철을 부설하기로 한 것입니다.

앞으로 서울과 인천, 또는 서울과 수원, 수색, 용산, 성북을 연결하는 전철선 3개가 착공이 되는데, 제1차로 서울~인천 간을 오늘 착공하게 되었습니다.

앞으로 이것이 완성되면, 서울시내에 살지 않더라도 인천이라든지 부평이라든지 또는 소사라든지 수원에 살면서도 서울시내에 직장을 가지고 왕래를 할 수 있고 출퇴근을 할 수 있게 됩니다.

앞으로, 인천에 사는 여러분들이 가령 서울에 직장을 가지고 있을 때는 여기서 전철을 타면 서울시내까지 그대로 직행해 서울시내에 들어오면 이 전철이 땅 밑으로 지하철로 들어갑니다. 다른 선을 바꾸어 타는 것이 아니라 그대로 서울시내 지하철을 돌게 됩니다.

돌다가 자기 직장 부근의 지하철역에 내려서 직장으로 들어가면 됩니다. 퇴근할 때도 마찬가지고, 자기 직장에서 지하철역 있는 부근까지 나와서 거기서 지하철을 타면 서울시내 지하철을 돌아가지고 용산을 거쳐서 인천까지 전철로 쭉 와버립니다.

가령, 서울의 종로라든지 중앙청 부근에 직장을 가진 사람들이 오히려 영등포나 노량진이나 또는 우이동에 사는 사람들보다 자기 직장에 더 편리하게 다닐 수 있게 되는 것입니다.

그뿐만 아니라, 서울에는 주택난이 있고 상하수도의 문제라든가 공해 문제가 있고, 또 서울 시내서 집을 구하자면 땅값이 비싸고 집값이 비싼데, 교외로 나가면 싼값으로 집도 싸게 구할 수 있고, 서울보다 공기도 깨끗하기 때문에 굳이 서울 시내에 살 필요가 없게 됩니다. 그렇게 되면, 서울에 집중하는 인구가 점점 줄어들고 또 서울 시내에 있던 사람들도 교외로 나가는 경향이 생깁니다.

그리하여 장차는 수도 서울을 중심으로 해서 서울 근교에 소위 위성도시라는 것이 발달될 것입니다.

이러한 것이 수도 서울의 인구를 분산하고 교통난을 해결하기 위해서 정부가 추진하고 있는 사업들입니다.”

대통령은 이어서 앞으로 인천에서 이루어질 여러 가지 개발사업에 대해 설명했다.

“그러면, 여러분들이 살고 계시는 인천은 앞으로 어떻게 되겠느냐, 인천은 앞으로 약 15년 후 1980년대에 가면 약 100만의 인구가될 것이고 부산과 쌍벽을 이루는 가장 큰 중공업 도시가 될 것이라고 우리는 전망하고 있습니다.

그 동안 인천에는 서울~인천 간을 연결하는 경인고속도로가 생겼습니다. 또 오늘 경인전철이 착공이 되어서 내년 말이면 이것이 개통이 됩니다. 인천항구에는 지금 제2도크를 축조하고 있는데, 이것은 내년 6월이면 완공이 됩니다. 그때 가면 인천 제2도크에 약 5만 톤급의 선박이 접안할 수 있게 되고 짐을 내리고 싣고 할 수 있는 인천항의 하역능력이 지금 140만 톤에서 약 630만 톤으로 늘어날 것입니다.

그 밖에 지금 인천에 건설 중에 있는 정유공장이 완공되고, 또 경인화력, 인천화력공사들이 앞으로 수년 내에 완공이 되면, 인천에서 생산하는 전력만 하더라도 약 130만 킬로와트가 나옵니다.

전 경인지구에 다 쓰고도 남을 수 있는 그런 전력을 가지게 되는 것입니다. 또한, 인천시민 여러분들이 가장 불편을 느끼고 있는 상수도도 지금 공사 중에 있는데, 상수도공사가 이달 말이면 완공이 되어서 현재 11만 톤에서 약 23만 톤으로 늘어납니다.

부평에 있는 인천제일공업단지는 벌써 완공이 되어서 약 40여 개 업체가 들어가서 작년만 하더라도 2천 여만 달러의 수출을 했습니다.

지금 공사 중에 있는 제2, 제3공업단지가 앞으로 1973년까지 완공이 되면 여기에는 약 200여 개의 공장이 들어서고, 인천에 사는 여러분들이 약 3만 명 정도의 고용인이 늘게 됩니다. 일자리를 얻을 수 있는 직장이 그만큼 많이 생긴다는 것입니다.

이렇게 되었을 때, 우리 인천은 부산과 쌍벽을 이루는 훌륭한 공업도시가 될 것이고, 또한 수출산업도시가 될 것이고, 국제항구가 될 것이고, 관광문화도시가 될 것입니다.

아주 살기 좋은 도시가 됩니다. 그러나, 우리가 보다 살기 좋은 인천시를 만들기 위해서는 인천시 당국이나 정부 당국에서도 인천시 개발을 위해서 여러 가지 먼 장래를 내다본, 보다 계획되어 있는, 짜임새 있는 도시를 연차적으로 건설해 나가야겠지만, 여기에 또 한 가지 중요한 것은, 이 도시에 살고 있는 시민 여러분들이 인천시나 정부의 모든 계획에 여러 가지로 많은 협조를 해 주서야 하겠다는 것입니다.

지금 정부에서 집계를 담은 통계를 볼 것 같으면, 1976년 제3차 경제개발 5개년계획이 끝났을 때, 우리나라 전체의 국민소득은 약 400 달러 내지 500 달러 정도로 보고 있습니다. 그러나 그 당시에 우리 인천시민들의 일인당 국민 소득이 얼마쯤 될 것이냐? 경제기획원에서 나온 통계를 보면 약 700 달러가 넘습니다. 여러분들은 우리나라 일인당 국민소득의 평균수준보다 약 2, 3백 달러 더 높은 수준의 소득을 갖게 됩니다.

내가 지금까지 이야기한 것은 우리 인천을 위해서, 또 우리의 앞날을 위해서 여러 가지 희망적인 이야기를 했습니다만, 이것은 결코 아무런 노력 없이 저절로 이루어지는 것은 아닙니다.

앞으로, 더욱더 부지런히 일하고 땀 흘려서 노력하고 협력을 해야만 우리가 살기 좋은 인천을 만들 수 있고, 또 우리의 살림살이가 보다 많이 늘어나서 우리가 잘살 수 있는 것입니다."

서울 인구집중과 교통문제 해결 위해 5개 지하철노선을 건설하다

1971년 4월 12일, 서울지하철 기공식에서 대통령은 서울의 인구집중과 여기에 수반되는 교통문제 해결을 위해서 서울에 5개 지하철 노선을 건설하기로 한 계획에 대해서 설명했다.

"지금부터 약 600년 전 이태조가 한양성에다 도읍을 선정할 때는 지금 우리가 사는 서울의 인구가 불과 만여 명도 안 되는 허허벌판이었다고 합니다.

내가 중학교 다닐 때 금강산 수학여행을 가면서 처음으로 서울을 들러봤습니다. 그때는 경성이라고 그랬는데, 시골뜨기가 서울에 와보니까 그야말로 깜짝 놀라서 나자빠질 정도로 번화한 도시구나 하고 생각했는데, 그 당시의 인구가 불과 한 25만 됐다고 그럽니다.

오늘 현재 우리 서울은 인구가 550만이 넘고 있습니다. 전세계에서도 10대 도시 중의 하나에 우리 서울이 들어갑니다. 지금, 우리나라의 인구가 남북한을 합하면 4천 6백만이 됩니다. 머지않아 5천만 인구를 가지는 그러한 민족이 됩니다.

우리나라 사람들이 우리나라를 흔히 약소국가니 후진국가니 이런 소리들을 하는데, 이제부터는 그런 소리를 하지 말자 이것입니다. 우리나라 인구를 보더라도 남북한 합치면 세계에서 10번째 정도 가는 대국입니다. 그러나, 수도 서울에 이렇게 많은 인구가 모여든다는 것은 결코 좋은 현상은 아닙니다. 하지만 우리나라 서울뿐만 아니라 세계 각국의 수도나 이웃에 있는 일본만 하더라도 동경의 인구가 1천만이 훨씬 넘습니다.

어느 나라를 보더라도 농촌이나 시골의 인구가 도시에 집중하는 경향이 있는데, 이것은 모두 골머리를 앓고 있는 문제입니다.

인구가 집중하면 어떠한 문제가 생기느냐 하면 여러 가지 어려운 문제가 생깁니다.

제일 먼저 부딪치는 문제가 교통난입니다. 지금 여러분들이 보시다시피, 수많은 차량들이 다니고 있지만 시민 여러분들이 교통을 이용하자면 늘 불편하기 짝이 없습니다.

특히, 아침이라든지 오후에 출퇴근할 시간에는 그야말로 교통지옥이라는 말이 나올 정도로 교통난이 나날이 심각해 갑니다.

그 밖에, 인구가 많이 모이면 또 생기는 문제가 주택 문제입니다. 시골서 올라온 사람들이 서울에 전부 집을 장만해 두고 올라올 리는 만무하고, 없는 사람들이 집이 없으니까 저 변두리에 무허가집을 짓는다든지, 판잣집을 짓는다든지, 또 시내에 들어온다 하더라도 집을 얻기가 대단히 어렵습니다.

또, 550만이라는 인구가 매일 사용하는 상수도나 하수도의 처리, 오물처리라든지 청소작업 등 이만저만 어려운 문제가 한두 가지가 아닙니다.

여기 지금 서울시장이 앉아 있지만 시장은 무얼하는 사람이냐, 나는 시장을 보고 이런 소리를 합니다. 여러 수백 가지 할 일이 많지만 시민들의 교통을 편리하게 해 주고, 시민 여러분들에게 물을 잘 공급해 드려야 되고, 여러분들 가정에서 나오는 쓰레기라든지 오물 처리를 잘해 주는 것이 시장의 하는 여러 가지 일 중에서 가장 중요한 것이다, 하는 당부를 시장에게 합니다.

그 밖에도, 차량이 다니면서 매연을 뿜고, 건물에서 연기를 뿜고 하면 도시의 공기가 탁해져서 공해라는 문제가 생깁니다.

또, 여러분들이 자녀를 학교에 보내자면 학교 문제가 생기고, 또 인구가 이렇게 무질서하게 되면 우범지대가 생겨서 범죄가 늘어나는 등 여러 가지 어려운 문제가 많습니다. 그러나, 도시에 인구가 집중하는 것을 법으로 막을 도리는 없습니다.

다만, 우리가 정책적으로 또는 행정력을 통해서 될 수 있는 대로 인구가 집중하지 않도록, 또 가능하면 서울에 들어와 있는 인구가 점차 서울 근교로 분산이 되도록 시책을 써나가야 합니다.

이러한 것은 긴 안목에서 본 문제고, 우선 당장 급한 문제는 뭐냐, 교통난이 가장 급한 것입니다. 그동안 서울시에 길을 많이 넓혔고, 길이 없던 곳에는 가옥을 철거하고 새로 도로를 뚫고, 그것도 안 되어서 육교를 가설하고 고가도로를 만들고, 그래도 안 되어서 남산에다 굴을 두 개나 뚫었지만 서울의 교통문제는 아직까지 해결을 못 보고 있습니다.

차량은 나날이 늘어납니다. 그러면 이를 해결하는 방법은 무엇이냐, 땅 밑으로 들어가야 되겠다, 지하철을 만들어야 되겠다, 하는 것입니다.

정부에서는, 서울시에서는, 오래 전부터 연구를 하고 있었지만,

이 지하철이라는 것은 어마어마한 건설비가 들어갑니다. 1킬로미터 당 약 30억이라는 돈이 들어갑니다. 우리는 외국에서 하는 것보다 훨씬 더 싼 비용으로 하지만 이렇게 많은 돈이 들어가는 것입니다.

경부고속도로가 1킬로미터당 약 1억 원이 들었는데, 지하철은 매 킬로당 29억 내지 30억이 들어갑니다. 서울역에서 청량리역까지 9 킬로간의 공사가 약 260억이라는 돈이 들어갑니다. 이러한 많은 건 설비가 소요되기 때문에 필요하다는 것은 느끼고 있으면서도 그동 안 빨리 착수하지 못했다가, 이번에 모든 계획과 설계가 확정이 되 어서 서울시 교통을 근본적으로 해결하기 위해서 서울시내 다섯 개 의 지하철노선을 확정하고, 우선 제1차적으로 가장 교통이 번잡하 고 많은 서울역과 청량리역 간 9킬로미터 공사를 오늘 착공하게 되 었습니다.

이것이 되면, 앞으로 서울 교외에 사는 사람들이 상당한 거리에 떨 어져 있더라도 서울시내로 출퇴근하는 데는 아주 편리하게 됩니다.

며칠 전에 인천에서 경인전철 기공식이 있었습니다. 이것도 지하 철과 직접 관련이 되는 것입니다. 인천에 살면서, 가령 서울시청 부 근에 있는 직장에 다니는 사람 같으면 아침에 인천에서 전철을 타 고 서울에 들어옵니다.

서울역 부근에 와서는 지하철로 들어갑니다. 그래서 이 부근에 있 는 어떤 지하철역에서 내려가지고 자기 직장까지 걸어가면 됩니다. 퇴근할 때도 마찬가지로 이렇게 해서 서울시의 교통난을 완화해 보 자는 것입니다.

앞으로 다섯 개 노선이 완공되자면 약 15년 후인 1980년대 중간 쯤이 되는데, 그때 서울의 인구가 약 750만이 되고, 그만큼 차량이 더 늘어난다 하더라도 서울시의 교통 문제는 완전히 해결될 것으로 보고 있습니다.

서울지하철 기공식에 참석한 박 대통령 내외(1971. 4. 12)

이번 공사는 우리나라 기술자들에 의해서, 우리 설계에 의해서 착공되었는데, 이것은 역시 지난 10년 동안 우리나라 경제성장과 기술개발에 의해서 우리나라 사람들의 기술이 이만큼 발전이 되었다 하는 것을 말하는 것으로서 흐뭇한 마음 금할 수 없습니다.

제1호선 공사는 73년 말에 가서 완공이 되는데, 이것이 되면 시민 여러분들, 특히 학생 여러분들이 학교에 다니는 데 대단히 편리해지리라고 생각됩니다.

그러나 이 공사가 진행되는 동안에는 시민 여러분들이 상당히 불편을 느끼시리라고 생각합니다. 이 점 여러분들이 잘 양해를 하고 잘 협조를 해 주시면, 이 공사가 예정대로 완공이 되어서 시민 여러분들의 교통난을 크게 완화할 수 있는 지름길이 트일 것입니다.

우리 서울은 지금 이런 상태로 두면 몇 년 안 가면 아마 여러분들이 걸어다니지 못할 정도로 혼잡해질 것입니다.

그러나 서울시가 계획하고 있는 5개 지하철노선과 서울~인천, 서울~수원 간에 전철공사가 다 끝나면 서울시는 지금보다 교통난이 완화되고 우리가 살기 편한 수도가 된다는 것을 말씀드리고, 여러분들의 많은 협조 있기를 바라 마지않습니다."

서울 외곽 수도권 일대가 그린벨트지대로 지정되다

1970년대 초 우리나라는 급속한 공업화와 도시화로 서울 인구는 5백 40여만 명에 이를 정도로 인구의 서울집중 현상이 두드러지게 나타났으며, 서울 변두리 지역에 판자촌이 들어차자 이를 성남으로 옮겼는데, 그후 안양과 의정부 등 수도권으로 판자촌이 확대되어 나갔다.

이러한 수도권 인구집중 현상을 해소하기 위해서 대통령은 지방행정을 담당하고 있는 정무수석 비서관실에 수도권 인구억제 대책을 연구하라고 지시하였다. 정무비서실에서는 영국 런던시에서 성공한 그린벨트 제도를 검토하여 우선 서울과 성남 사이에 그린벨트를 설치하여 성남을 서울로부터 격리된 위성도시로 만들 것을 건의했다.

대통령은 1971년 6월 12일 청와대 집무실로 서울시장과 경기도지사와 건설부 도로국장을 불러 수도권도로재정비사업을 지시한 후 건설부 도로국장에게 수도권 도로망 외곽에 두 줄로 띠를 두른 그린벨트 지대를 지도에 그려보이며 계획시안을 만들어보라고 지시했다.

건설부는 얼마 후 1차 초안을 만들어 대통령에게 보고했다. 대통령은 구파발 검문소와 삼송리 검문소 사이에 북한산을 끼고 흐르는 창릉천 일대와 불광동 기자촌 일대가 빠졌다고 지적하고, 이 지역도 포함시켜야 한다고 말했다. 그러나 건설부에서는 이 지역에는 기자

양택식 서울시장의 안내로 지하철 1호선 3공구 공사현장을 시찰하는 박 대통령 (1971. 7. 16)

촌이 있어서 기자들이 들고일어나 반대할 것이라고 난색을 표시하자 내가 책임질 터이니 포함시키라고 지시했다. 그후 건설부는 2차 계획 시안을 대통령에게 보고했는데 서울 북부지역을 개발하기 위해 창릉천 일대는 제외시켜 놓았다.

대통령은 이 지역도 그린벨트로 묶어놓으라고 지시했다. 이 지역은 국가안보를 위해서 중요한 요충지의 하나라는 것이다. 만일 북괴가 또다시 전면 남침을 감행해 오고, 우리가 38선에서 서울까지 후퇴하는 사태가 생길 경우 창릉천 일대는 북괴군 2, 3개 사단을 몰아넣고 북한산에서 공격하여 섬멸시킬 수 있는 전략요충이므로 도시개발을 해서는 절대로 안 된다는 것이었다. 대통령은 건설부가 마련한 계획안에 이처럼 몇 차례 직접 수정을 가하여 계획을 확정했다.

1971년 7월 30일 건설부 고시 제447호로 서울외곽 수도권 일대가 그린벨트(Greenbelt)지대로 지정되었다. 이것을 시작으로 1977년 4월 18일 전남 여천 일대를 그린벨트로 지정할 때까지 전국토의 5.4%에 해당되는 5천 393km²가 그린벨트지대로 지정되었다. 그린벨트는 국민들에게 깨끗하고 안락한 녹지대를 제공하고 도시 환경과 미관을 아름답게 보전하는 기능을 한다. 그리고 그린벨트로 보호되는 녹지대는 그 효용에 있어서 농업의 연간 총생산액에 맞먹는다. 1970년대 초에 시작된 우리나라의 이 그린벨트는 20세기 후반에 환경보전 정책의 걸작으로 꼽힌다. 그린벨트로 지정되면 그 지역은 신성불가침이라고 할 정도로 누구도 이를 침범하지 못하도록 철저하게 관리되었다. 예외가 인정되지 않았다. 그린벨트 관리를 소홀히 한 공무원은 가차없이 처벌되었다. 1972년부터 79년까지 그린벨트 관리 잘못으로 공무원들이 징계를 받았다. 파면 191명, 감봉 114명, 견책 229명, 직위해제 2명, 경고와 훈계 등 1990여명이었다.

앞으로 10년 동안 그린벨트를 변경하지 않는다는 방침을 지켜나가야 한다

1972년 1월 13일, 건설부 연두순시에서 대통령은 앞으로 10년 동안은 '그린벨트'를 변경하지 않는다는 정부방침을 반드시 지켜나가야 한다는 점을 강조했다.

"그린벨트를 지금 서울, 수원, 안양, 최근에는 부산, 앞으로는 대구 등 큰 도시에 한다고 그러는데, 이건 처음에 시작할 때 충분히 검토를 해가지고 해야 되겠지만, 한번 하고 나면 중간에 변경이라는 것은 거의 없다, 이런 식으로 해야지 무엇을 건설하고 무엇이 필요하니 수정하자고 하면 허가해 주고 또 이런 거 하는 데 써야 하니까 이 지역을 해제해야 되겠다, 이런 식으로 해 들어가다가는 아마 앞으로 몇 년 안 가서, 요 다음 선거나 한 번 겪고 나면 언제 그린벨트가 설정되었느냐 하는 정도로 흐지부지될 가능성이 충분히 있다, 앞으로 이곳에는 정부가 허가하는 것 외에는 다른 시설은 하지 못한다, 이래 가지고 한 10년만 넘기고 나면 아마 도시하고 그린벨트, 그린벨트 밖에 있는 위성도시가 결정날 것입니다.

그 전에 다시 이것을 이랬다, 저랬다 바꾼다든지, 더군다나 정치적으로 해제했다, 어쨌다 이런 식으로는 절대 안 한다 하는 것을 확실히 인식하게끔 건설부에서 해줘요. 과거에도 그랬어요, 접도구역(接道區域) 표시 같은 것도 과거에 몇 번 했지 않아요? 다 뽑아 버리고 언제 없어졌는지 모른다 이겁니다. 군수다, 도지사다, 경찰서장이다, 이 사람들이 뻔히 알고 있으면서도 뽑은 것을 단속하면 요다음에 표 안 나올까봐 멀리서 눈감아 쥐버리면 다 없어져 버린단 말입니다."

서울이 사람 살 수 없는 죽음의 도시가 되기 전에 인구집중을 억제해야 한다

1973년 1월 29일, 서울특별시 연두순시에서 대통령은 먼저 서울의 인구집중을 억제해야 되겠다는 것을 강조했다.

"서울시 행정에 있어서 가장 관심을 많이 가지고 있는 것은 인구집중을 막아야겠다, 서울에 있는 인구를 가급적이면 분산시킬 그런 정책을 점차적으로 밀고 나가는 데 가장 많은 관심을 가져야겠다는 것입니다. 수도 서울의 인구가 600만이 넘었습니다.

다른 나라의 예를 보더라도 보통 그 나라 수도의 인구라는 것은 그 나라 전체인구의 한 1할 또는 그 이하라는 것이 정상적이다 하는 것이 하나의 상식으로 되어 있습니다. 일본이 지금 인구가 1억 조금 넘는데 도쿄가 1천만입니다. 도쿄는 세계에서 가장 큰 도시지만 인구 1억에 1천이라는 것은 그래도 1할 정도밖에 안 됩니다.

한국은 지금 3,200만에 600만입니다. 그럼 거의 2할 가까이 됩니다. 600만이란 건 구라파 선진국가라도, 그 나라 인구 전체를 합쳐도 인구가 600만이 안 되는 나라가 상당수 있습니다. 예를 들면 스위스 같은 나라도 인구가 약 500만밖에 안 됩니다. 노르웨이 같은 나라는 내가 알기로는 380만밖에 안 됩니다. 스웨덴이 세계에서 가장 훌륭한 복지국가라고 하는데 약 700만밖에 안 됩니다, 덴마크가 약 500 몇십만 정도 됩니다, 오스트리아 같은 나라도 600만입니다, 이스라엘 같은 나라가 불과 300만입니다.

왜 수도 서울에 인구가 이렇게 많이 모였나요?

역사 문헌을 볼 것 같으면 오래된 것이 없지만, 조선시대 세종대왕 때 수도 인구가 9만 몇천 명이라는 기록이 나옵니다. 그 당시 우리나라 전체인구가 남북을 합쳐서 약 500만 조금 못되었습니다. 그땐 지금하고 사회구조가 다르지만, 500만에 10만이라고 하더라도 10분의 1은커녕 그보다 훨씬 적습니다.

한일병합 조금 전에 조선 말엽에, 고종황제, 광무8년인가? 1904년인데, 알기 쉽게 말하자면 러일전쟁이 일어난 그해입니다. 그때 수도 서울의 인구가 17만 얼마고, 남북한 전체를 합친 인구가 지금 수도 서울의 인구보다 적었습니다. 이것이 70년 전의 이야기입니다. 70년 후인 지금 수도 인구가 그 당시 남북한을 합친 인구보다 많아졌습니다. 서울은 그때 20만으로 잡더라도 지금 600만이면 30배가 늘었습니다.

그간 6·25전쟁이 있어 피란민이 많이 모였고, 이북에서 동포들이 월남해서 수도에 많이 집중했던 원인도 있지만 해방 후 지난 4반세기 동안 우리나라의 정치적 혼란, 행정력 약화, 이런 것이 수도 인구를 이렇게 무계획적으로 집중하도록 만들었지 않은가 생각됩니다."

대통령은 이어서 서울 인구가 1년에 60만 명씩 늘어나면 몇 년 안 가서 서울은 사람이 살 수 없는 죽음의 도시가 된다고 경고하고, 늘어나는 무허가 판잣집을 근절해야 한다는 점을 강조했다.

"지금 서울의 판잣집이 16만 동이 있다고 하는데, 전에 서울시장 하던 김현옥 내무장관이 여기와 있지만, 김 장관이 그때 시장으로 부임해 왔을 때 내가 제일 먼저 큰길을 뚫고 서울에 있는 판잣집을 더 이상 늘지 않도록 억제하고, 지금 있는 것은 점차로 해결해 나가고, 현재 지금 몇 동이나 있는가 한번 실태를 조사해 보라고 지시했는데, 그 후에 나한테 보고한 것이 17만 동이라고 한 것을 지금도 기억하고 있어요.

그동안 김 시장이 있는 동안에 여기에 서민주택을 수백 동 짓고, 광주단지에다가 인구를 10여만 명이나 옮겨가고 봉천동이다, 무슨 동이다 해서 작년 가을쯤 8,000동을 해결했다는데 아직도 16만 동이 있다, 김 시장의 부임 당시와 거의 같은 숫자의 판잣집이 있다, 뭐냐하면, 그동안 그만한 숫자가 늘었다 하는 이 얘기입니다. 서민 아파트를 짓고 바깥으로 내보냈다는 숫자만큼 늘었다 하는 이야기입니다. 서울에 특히 판잣집이 많이 늘고 인구가 늘어나는 것은 다른 시기도 많이 있지만, 특히 선거가 있는 해에 많이 늘었다는 거로 나는 알고 있습니다. 선거 있는 해에 시골에서 무작정 서울로 올라오는 인구도 많고 서울에 판잣집도 늘었다는 것입니다.

국회의원에 출마하는 국회의원은 선거 때가 되면 무허가집을 지어 놓은 사람이 와서 떼를 쓴다고 시 당국에 와서 그걸 양성화해 달라, 철거하려고 하면 그걸 철거하지 말라, 이런 여러 가지 그 부당한 압력을 넣습니다. 그 정치인만 나쁘다고 말할 것이 아니라, 서울시 당국도 나는 잘못이다 이겁니다.

각 구마다 구청장이 있고 밑에 동장이 있고, 통반장이 있고, 경찰서장이 있고, 지서장이 있고, 경찰관이 있고, 공무원이 만 몇천 명 있는 데 왜 이런 것이 늘어나도록 그대로 방치를 했느냐? 하다하다 안 되어서 작년부터 항공사진을 찍어 새로 나타난 것은 철거하도록 했는데 이렇게 하는 방법 외에 다른 대책이 없습니다.

이제부터 과거에 등록돼 있는 것은 우리가 대책을 세우되 이제부터 무허가 짓는 것은 사정없이 그냥 철거다, 미리 통고도 없이 그 즉시 가서 뜯어 버리라는 말이오. 무자비한 것 같지만 이 좁은 땅에다가 600만 인구가 살고 있는데, 지금 같이, 아까 통계가 나와 있지만, 몇 년 전만 해도 1년에 9.8% 거의 10%가 늘어났다, 600만에 10%가 늘어나면 얼마입니까? 지금 와서 60만이 일년에 늘어나면 불과 몇 년 안 가서 서울이 1천만 도시가 돼 버린다, 이미 서울은 사람이 살 수 없는 죽음의 도시다, 이렇게 될 겁니다. 여기에 상하수도 문제가 있고, 전기, 청소문제, 오물처리문제, 식량문제가 있어요. 또 이 무허가 판잣집이 도처에 웅거해 그게 하나의 우범지대가 되고 무질서해져 교통문제, 공해문제, 범죄문제 등 많은 문제가 생기게 됩니다. 무작정하고 서울로 올라온 사람들이 지은 집을 뜯는 건 좀 가혹할는지 모르지만, 그러면 600만 시민들이 사는 수도 서울은 장차 살 수 없는 그런 도시가 되어 버리지 않느냐, 이에 도리 없이 정부에서는 강경책을 쓰지 않을 수 없습니다. 작년에도 그렇게 엄하게 단속했는 데도 7천 몇백 동이 새로 생겼다가 또 철거가 됐다고 그러는데, 아직도 여기에 무허가 집을 가만히 살짝 짓기만 하면 어떻게 넘어간다는 그런 생각이 완전히 뿌리뽑히지 않았기 때문에 작년에도 7천 몇백 동이 들어선 것입니다.

이것은 앞으로 강력히 억제가 아니라 근절입니다. 서울시에서 집을 짓자면 자기 땅이더라도 그 동리에 어울리게끔 남한데 방해가 안 되게끔 여러 가지를 고려해 지어야 하는 건데, 이렇게 인구가 조밀한 이런 데 와서 그냥 살짝 밤새 지어 거기 그냥 앉아서 억지만 쓰면 어떻게 해결이 된다는 그런 사고방식들은 우리가 용인해서는 안 되겠다 이겁니다."

대통령은 이어서 서울 인구 억제를 위해서는 판잣집과 새로운 택지조성은 일체 허가하지 않고, 서울 외곽에 그린벨트를 둘러서 서울시가 바깥으로 뻗어나가지 못하도록 막는 두 가지 정책이 중요하다는 점을 역설했다.

"현재 들어와 있는 이 600만 인구, 당장 어디로, 지방으로 분산시킬 그런 방법은 없지만, 이 이상이라도 더 늘지 않도록 우리가 그걸 막아야 되겠다, 그래서 작년부터 서울 인구의 억제에 대해서 여러 가지 시에서도 연구하고 정부에서도 연구를 하고 있지만 내가 가장 중요하게 생각하는 것은 다음 두 가지 정책입니다. 하나는 판잣집은 한 동도 허가하지 않고, 새로운 택지조성도 허가하지 않는다. 또 하나는 바깥에다가 그린벨트를 둘러, 서울시가 바깥으로 더 이상 뻗어나가지 못하도록 하는 것입니다.

과거상태를 그대로 두면 몇 년 안 가서 서울과 인천, 서울과 수원, 서울과 의정부가 붙어 버려 어디까지가 서울인지 위성도시인지 구별 안 될 정도로 되어 있을텐데 현재상태만이라도 이걸 중지를 시켜야 되겠다, 그리고 현재 들어와 있는 무허가집이라든지 판잣집이라든지 이런 것은 점차 무슨 대책을 세워 나가며 개량을 해나가자. 그래야 서울이 점차 참 깨끗하고 아름답고 살기 좋은 수도가 되는 것이지 과거 같은 정치적 혼란이나 행정이 일시 물러졌다고 해서 1년 동안에 몇천 동, 몇만 동씩, 늘어나면 어느 시기에 가면 수도의 문을 닫아 버리고 다른 데로 이사를 가든지 해야지 여기에 그대로 있을 수 없게 될 것입니다. 서울시에서 지금 강력히 단속하고 있는 줄 알지만 보다 더 강력히 해야되겠다 이겁니다.

판잣집에 대해서는 용서할 수 없습니다. 몇 년 전만해도 여름에 홍수가 날 무렵쯤 되면 제1한강교 앞에 동부이촌동에 자유당 시대에 누가 심었는지 포플러를 갔다가 잔뜩 심어놓았는데, 비가 와서 한강물이 뿌득뿌득 느는 데도, 봇다리 싸가지고 그리로 들어가는 사람이 자꾸 생겼습니다. 거기 들어가 앉아 있으면 수해가 나면 구호양곡이 나오고, 뭣이 나온다는 것입니다. 이러한 풍조가, 버릇이 언제 생겼는지는 모르지만, 그래 놓으니까 서울의 판잣집, 무허가집, 이것이 단속될 리가 없다 이거요. 행정력을 보다 더 강력히 발동을 해서 근절을 해야 되겠습니다. 서울시에서 예산을 1년에 몇 백억 투자해 딴 거 아무리 해봤자 한쪽으로 그렇게 자꾸 무질서한 건물이 늘어나고 제멋대로 난립이 되면 서울이라는 것은 도저히 어떻게 정비할 도리가 없게 되어 버릴 것입니다.

그 지역 내 구청장, 경찰서장, 지서장 이런 사람들이 보다 더 책임을 느끼고 철저히 단속을 해야 돼요, 나는 지금 거기 있는 공무원들이 평소부터 그런 것에 대해서 관심을 가지고 있으면 반드시 즉각 발견이 되리라고 봅니다, 몰랐다는 것은 거짓말입니다. 어떻게 돼서 모르느냐 이겁니다.

내가 가끔 시외 어디 가다가 발견해 시장한테 야외에서 직접 전화를 걸어 내가 돌아가기 전에 뜯으라 해서 지시한 것이 여러 번인 것으로 기억을 합니다. 주말에 골프장에 나가다 보면, 길가에 지난 주말에는 없던 집이 벌써 5, 6동 서버렸다 이말이오. 다른 데는 모르지만 내가 지나다니는 부근은 내가 기억을 하고 있으니까, 저거 허가 없는 집이 아니냐, 저거 뜯어라, 그거 뜯으면 또 얼마 후에 이쪽 편에 또 생기곤 해요.

금년에도 선거가 있습니다. 벌써 선거바람이 불기 시작했는데, 한 동도 무허가 판잣집이 늘어서는 안 되겠다, 시장은 아주 명심하시오. 자기 구에 있는 무허가를 잘 봐달라고 부탁하는 그런 국회의원 출마한 입후부자가 있으면, 시장은 나한테, 의무적으로 보고를 하시오. 그런 사람들이 우리나라 정치인이 되고 국회의원이 되어 가지고는 곤란합니다."

대통령은 이어서 도시새마을운동과 학교새마을운동을 통해 수도 서울을 아름답고 깨끗하고 살기 좋은 도시로 만들어야 되겠다는 점을 강조했다.

"우리나라는 지금 관광객이 1년에 매년 자꾸 늘어납니다. 금년만 해도 한 50만 가까이 들어왔고 앞으로 76년에 가면 한 100만 명, 80년대에 가면 아마 1년에 몇백만 명이 여기에 들어올텐데, 수도 서울이 무질서하고 지저분하고 더럽다, 그러한 소리 듣지 않기 위해서라도 또, 관광객이 아니고 우리가 여기 살기 위해서라도 수도는 보다 더 아름답고, 아담하고, 깨끗하고, 맑고 살기 좋은, 편리한 그런 도시를 우리는 지금부터 만들어야 되겠다는 것입니다.

이태조가 여기에 도읍을 정하고 근 700년이 되었습니다. 그동안 우리가 전화로 여러 번 난리를 겪었지만 아마 이만큼 역사가 긴 수도치고 우리 서울만큼 이렇게 무질서한 도시는 아마 세계에 없을 겁니다. 이제부터라도 우리가 여기에 아름답고 질서 있고, 깨끗한 수도 서울을 만들기 위해서 강력한 행정을 밀고 나가야 되겠습니다. 그러기 위해서는 서울시가 매년 막대한 예산을 투입해서 여러 가지 공사를 하고 정비해 나가지만, 시 예산만 가지고도 안 되겠어요.

여기에 살고 있는 우리 600만 서울시민들이 모두 다 같이 한 마음이 되어 내가 살고 있는 우리의 수도 서울을 아름답고, 깨끗하고, 살기 좋은 도시를 만들기 위해서 협조를 해야만 되겠다, 새마을운동을 하자, 지금 우리가 그런 구호를 내가지고 하고 있는데, 어떤 서울 변두리 마을이든지 들어가 보면 수도 서울의 한복판에서 이런 사업이 이루어질 수 있다니, 참 흐뭇하다 하는 그런 감을 느끼는 데가 있는가 하면, 어떤 데는 그저 구태의연하고, 새마을이라는 그런 냄새도 김도 쏘이지 않은 이런 동리가 얼마든지 있습니다.

새마을운동이라는 것은 남을 위해서 하자는 것이 아니라, 자기 자신을 위해서 하는 거고, 자기들이 살고 있는 그 동리를 좀 더 깨끗하고 아름답고 살기 좋은 마을로 만들고 서로 도와서 잘살아 보자고 하는 건데 어떻게 되어서 그렇게 무관심하고 전연 방관적이고, 아주 외면을 하고 있는 것을 나는 이해 못합니다.

앞으로 서울시 당국이나, 우리 각 학교를 통한 시민들에 대한 계도, 선도, 이런 것이 보다 더 적극적으로 이루어져야 되겠습니다. 최근에 싱가폴을 갔다온 사람이 이야기하는데, 싱가포르에서는 침을 뱉으면 경찰관한테 현장에서 당장 50달러 벌금을 낸답니다. 담배꽁초를 버리면 그 자리에서 50달러 벌금, 전연 그 무엇이 통하지 않는다는군요. 우리 서울도 다녀보면 어떤 사람들이 와서 서울이 깨끗하다고 이렇게 이야기하는 사람들이 있는데, 중심가 몇 군데에는 청소부들이 붙어 매일 하루 종일 청소를 하기 때문에 깨끗한데, 조금만 샛골목으로 들어간다든지 변두리에 가면 자기 집 앞에 쓰레기다, 뭐다 그냥 마구 갖다 버려 놓고, 그걸 누가 치우느냐 이거에요. 자기 집 앞에 쓰레기는 자기가 치워야 하고 자기 마을 앞에 있는 하천이 지저분한 것은 그 부근에 사는 사람들이 치워야지요.

큰 거리라든지 동리 사람들이 할 수 없는 것, 이런 건 시가 예산을 들여 하고, 그렇지 않으면 자기들이 내집 앞에는 내가 하고, 동리 사람들이 할 수 없는 것, 이런 건 시가 예산을 들여 하고, 그렇지 않으면 자기들이 내집 앞에는 내가 하고, 우리 동리는 우리 동리 사람들이 하고, 그 다음에 큰 것은 시가 하고, 이렇게 되야 서울이 깨끗하게 유지가 되어 가지, 그런데 관심이 전연 없는 이런 사람들이, 무책임한, 전연 공중도덕심이 없는 사람들이 여기에 600만이 앉아 있고서야 이건 사람 사는 그런 도시가 될 수 없는 거지요.

우리 수도 서울이라는 것은 우리나라에서 가장 교육을 많이 받은 교육 수준이 높은 사람들이 사는데, 그 사람들이 사는 그 동리다, 마을이다, 집앞이 다 이런데, 해놓고 사는 걸 보면 우리 농촌에 있는 순박한 우리 농민들보다도 자기 마을을 아끼고 사랑하는 그런 애향심이라든지 공덕심이라든지 이것이 없다, 그러면 우리나라의 교육이라는 걸 무엇 때문에 이 막대한 교육투자를 해가지고 해야 되느냐, 새마을운동, 새마을운동 하는데 새마을운동이라는 것은 학교 다니며, 남의 동리에 나가서 농민을 도와주는 것 그것도 좋지만, 우선 자기 학교 울타리 안에서부터 우리 새마을운동을 하라 이거요. 학교도 깨끗이 하고 유리창을 아침 저녁으로 깨끗이 닦고 변소를 깨끗이 청소하고 학교 주변에 심어져 있는 나무라든가 잔디를 잘 가꾸자는 것입니다."

대통령은 이어서 서울시내 공해문제를 해결하기 위해서 매연을 뿜어내는 공장, 호텔, 개인주택의 시설을 개량해 나가야 하겠지만 우선 매연버스를 철저히 단속해야 되겠다는 점을 강조했다.

"지금 서울시내의 공해문제가 상당히 논의가 되고 있는데, 물론 앞으로 이런 공해를 내는 공장이라든지 현재 있는 시설 중에도 매연을 너무 내는 호텔, 개인주택 이런 것도 좀 더 시설개량이라든지 여러 가지 해나가야 되겠지만, 특히 시내를 다녀보면 아직도 버스

중에 매연을 마구 뿜고 다니는 그런 버스가 상당히 돌아다니는데, 우선 그것부터라도 없애야 되겠다 이거요.

이것도 단속을 한다고 그러는데 길가에 경찰관들이 서 있으면서도 보고 모르는 척, 관심이 없어서 그러는지 우정 모르는 척해 두어서 그러는지 모르지만, 차들이 다니면서 매연 뿜는 것 그것만 막더라도 상당한 효과가 있을 것입니다.

지금 서울시내에 매연을 뿜어내는 공장은 도심부 중심부에는 거의 없지만 무슨 건물인지 난 모르지만 큰 건물 옆에서 이른 아침에 일어나 보면 시커먼 연기가 올라오는 집들이 있는데 시설을 개조한다든지 해서 전연 안 나오도록은 못하더라도 그걸 좀 줄인다든지 그런 방법은 지금 없나요? 재일교포가 작년 연말에 한 사람 왔는데 그 사람이 공해를 없애는 기계를 발명했다고 그래요.

롯데 신격호가 그때 와서 이야기하는데, 일본선 벌써 일부 판매를 시작했다고 하는데 그게 비용이 많이 들면, 좋은 줄은 알지만, 시설의 대체가 곤란하지 않겠느냐? 몇백 개의 객실을 가지고 있는 호텔 매연을 없애자면 한 500만 원 정도, 큰 공장도 한 1, 2천만 원이면 매연만은 그것을 가지고 거의 완전히 없앨 수 있다는 겁니다. 그것이 너무 비싸다면 모두들 강제로 당장하기는 어렵지만, 한 호텔이 한 500만 원 정도 같으면 점차 서울시 같은 데서 권장을 한다든지 해서 우선 심한 것부터 고쳐 나가는 게 좋지 않겠느냐 생각됩니다. 서울시에서도 한번 알아보시오."

대통령은 이어서 서울시의 건축행정을 보다 강화해야 되겠다는 것을 강조했다.

"건축행정, 지금 서울시가 강력히 하고 있는데, 이것도 금년에 보다 더 강력히 해야 되겠습니다. 10층을 짓는다, 이렇게 허가를 맡아놓고는 15층, 20층, 심한 것은 한 5층 짓는다 해놓고 한 20층 올려버리고 그래놓고 이왕 다 지어 버렸으니 어떻게하겠느냐, 허가해 달라는 식인데 서울시에서 건축허가를 어느 국에서 하는지 모르지만, 이것은 준공검사라든지 그런 걸 하는 공무원들에게 1차적으로 책임이 있고, 그 집을 짓는 사람에게 잘못이 있는 것입니다.

재작년 연말에 대연각 화재사건이라든지, 작년 연말만 하더라도 시민회관 화재사건이 있어, 그 귀중한 인명들의 피해가 많았는데 이런 것도 아주 철저히 해야지 설마 우리 집에 불이 나겠느냐? 설마라는 게 사람 잡는다는거요. 그야말로 철저하게 해도 화재라는 것은 사람들이 예기치 않던 시기에 나는 수가 있는데, 원래 건축할 때부터 벌써 화재가 나게끔 이렇게 되어 있는 그런 건물에 위험해서 사람이 어떻게 사느냐? 어제 그저께 방송에 보니까 서울시에서 검사를 해서 그동안에 불합격된 것은 시설개량 명령을 해서 상당수가 개량이 되고 일부는 하고 있고, 아직 전연 손도 안대고 있는데도 있다는데 그런 건물이 어떤 용도에 사용되고 있는지는 모르지만, 일단 사용금지를 해서 문을 아주 폐쇄해 버리면 좋겠어요, 일부에서는 너무 지나치지 않느냐고 하겠지, 과거 안 하던 것을 하니까 좀 지나칠지 모르지만, 만약 그런 상태에서 화재가 나서 사람이 수십 명 불에 타죽는다, 그런 일이 났을 때는 어떻게 하느냐? 그런 건물에 대해서는 딱 사용을 금지시키고, 이 정도면 이제 화재에 대한 예방시설이 완전하게 되어서 괜찮겠다고 하는 그런 판단이 내릴 때까지는 사용금지를 시켜요."

대통령은 이어서 집을 짓고 절개된 토지나 축대를 원상복구해 놓지 않은 사람에 대해서는 서울시가 세금을 부과해서 그 돈으로 대신 정리하라고 지시했다.

"택지조성은 허가 안 한다는 방침이 섰다니까 더 이상 늘어나지는 않겠지만, 지금 해 놓은 것이나 과거에 허가를 받아서 이미 집을 지어 놓은 것 중에 절개된 토지나 축대 등은 본인들로 하여금 시가 지시한 대로 완전히 정리하도록 하고 불응하면 법을 만들어 세금을 부과해서 그 돈으로 시에서 대신 정리하던지 양자택일하도록 해야 되겠습니다.

서울시의 변두리에 가 보면 근사한 문화주택을 짓고 울타리를 만들고 안에는 관상목을 심은 곳이었는데, 그 주변을 보면 산이 벌겋게 벗겨져 있고, 밑에 축대도 벌겋고, 앞에는 쓰레기가 버려져 있는데 자기 코 앞의 집만 깨끗하면 된다는 사고방식을 갖지 말도록 조치를 해요.

자기 땅에 집을 짓는다고 땅을 파헤쳤으니까 잔디를 입힌다든지, 나무를 심는다든지, 축대를 쌓는다든지 해서 원상복구를 해라, 그걸 안 하겠다면 세금을 내라, 세금을 받아가지고 시라도 해야 되겠다는 것입니다."

대통령은 이어서 위험성이 있는 시민아파트를 철거하고 개축해 나가는 방법을 제시했다.

"와우아파트 사건이 나고 나서는 시가 봄, 가을에 시민아파트를 검사하고 미비한 데가 있으면 보수를 하고 있는데 수명이 얼마 갈 수 없는 집이나 건물은 매년 개수를 한다든지 뭘 해야지 그대로 두면 위험합니다. 그중에서도 비교적 튼튼한 것이 있고, 서 있는 위치라든지 원래 지을 때 건축방법이 잘못되어 위험성이 좀 더 큰 것이 있을 것입니다. 좀 더 큰 위험성이 있는 것은 연차적으로 뜯어버리고, 개조해 나가자, 어떻게 하느냐 하면 이런 방법으로 하면 어떠냐 하는 생각이 드는데, 가령 여기에 열 동 중에 여섯 동 정도는 앞으로 몇 년 동안 매년 봄, 가을 조금씩 손질을 하면 괜찮지만, 4동 정도는 아무래도 위험하다고 판단될 때는 그 근처에 서울시 예산으로 땅을 사서 너덧 동 지어서 전부 이주시켜 주고, 이쪽 4동은 특정지역 개발촉진법을 적용해 민간사업자에게 맡겨서 뜯고 시가 지정하는 새 아파트를 짓도록 하고, 20년 또한 30년 동안 전세를 해 주어도 좋지 않겠느냐? 그 대신 세금 안 내고 자기가 그 아파트를 빌려주어라 이겁니다.

즉, 4동은 이쪽에 시가 예산을 가지고 만들어 위험한 4동을 옮겨왔다, 그 비어 있는 4동은 민간업체가 뜯어 거기에다가 4동을 반듯하고 튼튼하게 지어 새로 입주시킨다, 새로 입주시키는 것도 위험한 데 있는 사람들부터 먼저 입주시킨다, 그리고 저쪽 빈 동에 있는 부대시설도 뜯어 간다. 이렇게 위험한 것을 연차적으로 자꾸 해 나가면 어느 때인가는 아주 튼튼한 것만 남아 있게 될 것 아니냐, 이렇게 생각합니다."

대통령은 끝으로 서울 시내의 전주 하나에 거미줄처럼 얽혀 있는 전선을 정리하는 데 서울시도 체신부나 상공부에 적극 협조하라고 지시했다.

"요전에 상공부하고 한전, 체신부에도 얘기를 했는데, 시내에 다녀보면 전선이 거미줄같이 얽혀 있고, 전주가 하나 있으면, 그 밑으로 지나가는 전선이라는 것은 체신부에서 들어가는 것, 한전에서 들어가는 것, 군 통신부대에 쓰고 있는 전선이 이리 얽히고 저리 얽혀 있다, 전기를 허가 없이 쓰거나 전화를 허가 없이 단 그런 전선이 아닌가?

금주에는 한강로에 상공부, 한전, 체신부에서 같이 나와서 며칠 동안 완전히 정리하고 그것이 끝나면 그 다음은 을지로, 이렇게 정리해 나가라고 했는데 이것이 시하고는 직접 관련이 없는 것인가? 시에서도 협조를 해서 그런 데가 있으면 체신부나 상공부에다 정리해 달라고 요청해야 할 것입니다.

전주 하나가 있으면 굵은 선, 가는 선이 수백 개가 있어서 이 집에 들어가고 저 집에 들어가고, 그 집의 창문과 창문 사이로 해서 들어가고 기둥으로 해서 들어가 있는데 아마 허가없이 쓰고 있는 전기나 전화 이런 게 상당히 있지 않느냐. 미관상으로도 좋지 않고, 화재나 사고방지를 위해서나 또 전기나 전화요금을 내지 않고 쓰는 것을 단속하기 위해서도 빨리 정리해야 되겠습니다."

정부기관과 산하기관의 지방분산계획을 강력히 추진해야겠다

1973년 2월 5일, 경제기획원의 월간경제동향보고회의에서 대통령은 정부기관과 정부 산하기관의 지방분산계획을 강력하게 추진해야 되겠다는 것을 역설했다.

"도시 인구분산 문제에 대해서 아까 브리핑이 있었습니다만, 이것도 정부가 좀 더 연구해서 어떤 확고한 방안이 서면 좀 더 강력히 추진해야 됩니다. 인구분산 시책을 써야겠다는 논의는 오래 전부터 해왔지만 정부가 이에 대해 확고한 방침이 없어 늘 흐지부지해 버리니까 입으로만 논의가 되었지 실천은 안 되었습니다.

서울만 하더라도 지금의 인구증가 추세를 그대로 두면 81년에 가면 현재보다 2백 여만 명이 더 늘어난다고 합니다. 지금도 비좁아서 답답할 정도인데, 여기에 부산직할시 인구 200여만 명이 또 늘어난다면 서울은 사람 살 곳이 못 되는 것이 아닌가?

강력한 인구분산 정책을 실천해야지 종전처럼 미온적으로 해서는 인구억제가 불가능합니다. 1차적으로 정부기관과 정부 산하기관을 지방으로 보낸다고 하는데 그것도 말로만 해서는 안 나갈 것입니다.

여러 가지를 잘 검토해서 지방으로 나갈 수 있는 기관은 날짜를 정해서 나가도록 명령하고 빨리 나가는 기관에 대해서는 정부에서 무슨 혜택을 주는 것이 좋을 것 같아요.

그러나 뒤에 맨 마지막에 나가는 기관에 대해서는 줄 필요가 없습니다. 기업들도 충분히 나갈 수 있는데도 불구하고 나갈 수 있느냐고 물어보면 여러 가지 이유를 많이 대고 있는데, 특히 중앙정부하고 업무연락이 안 된다는 것입니다. 따라서, 정부는 지방분산 시책의 일환으로 기업을 지방으로 밀어내는 동시에 기업인들이 지방으로 가서도 일을 하는 데 지장이 없게끔 인허가 업무 등 업무권한을 지방관청에다가 대폭적으로 넘겨줘야 합니다.

또 필요하다면 상공부 지방출장소 같은 기관이 지방 현지에 따라 나가서 기업인들이 반드시 서울에 있지 않더라도 일을 하는 데 큰 지장이 없도록 하는 시책이 같이 병행되어야 합니다. 중앙기관들이 모든 권한을 전부 쥐고 앉아 있고, 저 부산이나 울산에 가 있는 공장이 조그마한 일 하나 처리하기 위해서 서울까지 올라와야 되고, 서울 와서도 장관이나 차관을 만나려고 몇 시간, 몇 번씩 찾아다녀야만 일이 해결되지, 직급이 낮은 직원 한두 명이 앉아 있는 무슨 연락사무소에 가서는 일이 추진되지 않는다면 기업들 보고 아무리 나가라고 해도 나가지 않을 것입니다. 그러니까 분산시책과 권한이양 시책이 종합적으로 이루어져야 한다는 것입니다.

각부 장관들이 우선 자기부터 산하에 있는 기관이나 국영기업체를 언제까지 지방에 내보내겠다는 계획을 부처별로 2월 말까지 나에게 내주시오. 상공부의 경우는 어느 회사는 어느 지방에 언제까지 내보낸다는 것을 지정하는 것이 좋겠습니다. 이와 동시에 각 부처는 도나 지방기관에 이양할 권한도 함께 계획서에 포함시키기 바랍니다.

이렇게 일차적으로 서울에 꼭 있지 않아도 될 정부기관부터 지방으로 분산시키고 그 다음에 민간기업체와 공장을 지방으로 나가도록 권장해 나가겠다는 계획안을 2월 말까지 장관들이 직접 대통령에 제출해 주기 바랍니다."

영세민에게 일거리를 만들어 주어 생활이 안정되도록 힘써야겠다

1974년 3월 4일, 서울특별시 및 교육위원회 연두순시에서 대통령은 먼저 금년도 서울시에서 추진하는 모든 사업을 영세민과 저소득층에 속하는 시민들에게 취로기회를 줄 수 있는 사업과 연결시키는 방향으로 조정하라고 지시했다.

"금년도 시장과 서울시 공무원들이 가장 큰 관심을 가져야 되고 또 역점을 두고 해야 할 일은 금년의 어려운 경제사정을 감안해서 영세민들 또는 저소득층에 속하는 국민들에 대한 대책이라고 생각합니다.

요즈음 신문이나 방송을 보면 매일 어떤 물건이 배가 오르고 3배가 오른다는 소리들이 나와서 국민들이 불안하게 생각하고 있습니다. 일부 물건은 그렇게 오르고 있는 것도 사실이고 또 일부 지각 없는 상인들이 이러한 시기를 이용해서 덮어놓고 값을 올린다든가, 매점매석해서 일반 시민들을 불안하게 만든다든지 특히 영세서민들의 생활을 위협한 예가 있는 것이 사실입니다. 정부에서도 지금 이 문제에 대해서는 신경을 쓰고 있고, 이에 대한 대책을 강구하고 있지만, 역시 서울시는 우리나라의 수도고 인구가 가장 많이 집결이 되어 있고 또 여러 가지 어려운 문제들을 많이 내포하고 있는 행정지역이기 때문에 이 문제는 다른 해에도 중요한 문제의 하나임에 틀림없지만, 금년도에는 특별히 관심을 가져야 되겠다는 것입니다.

금년도 서울시에서 추진하고 있는 모든 사업은 가급적이면 영세민과 저소득층 시민들에게 취로의 기회를 줄 수 있고, 이들을 구호할 수 있는 사업과 연결시키는 방향으로 조정해 주기 바랍니다. 물론 그렇게 안 되는 사업도 있겠지만 가급적 그렇게 하면 좋겠다는 이야기입니다.

금년도 영세민 대책을 위해서 시에서 예산도 책정이 되어 있고, 사업계획도 서 있습니다만, 이런 사업을 통해서 서울시의 여러 가지 지저분한 곳을 한번 깨끗이 정돈을 하는 그런 한 해를 만들어 보자는 것입니다. 영세민들에게 취로기회를 많이 주고 노임을 살포하고 그 사업으로 그 동안 손질하지 못한 구석진 곳, 지저분한 곳을 깨끗이 정돈을 하고 또 나무가 심어져 있어야 하고, 잔디가 붙어 있어야 할 곳이 벌거니 벗겨진 상태로 있는 곳은 녹화사업을 해서 대대적으로 고쳐나가자, 그런 다목적인 방향으로 행정을 추진해 나가줬으면 합니다.

금년도 서울시 예산은 일반회계와 특별회계를 합쳐서 천 억이 넘는데 이것은 몇 해 전에 정부 전체의 예산규모 만한 그런 규모가 됐습니다. 이런 예산을 가지고 서울시가 추진하는 사업 외에 서울에서는 일반 민간에서 하는 여러 가지 사업들이 많이 있었습니다. 물가도 오르고 경제적으로 어려운 시기임을 감안해서 시와 민간인이 잘 협조해서 서울시의 가난한 사람들에게 다만 얼마라도 도움을 줄 수 있고 또 그들에게 일거리를 만들어 주어서 생활이 유지될 수 있게끔 같이 노력한다, 그런 생각을 가지고 사업을 추진하면 이러한 문제들이 해결이 돼 나가지 않겠는가 이렇게 봅니다."

대통령은 이어서 서울시는 정부의 경제당국과 협조해서 비양심적이고 반사회적인 행위를 하는 업자와 상인들을 강력히 단속하라고 지시했다.

"서울시에서는 물가안정을 위해서 정부의 경제당국과 협조를 해서 앞으로 잘 단속해야 되겠습니다, 지금 일부 상인들, 업자들 중에는 물가가 오른다 오른다 하니까 덩달아서 지금 현재로서는 올릴 이유가 없는데도 불구하고, 그냥 올린다든지, 물건 있는 걸 감추어 두고 조금 있다가 오른 뒤에 팔자고 물건을 팔지 않는다든지 이러한 비양심적인 업자, 상인들은 강력히 단속을 해야 되겠습니다. 이러한 시기일수록 나 혼자만 어떻게 이 바람에 돈벌이를 하고 재미를 보자, 그러한 사고방식을 가진 사람들이 이 사회에 많아서는 이런 난국을 우리가 극복해 낼 수 없는 겁니다. 그렇다고 해서 그런 사람들한테 자기들 손해봐 가면서 물건을 싸게 팔라는 얘기가 아닙니다. 올릴 이유가 없는 것은 정당한 값을 받고, 가급적이면 소비자들의 편의를 봐주고 이렇게 해야지 조금만 뭐 있으면 물건을 감추어 놓고 팔지 않는다는 것입니다.

최근 신문에 보니까 택시요금이 며칠 후에 올라간다고 택시가 거의 나오지 않고 움직이지 않는다, 그래서 시민들이 상당히 불편을 느낀다고 하는데 이것도 나는 잘못된 자세라고 봅니다. 며칠 후에 올라가면 올라가는 날부터는 택시요금을 더 받되, 그 전날 올라가는 순간까지는 종전 요금을 받고 손님들을 친절하게 편리하게 실어다 주고 이래야지 며칠 후에 가면 돈을 더 받을 텐데 휘발유 써 가면서 지금 뛰어다닐 필요 없다, 택시업을 경영하는 사람들이 그런 사고방식이라면 이것은 반사회적인 행위다, 나는 이렇게 생각합니다.

오늘날 민주주의 국가는 개인의 자유를 존중합니다. 물론 그것은 옳은 얘기입니다. 그러나 국가나 사회 전체의 이익이나 이해관계에 정면으로 역행하는 개인의 행위는 아무리 민주사회라 하더라도 용납될 수 없습니다. 물가가 올랐다 하더라도 과거에 물가가 오르기 전에 원료 가져와서 만든 물건은 지금 올릴 이유가 없을 겁니다. 물론 지금 정부의 여러 관계기관이나 세무서나 이런 데서도 단속을 하겠지만 어려울 때 모든 사람들이 이같이 협조를 하고 같이 어려움을 겪어 나가야 되겠다, 그것이 결국은 나 자신을 위한 길이다, 우리가 잘사는 길이다, 소위 운명공동체라고 할까, 공존의식이라고 할까, 이게 없는 국민들은 앞으로 이념을 달리하는 국가 대 국가, 민족 대 민족이 대립하고 있는 국제사회에서 생존해 나가질 못합니다."

서울이 관광도시 면모를 갖출 수 있도록 도시미화작업을 해야겠다

대통령은 이어서 수도 서울이 하나의 관광도시로서의 면모를 갖출 수 있는 도시미화작업을 해야 되겠다는 점을 강조했다.

"소소한 얘기입니다만 서울시에 나도 가끔 지나다니면서 보고 느끼고 전에도 시장한테 지시해서 이걸 지금 집행을 하고 있는 줄 압니다만, 시가 투자를 해서 여러 가지 시설을 한다, 보수를 한다, 나무를 심는다고 잘해 놨는데 그것이 유지가 안 되고 순식간에 파괴되거나 없어져 버리거나 부서지거나 망가지거나 하는 그런 현상이 많습니다.

이걸 또 다시 손질을 하고 고치자면 또 많은 돈이 든다, 결국은 예산낭비가 됩니다. 그것이 가장 잘 되려면 그 이웃에 있는 주민들이 자기 개인의 소유는 아니더라도 시의 물건이고 사회의 공익을 위한 시설이니까 어린애들이 가서 그런 걸 파괴한다든지 짓밟아 버린다든지 할 땐 단속해 주고 타일러 주고 막아 주고 하면 되겠지만, 그게 안 되니까 서울시의 기동순찰반이 하루 종일 돌아다녀야 한다, 무전기를 가지고 어딜 다니다가 무전기는 시장하고도 직접 통할 수 있고 시경국장하고도 통할 수 있고, 자기 관계국장하고도 통할 수 있으니 어디서 이러한 사태가 나고 있다는 것을 발견하면 구청장한테도 알려줘 즉각 그런 걸 막는다든지 단속을 한다든지 해야 한다, 이런 것이 안 되면 나무를 심어 놨는데도 아이들이 올라가서 다 밟아 버리고 없어지는데 잔디를 해놓아도 그 모양입니다. 남산에 들어가지 말라고 수백 킬로를 돈 들여 철조망을 쳐놨는데 그 위로 애들이 타넘어가고 밑으로 뚫고 들어가는 데도 사람들이 지나다니면서도 누구 하나 단속하는 사람 없고 심지어 경찰관들이 오토바이를 타고 다니며 그걸 못 본 체하고 지나다닌다는 것입니다.

이렇게 시내를 순찰하는 사람들은 여러 가지를 같이 착안을 해 가지고 해야 되겠지만, 특별히 이런 단속반들이 다니면서 어린아이들이 그런 잘못을 하거든 그 자리에서 불러 타이른다든지 가르쳐 준다든지 하고 그걸 알만한 어른들이 할 때는 더욱 단속을 한다든지 해야지 이런 걸 안 하면 한번 한 걸 또 해야 되고 또 해놓은 것이 망가져서 다시 해야 하는데, 여기에 들어간 예산에는 상당한 낭비가 있으리라고 봅니다.

그리고 가능하면 서울시하고 교육구청하고 합동해서 주말같은 날 어린애들이 주로 나가서 노는 날, 합동순찰을 해서 주로 초등학교 어린애들이라든지 중고등학교 학생이라든지 그런 행위를 하면 현장에서 지도하고 교육을 한다, 그런 것도 좋지 않겠는가 생각이 됩니다.

서울에는 우리나라의 작년 통계만 보더라도 1년 동안에 관광객이 한 70만 명 정도가 들어 왔습니다. 물론 이 관광객이 지방에도 가지만 주로 와서 보는 것이 서울인데 우리가 어떤 외모만 번지르르하게 꾸미자는 것이 아니라 나라의 체면이라든지, 외국사람들이 우리나라에 왔다가 돌아갈 때 가져가는 인상을 나쁘게 하지 않기 위해서라도, 이런 관광객들이 지나다닐 만한 주요한 도로 주변에 있는 눈에 거슬리는 것은 우선적으로 고쳐야 되겠습니다.

건물은 점차 개량을 한다든지 또 녹화를 해야 할 그런 장소가 녹화가 안 돼 있다면 그런데 대한 국토가꾸기 또는 나무를 심는다든지 해야 할 것입니다. 현재 도로연변에서 철공소나 시멘트 블럭을 찍어서 파는 장사하는 사람들이 있는데, 자기 집안이고 울타리 안이 니까 자기 마음대로 해도 좋다는 생각으로 하는지 모르지만, 그것도 그 사람들이 평소부터 관심을 가지면 깨끗이 할 수 있지 않느냐?

그 집 앞에다 쓰레기고 무엇이고 마구 내버리고 거기에서 나오는 먼지를 행길에 지나다니는 사람이 뒤집어쓰야 하고 냄새나고 하니 이런 것도 서울시가 단속을 해야 한다고 생각합니다. 1차적으로 그 사람들한테 충고하고, 지저분하게 보이면 앞이 보이는 쪽을 벽돌이 나 시멘트 블럭으로 담을 쌓는다든지 그 안에도 물건이 있으면 차 곡차곡 정돈을 해서 둔다든지 쓰레기 같은 것도 어디 일정한 장소 를 정해 놓고 갖다 버린다든지, 쓰레기가 쌓이면 반드시 처분한다든 지 해야지, 어떤 때 지나다니다 보면 큰 도로 주변에 그런 데가 많 이 있다는 것입니다. 수도 서울이 하나의 관광도시로서의 면모를 갖 추기 위해서는 그런 것을 공연히 불필요한 겉치레만 하는 것이라고 생각하지 말고 우리가 잘 단속을 해야 되겠습니다."

대통령은 이어서 600백만 서울시민 전체를 위해서, 또 먼 장래를 위해서 서울의 판잣집은 다소 가혹하다는 말이 있더라도 강력하게 철거하라고 지시했다.

"서울시에는 매년 상당한 예산이 투입이 되고 부자가 되어 개발 이 돼 나갑니다. 그런데도 불구하고 여러 가지 문제점은 계속 늘어 납니다. 그 가장 큰 원인의 하나가 과거에 시골서 무작정 그저 서울 로 서울로 하고 몰려든 인구집중 현상입니다. 최근에 와서 서울시의 인구증가율도 크게 둔화가 되고 시가 행정적으로 이것을 막고 억제 한 효과도 크게 작용했고, 또 농촌도 요즘에 일거리가 그전보다는 많이 늘어나서 굳이 서울까지 가지 않더라도 여기서 일하면 먹고 살 수 있다, 또 서울에 있던 사람들 중의 일부가 서울보다는 오히려 시골로 가는 것이 낫다는 그런 현상 등등으로 해서 인구집중률이 둔화된 것으로 압니다. 그러나 앞으로 서울시에서 가장 신경을 써야 될 문제는 무허가 건물의 단속 또 인구집중 현상을 억제하는 데 대한 노력, 이것은 계속되어야 되겠다는 겁니다.

아까 통계숫자가 나온 걸 보았습니다만, 70년도만 해도 1년에 무허가 집이 2만 천 몇백 동이나 늘었다, 작년 1년 동안에 항공사진을 찍어 그렇게 엄하게 단속하고, 단속을 소홀히 한 공무원들 수백 명을 처벌해 가면서까지 했는데도 작년에도 천 몇백 동이나 늘었다는 것입니다.

서울시 같은 데는 잠깐만 이것이 등한히 되거나 소홀히 되면 한 달 동안에 몇천 호씩 늘어난다, 2만 몇천 동이 늘어난다는 것은 무서운 현상입니다. 아까도 영동지구에 그동안 서울시가 개발해 놓은 영동 새 시가를 그냥 길로 지나가면서는 잘 안 보이지만 헬리콥터를 타고 공중에서 보면 굉장한 새로운 도시가 하나 생겼다 할 정도로 큰 도시가 됐는데 그것만 해도 불과 한 5천 몇백 동안 정도밖에 안 됩니다.

물론 판잣집이고 규모도 적은 건물이긴 하겠지만, 2만 몇천 동씩 1년에 늘어난다고 하면 몇 년 후에 가면 서울시에는 극단적으로 말하면 사람이 발붙이고 살 장소가 없어진다고 하는 그런 현상이 예상이 되는 건데, 이걸 우리가 안 막을 도리가 없습니다. 일부에서는 없는 사람들이 서울에 와서 판잣집이라도 하나 마련해 사는 걸 뜯어내고 내쫓고 하는 것은 너무 가혹하지 않느냐 하는 얘길 하는 사람도 있지만, 600만 서울시민 전체를 위해서 또 면 장래를 위해서 이것은 다소 가혹하다 하는 말이 있더라도 강력히 막아야 하겠습니다.

과거같은 그런 상태로 늘어나면 몇 년 안 가서 서울사람 1,000만,

1,200만, 대한민국 전체 인구의 1/3 또는 절반, 이렇게 되어 버리면 이건 사람이 살 수 없는 그런 도시가 된다 하는 결과가 되기 때문에 도리가 없는 것입니다. 이건 앞으로도 철저히 단속을 해야 됩니다. 그 대신 지금 여기 들어와 있는 사람, 그 동안에 어떤 경로를 어떤 경위를 통해서 들어와 있는지는 모르지만, 이런 사람들에 대한 대책을 마련해 가면서 조치를 해야 되겠다, 무작정하고 뜯어내서 내쫓아서는 안 되겠다는 것입니다."

강북에 집 가진 사람이 강남으로 이동할 때는 정책적 배려를 해야 한다

1975년 3월 4일, 서울특별시 연두순시에서 대통령은 먼저 서울 강북에 집을 가진 사람이 강남으로 이동할 때는 어떤 우선권을 주거나 정책적인 배려를 해야 되겠다는 점을 강조했다.

"지금 서울 인구가 얼마요? 작년 연말 현재로 얼마나 나왔소? 아까 저 통계표를 보니까 작년에 4% 늘어난 것으로 되어 있는데 작년에 시골에서 들어온 인구가 얼마나 되나요?

잠실지구와 영동지구를 개발해서 거기다 인구 100만 또는 120만을 분산시킨다고 했는데 강북에 있는 인구가 그쪽으로 이동해 가고 있는 거요? 다른 데서 들어오는 인구들이 그런가요?

잠실과 영동지구가 개발됐다, 집이 많이 섰다, 그걸 가지고 잘 된 성과라고 나는 보지 않아요. 강북 쪽에 밀집한 지역에 있는 인구들이 많이 이동해 가고 소산해 갔다, 그래서 강북의 인구는 줄고, 강남의 인구는 늘었다, 이런 것이 좋은 상태지, 강북의 인구는 그대로 남아 있고 강남만 100만이 늘고, 120만이 늘면 서울 인구를 더 증가시키는 정책밖에 아무것도 안 된다 이거예요.

그러니까 서울 강북 쪽에 집을 가진 사람이 강남으로 이동해 갈 때에는 어떤 우선권을 준다든지 어떤 정책적인 배려가 없으면 결과적으로 그만큼 인구가 느는 결과만 가져오게 되지 않을까 염려스럽다 이겁니다. 한 번 연구를 잘해 보시오."

대통령은 이어서 서울지하철이 개통된 후 교통 문제가 어느 정도 완화되었고, 또 인구분산 효과가 어느 정도인지, 이에 대한 전문가의 평가를 받아보라고 지시했다.

"인구가 많은 도시에서 시민생활에 중요한 것이 네댓가지 있는데, 그 하나는 물 문제인데 이 문제는 상당히 해결돼 가고 있지요. 다음에 연료, 연탄 문제도 작년에 상당히 걱정을 했는데 무사히 넘어갔습니다. 그 다음에 교통 문제로서 교통은 요즘 어때요 지하철이 생기고 나서 교통이 많이 완화됐나요? 전문가를 시켜서 한번 평가를 시켜보시오. 막대한 예산을 투입했는데 어느 정도의 교통량을 해소해 가고 성과가 있는 건지 말이지요.

결국 수원, 인천 이런 데까지 전철로 연결이 돼서 서울시내 통근을 하게 됐다, 그것도 아까 잠실지구 개발하는 것과 같은 취지인데 서울시내에 있던 사람들이 전철이 생겨서 그쪽으로 이사를 가고, 하숙을 해서 거기서 출퇴근을 한다, 그러면 인구분산에도 효과가 있지만, 그걸 만들어 놓음으로써 서울시내 사람이 가는 게 아니라 그 근처에 있던 사람들이 교통이 편리해지니까 서울시내에 생활 근거를 잡고 자꾸 들어온다면 역효과가 나는지요. 투자를 해서 무얼 했을 땐 성과가 어느 정도인가를 분석해 보고 검토해 봐야 될 거요. 잘 하자고 그런게 결과적으로 역효과가 난다면 막대한 투자를 할 필요가 없는 게 아니요?"

대통령은 이어서 서울시의 녹화계획에 대해 몇 가지 지시를 했다.

"서울시가 연차적으로 녹화계획을 새워 한다고 그랬는데 시가 수종을 골라서 좀 더 역점을 두는 게 좋겠습니다. 바위산 같은 데다 리기다소나무나 상록수 같은 것을 갖다 심는 그런 폐단이 있는데 벌떡 벗겨지고 바위가 울뚝불뚝하는 데다 소나무니 상록수를 심어 가지고는 절대 녹화 안 돼요. 토질에 맞도록 하여 빨간 데는 빨리 녹화시키는 것이 1차적이고 그 다음에 어느 정도 푸르러지고 나면 보기 싫은 것은 뽑고 바꾸는 한이 있더라도 말이지요. 요전에도 얘기했지만 무악재 넘어 가는 옆이 무슨 동이라고 그랬지요? 그런 식으로 구획을 잘라 철조망도 치고 말이지요. 그리고 작년에도 얘기했지만 서울시가 전적으로 할 생각을 하지 말고, 서울에 많은 기관과 학교가 있으니까 지역들을 나누어 주고 서울시가 묘목이라든지 비료라든지 기술지도라든지 이런 걸 좀 해주고 서울시에 있는 여러 단체, 기관 이런 데서 좀 책임을 지고 구획마다 앞으로 해나가면 더 빨리 되지 않겠나요?"

대통령은 이어서 새마을취로소득사업에 있어서는 가구당 평균 얼마씩 준다는 방식을 지양하고 새마을에서 하는 방식으로 하는 것이 효과가 있다는 점을 강조했다.

"지금 새마을취로소득사업을 하고 있는데 가구당 1만 2천 원씩 돌아간다는데 그 뜻이 뭐요? 평균해서 그런가요? 형편이 어려운 정도에 따라서 가구당 일하는 사람의 수나 일하는 일수가 달라야 할텐데, 제일 많이 하는 사람이 며칠 동안이나 하나요? 구청이나 동 단위에서 세밀히 파악하고 있나요? 누구 집에서는 가령 한 사람이 한 달에 20일이면 20일, 어떤 집에서는 한 사람이 나오는 데 보름이라든지 또 아주 곤란한 집에선 노동력이 있으면 두 사람 나와서 취로케 한다든지 그것을 확실히 해야 실효성이 있지 않은가? 평균 얼마씩 돌아간다는 그런 정도로는 실효성이 없지 않은가? 평균 얼마씩 돌아간다는 그런 정도 가지고는 우리가 노리는 이 사업의 실질적인 효과는 못 낼거요.

서울에서는 동 단위에서 배정을 하는 것 같은데 그렇게 하지 말고 새마을에서 하는 방법을 생각해 봐요. 시골에서는 부락마다 부락 유지나 지도자들이 있는데, 동장, 새마을지도자, 부녀회 회장, 개발위원장 등이 모여서 우리 부락에서 제일 가난한 집은 어느 집이다, 또 그 다음으로 가난한 사람은 누구다 하는 것을 결정해서 어떤 집에서는 두 사람 나와서 보름이면 보름, 20일이면 20일, 어떤 집은 한 사람 나와서 20일, 이 집은 그보다 정도가 나으니까 한 사람이 나와서 10일만 하면 되겠다 하는 것을 확실히 구분해 이 사업을 시켜야 효과가 있지. 그 배정이 지금 확실히 되어 있나요? 그게 행정이지, 위에서 정책을 아무리 잘 세워놔도 말단에서 그것이 잘 집행돼야 행정의 실효를 거둘 수 있는 것이지, 그렇지 않으면 모든 것이 형식에 흐르고 자칫 잘못하면 말단에 가서는 말단공무원들이 원칙 없이 처리해 가지고 불평이 생기고 어떤 때는 정실이 생기고 부작용이 나옵니다. 이것을 시에서 잘 지도해야 합니다. 그렇게 해서 앞으로도 상당한 작업량들이 남아 있는데 이것을 효과적으로 마무리 해야 되겠습니다.”

대통령은 이어서 서울시의 고층 건물은 모두 화재보험에 강제로 가입시키라고 지시했다.

“고층건물들의 방화시설, 이것도 그 동안에 여러 번 지시도 내려가고 했는데 어떻게 잘 되어 가고 있나요? 화재보험 같은 데 모두 가입하고 있는 가요?

보험회사가 나가서 검사 같은 걸 철저히 하고 있나요? 시 직원이나 소방서 직원 몇 명이 나가서 해가지고는 안 되요. 그 사람들이 나가면 건물주인들이 그들을 매수해 적당히 하기 때문에, 몇 층 이상 건물은 아주 보험회사에 강제로 가입시켜 보험회사 자체가 검사를 평소부터 철저히 하도록 지도를 해야 돼요.

화재가 나면 회사 자체가 손해를 보니까 철저히 하지 말라고 해도 할 것이오. 서울시 직원이나 소방서 직원들 몇 사람들이 많은 건물들을 일일이 나가서 검사를 한다는 건 도저히 불가능해요."

서울 팽창을 막고 국방과 안보면에서도 가장 적합한 체제로 도시를 정비해 나가야겠다

1976년 2월 18일, 서울특별시 연두순시에서 대통령은 먼저 서울이 더 이상 팽창하는 것을 막아 시민들이 편리하고 명랑한 생활을 할 수 있도록 하는 동시에 국방과 안보면에서도 가장 적합한 체제로 도시를 정비해 나가야 되겠다는 점을 강조했다.

"수도 서울의 인구집중을 억제하기 위해서 그 동안 여러 가지 노력을 하고 있지만, 노력한 만큼 인구집중 추세는 줄어들지 않고 있습니다. 앞으로도 서울시에서 가장 중요한 문제는 어떻게 하든지 인구를 억제하고 집중추세를 둔화시키는 것입니다. 그것은 서울시장 혼자 힘으로는 안 되고, 정부의 종합정책이 같이 보조를 맞추어 추진돼야 실효를 거둘 수 있을 겁니다. 가령 교육행정에 있어서는 학교는 서울로 가서 다녀야 하겠다는 풍조를 어떻게 하든지 없애야겠다, 또 건축행정, 주택행정 등에 있어서 여러 가지 정책이 함께 종합적으로는 뒷받침되어야 되겠다, 또 하나는 서울시 자체가 지금하고 있는 것 중에서 더 강력히 해야 될 것은 무허가 건물 단속을 더 철저히 해야겠다는 것입니다. 그동안에 서울 인구가 제일 많이 늘어난 것은 무허가 건물 단속이 철저히 안 되었기 때문입니다. 시골에서 직업이 없고 먹고 살기가 곤란해서 서울 가면 어떻게든 산다고 해서 무작정 올라오는 사람들도 있을지 모르지만, 최근에 어떤 외국 사람이 나한테 와서 이야기하는데, 자기가 시골의 중소도시나 농촌에 가 보니까 한 10년 만에 왔는데 실업자가 거의 없는 것 같더라, 이런 얘기를 합니다. 정확한 통계를 가지고 하는 얘기는 아니고, 지방에 다니면서 여러 기관장들을 만나서 이야기를 듣고 느낀 종합적인 소견인 것 같은데 그것이 사실과 비슷한 소리라고 나는 봅니다. 통계는 어떻게 나와 있는지 모르지만 일단 서울에 가야만 일자리가 있고 꼭 서울에 가야만 먹고 산다, 그런 상태는 아니다 이겁니다, 그렇기 때문에 무작정 서울로 올라오는 것은 어떻게 하던지 억제해야 되겠습니다. 그러나 기차나 버스를 타고 올라오는 걸 왜 오느냐고 일일이 붙잡아서 돌려보낼 수 없기 때문에 가장 효과적인 방법은 역시 교육행정면에 있어서의 여러 가지 시책, 또는 건축행정, 주택행정에 있어서 무허가 건물을 절대 못하게 하는 것, 지금 설정해 놓은 그린벨트 안에 있는 도시가 더 뻗어 나가지 못하도록 강력히 누르는 것, 기타 상공 행정면에 있어서도 공장이나 기업체를 시골로 소산하는 그런 권장 정책, 이런 것이 같이 조합되어서 밀고 나가야 됩니다. 그런 계획은 지금 대략 서 있습니다.

그런데 하나 문제는 우리가 그런 계획을 한번 세워 놓았으면 조령모개식으로 그때그때 즉흥적으로 바꾸지 말고 다소 어떤 부작용이 있더라도 장기적으로 밀고 나가는 것입니다.

학교증설 억제를 반대한다고 슬그머니 풀어주거나, 건축행정을 비판한다고 기존 정책을 밀고 나가지 못하고 흐지부지 넘기는 일이 있어서는 아무 일도 안 됩니다. 그때그때 개별적인 문제만 들여다보면 이것도 풀어주고 싶고 저곳도 풀어주고 싶고 이런 것도 딱하다고 다봐주고 싶습니다. 역시 정부는 국민의 딱한 사정도 봐줘야 되겠지만, 그러나 또한 보다 더 큰 차원에서 생각해야 합니다.

지금 현재 서울의 인구가 이런 추세로 나가면 얼마 안 가서 앞으로 천만으로 늘어납니다. 천만이면 전체 인구의 1/3이 되지 않습니까? 세계의 어디를 보더라도 수도 인구가 전체 인구의 1/3이 되는 나라는 없을 겁니다. 더군다나 우리의 수도 서울은 적과 접촉한 지역에서 너무 접근해 있어서 적의 지상포화의 사정거리 안에 들어 있습니다. 그렇다고 인구를 당장 어디로 분산시킬 수도 없습니다. 지금 우리가 할 수 있는 것은 우선 더 이상 인구가 늘지 않도록 하고, 서울이 더 이상 팽창되지 않도록 하고 서울을 잘 정비하고 정돈해서 모든 시민들이 보다 편리하고 명랑한 생활을 할 수 있도록 하는 동시에 국방이라든지 국가안보면에 있어서도 가장 적합한 체제로 도시를 정비해 나가는 것입니다. 이러한 계획이 앞으로 5년이다, 10년이다, 지난 후에 가 보면 역시 그 정책이 주효했다. 여러 가지 부작용도 많고 반발도 많았지만 그 정책이 결국은 서울 인구를 억제하는 게 크게 효과를 올렸다, 이렇게 될 겁니다."

대통령은 이어서 정부가 그동안 세워놓은 여러 가지 인구억제정책은 그때그때 즉흥적으로 변경하지 말고 꾸준히 강력하게 밀고 나가라고 지시했다.

"내가 행정부에 들어와서 한때 누가 시장 때인지는 모르지만 일년 동안에 인구의 19%가 늘었다는 거애요.

며칠 전 5·16혁명 초기에 주한 미국대사였던 버거란 사람이 나를 찾아와서 잡담을 하다가 당신이 대사로 있을 때 서울이 인구가 대략 얼마였다고 기억하느냐고 물어보니까 60년대 초에는 2백 몇십만이라고 기억한다는 이야기를 했습니다. 불과 십몇년 동안에 지금 7백만에 육박하고 있으니 거의 3배 늘어난 것입니다. 이런 추세로 늘어나면 앞을 감당할 도리가 없다 이겁니다. 수도 인구를 억제하는 문제, 이거는 대단히 시급한 문제고 긴 장래를 보더라도 여러 가지 면으로 봐서 중요합니다. 그래서 정부가 그 동안에 세워놓은 여러 가지 인구억제 정책은 그때그때 즉흥적으로 변명할 게 아니라 꾸준히 강력하게 밀고 나가야 되겠습니다, 정부 각 부처에서도 할 일이 있겠지만 서울시가 주관이 되어 관계부처와 협조해 자주 모임도 가지고, 이에 대한 반성도 해보고, 검토도 해보고, 이렇게 자꾸 다져 나가야만 되리라고 생각합니다.

학교증설을 누르면 다른 분야는 보지 않고 교육 분야라든지, 교육 행정 분야라든지, 이런 면만 보는 사람들은 '정부의 정책이 잘못되었다, 이런 이런 모순이 있지 않느냐? 이런 딱한 점이 있지 않느냐?' 이런 소리가 또 튀어나옵니다. 그러면 지금까지 정해 놓았던 정책을 어느 새 풀어 놓았는지 모르게 슬그머니 풀어 버립니다.

또 건축행정에 있어서도 이렇게 까다롭고 뭐가 어떻고 어떻다는 소리가 신문에 나오고 불평이 나오면 정책이 흐지부지 됩니다. 이런 식으로 하면 절대 안 됩니다.

정책을 처음에 세울 때는 실정에 알맞게 연구를 잘 해야 되겠지만 한 번 세워 놓으면 꾸준히 밀고 나가야 됩니다."

임시행정수도 구상

1977년 2월 10일, 서울특별시 연두순시에서 대통령은 공식석상에서는 처음으로 '임시행정수도' 구상을 밝혔다.

"대통령 : 작년 연말은 서울시 인구통계가 얼마나 나왔소?

서울시장 : 작년 10월 1일 현재는 725만 명, 재작년 10월 1일에는 689만 명으로 36만 명, 즉 5.3% 증가했습니다.

대통령 : 시장의 설명을 듣고 보니까 서울시의 근본문제는 역시

인구를 어떻게 억제하느냐인 것 같습니다. 서울시는 지금 하루가 다를 정도로 매일매일 달라지고 있고 개발이 되고 있는데 그에 못지 않게 자꾸 뒤쫓아오고 있는 것이 인구 문제인데 모든 문제가 거기에 결부되어 있습니다.

서울시의 인구억제 문제에 대해서는 지금 무임소장관실에서 연구하고 있는 것을 근간 종합적인 브리핑을 들으려고 하는데, 그 문제가 아마 서울시의 장차 개발의 근본 문제가 될 것 같다고 생각됩니다.

서울시가 매년 많은 투자하고 개발하고 있기 때문에 인구가 현재보다 더만 늘지 않으면, 현재 상태도 상당히 팽창돼 있는 상태지만, 몇해 안 가면 상당히 정돈되고 아담한 수도가 될 수 있는 거기에 인구가 자꾸만 들어오면 지금 해놓은 것도 또 새로운 문제가 생기게 됩니다.

문제는 인구가 느는 것을 어떻게 억제를 하느냐, 거기에 대한 적절한 정책을 세워 꾸준히 미는 방법밖에 없다고 생각합니다. 이런 것을 지금 단계에 발표하면 쓸데없는 잡음이 많이 날까봐 얘기를 안 하고 있었는데, 2~3년 전부터 내가 구상하고 있는 것은 수도 서울의 인구억제는 여러 가지 다른 정책을 수립해서 강력히 밀고 나가야 되겠지만, 결국은 우리가 통일될 때까지 임시행정수도를 어디 다른 데로 옮겨야 되겠다는 것입니다.

물론 그것이 지금 구체화된 것도 아니고 위치가 결정된 것도 아니고 몇 군데만 염두에 두고 여러 가지 기초조사를 해보고 있습니다. 지금 브라질같은 나라도 리오 데 자네이로 같은 데가 과거의 수도였는데, 그것이 한쪽에 구석져 있다고 해서 제트여객기로 2~3시간 날아 갈 만한 거리에 있는 브라질리안으로 옮기고 있는 모양입니다.

우리는 옮기더라도 지금 서울하고는 특별한 고속도로를 만들든지 전철을 만들든지 하여 한 시간, 많아도 한 시간 반 정도면 오가고 할 수 있는 그런 범위 내에서 인구 몇십만 정도 되는 새로운 수도를 만드는 것이 좋겠다는 생각입니다. 새로운 행정수도가 생기면 서울에서 끌고 나가는 인구는 그렇게 많지 않을지 모르지만, 서울로 자꾸 들어오는 인구를 억제하는 데 큰 역할을 하고, 또 상당한 수를 그쪽으로 끌고 갈 수도 있게 될 것입니다. 6·25전쟁 직후에 했더라면 가장 이상적이었겠지만 그렇게 하지 못했고, 또 통일이 내일 모레 된다는 뚜렷한 전망이 보인다면 당분간 참겠지만 그런 전망도 아직까지 어둡고 또 휴전선에서 인구 700만이 넘는 수도 서울이 너무 가깝다 이겁니다. 휴전선 건너편에 있는 적의 지상포화 사정거리 안에 지금 700만이 넘는 인구가 사는 수도 서울이 놓여 있는 것입니다.

물론 전쟁이 나면 수도를 일보도 양보하지 않고 최후까지 사수하겠다는 결의와 태세는 돼 있지만, 그래도 서울 인구가 더 이상 늘지 않는다면 또 모르겠는데 자연증가 등으로 아무리 억제해도 늘어날 것입니다. 그런 점을 봐서는 우리가 장기적인 안목에서는 통일이 될 때까지는 독일의 '본'과 같은 그런 수도를 만드는 것이 가장 좋은 방안이다 하는 생각을 구상만 하고 있습니다.

이 구상을 구체화하고 실천에 옮기자면 상당한 예산이 들고 투자를 해야 합니다. 그러나 지금 방위세를 만들어 국군 전력증강에 힘을 기울이고 있기 때문에 재정면에 있어서도 여력이 돌아가지 않는 형편에 있습니다. 그래서 그건 구상만하고 있습니다.

혹 이 구상을 들으면 그곳이 어디냐고 지금부터 땅을 사려고 하는 사람들이 있을지 모르지만 그 사람들에게 어디라고 장소를 알릴 리도 없고, 또 알고 가서 사더라도 그 사람들이 땅장사해서 돈벌 수 없게끔 제도를 마련해 가지고 할테니까 문제는 없을 것입니다.

과거에도 임시수도를 옮기자는 말이 있었지만 과거에는 수도를 옮기면 정치적으로 여러 가지 문제가 있다, 국민의 심리적인 면에 있어서도 동요가 있다고 해서 더 이상 논의가 안 되지 않았나 생각됩니다. 그러나 이제 우리가 힘의 우위를 과시할 수 있는 단계에 있는 만큼 서울은 서울대로 그대로 두고 중요한 행정기관과 기타 꼭 따라가야 할 기관을 옮긴다, 제일 중요한 문제는 인구소산이고, 서울 인구가 더 느는 것을 억제하는 것이며, 또 서울이 휴전선에 너무 접근되어 있는 것에 대비해서 통일될 때까지는 임시로 옮긴다, 그러나 수도 서울에 대한 사수개념이라는 이 전략개념은 추호도 변경이 없다, 임시수도가 어디 다른 데로 가더라도 전쟁이 나면 대통령과 또 주요 기관은 즉각 서울로 다시 올라와서 여기서 전쟁을 지도한다, 이런 것만 국민들이 확실히 알면 수도를 옮기는 데 대해서 어떤 심리적인 동요는 하나도 없으리라고 믿습니다.”

  1975년 8월, 진해 하계휴양소에서 대통령은 청와대 출입기자들에게 보도하지 않는다는 조건으로 임시행정수도 건설구상을 밝혔다. 대통령은 기자들이 서울의 인구집중현상 해소방안에 대해 질문을 하자, “서울 인구분산 방안으로는 새로운 수도를 건설하는 길밖에 없다. 서울에서 자동차로 2시간 거리에 인구 50만 내지 1백만 명 정도의 임시행정수도를 건설하는 게 좋을 것이다”라고 말했다. 기자들은 깜짝 놀랐다. 너무나 엄청난 ‘특종기사거리’였다. 그러나 기자들은 이를 보도하지 않았다. 대통령과 엠바고, 즉 보도 안 하기로 약속했기 때문이었다.
  그해 4월 말에 월남은 공산화되었고, 대통령은 국가안보를 가장 중요한 당면과제로 생각하고 있었고, 특히 일단 유사시 수도 서울을 끝까지 사수하는 문제를 심각하게 생각하고 있었다.

서울은 북한 전투기가 3분이면 날아올 수 있고, 북한의 프로그미사일의 사정권 내에 있었다. 그리고 서울 인구는 그대로 두면 얼마 안 가서 1천만 명이 넘을 것으로 예상되고 있었다. 대통령이 임시 행정수도 건설을 구상한 것은 바로 서울의 인구집중 현상을 막고, 유사시에 서울을 사수하려는 데 그 목적이 있었던 것이다.

1976년 6월 2일, 김종필 총리는 최상철 서울대 교수를 청구동 자택으로 불러 대전 이북과 조치원 이남이 그려진 지도 한 장을 건네주며 '극비리에 새 수도로 적합한 지역을 물색해 보라'는 부탁을 했다. 최 교수는 주종권 서울대 도시공학 교수와 함께 두달 간의 답사 끝에 동쪽으로는 충주, 서쪽으로는 논산, 남쪽은 대전, 북쪽으로는 조치원을 경계로 한 범위 내에서 8개 후보지를 선정했다. 이 입지 조사 보고서는 대통령에게 즉시 보고되었다.

9월 21일, 대통령은 김재규 건설부 장관과 김의원 건설부 국토계획국장을 청와대로 불러 복사용지에 친필로 직접 쓴 11개 항의 입지선정 기준을 넘겨줬다. 입지선정 기준 중에 핵심적인 것은, 휴전선을 기준으로 평양과 같은 거리 또는 조금 먼 지역, 서울에서 자동차 또는 전철로 2시간 이내의 지역, 50만 정도의 인구를 수용할 수 있는 지역, 자동차로 20~30분 거리에 비행장 건설이 가능한 지역 등이 있다. 김의원 국장을 중심으로 한 건설부팀은 현장답사 등 6개월의 작업 끝에 충복 옥천, 대덕단지, 충북 현도 등 3곳으로 압축해 대통령에게 보고했다.

3월 7일, 중앙청 회의실에서 대통령은 국무위원들과 함께 제1무임소장관실에서 준비한 수도권 인구대책을 보고받았다. 브리핑이 끝나자 대통령은 국무위원들을 한 사람씩 지명하여 임시행정수도

임시행정수도 건설계획을 보도한 〈조선일보〉 지면(1977. 2. 11)

이전에 대한 의견을 솔직하게 개진해 줄 것을 요청했다. 대부분의 국무위원들이 검토할 시기가 된 것 같다는 의견을 피력했는데 어느 국무위원이 반대의견을 제시했다. 수도를 옮기면 민심이 크게 동요하게 되고 안보도 문제된다는 것이다. 이에 대해 대통령은 자신의 소신을 다음과 같이 밝혔다.

"수도를 옮긴다고 하면 당장 찬반논쟁이 일어나고 자칫 국론이 분열될 우려가 있다는 것은 충분히 예상할 수 있는 문제입니다. 이러한 문제는 서울의 비대화를 그대로 방치해 두었을 때 생기게 될 여러 가지 복잡한 문제들에 비하면 수도이전을 포기해야만 할 정도로 큰 문제는 아닙니다. 그런 문제는 정부가 수도이전의 절박한 필요성에 관해 국민들을 설득하고 이해를 구하면 해결될 수 있다고 봅니다. 우리 국무위원들부터 왜 현시점에서 수도를 지방으로 이전해야 하는지 그 필요성과 당위성을 올바로 인식하는 것이 중요하다고 생각합니다. 나는 사실 3년 전부터 이 문제를 생각하고 있었습니다. 6·25전쟁이 끝났을 때 우리 정부가 대전 근처에 눌러앉았어야 하는데, 일부 지식인이 민족정기가 어떻고 하면서 반대하는 바람에 서울까지 올라온 것이 잘못입니다. 지금 서울은 어떻습니까? 날이 갈수록 자꾸 불어나는데 이러지도 저러지도 못하고 있지 않습니까? 행정수도 말고 무슨 방도가 있습니까?"

1977년 3월, 대통령은 청와대에 신수도 건설을 담당할 실무기획단을 신설하고 오원철 제2경제수석이 그 단장을 맡도록 했다. 바로 이 무렵 기획단은 산세와 지리조건이 서울을 빼닮은 듯한 충남 공주군 장기면을 발견했다.

대통령은 즉시 헬기를 타고 장기(長岐)를 둘러보며 이곳을 부지로 선정하기로 마음을 굳혔다.

이렇게 해서 3월 말 임시행정수도 건설을 위한 백지계획이 시작되었다. 수도 외곽 양측에는 호수와 도로, 주거지가 엇갈린 14만 3천 가구의 전원주거지를 배치하고 중앙도심 측의 북쪽에는 정부청사, 남쪽 청사, 동쪽 국회, 서쪽에는 대법원을 배치하도록 돼 있었다. 업무 상업주거지 등으로 나뉜 격자형 도시는 고속화도로, 순환간선도로, 간선도로, 산책도로가 거미줄처럼 엮여 있고 종합병원 2개를 포함한 병의원 7백 12개 교회 50개와 성당 사찰 각각 10개, 방송국 11개, 도서관 20개 등이 들어서도록 했다.

임시행정수도는 한 마디로 이상적인 도시를 건설하자는 것이었다. 81년 말까지 토지매입 등 준비를 끝내고 82년부터 짓기 시작해 96년까지 총 5조 3천억 원(77년 가격)을 투입하기로 계획을 세웠다. 기획단팀은 브라질리아(브라질), 캔버라(호주), 뉴델리(인도)

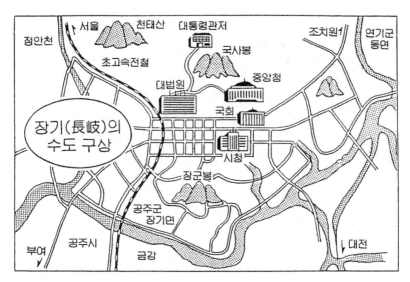

장기의 수도 구상

등 10여 개 도시를 살펴본 후 청와대에 보고했는데 대통령은 캔버라를 제일 좋아했다.

단순히 수도 하나를 새로 만들자는 게 아니었다. 2000년대를 바라보고 국토를 개편하자는 것이었다. 국가 중심을 대전, 장기를 핵으로 해 중부권으로 옮기자는 것이었다. 장기가 행정수도 부지로 떠오르자 도시계획 작업은 순조롭게 진행되어 갔다. 한국과학기술연구소(지금의 KAIST) 안에 설치된 지역개발연구소를 중심으로 대학교수, 정부관리, 건설회사 연구진, 엔지니어링 기술자, 외국 용역진 등 모두 3백여 명에 달하는 전문가들이 행정수도 건설에 참여했다.

서울은 비대해져 도시기능이 상실되고 휴전선 가까워 안보상 문제 있다

1978년 1월 18일, 연두기자회견에서 대통령은 서울은 비대해져 도시 기능이 상실되고 있고, 휴전선이 가까워 안보상 문제가 있다는 사실을 지적하고, 임시행정수도 건설의 필요성과 그 기본구상, 건설기간, 일단 유사시의 서울사수 계획에 관해서 자세히 설명했다.

"임시행정수도를 건설할 필요에 대해서는 국민 대다수가 인정하고 있는 것으로 알고 있습니다.

정부가 이것을 추진하는 데 있어서 새로운 임시수도 건설에 대한 필요성을 크게 두 가지로 생각하고 있는데, 하나는 역시 수도 서울에 인구가 너무 많다, 너무 과밀하고 비대해져서 도시로서의 기능이 점차 마비되어 가고 상실되어 가고 있다는 것입니다.

또 하나는 국가안보상 휴전선에 너무 근접되어 있다는 것입니다. 우리는 지금 750만의 수도 인구가 적의 지상포화 사정거리 내에 살고 있다는 것도, 역시 임시수도 이전에 대한 중요한 필요성의 하나라고 생각합니다.

그러나 이 중에서도 우리가 지금 더 중요하게 생각하는 것은 역시 인구가 너무 많다는 것입니다.

만약, 현재 서울의 인구가 300만 또는 400만 명만 된다면 아무리 휴전선에 가깝다고 하더라도 지금 당장 임시수도 이전 운운하는 얘기는 아마 덜 나올 것이고 정부도 여기에 대해서는 다시 한 번 재고해야 될 줄 압니다만 현재 서울 인구는 그 수준을 넘었습니다.

과거에 정부가 인구억제정책을 여러 가지 썼습니다만 솔직이 말해서 별반 실효를 거두지 못한 것이 사실입니다.

따라서 이 문제를 해결하는 데는 앞으로 근본적인 어떤 대책이 있어야 되겠고, 근본적인 대책이라는 것이 무엇이냐, 결국은 수도를 통일이 될 때까지 임시로 옮겨야 되겠다 하는 결론이 나온 것입니다.

현재 진도가 어떻게 되어 있느냐 하는 질문에 대해서는 솔직히 말씀해서 별 큰 진전은 없습니다. 지금 하고 있는 것은 아주 기초적인 계획을 추진하고 있습니다.

특히 백지계획이라고 할까, 백지 위에다가 앞으로 옮기는 수도는 도시계획을 이렇게 세우고, 길을 이렇게 내고, 관공서는 어디에 두고, 주택은 어디에 두고, 가령 공원은 어떻게 하고, 학교는 어떻게 하고 하는 하나의 이상적인 백지설계를 지금 국내외 전문가들이 모여서 여러 번 토의하고 신중히 검토하고 있습니다.

그래서 우리가 생각하는 기본구상은 새로 옮기는 임시수도는 인구를 약 50만 내지 100만 미만의 도시로 해야 되겠다는 것이 하나의 절대적인 조건이 되고, 그 이상 계속 늘어나면 옮겨 보았자 또 마찬가지다 하는 얘기가 되겠지요. 거리는 현 수도 서울에서 고속도로를 따라 또는 전철 같은 것을 이용해서 약 두 시간 내에 오고 또 갈 수 있는 거리라야만 알맞겠다, 이러한 구상을 가지고 있습니다. 후보지는 전에도 한번 말씀했습니다만 지금 여러 곳을 물색 중에 있고 다만 작년 연말 국회에서 임시수도 이전에 관한 특별조치법이 제정되어서 앞으로 땅값이 무작정 폭등하는 것만은 규제할 수 있는 조치가 마련되어 있습니다."

대통령은 이어서 정부가 임시수도 건설을 서두르지 않고 있고, 또 앞으로 10년 내지 15년 걸릴 이 건설계획을 미리 발표한 데는 그럴 만한 이유가 있다고 설명했다.

"그런데 왜 이런 것을 발표해 놓고 빨리 추진하지 않느냐 하는 질문이 있을 수 있는데 이것은 지금 서울에 인구가 너무 많고, 여러 가지 어려운 문제가 많기는 하지만 그렇게 빨리 서두를 필요는 없다, 또 이것을 하는 데 있어서는 방대한 예산이 들고 계획을 세우는 데는 방대한 작업과 여러 가지 계획이 따라야 됩니다. 이것을 하는데, 내가 생각하기는 빨라도 앞으로 10년 내지

15년이 걸릴 것이다, 빨라야 한 15년 이내에 끝날 것이다, 이렇게 봅니다.

우리는 지금 국방이다, 경제건설이다, 이런 데에 많은 투자수요가 있는데, 여기에 또 방대한 예산을 내기는 대단히 어려운 형편에 있기 때문에 국방과 경제건설 분야에 무리가 가지 않도록 단계적으로 서서히 해 나가자는 것입니다.

다음에 앞으로 한 10년이나 15년 후에나 실현될 문제를 왜 미리 발표했느냐 하는 질문도 있는 것 같습니다. 그것은 역시 두 가지 이유가 있습니다.

하나는 앞으로 국가의 중장기계획을 세우는 데 있어서 하나의 기본지침을 제공했다고 봅니다.

가령, 앞으로 행정관서를 어디로 옮긴다, 또는 새로 신축한다, 개축한다 할 때에 수도가 앞으로도 계속 서울에 그대로 남아 있는 경우와 임시수도를 앞으로 새로 건설할 경우와는 여러 가지 계획이 달라질 것입니다.

그 밖에 국가의 중요한 어떤 시설이라든지 기관을 건설한다든지 장차 어떤 배치를 하는 데 있어서도 임시수도가 어디로 옮기느냐, 안 옮기느냐 하는 기본지침이 먼저 서야 되겠고, 또 우리가 교통망을 건설하는 데 있어서도 앞으로 철도를 어떻게 놓는다, 전철을 가설한다, 고속도로를 어떻게 건설한다 할 때에도 임시수도가 앞으로 어디로 가느냐, 또 여기에 그대로 있느냐 하는 데 따라서 그 계획도 근본적으로 달라질 것입니다.

이러한 국가의 중장기계획을 세우는 데 있어서 하나의 지침을 제공하기 위해서 이것을 빨리 발표할 필요가 있었습니다.

또 하나는 서울 시민의 심리적인 문제입니다.

앞으로 아무 근본적인 대책이 없이 그저 종전처럼 미봉책을 써가

서울시청 로비에 전시된 서울시 모형도를 보며 구자춘 시장의 설명을 듣고 있는 박 대
통령(1978. 2. 13)

면서 그대로 밀고 나간다면 서울에 사는 분들은 심리적으로 굉장히
답답할 것입니다.

 앞으로 10년 내지 15년 후에는, 지금은 여러 가지 복잡하고 어렵
지만, 임시수도가 어디로 간다, 그때에 가면 서울 인구가 800만 정
도 되리라고 봅니다만 그 동안에 서울을 계속 정비하고 건설하고
가꾸어 나가면, 현재보다 훨씬 살기 좋은 서울이 된다는 전망이 있
는 것과 없는 것과는 심리적으로 대단히 차이가 있습니다.

 마치 우리가 6·25전쟁 때 수도가 대구, 부산으로 임시로 옮겨갔
는데 여러분들도 고생들을 한 것으로 압니다만, 임시수도에 가서 집
이 없어 남의 문간방, 건넌방, 어떤 경우는 한방에 식구가 다섯, 열
식구가 모여서 부엌도 없이 남비 가지고 들에서 밥을 해 먹는 등 어
려운 생활을 했는데, 만약에 그때 통일이 될 때까지는 서울에 못 들

어간다고 하면 답답해서 못 살았을 것입니다.

그러나 조금 더 있으면 국군과 유엔군이 북진해서 서울이 수복된다, 그때까지 조금만 참으면 된다, 이것은 피란살이다, 이렇게 해서 크게 고통스럽게 여기지 않고 견디었습니다. 이것은 하나의 좋은 예가 되는지 모르겠습니다만, 서울도 지금 이대로 두면 매년 대전과 광주만한 도시가 하나씩 늘어나는데, 앞으로 그대로 두면 지금 750만이 800만, 그다음 900만, 1천만, 1천100만, 그렇게 되면 서울은 너무 인구가 만원이 되어서 사람이 못 살 도시가 될 것이 아니냐는 생각을 가질 수도 있다는 것입니다.

그러나 이런 문제에 근본적인 대책이 있고, 그것도 먼 장래가 아니라 앞으로 10년 또는 15년 후에는 그러한 것이 실현될 수 있다는 것을 역시 국민들에게 알려둘 필요가 있어서 발표한 것입니다.

그러나 한 가지 우리가 확실히 해 둘 것은 임시수도가 딴 곳으로 옮겨간다 하더라도 우리나라 대한민국의 수도는 여전히 서울입니다. 이것은 통일 후에도 수도는 서울이 될 것입니다. 다른 곳은 어디까지나 임시수도입니다.

그렇기 때문에, 정부는 앞으로도 서울은 계속 국제도시로서 또는 수도로서의 여러 가지 기능을 갖추도록 정비해 나가고 또 가꾸어나갈 것입니다.

그리고 또 일단 유사시에는 수도를 최후까지 사수하겠다는 우리의 결의나 전략개념도 임시수도가 옮긴다고 해서 하등 변동이 없습니다.

우리는 여하한 경우가 있더라도 수도권을 뺏겨서는 안 된다, 최후까지 서울을 사수해야 하겠다는 데 대한 우리의 기본방침이라든지, 전략개념은 조금도 변동이 없다는 것을 여러분들이 잘 아시기를 바랍니다."

서울시 교통문제는 지하철과 전철이 대중교통 수단이 되면 해소된다

1979년 1월 19일, 연두기자회견에서 대통령은 서울시의 교통문제에 대한 근본대책은 지하철과 전철이 시내 대중교통 수단의 주축을 이루도록 하는 것이라고 천명했다.

"지금 서울 시민들이 제일 고통을 느끼고 있는 것은 대중교통 문제입니다. 그래서 요전에 신임 정 시장이 부임할 때 제일 먼저 해결해야 될 우선 사업이 서울 시내의 교통문제 해결이라고 지시를 했지만, 서울시 인구가 벌써 8백만을 바라보고 있기 때문에 어려운 문제라고 생각합니다.

문헌에 의하면 세종대왕 때의 서울 인구가 12만 명 정도 된다고 했는데, 해방 직후만 하더라도 1백 여만이던 것이 이제 8백만까지 늘어나게 되었습니다.

원래 1백만, 많아야 2백만 정도의 시민들이 살기 알맞은 시설이 되어 있는 이곳에 8백만이 집중되니까 여러 가지 문제들이 생기는 것은 당연한 것입니다.

그러나 이 문제는 어떻게 하든지 하나하나 해결하여 시민들의 불편과 고통을 덜어 드려야 하며, 그것이 정부의 책임이기 때문에 앞으로 최선의 노력을 해야겠습니다.

서울시에서는 우선 버스를 대폭 늘리는 것이 단기적인 해결책이 되겠고, 근본적인 대책으로는 서울시가 현재 공사하고 있는 지하철 제2호선과 3,4,5호선이 80년대 중반까지 완공되어 지하철과 전철이 서울 시내의 대중교통 수단의 주축을 이룰 수 있도록 되고 버스는 오히려 전철과 지하철역 사이를 연결하는 보조수단이 되도록 만드는 것이라고 생각합니다."

버스 운전기사에 대한 훈련, 교육, 신체검사를 제도화해야겠다

1979년 2월 9일, 교통부 연두순시에서 대통령은 먼저 80년대에 우리나라가 진입하게 될 고도산업사회에 대비하여 장차 예측되는 수송수요에 대한 판단은 대단히 잘 되었다고 평가하고 기본적인 구상은 지금부터 하나하나 구체화하여 우선 순위를 가려서 시기에 늦지 않도록 착수하라고 지시했다.

"80년대의 우리나라가 고도산업사회에 들어가는 그 시대에 대비하여 장차 예측되는 수송수요의 판단 같은 것이 대단히 잘 되었다고 봅니다.

기본적인 구상에 대한 것은 지금부터 하나하나 구체화하여 우선 순위를 가려서 시기에 늦지 않도록 착수하여야 하겠습니다.

특히 우리나라처럼 경제가 급격히 발전하고 산업이 확장되어 가는 사회에 있어서는 흔히 3차산업 특히 수송분야에 대한 것은 가칫 잘못하면 우리가 등한히 하고 벽에 딱 부딪쳤을 때 그때가서 당황해서 해결하려고 하는 경우가 없지 않은데 그런 때는 시기적으로 늦어진 것입니다. 최근에 책을 보니까 북한의 경제가 상당히 침체해 있는데 북한의 경제규모 그 자체가 우리한테 비하면 문제가 안 될 정도지만, 그나마도 3차산업, 사회간접자본 분야, 특히 수송 분야에 대해 미리미리 어떤 판단이나 대책없이 해 나가다보니 완전히 벽에 부딪쳐 움직이지 못하는 상태에 있다는 것입니다.

우리나라 산업은 현재도 그렇지만 앞으로도 북한에 비하면 문제가 안 될 정도로 더 대규모화 돼 나가기 때문에 수송 분야에 대해 교통부 자체는 물론이고, 우리나라 사계의 전문가들이 머리를 총동원하여 지금부터 대책을 세워 나가야 될 줄 압니다. 그리고 수송 분야는 시간이 오래 걸리고 또 막대한 예산이 드는 것이므로 우선 계획 자체부터 가장 현실적이고 타당성 있는 계획을 세워야 됩니다."

대통령은 이어서 버스의 안전사고 방지를 위해서 운전기사에 대한 훈련과 교육 그리고 신체검사를 실시하는 것을 빨리 제도화하라고 지시했다.

"장관 브리핑에서 안전사고 방지를 위한 안전관리에 대해서 여러 가지 구상을 하고 있고, 대책을 세우고 있는 것 같은데 우리나라의 교통사고로 인한 인명피해율은 다른 나라에 비해서 높습니다.

그것도 역시 사회가 빨리 발전하고 소득이 늘고 그에 따라서 차량이 많이 증가하고 여러 가지 교통수단, 도로망 등에 대한 모든 정비가 따라가지 못하고 특히 차를 모는 운전기사들에 대한 훈련 등이 미처 따라가지 못하는 등 여러 가지 요인이 겹쳐서 사고가 많지 않겠는가 생각됩니다.

사회가 발달해서 살기 좋은 사회가 된다는 것은 모두가 바라는 것인데, 사람이 만든 문명의 이기라는 것이 인명이 피해를 많이 가져오고 우리의 생명을 늘 노리고 있기 때문에 무시무시한 사회가 된다는 것은 하나의 역설적인 얘기입니다. 물론 산업이 발달되고 차량이 많이 늘어나면 안전사고가 어느 정도 느는 것은 불가피한 것 같습니다. 그러나 우리로서는 어떻게 하든 최소한으로 줄일 수 있는 그런 노력을 경주해야 할 것 같습니다. 안전사고를 막는 데는 여러 가지 대책이 있겠지요.

운전기사들의 처우를 잘해 준다든지 하루에 너무 과로하지 않게 한다는 것 등 여러 가지 방안이 있을 것입니다. 오늘 아침 신문을 보니 깜짝 놀랄 사실을 여러분도 보았을 줄 압니다.

버스 운전기사가 차를 몰고 가다가 갑자기 고혈압이 있어 졸도해 버렸다, 버스는 제대로 굴러가는데 마침 옆에 있던 군인장교가 브레이크를 밟아 급정거를 시켜 한 50명 타고 있던 사람들의 생명을 구했다, 그 운전기사는 곧 병원에 옮겨 갔는데 얼마 안 있어 사망했다는 이야기입니다. 정말 깜짝 놀랄 사실인데, 버스를 안 타고 다니고 자가용을 타고 다니는 사람들은 실감을 못할지 모르지만 매일 버스 신세를 져야 하는 일반서민들의 그런 기분을 생각할 때 거기에 대해서는 무엇인가 느낀 점이 있어야 할 것입니다.

운전기사가 혈압이 높다든가, 시력이 수준 이하로 낮다든가, 이래서 그 복잡한 거리를 어떻게 차를 몰고 다니느냐 이겁니다. 게다가 과로를 한다, 술을 먹는다, 이런 여러 가지가 겹쳐 사고가 나기 마련입니다. 내가 오늘 아침에 하나 느낀 것은 다른 여러 가지를 다 잘 해야겠지만 운전기사들에 대한 교육을 잘 해야 되겠다는 것입니다. 즉, 정부가 훈련소라든지 교육기관을 만든다든지 그렇지 않으면 버스회사 등 업체에서, 또는 협회에서 만든다든지 쌍방에서 서로 같이 협력해 만든다든지 해서 수시로 여기에 들어와서 교육을 받고 동시에 신체검사를 했으면 좋겠어요.

그 사람의 혈압이 얼마다, 시력이 얼마다, 그 외에 운전기사로서 적격이 못되고 지병을 가지고 있지 않는가 하는 것을 검사해 그런 사람은 운전을 안 시켜야 되겠어요, 이런 걸 빨릴 제도화해야 될 줄 압니다."

대통령은 이어서 버스와 택시요금을 올리고 운전기사 월급도 올려주라고 지시했다.

"그리고 또 하나는, 요즘 보면 같은 문제를 가지고 챗바퀴 돌듯이 똑같은 소리만 왔다갔다 하는데 운전기사 월급을 올리고 버스, 택시요금을 올려야 되겠어요.

이 자리에 부총리하고 경제장관들도 와 있을 줄 압니다만, 다소 물가에 어떤 영향이 있다 하더라도 사람의 생명을 위협하는 이런 문제를 우선 해결해야 되겠어요.

버스값을 좀 올리고 그 대신 정부가 지도감독을 철저히 해서 운전기사도 아주 좋은 사람, 자격 있는 사람을 골라다가 쓴다든지, 인원을 좀 더 늘려 과로를 안 시킨다든지 그리해도 사고가 나는 수가 있을 것입니다. 그러나 정부가 할 수 있는 데까지는 다해야 되겠습니다.

물가가 올라간다고 매일 그것을 염려해 버스요금을 꽉 눌러 놓으니까, 업자들이 버스를 늘리지도 않고 그냥 짐짝같이 사람들을 취급하여 살인버스란 소리가 나올 정도로 자꾸만 밀려 이 문제가 영 해결되지 않고 있어요.

이런 것은 교통부와 경제 다른 부처와 관계되겠지만 특히 지금 제일 문제가 되어 있는 수도권 교통문제는 빠른 시일 내에 근본대책을 세워 해결하려면 물가 등 다른 분야가 희생돼야 될 것입니다. 그렇다고서 100% 해결은 안 될지 모르지만 그러나 시민들이 이렇게 고통받고 있는데 버스 타고 다니지 않는 사람들이 앉아서 다루고 있으니까 근본대책이 안 나오지 않느냐, 어느 정도 요금을 올려주자 이겁니다.

융자도 해주고 그래도 모자란다 그러면 서울시에도 얘기하겠지만 사람들이 한꺼번에 출근하고, 퇴근하고 몰리는 시간이 있는데 그 시간에 딱 알맞은 만큼 버스나 택시를 평소부터 가지고 있는 것은 상당히 어렵다고 생각합니다. 그러나 그것도 해결할 수 있는 데까지는 최대의 노력을 해보자, 여러 가지 방법이 있을 줄 압니다.

나 혼자 생각해 보니까 서울시에서 러시아워에만 움직이는 차를 한 몇백 대 시가 직영으로 가지고 있고 그 시간에만 특히 교통량이 많은 구간을 움직여 공짜로 태워 준다는 이야기는 아니고 요금을 받는다, 또 낮에는 할 일이 없으니 쉰다, 또 하루 종일 가만히 쉰다는 것도 뭣하니까 필요하면 주간에 어떤 일정한 구간을 돌면서, 특히 공무로 볼일 보러 타 기관에 왔다갔다 하는 공무원들은 무슨 표시가 있어 이를 내면 주간에도 그 버스를 무료로 탈 수 있다, 그러면 버스가 수지가 맞지 않을 것입니다. 그것은 서울시가 최하 1년 예산을 몇천억 원 쓰고 있으니까 필요하면 몇십억 손해가 나더라도 적자를 메꾸어 나가는 방법을 연구해 보라는 것입니다. 물론 100% 해결은 안 될거요.

그러나 금년 봄엔 우리들이 할 수 있는 최대한의 방법 또 우리들의 노력, 우리들의 두뇌를 써서 한번 시민들의 불편을 할 수 있는데까지 덜어주도록 노력해 보자는 것입니다. 다른 도시에도 문제가 있습니다만 부산, 대구, 광주 등 다 있겠지만 아직까지 서울같이 심각한 문제가 아니니까 일차 서울시부터 해결하라는 것이며, 서울 문제가 어느 정도 해결되면 점차 그런 대도시에 대해서도 파급해 보자는 이야기입니다."

대통령은 이어서 서울 시내 소방차 운전기사 희망자가 없어서 정원수보다 운전기사가 부족하다는 것은 서울시 행정의 큰 실책이라고 지적하고 수당을 특별히 더 주어서라도 유능한 사람들을 빨리 확보하라고 지시했다.

"오전에 방송을 들으니까 서울 시내 소방차 운전기사가 소방차보다도 훨씬 적은 정원미달되는 숫자밖에 없고, 또 채용해도 사람이 잘 오지 않는다는데 서울시가 그 뒤에 해결했는지는 모르지만, 소방차 운전기사들은 낮에는 별반 아무것도 하지 않고 비상대기하고 있다가 화재가 나면 긴급 출동해서 차를 몰고가고 하는 그런 사람이라고 하는데 역시 보수가 얼마 안 되니까 지망자가 없는 것 같아요. 그러나 화재가 나면 생명, 재산에 대한 큰 피해를 막기 위해서는 가장 긴급한 조치를 취해야 되는데 운전기사가 모자라서 불이 났는데 차가 빨리 출동을 못하여 여러 가지 피해를 더 입었다면 서울시나 정부가 무책임하다 이것입니다. 그런 운전기사는 그렇게 많은 인원이 아니니까 다른 일반택시, 자동차 운전기사보다도 수당을 특별히 더 주어서라도 아주 유능한 사람을 딱 확보해 두고, 24시간 교대로 근무할 거니까, 언제든 몇 사람이 자기 자리에 딱 대기하고 있다가 화재신고가 들어오면 즉각 출동할 수 있도록 해야 한다. 월급이 적어서 희망자가 없어서 T/O보다 운전기사가 부족하다는 것은 서울시 행정의 큰 실책입니다. 그것을 한번 체크해 보시오."

도로건설 예산 일부를 버스회사, 운전기사, 안내양에 대한 지원금으로 돌려야겠다

1979년 2월 15일, 서울시 연두순시에서 대통령은 먼저 서울시의 교통난 해소를 위해서 도로건설예산의 일부를 버스회사와 운전기사 그리고 안내양들을 위한 지원금으로 돌리라고 지시했다.

"서울은 우리나라에서 제일 발달된 도시이고 수도이지만 제일 문제점을 많이 안고 있는 도시인 것 같습니다. 여러 문제를 서울시장이 완전히 파악하고 있고, 그에 대해서 여러 가지 연구도 많이 하고 있다고 봅니다. 역시 서울에서 제일 문제라면 당면문제로서 교통난 해소, 주택, 공해, 청소, 상하수도 그런 문제들입니다. 그런데 그중 제일 시급한 문제가 교통난 문제 같은데 시장의 여러 가지 구상이 좋다고 봅니다. 투자도 많이 했는데 작년에도 도로건설비에 1,600억 정도 했다는데 금년에는 1,900억이라고 했지요.

그런데 그 투자에 대해서는 교통부에 가서도 얘기했는데 교통난을 해소하는 데는 길을 넓히고 새로 뚫는 것이 가장 효과적인 방법인 줄은 알지만, 그 예산 중의 일부를 버스회사, 운전기사, 종업원, 이런 사람들을 위해서 서울시가 좀 지원을 하는 것이 어떠냐 하는 생각이 듭니다. 어떻게 지원하느냐? 그것을 공짜로 해주는 것이 아니라 그 대신 버스를 깨끗이 하고 정비를 잘 하고 운전사들 처우도 될 수 있는 대로 좀 잘해 주라고 하면 운전사들이 모두 사기가 올라갈 것입니다. 물론 그것 가지고 문제가 다 해결은 안 되겠지만 세제 면에서 어떤 혜택을 준다든지, 여러 가지 혜택을 주는데, 그런 것도 같이 하면서 서울시가 1년에 8억 정도씩 이자보조를 해주는 것은 6, 500억이나 되는 서울시 예산 중에 큰 부담이 아니라고 봅니다. 더군다나 서울시가 안고 있는 문제 중에 시민들의 어려운 문제를 해결하는 데 그 정도 투자는 당연히 해야 한다고 생각합니다. 버스 100대 정도를 서울시가 직영하겠다는데 그것은 내가 교통부에 가서 하나의 구상으로 얘기했던 것인데 좀 더 연구해 보기로 하고 그런 것 하는 것보다는 그 돈 가지고 버스업자들한테 혜택을 주어서 운전기사들과 안내양들의 처우도 잘 해주도록 하면 그 사람들은 사기가 올라가서 명랑한 기분으로 차도 깨끗이 하고 운전도 조심스럽게 할 것입니다.

예를 들면 이번에 버스 1,000대를 증차하기 위해서 정부에서 100억인가 얼마 융자를 하고 있죠? 그런데 그것을 보니까 이자가 연 18.5%, 3년간 상환 그렇게 되죠? 연리 18.5%라면 높아요. 버스 가진 분들이 모두 안 하겠다는 것이 아닙니까? 수지도 안 맞고, 그러니까 운전기사들 월급도 적고 버스가 부족한 것도 문제지만, 있는 버스도 운전기사가 없어서 움직이지 못하는 것도 수백 대가 될 것이 아니야? 그 사람들도 수지채산이 맞도록 해주기 위해서 도와 주는 것이 좋겠다 이겁니다. 무슨 방법으로 도와 주느냐 하면 1년에 100억에 대한 이자가 18.5%면 18.5억인데, 버스업자들한테 18.5%

를 다 물리지 말고 서울시가 8.5% 정도를 이자보조를 해주면 버스업자들이 한 10% 물고 보조 8.5%, 한 8.5억을 지원해 주면 업자들이 대단히 좋아할 것입니다.

지금 도로건설하는 예산 중에 일부만 그쪽으로 돌려도 한 10억 정도가 되는데 버스업자에게 수지가 맞도록 해주는 겁니다. 이 사람들도 장사하는 건데 무조건 서울 시민을 위해서 봉사하라고 해서는 소용없어요. 정신이나 이념적으로는 시민을 위한 봉사정신을 가지고 하도록 해야 되겠지만 그것도 하나의 기업인데 수지와 채산이 맞아야지 수지가 안 맞는 것을 가지고 잘해달라고 암만 부탁해 보아야 안 됩니다.

그것을 어느 정도 해주고 그 대신 시민들에게 봉사도 잘 해라, 이렇게 우리가 얘기를 해야 되겠습니다."

대통령은 이어서 고층빌딩 주인들이 지하주차장을 다방이나 점포로 전용하는 것을 묵인하지 말고 원상복구해서 주차장으로 사용하도록 하라고 지시했다.

"또 하나는 주차장이 모자라서 야단인 것 같은데 우리가 듣기에는 고층빌딩을 지을 때 밑에 지하주차장을 가져야만 건축허가가 나가게 되는 것 같은데 처음에 지을 때는 지하주차장을 가지겠다고 해 놓고는 지어 놓은 후에는 그것을 주차장으로 안 쓰고 다방으로 쓴다든지 다른 점포로 쓴다든지 하는 예가 많다는데 이건 왜 서울시가 묵인을 하느냐? 원래 계획이 그렇게 되었으면 처음부터 행정명령으로 전부 시정을 하고 주차장을 건축허가 맡을 때 한다고 했던 원래 계획 그대로 다시 하도록 해야지 그런 것을 눈감아 준다든지, 지시를 해도 듣지 않으니까 귀찮아서 모른 체하고 그대로 둔다든지 그래 가지고는 서울시의 교통문제 해결이 안 됩니다. 서울시의 교통문제는 청와대 경제제일수석비서관이 서울시장하고 협의한 것을 나한테 가져와 설명을 해서 들었습니다.

여러 가지 대책을 지금 구상하고 있는데 그중 몇 가지는 그대로 채택한 것도 있고, 몇 가지는 좀 더 검토해 봐야 된다고 들었는데 하여튼 한두 가지 대책을 가지고는 해결이 안 될 겁니다. 여러 가지 할 수 있는 모든 방법을 동원해서 하나하나 확정이 된 것은 깍듯이 이행을 해야 합니다. 흐리멍덩하게 이행을 한다든지, 며칠 동안 하다가 작심삼일로 해서 며칠 가다가 흐지부지 된다든지 이런 식으로 해서는 안 될 것입니다."

대통령은 이어서 버스와 택시요금을 올려서 업자들의 수지타산이 맞도록 해주어 그들의 사기를 진작시켜야 되겠다는 점을 강조했다.

"이것도 시민들의 소리 같은데, 자가용은 될 수 있는 대로 억제를 하고 택시를 많이 늘려라, 그런 것이 시민들이 요구하는 것 아니냐, 택시값이 너무 싸니까 택시하고 버스하고 구별이 없다 하는데 좀 더 택시값을 올려서 택시회사 수지도 맞추도록 하고 택시잡기도 좀 쉽도록 해달라 하는 것도 시민들의 소리같아요.

요즘 경제기획원에서 버스값을 누르고 있는 모양인데, 서울의 교통문제를 해결하려면 역시 물가에 큰 지장이 가지 않는 범위 내에서 버스, 택시, 이런 것을 하는 사람들의 수지와 타산이 어느 정도 맞도록 해주고 사기도 올려주고 그 다음에 정부가 요구할 것을 강력히 요구하는 것을 병행해야지 한쪽만 눌러놓고는 이것만 일방적으로 하라 해서는 문제해결이 안 됩니다."

대통령은 이어서 작년에 무허가 건물이 늘어난 문제에 관해 서울시장과 짤막한 일문일답의 대화를 나눈 후 무허가 건물을 지으면 언젠가는 뜯기고 손해 본다는 인식을 갖게 해야지 그것을 눈감아 주면 근절이 안 된다는 점을 강조했다.

"대통령 : 다음은 주택문제인데 신문을 보니까 작년에 무허가 건축을 단속했는데도 무허가 건물이 늘어난 것이 6천 몇백 개 동이라는데 시장은 그런 얘기를 들었겠지요.

서울시장 : 대통령 각하의 분부가 있었기 때문에 매년 서울시에서 항측(航測) 사진촬영을 1년에 세 번씩 하고 있습니다. 그래서 이번에 적발된 것은 7천 건 가까이 됩니다만 그 가운데 무허가 건물은 불과 300여 동으로 기억합니다. 그 나머지는 전부 부속건물로써 창고를 지었다든지 가설물들인데 이것들은 저희들이 그동안에 철거 조치를 하고 남은 것이 200여건 있습니다.

남은 것도 2월 말까지 전부 철거토록 조치하고 앞으로는 항측 사진 결과를 보고 주저함이 없이 발견 즉시 그때그때 전부 철거하겠습니다.

대통령 : 항공사진은 몇 달만에 한 번씩 찍는가?

서울시장 : 2월과 6월 그리고 10월로 1년에 3번 찍습니다.

대통령 : 무허가 건물을 지으면 언젠가는 뜯긴다, 즉 자기가 손해다 하는 인식을 주어야지 그것을 눈감아 준다든지 하면 근절이 안 됩니다. 2월에 찍고, 6월에 찍고, 4개월의 공백 기간이 있는데 그 동안에 발생되는 것은 모르고 있는 것이 아닌가? 서울시가 항공사진을 찍는 데 필요하다면 군의 헬리콥터나 내무부 헬리콥터를 빌려서 서울시 상공을 뜰 수 있도록 해요. 그리고 지상에서 잘 식별이 안 되고 의심스러운 것은 청와대 경호실과 협조해서 헬리콥터로 미리 공중에서 정찰을 해 즉각 구청에 지시해서 조치하도록 하세요.

김현옥 시장이 있을 때 무허가 건물이 약 18만이라고 들었는데 김현옥 시장 후임으로 양택식 시장이 취임하자마자 서울에 무허가 집이 얼마인가 조사해 보라고 했는데 그때도 8만이라고 했습니다. 그동안 김현옥 시장이 있을 때 집을 얼마나 뜯어냈느냐 하면 그때 서민아파트를 4백여 동 지었고 또 성남시 단지에 있는 주민들도 그 당시 서울에서 이주해 간 사람들이 아닌가? 30만 인구의 새로운 도시가 하나 될 정도로 무허가 집을 철거해냈는데도 여전히 18만 동이 남아 있다는 것은 뭐냐하면 그만큼 늘어났다는 이야기가 아닌가?

18만 중에 10만은 해결되고 8만 7천 동이 남아 있는데 더 이상 절대로 늘지 않도록 하고 현재 서울시가 계획하고 있는 방법으로 연차적으로 정리해 나가고, 특히 앞으로 주택을 개량하겠다고 하는데 그러한 무허가 건물을 해결하는 데 역점을 두고 가장 많은 예산을 사용하는 것이 중요하지 않나 생각됩니다. 잠실 같은 데에 아파트를 자꾸 지어서 딴 사람에게 주어 보았자 무허가 건물은 여전히 남아 있는 게 아닌가?

그리고 무허가 건물을 해결하는 문제는 요전에 고건(高建)에게 지시한 그 방법도 한번 참작을 해서 그런 방식으로 해결해 보세요. 그런 방식으로 안 되는 것은 철거를 하고 거기에 대해서는 적당한 보상을 주도록 해서 해결해 나가도록 하세요."

대통령은 이어서 서울 주변 산악지대의 무허가 암자와 기도원 정리 문제, 자연보호운동의 효과적인 실행문제, 공해업소 이전문제에 관하여 구체적인 지시를 했다.

대통령 : 서울 주변 산악지대에 있는 무허가 암자, 기도원은 금년 3월 말까지 완전히 정리되는가?

서울시장 : 네, 우선 1단계로 저희들이 3월 말까지 완전히 철거할

계획으로 업무를 추진 중에 있습니다. 그래서 일부 지역에서 다소의 무리도 있고 해서 3월 말까지 안 되면 한두 달 정도 여유를 주는 한이 있더라도 상반기에는 다 끝내겠습니다.

대통령 : 이번에 정리하고 나면 서울시에서는 거기에 대한 대장(臺帳)을 만들어서 철거한 것과 앞으로 남는 것을 기록하여 그 이상 절대로 늘어나지 않도록 하고 남는 것은 앞으로 서울시가 지원해서라도 보수를 한다든지 수리해 주어야 하겠습니다.

작년에 서울시에서 많은 사람이 동원되어 자연보호운동은 많이 했는데, 이것을 좀 더 알맹이 있게, 즉 한번 하고 나면 자연보호운동을 한 효과가 있게끔 했으면 좋겠습니다.

수박 겉핥기식으로 건성으로 하지 말고 구역을 정해서 그 구역은 직장 또는 단체가 책임지고 완전히 하도록 해 나가는 게 좋겠습니다.

대통령 : 서울에 공해업소가 지금 남아 있는 게 얼마라고 그랬던가?

서울시장 : 5,400군데입니다. 그 가운데서 일부는 이전되고 있습니다. 5,400개소 가운데서 저희들이 지금 일단계에 중점을 두고 있는 것은 주거지역 내에 있는 1,300여개소를 빨리 이전시킬 계획입니다. 그래서 그동안 추진한 것이 한 5백여 동 되고, 금년에 하는 것이 200내지 300 가까이 이전할 계획으로 있고 나머지 한 570여 동은 빨리 이전하도록 대책을 강구하고 있습니다.

대통령 : 공해는 심한 것, 좀 덜 심한 것 정도의 문제가 있겠는데, 심한 것부터 우선적으로 내보내야 할 것 아닌가?

대통령은 이어서 서울시도 구청에 권한과 인원을 이양하여 웬만한 것은 전부 구청에서 처리할 수 있는 기능은 갖추도록 하는 것이 앞으로 서울시 행정이 나아가야 할 방향이라는 점을 강조했다.

"대통령 : 그리고 서울시의 행정체제 문제인데 어제 내무부에 가보니 내무부장관도 그런 브리핑을 했는데 그것도 한번 전문가들을 두어 가지고 연구해 보시오. 서울시에 구청 같은 것은 옛날 구청의 그런 개념을 떠나서 서울시 본청과 비슷한 그런 기능을 가질 수 있는 구청, 그래서 많은 권한을 주고 인원을 좀 더 준다든지 하고 서울시 본청은 그에 대해서 몇가지 문제만 고려해서 통제 또는 감독한다든지 하고 나머지는 구청이 거의 하도록 하는 것이 크게 도움이 된다고 생각합니다.

일본에도 그렇지 않은가? 동경시라고 안 하고 동경도라고 했는데, 그 밑에 조그마한 시들이 여러 개 있고 여러 개 합쳐서 동경도라고 하는데 즉 대시(大市), 소시(小市)가 있는 셈입니다.

서울시도 웬만한 것은 구청에 권한을 이양해 주어 앞으로 웬만한 것은 전부 구청에서 처리할 수 있는 기능을 갖추도록 하자, 그것이 앞으로 서울시 행정이 가야 될 방향이다 이겁니다. 그리고 영등포구 같은 데는 인구가 100만이 넘지? 어느 구가 제일 많아?

서울시장 : 영등포하고 관악입니다. 그래서 그것을 금년에 분구하겠습니다.

대통령 : 자꾸 쪼개는 것만이 능사가 아니라 그대로 해서 구청 기능을 크게 향상시켜 나가도록 하라는 말이오. 물론 아주 너무 비대해지면 쪼개는 것은 한 가지 방법이지만."

제7장 도청소재지와 주요도시에 그린벨트지대를 설정해 야겠다

국토 종합개발 계획은 계속 보완하되 그 기본계획은 확정돼 있어 야 한다

1973년 1월 17일, 건설부 연두순시에서 대통령은 국토 종합개발 계획은 국가의 백년대계를 세운다는 각오로 먼 장래를 내다보며 세 워야 하며, 계속 연구하여 보완해 나가되 그 기본계획은 확정되어 있어야 한다는 점을 역설했다.

"국토 종합개발 계획은 국가의 백년대계를 세운다는 생각으로 장 래를 내다보면서 세워야지 그때그때 즉흥적으로 해서는 안 되겠습 니다.

지금 일본처럼 저렇게 공업이 고도로 발달되어 있고 경제가 성장 된 나라에서는 최근 와서는 그 전후당착이 생기고, 모순이 생기고, 부작용이 생겨서 다나카 일본수상은 일본열도 개조론을 들고 나왔 고, 또 각 지방에서는 우리 지방에 공장이 들어오지 말라고 시위를 하는 등 여러 가지 부작용이 많다고 합니다. 우리는 이것을 타산지 석으로 삼아서 미리 긴 안목으로 장래를 내다본 국토 종합개발 계 획을 세워야 되겠습니다. 이것을 착수한 것은 벌써 한 10년 가까이 됐는데 완성이 안 돼 있어요. 여러 가지 여건의 변화에 따라 조금씩 수정하고 보완해 나가야 하기 때문에 완성된 상태란 있을 수 없을 것입니다. 그러나 기본계획은 딱 서 있어야 합니다.

여러 가지 여건을 종합해서 기본계획을 부분적으로 수정하는 것이 필요한 경우에도 그러한 필요성에 대한 판단이나 결정은 시, 도 단위의 행정기관이나 정부의 어느 한 부처가 마음대로 해서 계획을 바꾸게 해서는 안 되며, 적어도 국무회의 심의를 거쳐서 수정한다든지, 보다 더 중요한 것은 입법조치를 해서 함부로 고치지 못하도록 해두어야 합니다. 그래야만 기본계획의 항구성이 유지될 수 있고 중간에 무계획적인 변동을 막을 수 있습니다.

국토 종합개발 계획에 대해서는 계속 연구를 해 나가야 되겠습니다. 지금 현재 연구한 것은, 일부는 현지답사도 하고 기술조사도 했겠지만, 주로 지도를 놓고 도상(圖上)에서 검토한 것이기 때문에, 중요한 지역에 기술자들을 파견하여 현지답사를 해보면 도상에서 연구한 것과 현장에 가서 검토한 결과 사이에는 차이가 생길 것입니다. 이러한 것을 보완해 나가되 기본계획은 확정돼 있어야 하는 것입니다.

국토 종합개발 계획은 좀 어렵고 광범한 작업이기는 하지만 그 뜻을 너무 어렵게 생각하면 한이 없습니다. 이 계획은 우리의 제한된 국토를 최대한 효율적으로 사용하자는 데 그 참뜻이 있는 것으로 압니다. 즉 우리나라의 산업개발을 위해서 국토를 최대한으로 활용해야 되겠다는 것입니다. 지역적인 특성에 따라서 농사를 짓는 데 가장 알맞은 지역은 농토로 보존해야 되겠다, 공장을 지어 공업을 발전시켜야 될 그런 지역은 공장지대로 보존해야 되겠다, 사람 사는 주택지로 적합한 장소는 주택지로 보존해야 되겠다, 산림을 잘 보호해야 될 장소는 산림지역으로 보존해야 되겠다, 관광지로 개발해야 될 장소는 관광지역으로 보존해야 되겠다, 우리의 특수한 민속전통을 개발해야 할 장소는 문화재보호지역으로 보존해야 되겠다는 것입니다.

국토를 잘 보존하자

대통령 박정희

한 마디로 현대의 첨단과학기술과 공업과 우리의 전통문화 등이 조화를 이루고 균형발전을 할 수 있도록 종합계획을 세워 가지고 연차적으로 우선순위에 따라서 개발해 나간다, 이런 것이 국토의 종합개발이라고 알고 있습니다. 국토 종합개발 계획은 이러한 대원칙과 방침에 따라 권위 있는 전문가들이 잘 만들어야 합니다. 우리의 후손 대에 가서 누가 국토를 이렇게 망쳐놓았느냐 하는 비난과 원성이 나오고 뜯어고치기조차 곤란한 상태로 만들면 안 되겠습니다."

금년에 도청소재지와 주요도시에 그린벨트지대를 설정해야겠다

대통령은 이어서 금년에 도청소재지와 주요도시에는 그린벨트지대를 설정하고 공장이 농토를 침식하는 것을 막아야겠다는 점을 강조했다.

"우리는 지금 공업화정책을 가장 중점적으로 밀고 있는데 요즈음 일어난 현상은 도시화와 도시 인구집중으로 도시가 자꾸 뻗어나간다, 공업화한다고 공장이 자꾸 늘어난다는 것인데, 이런 것을 국토 종합개발 계획 테두리 내에서 어떠한 제한과 규정이 있어야 되겠습니다. 도시라고 해서 무제한 이파리만 자꾸 퍼져 나가서는 앞으로 여러 가지 문제점이 생기게 됩니다.

지금 건설부에서는 그린벨트지대를 대도시에서부터 하나 하나 적

용시켜 나가고 있는데 전국의 도청소재지와 주요 도시에는 그린벨
트 지대를 1차적으로 금년 내에 전부 다 적용시켜야 된다고 나는
생각합니다. 공업화지대라고 해서 공장을 짓는 데 있어서도 한 가지
유의해야 합니다. 즉, 우리나라는 농토가 협소하기 때문에 공업화지
대라고 해서 공장을 짓는 경우에도 농토를 침식하는 것은 가급적
피해야 되겠다는 것입니다. 물론 같은 논에다 공장을 지으면 생산성
이나 투자효과가 농사보다 몇 배나 클 것입니다. 1정보(町步)에다
가 공장을 지어 돌리면 1년에 10억, 1백억도 나올 수 있지만, 농사
는 아무리 지어 봤자 불과 몇만 원밖에 안 나옵니다. 그러나 식량의
자급자족이라는 견지에서 농토는 될 수 있는대로 아껴야 합니다. 가
급적이면 공장은 야산, 구릉지대, 하천지대, 또는 산 밑을 깎아서
짓고 농토를 침범하지 않겠다는 그런 착안을 해야 되겠습니다. 또
도시의 인구가 늘어나고 학교가 도처에 생기고 운동장이 생기고, 무
슨 공설운동장이 생기고 하는데 학교다, 공설운동장이다, 하는 것은
어떤 개인이 건설하는 것이 아니라 공공기관이 하는 것인데도 논이
고 밭이고 그냥 까뭉개고 만듭니다. 이런 것도 가급적 제한을 해야
되겠습니다. 이것도 국토 종합개발 계획의 방침이라든지 취지에 포
함되어야 되겠습니다.”

경주, 속리산, 부여, 지리산, 설악산 등 국립공원 개발지역은 통제해야 한다

대통령은 이어서 경주, 속리산, 부여, 지리산, 설악산 등을 연차
적으로 국립공원으로 개발할 계획이라고 말하고 정부는 일차적으로
이 지역을 통제하고 현지 지방의 도지사, 군수, 면장으로 하여금 책
임지고 감독하도록 하라고 지시했다.

“요즘에는 우리 고향의 어느 지역을 국립공원으로 지정해 주시오

하는 그런 소리가 쑥 들어가서 잘 안 나옵니다. 그런 소리를 안 해도 필요한 데는 정부가 벌써 지정한 데도 있습니다.

정부가 국립공원을 지정하는 것은 우리가 장차 국립공원을 개발하기 위해서 그걸 공고하고, 앞으로 국립공원이 될 지역에 주택이라든지, 도로라든지, 산림보호라든지, 이런 것을 일차적으로 통제를 하기 위한 것입니다. 당장은 정부가 돈이 없기 때문에 거기에다 몇십억, 몇백억을 넣을 수 없으니까 앞으로 국립공원을 만들자면 산림을 보호할 뿐 아니라 쓸모없는 재래종 소나무같은 것은 연차적으로 그 수종(樹種)을 개량한다든지 해서 장차 국립공원으로 개발하기에 알맞은 그런 상태를 보호해야 되겠고, 이를 위해서 먼저 1차적으로 통제를 해야 되겠다는 것입니다.

그러한 통제를 안 해 놓고 국립공원을 지정하면 땅값만 올라가고 장차 국립공원이 된다고 하니까 언제 들어갔는지 모르게 미리 가서 살짝 집 하나 짓고 앉아 있으면 요 다음에 보상금을 많이 받을 수 있다고, 이걸 노리는 얌생이꾼이 있는데 이 자들한테 좋은 일 해주려고 미리 지정할 필요가 없다 이겁니다. 먼저 통제를 하고 거기에 대한 감독은 현지 지방의 도지사, 군수, 면장 이런 사람들이 전적으로 책임지고 법으로 규정한 것은 하나도 어기지 않도록 해주어야 요 다음에 개발하기 쉽습니다. 앞으로 경주라든지, 속리산이라든지 부여라든지, 장차는 지리산, 설악산을 연차적으로 국립공원으로 개발하려고 합니다.

과거에는 예산을 조금 책정해 여기저기에 조금씩 해보니까 그 효과가 안 난다 이겁니다. 그래서 어느 것을 투자를 해서 개발하는 것이 가장 효과적인 것이겠느냐, 그 우선순위를 매겨 집중적으로 해들어가 가자, 그래서 지금 경주를 하고 있습니다. 그 다음 단계는 어데, 다음에는 어데, 이것을 할 때까지는 우선 현재상태를 잘 보호해

야 되겠다, 이걸 안 해 놓으면 이 다음에 개발을 하는 데 어려운 점
이 많고, 개발도 안 되고 또 예산도 많이 들어가게 됩니다."

소도시도 기본계획에 맞추어 집을 짓고 도시를 키워 나가야 한다

대통령은 이어서 소도시도 기본계획을 세워서 그러한 계획에 맞
추어 집을 짓고 도시를 키워나가라고 지시했다.

"지방의 작은 도시에다가 당장 그린벨트를 설정할 필요까지는 없
을지 모르지만, 도시계획은 면사무소가 있는 소도시 같은 데에도 연
차적으로 적용시켜 나가야 되겠습니다. 왜냐하면 그러한 소도시에
도 인구가 자꾸 늘어나고, 국민들이 소득이 늘어나면 집을 뜯고 새
로 짓고, 없던 자리에 집이 들어서는데 무언가 기본계획이 있어서
그 계획선에 맞춰 집을 짓고 도시를 키워나가야 합니다.

우리나라 농촌에 백호(百戶) 정도 사는 동네를 가보면 집이 전부
몇 줄로, 가령 남향이면 남향, 동향이면 동쪽으로 향하는 식으로 모
여 있지를 못하고, 어떤 집은 동쪽으로 향하고 있고, 뒤에 있는 집
은 북쪽으로 향하고 있으며, 옆에 있는 집은 서쪽으로 향하고 있고,
저쪽에 있는 집은 서남쪽으로 향하고 있기 때문에 동네에 들어가는
길도 꼬부랑길입니다.

과거에는 농촌이고, 소도시고, 서울 같은 대도시도 마찬가지였습
니다. 이처럼 무계획적이고 자연방치 상태의 도시를 만들어 어느 때
가서는 이것을 다시 고치는 데 국가가 막대한 예산을 써야 됩니다.
미리부터 국가예산을 절약하고, 규모 있는 도시를 계획적으로 키워
나가기 위해서 앞으로는 소도시에도 도시계획을 적용해 나가야 하
겠습니다. 예컨대, 지금은 농사를 지어 먹지만 앞으로 이곳은 길이
된다, 여기에는 집을 못 짓는다는 식으로 통제를 해나가야 되겠다
이겁니다."

공유수면 매립허가 받고 땅장사하는 자의 허가는 취소해야 한다

대통령은 이어서 공유수면 매립허가를 받은 후 매립공사는 하지 않고 땅장사하겠다는 협잡꾼들에 대해서는 모두 그 허가를 취소하고 국유로 환수하라고 지시했다.

"공유수면 매립 문제, 이것은 작년에도 내가 와서 강조를 했습니다만, 가령 한강 강변에 있는 하천부지를 매립하겠다고 허가를 받아 매립공사는 하지 않고 땅 장사하겠다는 이런 협잡꾼들이 많습니다. 과거 어느 시기에 정부가 이런 것을 무계획적으로 허가해 주어서 한때는 서울 한강 모래사장의 여기는 사금이 난다, 저기는 무엇이 난다고 협잡꾼들이 날뛴 그런 문란한 시대가 있었는데 요즘은 상당히 정리가 되어 갑니다.

하천부지도 그렇고, 해안가를 장차 매립해서 이것을 간척을 해서 농토를 확장한다든지, 공장을 짓는다든지 하겠다는 것도 허가가 나갔는데, 자유당 시대, 민주당 시대에도 있었고 공화당정부 이후에도 상당히 많이 있다는 것을 최근 내가 알고 있습니다. 이 사람들이 허가를 받아 놓고는 그 기득권만 쥐고 앉아서 간척사업도 하지 않고, 또 정부가 무슨 일을 하려고 하면 거기에 대한 보상만 잔뜩 요구하고 있다 이겁니다. 이런 것은 기한을 정해 그 기한 내에 간척을 안 한 것은 전부 취소해 버리고 국유로 다시 환수해 버리라 이거에요. 그래야 앞으로 국토개발하는 데 유리하다 이말입니다.

나는 간척사업이란 것은 앞으로 일단 중단해 버렸으면 좋겠다고 생각합니다. 지금 하고 있는 것은 거의 다 되어 가는 그런 공사라면 투자규모를 생각해서 매듭짓는 것이 좋을지 모르지만 앞으로 새로 하는 것은 정부가 해야 되겠다, 정부가 어떤 계획하에 대단위 공업단지를 만들기 위해서 매립해야겠다면 정부가 하자 이겁니다.

그동안 민간에게 주어서 국제기구에서 식량을 얻어오고 뭘 얻어오고, 정부의 보조를 받고 보사부에서 뭘 받고 이렇게 했는데 최근에 조사해 보면 대부분 협잡이 끼어 사고들이 많은데, 그런 정도로 해봤자 투자효과를 보더라도 별 효과가 없습니다. 우리가 지금 농토를 몇 정보씩 늘리기 위해 간척을 하는 데 많은 돈을 집어넣을 필요는 없습니다. 그런 돈이 있다면 오히려 기성농토(旣成農土)에다가 우리가 투자를 해서 생산성을 높이자, 장차 간척을 해야 할 필요가 있는 것은 국가가 계획적으로 해서 공업단지를 만들 수 있도록 유보(留保)를 해두자, 계획 없이 저 장사꾼들한테 맡겨 가지고는 이것도 안 되고, 저것도 안 되고 예산낭비만 된다 이겁니다.

한때 국회의원들이 우리 고향에 무엇을 얼마를 막으면 땅이 얼마나 나오고 그러면 농민들이 어떻게 된다고 정치적으로 시작해 놓고 아직 완공 안 된 게 여기저기에 수없이 많이 있어요. 이런 것은 국회의원을 나무랄 것이 아니라 이것을 취급하고 있는 정부 부처에서 책임을 느껴야 된다 이겁니다. 왜 그런 것을 허가해 주느냐, 그것은 동의 안 해주면 국회에서 예산이 통과 안 되기 때문에 울며 겨자 먹기식으로 좋다고 했다는 겁니다. 앞으로 그런 무책임한 행동을 해서는 안 되겠다 이겁니다. 이것은 그야말로 비능률의 표본입니다.”

택지 조성한다고 산을 파헤치고 방치한 것은 건설업자에게 완전 복구시켜야 한다

대통령은 이어서 농촌에서 폭우로 인해 파손된 농토나 하천의 제방은 마을 주민들이 스스로 고치도록 하고, 도시에서 건설업자들이 택지를 조성한다고 산을 파헤치고 방치한 데 대해서는 건설업자로 하여금 이를 완전 복구하도록 해야 한다는 점을 역설했다.

“지방에 다니면서 보면 눈에 거슬리고 여러 가지 잔소리가 곧 입에서 여기까지 나와도 참고 또 참고한 일이 여러 번 있었습니다. 가령 농촌에 가면 밭이 있고 언덕이 있는데 비가 와서 밭의 한쪽 모퉁이가 뚝 떨어져 나갔다, 금년에 또 비가 오면 자기 땅이 자꾸 떨어져 나갑니다. 이렇다면 여기에다가 돌로 축대를 쌓아서 흙을 갖다가 보토를 한다든지 성토(盛土)를 해서 적어도 자기 농토는 어지간한 비나 폭우가 와도 끄떡 없도록 해 놓고 농사를 짓도록 해야지 이거 하나 쌓아올리고 다듬을 줄 모릅니다. 시골에 가보면 꼭 저 손톱으로 할퀴어 놓은 것 같이 마을 주변에 있는 산이 퍽퍽 꺼지고 언덕이 해마다 떨어져 나가고 떨어진 그 흙은 또 비가 오면 하천으로 흘러서 하상이 높아지고 제방은 허물어져서 어디가 하천이고 어디까지가 논인지 경계를 구분할 수 없고, 어떤 곳은 하상이 논보다 더 높다 이겁니다. 그렇게 되면 그 옆에 있는 논이란 것은 물이 옆으로 자꾸 들어와 소위 습답이 되고, 벼농사를 짓더라도 기온차이가 생기면 냉해(冷害)가 와서 생산이 안 돼, 더구나 이모작 같은 것은 안 됩니다. 농촌에 가면 그런 것이 있고, 도시에 가면 어떠냐? 서울 변두리를 다녀보면 많습니다만, 청량리 어디를 지나다보면 구릉(丘陵) 같은 게 있는데 거기에 포장(鋪裝)이 필요해서 건설업자들이 가서 공사를 할 때 불도저로 그냥 파가지고 공사가 끝나고 나면 그냥 방치해 놓고 가 버린다, 누가 이걸 뒤에 정리를 하느냐 이겁니다.

어떤 데 새로 주택지가 생긴 곳을 가 보면 집장사들이 택지를 조성한다고 뒤에 있는 산을 깎아서 뻘겋게 해놓고, 앞에 축대만 쌓아놓고 택지를 팔아먹고 나면 거기에다가 집짓는 사람은 근사한 문화주택을 짓는데 뒤에 깎아 놓은 산은 아무도 손대는 사람이 없다 이거에요. 비가 오면 토사가 흘러내려오지, 토사(土砂)가 밑으로 자꾸 흘러내려오면 하수도가 막힙니다. 우리가 국토를 보존하고, 국토를 아끼고 조국을 아낀다는 말이 전부 거짓말이 아니냐는 겁니다. 어디 다른 데 멀리 있는 것을 하라는 것도 아니고 바로 자기 집앞이나 뒤에 있는 언덕이 허물어져 가고 있는 이것도 안 하고 있어요. 이런 것까지 국가예산을 가지고 담 쌓아주고 거기다 잔디 입혀주고 다 해주어야 되느냐 이겁니다. 아무리 권장해도 안 되니까 법으로 묶자는 겁니다.

집을 지을 때 허가 맡은 곳을 파는 것은 좋은데 그 뒤에는 돌로 튼튼하게 축대를 쌓고 뻘건 데는 잔디를 입히고 허물어진 곳은 메우도록 하고, 이것을 안 할 때에는 세금을 받아 그 돈으로 시나 군에서 맡아서 하자, 이런 식으로 해야 도시가 아담하게 다듬어져 나갈 수 있다 이겁니다. 자기집 담장 안만을 아끼고 그 바깥은 모른다, 쓰레기가 쌓이든 언덕이 허물어지든 뒷산에서 무엇이 내려오든 그건 나는 모른다, 시가 하는 것이고 국가가 하는 일이다, 이러한 극단적인 이기주의는 우리가 제도적으로 막아야 되겠다는 것입니다."

산업화와 도시화가 급속하게 이루어짐에 따라 전국에서는 공장건설, 신도시 건설, 주택 건설, 교량 건설 등 대대적인 건설 붐이 일어났다. 이러한 건설 붐은 우리 경제의 지속적인 고도성장을 이끄는 견인차 역할을 함으로써 고용과 소득의 증대를 가져 왔고, 고용과 소득증대는 보다 큰 건설 붐을 조성했다.

그러나 이러한 건설 붐은 다른 한편으로는 자연을 파괴하고 훼손시키는 부작용을 수반함으로써 밝은 경제성장의 뒤안길에 어두운 그림자를 드리우고 있었다.

어떤 사람들은 그 원인이 과도한 경제개발과 팽창에 있다고 말했다. 물론 그런 면도 없지 않았다. 그러나 보다 근본적인 원인은 기

업들이 이윤법칙에 지배되고 있는 자본주의 경제체제에 내재되어
있는 것으로 인식되고 있었다. 즉, 이윤의 극대화를 위해서 무형의
이익을 등한시하는 기업행태에 그 원인이 있다는 것이다.

예컨대 기업들은 공장 건설이나 신도시 건설이나 주택개발을 할
때 불가피하게 자연을 훼손시키게 되는 경우가 많은데, 이때 기업이
어느 정도의 이윤 감소를 각오하고 자금을 마련하여 훼손된 자연을
복원시키겠다고 생각한다면 자연의 파괴는 얼마든지 방지할 수 있
다. 그러나 기업들은 도시와 농촌을 막론하고 가능한 한 최대한의
지역에 건설을 계속함으로써 기업이윤을 높이려는 데만 급급할 뿐
건설과정에서 자기들이 파괴한 자연을 복원시키는 데는 관심이 없
다. 그것은 많은 비용이 들어 기업이윤을 감소시키기 때문이다. 그
결과, 자연은 파괴되고 녹지는 훼손되어 하천과 대기는 오염된다.
기업의 이익을 위해서 대자연이 인간에게 주는 무형의 이익이 희생
되고 있는 것이다.

대통령은 국가와 지방자치단체에서는 이러한 건설업자들에 대해
서는 자연을 파괴하고 공해를 발생시킨 책임을 물어야 하며 스스로
원상을 복구하도록 하거나 자연보호와 정화에 소요되는 비용을 부
과함으로써 이윤만을 추구하는 기업의 극단적인 이기주의를 제도적
으로 막고 납세자인 국민의 부담을 줄여야 한다는 점을 강조한 것
이다.

**주변환경을 깨끗하게 가꾸는 일은 시골 초등학교에서부터 시작해
야 한다**

대통령은 이어서 우리 주변환경을 깨끗하게 가꾸는 것은 그 고장
주민들이 해야 할 일이며, 이러한 일은 시골 초등학교 교육에서부터
시작돼야 한다는 점을 강조했다.

"전국에 다니면서 보면 도처에 그런 데가 수없이 많은데, 지금 내무부에서 조경(造景)한다고 국도 주변에서 산이 허물어진 데를 돌로 쌓고 거기다 축대를 쌓고 잔디를 입히고 나무를 심고 있습니다.

한때는 봄이 되면 춘궁기라고 해서 식량이 없어 굶는다고 하는데 환경까지 깨끗이 하라고 하는 것은 너무 지나친 소리다 싶어 내가 얘기하지 않았는데, 이제 우리도 소득이 이 정도 올라가고, 국민들이 먹고 입고 하는 문제는 어느 정도 해결이 되었으니까 이제는 자기 집 가까이서부터 하나하나 다듬어 나가고, 자기 고장은 자기 고장 사람들이 하고 군은 군 사람들이 하고 국가적인 큰 것은 정부가 해야겠다는 것입니다. 산의 나무도 서로 아끼고, 가꾸고, 다듬고, 이렇게 해나가야 나라를 사랑하는 것이지 입만 떠들어 나라가 어떻게 되는 겁니까?

앞으로는 건설업자들이 도로공사를 한다든지, 다른 공사를 할 때 산을 깎는 것이 필요하다면 그런 것을 지방자치단체의 허가를 맡아 하는 것은 좋지만, 하고 나서는 원상복구를 하든지 정리를 해놓고 가야지, 그냥 방치해 두고 가면 정부가 거기에다가 예산을 들여 그것을 고쳐야 할 의무가 있느냐 이겁니다.

이런 것은 대통령이 여기에 앉아서 강조할 것이 아니라 저 시골 초등학교에서부터 교육이 시작되어 올라와야 할 것입니다. 시골 초등학교를 다녀보면 교문이 있고 철조망으로 울타리가 처져 있고 보기도 싫은 나무 몇 포기 심어 놨는데 그거라도 좋다 이겁니다. 그것을 잘 가꾸고 이리로는 사람이 절대로 못 다닌다고 해야 될텐데, 울타리 옆에 가보면 학교 청사의 쓰레기 같은 것을 철조망 바깥으로 전부 갖다가 던져 버린다 이겁니다. 여기는 쓰레기 모으는 장소가 되어 버립니다.

엄연히 정문이 있는데 철조망 밑을 뚫고 애들이 다니는데 이런데는 강아지나 다니는 것이지 사람이 지나다니는 데는 아니다 이겁니다. 학교에서 무슨 교육을 하느냐 이겁니다. 애들이 들어올 때나 나갈 때는 정문으로 다녀야지 귀찮다고 해서 철조망 밑으로 지나가서는 안 된다는 것입니다. 초등학교때부터 가르쳐야 애들이 커서 공원에 가더라도 잔디밭에 들어가지 말라면 안 들어가지, 정문으로 가면 귀찮으니까 그냥 철조망 밑으로 질러 다니고 하는 것이 초등학교에서부터 교육을 그렇게 시켜놨다 이겁니다. 어린애들 뿐만 아니라 심지어 교사들이 자기 하숙집에 점심을 먹으러 가는데 정문으로 돌아다니면 귀찮으니까 애들하고 같이 철조망 밑으로 지나다니고, 같이 들어오고, 이것이 우리나라 교육이다 이겁니다."

댐 높이나 수몰지구 면적에 대한 외국기술자 계획은 조정해야 한다

대통령은 이어서 댐을 건설하는 데 있어서는 댐 높이나 수몰지구 면적 등에 대한 외국기술자의 계획은 재검토하여 다시 조정할 필요가 있다는 점을 강조했다.

"댐 공사가 여기 저기 이루어지고 있는데, 댐 공사라는 것은 오랫동안 검토한 것이지만 기술적인 면을 재검토해 볼 필요가 있지 않나 생각합니다.

외국기술자들이 와서 댐을 쌓는데 여기 댐 높이를 얼마를 하면 저수량이 얼마가 되고 그것으로 인해서 홍수가 났을 때 하류에 있는 하천의 수위가 얼마가 되니까 홍수조절이 된다, 그러기 때문에 얼마를 높여야 된다, 이건 너무 홍수조절 위주로만 생각하는 것인데, 댐 건설 뒤의 일도 생각해 보자 이겁니다.

얼마만한 면적이 수몰지구로 들어가고, 거기에 농토, 주택, 심지어는 국가의 중요한 문화재 같은 것이 걸린 때는 굉장히 곤란한 문제인데, 그런 것도 모두 종합적으로 판단을 해서 하는 것이 국가에 절대적인 이익이다 할 때는 문화재가 있더라도 나는 옮기자 이겁니다. 옛날 상태로 그전보다 더 잘 지어서 어디 있던 건데 몇 년도에 이리로 옮겼다는 기록만 남겨야 될 경우도 있을지 모르지만 가급적이면 그런 경우는 피해야 되겠습니다.

수몰지구도 댐 높이를 조절해서 될 수 있는대로 적게 해야 되겠습니다. 수몰지구가 많으면 보상금이 많이 나간다는 어려운 문제 등 댐 건설 후의 뒷일도 고려해야 합니다. 가령 소양강 댐 높이를 얼마로 하면 저수량이 몇억 톤이고 홍수 때 한강다리에서 수위가 몇 미터 조절이 된다, 그런 위주로만 너무 생각해서는 안 되겠다는 것입니다. 이것을 잘 연구해야 돼요. 외국기술자들이 들어오면 그것만 생각하는 것 같아요.

뒤에는 어떻게 되는 모른다는 것인데 당장에 외국기술자하고 우리가 토론을 하고 결론을 내린다는 것은 어려운 문제도 있겠지만 우리가 충분히 검토를 해 볼 필요가 있다고 봅니다. 예를 들면 소양강 댐을 원래 설계할 때는 홍수 때 3억 5천만 톤 물을 거기서 나가지 못하도록 붙잡아 두면 그렇지 않았을 경우에 비해서 제2한강교 수위가 70㎝ 정도 내려간다, 그러면 홍수조절을 할 수 있다고 하였습니다. 이렇게 했는데, 작년 연말에 이 댐의 담수식 때 가 보고 나는 건설부 장관한테 홍수 때 저수량을 5억 톤으로 수정하라고 얘기했는데 건설부에서 그렇게 수정한 것으로 알고 있습니다. 저수량이 왜 3억 5천만 톤이냐 이겁니다. 평소에 물을 더 빼버리고 수위를 낮추어 놔두면 홍수 때 5억 톤도 붙잡아 둘 수 있고, 7억 톤도 저수를 할 수 있지 않느냐, 그러면 작년 정도 같은 그런 폭우가 쏟아지고 큰 홍수가 나더라도 소양강 댐을 붙잡고 앉아서 서서히 조절을 하면 한강교쯤 와서는 73㎝가 아니라 1m 50㎝나 2m 정도까지도 수

위조절이 가능하지 않느냐, 그리고 화천 댐이나 춘천 댐은 왜 그런 거 안 하느냐, 그걸 많이 하면 한강다리 가서 수위를 훨씬 낮출 수 있습니다.

한전에서는 발전량을 많이 생산하기 위해서는 댐의 물을 될 수 있는대로 적게 빼야 한다고 주장하는 모양인데, 이것이 한전의 수지(收支) 문제하고 관계가 되기 때문에 그러는 겁니다. 한전에서는 손해 보라 이겁니다. 1년에 몇 억 손해를 보더라도 홍수기에 6월 정도 가면 소양강 댐 물은 아무리 많더라도 몇 미터만 남겨두고 빼라, 그 다음에 갑자기 폭우가 오고 하더라도 붙잡아 둘 수 있는 저수량이 많기 때문에 한강다리의 수위조절은 훨씬 잘 할 수 있습니다.

그래서 여름에 한강의 홍수조절을 관장하는 지휘관 한 사람이 있어야 되겠다고 생각해서 이번에 대통령 지시로서 건설부장관이 명령으로 전부 통제하도록 했습니다. 건설부에서 모든 것을 기계적으로 과학적으로 계산해 소양강 댐은 현재로 몇 개, 황천 댐은 몇 개, 그 이상을 빼라고 해서 저수량을 조절해야지, 한전은 한전대로 물을 빼면 발전량이 줄어들어 금년에 회사수지가 맞지 않아 안 되겠다는 고집하고 있다가는 안 되겠다 이겁니다.

한전이 몇 억 손해 보는 것보다도 홍수가 덮치면 작년만 하더라도 200억, 300억 피해가 생기고 거기다가 인명피해가 겹치는 건데, 이런 것은 우리가 잘 생각을 한다면 지금 외국기술자들이 주장하는 댐 높이라든지 수몰지구 면적이라든지 이런 것은 우리 측이 충분히 연구하고 주장을 가지고 한번 재조정할 필요가 있다고 생각합니다."

정치적으로 조성되어 부실화된 지방공단은 모두 정리해야 한다

1973년 4월 11일, 월간경제동향보고회의에서 대통령은 정치적으로 조성되었다가 부실하게 된 지방공업단지를 모두 정리하고, 앞으로 지방공업단지 관리는 중앙정부기관으로 일원화시켜야 되겠다는 점을 강조했다.

"조금 전에 지방공업단지 실태조사 보고를 들었습니다만 이것을 듣고 여러분들이 느낀 점이 많았으리라고 봅니다. 우리가 경제건설을 하는 데 있어서 늘 강조하고 또 상식적으로 다 알고 있는 문제입니다만 투자를 많이 한다고 해서 경제가 성장하는 것은 아닙니다. 또 사업을 많이 벌인다고 해서 다 되는 것도 아닙니다. 문제는 사업 하나하나에 처음에 경제성이라든지 타당성이라든지 수익성 등을 과학적으로 충분히 검토해서 이것을 담당한 지방공무원이라든지 중앙 감독기관에서 적절한 지도와 사후관리를 하지 않으면 사업을 많이 벌리고 투자를 한 만큼 거꾸로 경제가 후퇴해 버립니다.

아까 보고 때 36개 공장이 부실하게 되었다고 하는데 공업단지를 만드는 데 투자가 얼마나 들었는지 모르지만 불필요한 공업단지를 만드는 데 투자하지 않고 그 돈을 다른 데 투자했더라면 훨씬 더 큰 이익을 보았을 것입니다. 결국 이것은 무엇을 말하는 것이냐? 처음에 주먹구구식으로 일을 시작했다는 이야기입니다. 특히 경제는 모든 것을 경제적으로 연구하고 판단해서 계획을 세워야지 여기에 정치성이 개재되면 반드시 실패합니다. 지금 몇 개 공단을 보더라도 왜 저런 곳에 공업단지가 생겼느냐 하는 의문을 가질 것입니다. 저런 것은 사전에 경제적인 검토나 연구를 한 것이 아니라, 선거 때 이 지방출신 국회의원들이 우리 고장에 공업단지를 만들어야 된다는 요구에 못 이겨 사전에 검토해야 될 과정을 모두 생략해 버리고 정치적으로 공업단지를 만들어 놓은 것입니다. 결국은 지방자치단체에서는 투자를 하기 위해 기채를 했는데 이자는 늘어나고 공장은 들어오지 않고 들어온 공장은 전부 부실해서 문 닫고 있기 때문에 손해를 보고 자금을 낭비하게 되는 거예요.

나는 그동안에 몇 개 공업단지가 부실하다는 이야기를 들었고 특히 어떤 지방에는 막대한 돈을 들여 공업단지를 만들어 놓았는데 공장은 들어오지 않고 거기다가 골프 연습장을 만들어 쓰고 있다는 얘기를 들은 적이 있습니다. 또 아까 브리핑에서도 나왔지만 땅이 팔리지 않으니까 아무한테나 비싸게 팔아 거기다 주택을 지어 놓았다는 것입니다.

어떤 지방에서는 공단에다가 양송이재배사(栽培舍)를 유치해 놨어요. 청주공업단지라고 기억하는데, 양송이를 재배하는 데는 많은 땅이 필요한 데 수입이 얼마나 나오는지 모르지만 땅 한 평 조성하는 데 몇천 원씩 들었을 텐데 무엇 때문에 그렇게 돈을 들여 양송이재배사 같은 것을 공단에다 유치하느냐 말입니다. 많은 돈을 투자해서 공업단지를 조성해 놨으면 거기에 알맞은 기업체를 유치해야지 그런 기업체가 들어오지 않는다고 아무거나 유치한다는 생각을 해서는 안 됩니다. 이런 것이야말로 국민들이 정부시책을 비웃게 만드는 일인 것입니다. 무엇 때문에 저런 데다 정부가 돈을 투자해 공업단지를 만드느냐는 것입니다. 지금 현재 부실상태에 있는 것은 빨리 정리를 해야 되겠습니다.

그리고 공업단지를 조성하고 공장을 유치하는 문제를 지방자치단체 공무원에게 맡겨서는 안 되겠다, 불안스럽습니다. 따라서 앞으로는 중앙정부에서 부실한 공업단지를 정리하는 기회에 그 관리를 책임질 수 있는 기관에다 일원화해서 맡겨야 되겠습니다. 공장을 건설한다고 돈만 주면 아무데나 불도저로 땅을 밀어서 널찍하게 해놓고 길만 닦아 놓으면 공장이 들어오고 경제가 성장한다고 생각해서는 안 된다는 것을 반성해야 하겠다는 것입니다.

그리고 아까 보니까 인천공업단지에는 비철금속에 속하는 공장을 입주시킨다는데 비철금속은 공해가 많은 산업입니다. 정부는 중화학공업 육성을 위한 공업단지를 선정할 때 공해문제가 없도록 지역 선정에 신경을 쓰고 있습니다. 공업단지에 공장이 안 들어오니까 아무 것이나 집어넣는다는 건데 비철금속이 뭐요? 아연이나 알루미늄 종류 아닙니까? 그런 것들은 주위에 공해를 일으키지 않습니까? 이런 문제도 이번 기회에 재검토해야 되겠어요. 공업단지를 잘 조성해서 여러 가지 필요한 시설을 잘해 놓고 또 지금 만들어 놓은 공단도 앞으로 관리만 잘하면 공장이 안 들어와서 곤란하다는 문제는 얼마 안 가면 해소될 줄 압니다. 그러니까 기업성도 없는 엉터리 공장을 숫자만 많이 늘리려고 하는 욕심을 내지 말고 이왕 잘못된 것은 잘 정리해서 앞으로 그 지방에 알맞은 확실한 기업을 유치하도록 노력해야 될 줄 압니다."

대통령은 이어서 공업단지를 분양할 때 기업체들이 너무 많이 차지하여 땅 장사하려는 것은 철저히 규제해야 한다는 것을 강조했다.

"일반적으로 단지를 분양할 때 보면 기업체들이 땅을 너무 많이 차지하려고 하는데 이것은 철저히 규제해야 합니다. 어떠한 업종의 공장을 짓느냐, 그 규모가 어느 정도냐, 땅이 얼마나 필요하냐 하는 것을 검토하여 필요한 만큼 줘야지 공연히 운동장 같은 땅을 만들어 주면 그 기업체들이 처음에 땅을 싸게 사 가지고 뒤에 어느 시기에 가서는 남한테 비싸게 팔아 남기려는 생각으로 땅을 많이 확보하려고 하는 것이 아닙니까?

이런 것도 고려해서 분양을 해줘야 되겠습니다. 그리고 땅을 분양할 때도 무슨 공장을 언제까지 짓는다, 언제까지 짓지 않으면 그 땅을 딴 기업체가 들어올 수 있게 한다는 각서를 받아야 합니다. 이렇게 해서 땅만 사 놓고 들어오지 않고 이 다음에 땅장사하겠다는 그런 기업체한테 공업단지를 분양해서는 안 되겠습니다.

지방 도지사 이하 일선공무원들이 공장을 건설하고, 이것을 관리하는 데 경험이 없고 지식이 없기 때문에 이런 결과를 가져왔다고 보여집니다. 또 광주같은 데서는 공업단지에다가 민간인에게 주택허가를 해주었고 시가 나가서 준공검사를 했다고 하는데 지금 와서 말썽이 나니까 나가라고 한다는 것입니다. 이런 것은 어느 부처가 감독관청인지는 모르지만 어떻게 돼서 그렇게 되었는지 조사를 해서 책임자들에 대해서 책임추궁을 해야 된다고 생각합니다. 잘못된 것은 뒤에 가서 아무도 책임지는 사람 없이 중앙에서 정리한다, 중앙에서 이에 대한 대책을 세운다 해 넘어가는 그런 식으로 해서는 안 된다고 생각합니다."

소도시 시장, 군수들이 도시계획을 공고했다가 변경하는 일을 반복하고 있다

1974년 1월 24일, 건설부 연두순시에서 대통령은 소도시의 시장이나 군수들이 무계획적으로 도시계획을 공고했다가 변경하는 일을 되풀이하고 있다고 지적하고 이들에게 대해 도시행정에 대한 교육을 시키라고 지시했다.

"국토 종합개발 계획은 5·16혁명 후 내가 행정부에 처음 들어오자마자 최고회의 때부터 추진하였습니다. 건설부에서 지난 10여년 동안 연구 검토한 끝에 지금은 그 계획이 상당히 궤도에 올랐습니다만, 앞으로 계속 문제점은 검토해서 보완하고 더 연구해 나가야 될 줄 압니다. 그러나 이 계획은 자주 변경해서는 안 됩니다. 그 동안 무슨 계획을 세웠다가는 다시 뜯어고치는 사례가 있었습니다. 그렇게 하면 예산낭비도 많지만, 국토를 보전하기보다는 오히려 망치는 결과도 될 수 있습니다.

지금 시골에 가 보면 소도시의 시장이나 군수들이 도시행정이나 도시개발 계획에 대한 경험이 없어서 서울이나 부산 같은 데 가서 그곳에서 하는 것을 보고 와서는 깊은 연구 없이 소도시에다가 무계획적으로 도시계획을 공고했다가 변경하는 일을 되풀이합니다. 그래서 예산이 낭비되고 주민들은 상당히 불편을 느끼고 있다는 것입니다.

　건설부에서는 금년에 150여 개 소도시에 대한 도시계획도 검토하겠다고 하는데, 소도시 주민과 시장과 군수들에게 도시행정에 대한 교육을 시켰으면 좋겠습니다. 농촌에서 군수를 지낸 사람들이 어떤 도시에 가서 도시행정을 맡으면 농촌행정과 도시행정은 상당한 차이가 나기 때문에 사전에 도시행정에 대한 기초지식과 훈련이 없으면 계획이 조석으로 변해 여러 가지 물의를 일으키는 결과가 많이 생깁니다.”

지방 일선책임자들은 자기 관내를 통과하는 도로를 정비해야 한다

　대통령은 이어서 도지사, 군수, 면장 등 지방의 일선책임자들이 자기 관내를 지나가고 있는 도로에 대한 정비책임을 소홀히 하고 있다는 사실을 지적하고 이들을 잘 지도해야 되겠다는 점을 강조했다.

　“정부가 고속도로 건설, 국도포장 사업을 활발히 하고 있는데 지방장관들이나 군수, 이런 일선 행정책임자들이 자기 관내를 지나가고 있는 도로에 대한 정비책임에 대한 관념이 대단히 희박한 것 같아요. 물론 고속도로 같은 것은 도로공사 같은 데서 하는 것이고 또 여름에 홍수가 났다던지 해서 국도가 크게 파괴된 것은 예산 문제도 있고 해서 건설부가 하겠지만, 소소한 것, 가령 어떤 면(面)을 지나가는 국도가 조금 파손되며 사람들이 10여 명 나와 가지고 한나절만 손질하면 완전히 복구가 될 수 있는 그런 상태에 있는데 면장들은 전연 관심이 없어요.

그들은 국도니까 이건 정부예산 가지고 하는 거다, 여기 나와 있는 건설부의 지방국도건설국에서 하는 것이다고 생각해. 도지사도 마찬가지야. 자기 도내를 지나가고 있는 국도라든지 지방도라든지 돈 몇백만 원, 인부 몇십 명 동원해 하루 이틀만하면 충분히 복구할 수 있는 그런 것도 거디가 돌을 떡 세워놓고 뻘건 페인트를 가지고 '위험'이라고 써 놓고는 이건 중앙에서 와서 돈 들여 해라, 이런 식으로 자기 관내를 지나가는 도로의 유지보수에 대한 관념이 아주 희박한 것 같아요.

공사규모가 작고 돈이 적게 드는 것이라든지, 동네 앞을 지나가는 길이 허물어져서 버스가 지나가자면 한 대가 서서 기다려야 되는 이런 정도는 주민들 몇십 명이 한나절만 나와 거들어서 하면 간단히 될 수 있는 걸 안 하고 그대로 두는데, '도로는 전부 중앙정부가 보수하는 것이다'라는 관념을 갖고 있기 때문에 거기에 대해 등한시하지 않느냐 생각됩니다.

예를 들면 여기서 강릉까지 가는 길도 원주까지는 고속도로가 돼 있지만 원주에서 구 국도로 해서 강릉까지 가는 길이 작년, 재작년 홍수 때 모두 허물어진 것인데, 물론 큰 공사는 중앙에서 나와서 하고 있지만, 조그마한 것도 전연 안 하고 방치되어 있는 것을 보고 이건 역시 이 사람들이 아직 여기에 대한 인식이 부족하다고 느꼈는데 이건 앞으로 잘 지도를 해야 되겠습니다."

아산만 광역종합개발 계획안을 1, 2년 내에 완성해야겠다

대통령은 이어서 아산만 광역개발 계획이 잘 되면 세계에서 가장 큰 임해(臨海)공업단지가 될 수 있다고 보고 외국의 실력 있는 용역단(用役團)을 활용해서라도 여기에 대한 종합개발계획을 1, 2년 내에 완성시키라고 지시했다.

"아산만 광역개발 계획은 그동안 상당히 많은 기초조사가 되었는데 앞으로 더 조사를 해서 보다 확실한 계획이 나올 수 있게끔 필요하면 국내기술자들 뿐만 아니라 외국의 실력 있는 용역단한테 주어서라도 여기에 대한 종합계획을 앞으로 한 1, 2년 내에 완성을 시켰으면 좋겠습니다.

앞으로 조사해 봐야 되겠지만 이것이 잘 되면 지금 나와 있는 계획만 보더라도 장차 우리나라에서 개발할 가장 유망한 공업지대가 될 수 있다고 봅니다.

이것이 개발이 잘 되면 경인, 울산, 새로 하는 여수공업단지를 전부 합친 것보다도 훨씬 더 큰, 동양에서뿐만 아니라 세계에서도 가장 규모가 큰 하나의 임해공업단지가 될 수 있지 않겠느냐 하는 것이 내 생각입니다. 다른 여러 가지 여건도 좋지만 큰 공업단지를 만들어 보니까 그 동안의 경험에 의하면 사람이 많이 모입니다. 지금 정도만 하더라도 안중(安仲)이라는 데는 35만 도시가 된다고 그랬는데, 여기가 한 가지 좋은 것은 서울, 인천, 수원 등 도시가 가깝기 때문에 앞으로 계획대로 공업도시가 된다면, 대전은 얼마 걸릴지 모르지만, 서울 같은 데서는 전철로 불과 한 시간 내에 종업원들이 올 수 있다, 기숙사에 들어가고, 새로 집을 짓지 않아도 자기 집에서 한 시간 또는 한 시간 반에 통근할 수 있는 곳이기 때문에 몇십만씩 모이는 큰 도시가 새로 생기지 않고도 훈련된 유능한 노동력을 얼마든지 흡수할 수 있는 그런 장점이 있지 않은가, 나는 그런 생각이 듭니다."

세계적인 갑문시설 건설이 인천항의 지도를 바꾸어 놓다

1974년 5월 10일, 인천항 제2도크(dock) 준공식에서 대통령은

인천항 제2도크 관제탑에서 갑문을 시동하고 난 뒤 항내를 둘러보는 박 대통령 내외
(1974. 5. 10)

먼저 해운한국의 발전에 전기를 마련한 종합항만공사를 우리 기술로 완성함으로써 우리는 대자연에 대한 도전에서 인간의지의 승리를 기록했다고 기뻐했다.

우리는 막대한 투자와 고도의 기술로 거대한 선거(船渠)와 세계적인 갑문시설을 건설하고 바다를 메워 인천항 지도를 바꾸어 놓았다. 이제는 5만 톤급 대형선박이 내항 부두까지 접안할 수 있게 되었다. 국제수준의 항구로 성장한 인천항은 앞으로 산업발전을 촉진하고 수출의 국제경쟁력을 강화해 나가는 요충지로서, 또 국제항구도시로서 각광을 받게 된다는 것이다.

"오늘 우리는 대자연에 대한 도전에서 인간 의지의 또 하나의 승리를 기록하였습니다.

그 실증이 바로 우리가 지금 준공을 경축하게 된 이 거창한 선거인 것입니다. 우리는 그 동안 막대한 투자와 고도의 기술로써 이처럼 거대한 선거와 세계적인 갑문시설을 건설하고, 또한 바다를 매립하여 이곳 인천항의 지도를 바꾸어 놓았습니다.

그리하여 지금까지 4천 톤 내외의 선박만이 출입할 수 있었던 것을 이제는 5만 톤급 대형선박도 이 내항 부두에까지 자유롭게 접안할 수 있게 하였습니다. 이로써 우리는 조수간만이라는 자연 장애를 우리의 땀과 의지로 극복한 것입니다. 이것은 뻗어나는 우리 국력의 상징인 동시에, 조국근대화를 앞당기는 우렁찬 개가의 하나라 하지 않을 수 없습니다.

나는 '해운한국'의 발전에 새로운 전기를 마련한 이 같은 종합 항만공사를 우리의 기술로 완성하였다는 것을 모든 국민과 더불어 자랑스럽게 생각하면서 우리 건설역군들의 그간의 노고를 깊이 치하하는 바입니다.

이곳 인천항은 그 입지적 여건으로 보아 수도 서울과 경인공업지대를 비롯한 우리나라 중부권역의 관문입니다.

따라서, 인천항의 현대화는 우리나라의 해상수송력을 획기적으로 증대하고, 국제교역을 더욱 진흥해 나가는 데 있어서 필수요건이 되는 것입니다. 그렇기 때문에, 우리는 막대한 인력과 물량을 투입하여 인천항 선거건설을 추진해 왔던 것입니다.

이제 앞으로 인천항은 국제수준의 항구로서 우리나라의 산업발전을 촉진하고 수출의 국제경쟁력을 강화해 나가는 데 요충지가 될 뿐만 아니라, 또한 인천시는 국제항구도시로 새로운 각광을 받게 될 것으로 크게 기대되는 것입니다.

따라서, 오늘 이 자리는 1883년 고종 20년에 그 당시 제물포항이었던 인천항이 개항된 이래 91년 만에 보는 가장 큰 경사이며, 우리 항만사에 신기원을 이룩하는 것이라 하겠습니다."

대통령은 이어서 항만현대화 계획의 일환으로 동해안 북평항 등 주요 항만을 확장·정비하고 온산, 여수, 광양, 창원, 옥포 등을 공업항으로 건설한다는 계획을 밝혔다.

"지금 세계 각국은 자원난과 경제불황 속에서 더욱 치열한 수출 경쟁을 벌이고 있습니다. 이 수출경쟁은 비단 상품 경쟁에 그치는 것이 아니라, 또한 수송력 경쟁이기도 합니다.

그리고 오늘날과 같은 대량수송 시대에 있어서 해운의 역할은 날로 증대되어 가고 있는 것이 세계적인 추세입니다.

특히, 국제교역을 해운에 의존할 수밖에 없는 우리의 경우에 있어서는 그 비중이 더욱 크다고 아니할 수 없습니다.

따라서 우리의 해운진흥은 곧 수출의 국제경쟁력을 강화하고 나아가서 국력배양의 가속화를 굳게 다짐하는 길이 되는 것입니다.

더욱이, 앞으로 우리의 지속적인 수출 신장에 따라 물동량은 크게 증가되고, 따라서 해상수송량도 크게 늘어날 것입니다.

그렇기 때문에, 우리의 해운진흥은 시급하고도 주요한 당면과제가 아닐 수 없는 것입니다.

우리가 이 과제를 완수하기 위해서는 조선공업 발전에 더욱 박차를 가하여 우리 손으로 선박을 증가시키고 우리 배의 화물적취율을 더욱 높여 나가야 하는 것입니다.

그리하여, 하루빨리 태극기를 높이 단 우리의 선박들이 우리 상품을 가득 싣고 5대양을 누비면서 해운한국의 국위를 떨칠 수 있도록 해야 합니다.

이와 아울러, 또한 우리는 항만과 부두기능 시설을 더욱 확충하고 정비 개선해 나가는 데 주력해야 하겠습니다.

그래야만 수송과 하역능력은 더욱 제고되고, 나아가서 우리나라 전체의 유통기능도 보다 원활하게 될 수 있는 것입니다.

지금 정부는 항만현대화 계획의 일환으로 동해안에 있는 북평항을 비롯한 주요 항만을 계속 확장정비하고 온산, 여수, 광양, 창원, 옥포 등을 공업항으로 건설하기 위한 계획을 추진하고 있습니다.

이 같은 계획이 결실될 때 우리의 해상수송 체계는 완비되고 중화학공업 또한 더욱 촉진되어 80년대의 100억 달러 수출을 크게 뒷받침하게 될 것입니다.

우리 모두 단결하고 합심하여 지금과 같이 꾸준히 노력을 계속한다면 우리나라는 머지 않은 장래에 세계에서도 으뜸가는 해운국가가 될 수 있다는 것을 우리는 믿고 있습니다.

이미 우리는 오늘의 이 인천항 선거 준공을 통해 그 가능성과 우리 민족의 무한한 저력을 실증하였습니다.

우리 모두 굳건한 발전의지와 총화단결로써 조국 근대화와 민족중흥의 위대한 전진을 계속해 나아갑시다.

끝으로, 나는 이곳에서 근무하는 한 사람 한 사람이 수출전선의 선봉이요 국력배양의 역군이라는 보람찬 긍지와 사명감을 가지고 맡은 바 직무에 충실해 줄 것을 당부하는 바입니다."

또한, 나는 이처럼 거대한 종합항만공사를 성공적으로 완성시키는 데 불철주야 심혈을 기울여 온 우리 건설역군 여러분과 기술진, 그리고 관계 공무원 여러분의 노고에 대하여 다시한번 뜨거운 치하를 보내면서, 아울러 그동안 온갖 불편과 애로를 무릅쓰고 공사에 협조해 주신 인천 시민 여러분에게 감사를 드리는 바입니다."

중화학공업 시대에 대비해서 81년까지 4개 원자력발전소를 건설할 것이다

1974년 5월 24일, 팔당수력발전소 준공식에서 대통령은 먼저 팔당 댐 건설경위와 그 효과에 대해 설명했다.

"착공한 지 8년 만에 오늘 팔당 댐과 시설용량 8만 kW를 가지는 수력발전소의 준공식을 함께 가지게 된 것을 여러분과 더불어 대단히 기쁘게 생각합니다.

그동안 공사기간 중 세 번이나 큰 홍수를 만나서 여러 가지 어려움이 많았음에도 불구하고 불굴의 의지로써 이것을 극복하고 오늘의 완공을 가져오게 한 우리 건설진과 기술진, 그리고 프랑스 기술진 및 한국전력회사 관계 직원 여러분들의 노고에 대하여 깊은 치하를 보내는 바입니다.

이 공사는 조금 전 경과보고에도 있는 바와 마찬가지로 내외자 합해서 190억 원이란 많은 돈이 투입된 우리나라에서 가장 전형적인 다목적 댐의 하나입니다.

이 댐이 완성됨으로써 작년에 완공을 본 소양강 댐과 더불어 과거 거의 매년 또는 몇 년 만큼 한 번씩 겪던 수도 서울 부근과 한강 하류 경인지구의 홍수를 방지할 수 있게 되었고, 경인공업지구에 대한 공업용수를 무제한으로 공급할 수 있게 되었습니다.

또한 서울, 인천 등 경인지구 주민들에게 깨끗한 상수도 용수를 공급할 수 있을 뿐만 아니라, 김포평야를 위시한 한강하류 일대에 농업용수를 공급할 수 있는 풍부한 수자원을 갖게 되었으며, 8만 kW의 수력발전 용량을 또한 갖게 되었습니다.

이 밖에도 앞으로 우리의 노력 여하에 따라 이 지대는 관광자원 개발과 인공호수에서의 내수면 양어 등 개발의 여지가 많아 지역개발이 더욱 촉진될 것으로 전망할 수 있습니다."

대통령은 이어서 80년대 초에 이룩될 중화학공업 시대에 필요한 전력에너지 확보를 위한 댐 건설과 원자력발전소 건설계획을 설명했다.

"정부는 5·16 이후 지금까지 여러 개의 댐을 건설했는데, 가장 대표적인 것만 하더라도 6개를 들 수 있습니다.

섬진강 댐과 춘천 댐, 의암 댐, 남강 댐, 그리고 작년에 완공을 본 소양강 댐과 오늘 여기서 준공을 보는 팔당 댐, 그 밖에도 엊그제 완공을 본 아산만 방조제와 남양만 방조제는 비록 댐이라곤 할 수 없지만 발전 기능을 떼놓고는 다른 댐과 마찬가지로 홍수조절이라든지 공업용수, 농업용수를 공급할 수 있으므로 댐과 똑같은 기능을 가진 방조제입니다.

또한, 정부는 81년까지 약 8개의 댐 건설을 위한 계획을 지금 추진하고 있습니다. 그 중 하나인 안동 댐은 작년에 착공했으며, 대청 댐, 합천 댐, 여주 댐 등 대소 8개의 댐을 새로 건설해 나갈 것입니다.

이러한 댐 공사는 막대한 재원이 필요합니다. 그러면 정부는 왜 이같이 거창한 댐을 건설하려고 하느냐 하면, 그것은 80년대 초에 이룩될 중화학공업 시대에 대비해서 여기에 필요한 전력 에너지를 확보하자는 데 큰 목적이 있습니다. 여러분들이 아시는 바와 같이, 우리나라는 기름이 한 방울도 나질 않습니다. 그러나 우리나라의 에너지는 대부분 석유류에 의존하는 것이 대종을 이루고 있습니다.

따라서, 우리는 앞으로 국내에 있는 부존자원을 최대한으로 개발해야 하겠습니다. 우리가 가지고 있는 국내자원으로서 상당한 양의 석탄이 매장되어 있고 이것을 연료로 해서 화력발전을 할 수 있으며, 또 우리나라에 있는 여러 하천을 잘 이용해서 댐을 건설하면 여기서 수력발전에 의한 전력을 개발할 수 있는 그런 소지가 많이 있

정소영 농림장관 안내로 아산·남양만 방조제 준공식장에 들어서고 있는 박 대통령
(1974. 5. 22)

는 것입니다.

그러나 이 석탄과 수력만으로서 우리가 필요한 에너지를 충분히 확보할 수 있느냐 하면 그것만으로는 부족하다는 것을 우리는 알고 있습니다.

그렇기 때문에, 정부는 여기에 대비하기 위해 원자력발전소를 서둘러 건설하려고 합니다.

지금 제1호기 원자력발전소가 내후년인 76년에 완공을 보게 될 것입니다만, 지금부터 2, 3, 4호기를 빨리 추진하여 81년까지는 네 개의 원자력발전소를 가질 예정입니다.

이렇게 함으로써, 우리가 지금 추진 중에 있는 중화학공업 육성, 즉 80년대 초 중화학공업 시대에 대비해서 여기에 필요한 에너지를 최대한 확보하고자 노력을 경주하고 있는 것입니다.

이러한 공사를 위해서는 아까도 말씀드린 바와 같이, 방대한 재원이 필요하지만 만난을 배제하고라도 이것을 추진해야 되겠다는 것입니다.

또한, 이러한 에너지의 개발은 비단 공업 분야에서뿐만 아니라, 농어촌에도 큰 혜택을 주게 되어 산간벽지에까지 전기를 끌어들일수 있게 될 것입니다.

지금 정부가 추진하고 있는 이와 같은 전력개발 계획이 예정대로 추진되면, 77년 말에 가면 전국 250만호 농가에 집집마다 전기가 들어가 100%의 농어촌 전화가 이룩될 수 있다고 내다보는 것입니다.

따라서, 이러한 에너지 개발은 우리나라 공업발전뿐만 아니라, 우리 농어민들에게도 보다 많은 문화적 혜택을 주고, 또 소득증대에도 크게 기여하게 되어 보다 살기 좋은 농어촌을 건설할 수 있게 될 것입니다.

우리는 작년에 소양강 댐을 준공했습니다. 또 얼마 전에는 인천제2도크를 준공했습니다. 그리고 2, 3일 전에는 아산만 방조제와 남양만 방조제를 준공하고 오늘 또다시 팔당 댐 준공을 보게 된 것입니다.

이것은 두말할 나위도 없이, 대자연에 도전하는 인간의 의지가 승리를 하나씩 기록하고 있다는 실증을 우리 눈으로 본다고 할 수 있겠습니다. '원래 인류의 역사는 대자연에 도전하는 인간 의지의 승리의 기록'인 것입니다.

나는 지금 이러한 역사가 하나하나 엮어져 나가는 것을 우리들 눈으로 직접 볼 수 있게 된 것을 대단히 기쁘게 생각합니다.

우리 모두 더욱 분발해서 보다 더 살기 좋고 부강한 국가를 건설하는 데 다 같이 힘을 합쳐 나가야 하겠습니다.

팔당 댐 준공식이 끝난 뒤 팔당호 주변을 육영수 여사에게 설명해 주고 있는 박 대통령
(1974. 5. 24)

끝으로, 이 공사에 종사한 우리나라 건설진 여러분과 기술진, 한
전 관계직원 여러분의 노고에 대해 다시 한 번 치하의 말씀을 드리
고, 또 이 공사의 추진을 위해서 적극 협조해 주신 프랑스 정부당국
과 관계은행단, 그리고 소그레아회사 기술진 여러분의 노고와 협조
에 심심한 감사를 드리는 바입니다."

국도(國道)의 유지·관리는 각 도·시·군·면에서 책임지도록 해야
한다

1975년 1월 25일, 건설부 연두순시에서 대통령은 국도의 유지관
리는 각 도·시·군·면에서 책임지도해야 되겠다는 점을 강조했다.

"우리나라의 국도포장이 매년 늘어나는데 금년 말에는 전 국도의
45%, 거의 절반 정도의 국도가 포장되고, 81년에 가면 거의 100%
가 됩니다. 국도포장률이라는 게, 다른 선진국가는 모르겠습니다만

개발도상국가에서는 우리나라가 상당히 높은 수준이라고 봅니다.

국도는 포장해 놓고 앞으로 유지관리를 잘 해야 되겠는데, 여기에 대해서는 각 도·시·군·면에서 책임지도록 해야 되겠습니다. 국도 주변에 있는 부락에 큰 홍수가 났다든지 큰 사고가 나서 교량이 내려앉았다든지, 떠내려갔다든지 사태가 나서 길이 막혔다든지, 이런 것은 또 모르지만, 간단한 것은 현지에 있는 행정기관이 자동적으로 이것을 보수하는 그런 제도를 만들었으면 좋겠습니다.

자기 읍내 앞에 지나가는 국도가 지난번에 홍수가 나서 몇 군데가 허물어지고 어떻게 파손되었으면 주민들이 전부 나와서 한 나절만 돌이다, 흙이다 이런 것을 갖다 쌓고, 다지고 하면 완전히 원상복구가 되는데 저 일선에 가보면 군수나 읍장이나 면장이나 이런 사람들, 심지어 도지사까지도 국도는 중앙정부가 관리하는 것이다, 이래 가지고 뻘건 칠로 '위험'이라고 표시해 놓고 중앙에서 해줄 때까지 앉아 있어요. 작년에 지금 상공부장관으로 있는 장예준 장관이 건설부장관으로 있을 때 무슨 조치가 되어 있는 줄 아는데, 앞으로 국도포장률이 자꾸 높아가면 높아갈수록 그만큼 도로가 허물어진다든지, 고치고 땜질해야 될 데가 많이 생기고 여기에 많은 차량들이 다니기 때문에 자기 행정단위에서 보수가 안 되는 것은 즉각 상부에 보고를 해서 기술적으로나 능력 있는 상급기관에서 나와서 즉각 보수를 한다든지 해야지, 이것도 안 하면 차량의 사고, 교통소통이 상당히 어려워질 겁니다.

지금 국도포장률이 거의 절반, 앞으로 몇 년 가면 전 국도가 완전히 포장이 될 텐데, 주민들의 사고방식이라든지, 관념이라든지 이런 것은, 옛날에 소위 신작로에 자갈 깔아놓고 1년에 몇 번씩 나와서 부역(賦役)하고, 자동차가 한번 지나가고 나면 가운데가 움푹 파졌지만, 그것은 1년에 한두 번씩 나와서 보수하는 것이다 하는 이런 관념이 아직 남아 있는 것 같아요. 지금 도로포장률이라든지, 차량 교통량의 증가와 도로 주변 지역에 살고 있는 주민들의 사고방식 이것이 같이 따라가지 않아서 여러 가지 문제가 있다고 생각합니다. 이것 역시 행정기관에서 책임을 확실히 구별해 빨리 하지 않으면 어렵겠습니다.

그리고 국도포장률도 지금 현재 계획으로는 81년까지 거의 100% 되게끔 되어 있지만, 81년까지는 아직도 한 6~7년이라는 시간이 있으니까 포장에 있어서 우선순위가 책정이 되고, 원칙이 서야 되겠습니다. '81년에 가면 어차피 다 되는데 뭘' 하는 생각을 가질 것이 아니라 그 전에라도 어느 도로를 먼저 포장하는 것이 바람직하냐, 가령 산업도로라든지, 지역간 경제교류에 도움이 되는 도로라든지 또는 문화유적지나 관광지역이라든지, 포장했을 때 그 성과가 가장 큰 것부터 먼저 한다는 원칙에 따라서 우선순위를 정해 연차적으로 해 나가는 것이 좋겠다는 것입니다."

댐 건설 때는 수몰지구주민에 대한 연차적 보상방안을 확정해 놓고 공사에 착수하도록 해야겠다

대통령은 이어서 댐 건설에 있어서는 설계계획에다가 수몰지구 주민에 대한 보상계획을 포함시켜서 연차적인 보상방안을 확정해 놓고 공사에 착수하도록 하라고 지시했다.

"대청 댐, 안동 댐의 수몰지구 문제가 아직 완전히 해결되지 않았다는 얘기가 있는데, 앞으로 합천 댐, 인제 댐 등 여러 개의 댐이 건설되는 것 같습니다만 댐 건설공사를 할 때는 그 본공사 설계계획에다가 그 뒤에 포함되는 수몰지구 주민들에 대한 보상계획을 넣어 연차적으로 보상한다는 것을 확실히 해놓고 공사에 착수하도록 해주기를 바랍니다. 과거에는 댐을 만드는 데 공사비가 백억이 든다고 하면 보상금은 면적이 몇 만 평이고 민가가 얼마가 있고 하니까 대략 20~30억인데, 처음에는 그냥 넘어가고 공사가 어느 정도 되어서 물이 저수(貯水)가 되어 수몰지구가 점차 생길 때 그때 가서 보상한다, 이런 식으로 했는데 그래서는 안 되겠다는 겁니다.

앞으로는 처음부터 보상계획이 본 건설계획에 들어 있고 예산조치가 되고, 연차적인 보상계획이 확정돼 가지고 첫해에 옮기는 주민, 이듬해에 옮기는 주민한테 주는 보상금은 어떻게 한다는 것을 확실히 해야지 안 그러면 댐은 자꾸 쌓아 올라가는데 거기에 있는 주민들하고 행정기관이 보상문제를 가지고 마찰이 생긴단 말입니다. 그래 가지고는 앞으로 일을 해나가는 데 대단히 곤란하지 않겠느냐는 겁니다."

금년에는 도서벽지 식수문제를 해결해야 한다

대통령은 이어서 금년에는 도서벽지의 식수문제를 해결하라고 지시했다.

"정부에서 지금 구상하고 있는 중소 도시에 대한 상수도 설치는 예산이 많이 드니까 앞으로 연차적으로 해야 되겠지만, 도서벽지에는 봄철에 한 보름이나 달만 가물면 식수가 떨어져서 육지에서 배로 물을 싣고 간다든지, 한때는 해군 배로 물을 싣고 도서를 돌아다니면서 배급을 하다시피 했는데, 그런 도서의 식수 문제를 금년에는 어떻게 해결했으면 좋겠어요. 지하수를 판다든지, 아무리 지하수를 파도 물이 안 나오는 그런데 같으면 물탱크를 만들어 놓고 어디 가까운 육지에서 일 주일에 몇 번씩 정기적으로 물을 운반해서 그것을 가져다가 먹는다든지 해야지, 도시에서는 상수도가 있어서 수세식 화장실이다, 샤워실이다, 별 소리 다 나오는데 한쪽 구석에 사는 주민들은 먹는 물조차 없어서 하늘만 쳐다본다, 이래 가지고는 곤란하지 않겠느냐, 식수 문제는 건설부뿐만 아니라 내무부, 보사부와도 관계가 있다고 생각하는데 3개 부처가 한번 연구를 해서 금년 중으로 그런 걸 해결했으면 좋겠어요. 내년 봄부터는 한발 때문에 식수가 없다는 그런 소리가 나오지 않게끔 예산도 상당히 투입을 해야 되지 않겠느냐, 나는 이렇게 생각합니다."

안동 다목적 댐은 낙동강 일대에는 농업·공업용수를 공급하고 영남·영동 일대에는 전력을 공급하게 된다

1976년 10월 28일, 안동 다목적 댐 준공식에서 대통령은 이 댐은 낙동강유역 일대의 광활한 농경지에는 농업용수를, 구미·울산·마산 등 산업기지에는 공업용수를 공급하게 되고, 댐에 설치된 9만 킬로와트의 발전시설은 영남과 영동 일대에 전력을 공급하는 등 여러 가지 기능을 겸비하고 있다는 사실을 설명했다.

"지금 이 자리에서 우리가 바라보는 이 거창한 축조물은 우리의 불타는 의욕과 집념으로써 대자연을 정복한 또 하나의 승리의 증거입니다.

지난 3년 8개월 동안 비가 오나 눈이 오나 밤낮을 가리지 않고 산을 깎고 강을 막아 오늘 마침내 준공을 보게 된 이 안동 댐은 다목적 댐으로서는 저수용량에 있어 우리나라 두 번째로 손꼽히는 인공호수입니다.

안동 다목적 댐의 준공으로 낙동강 유역 16만 정보의 광활한 농경지는 물론, 새로 조성될 1만여 정보의 농토와 3만 3천여 정보의 천수답이 이제 가뭄이나 홍수를 모르는 수리안전답으로 변모하게 될 것입니다.

또한, 이 댐에 저수될 12억 4천만 톤의 방대한 용수는 앞으로 안동 일대 생활용수는 물론 구미·울산·마산 등 산업기지에 풍부한 공업용수를 공급하는 수자원이 되는 것입니다.

그뿐만 아니라, 이 댐에 설치되어 있는 발전시설은 9만 킬로와트 용량으로서 연간 1억 9천만 킬로와트 전력을 영남·영동 일대에 공급하게 됩니다.

특히, 이 댐에는 우리나라에서 처음으로 시도된 양수겸용의 발전시설이 갖추어져 있다는 것이 특기할 만한 점입니다.

즉, 발전에 한 번 이용한 물을 인공적으로 저수해 두었다가 다시 상류로 끌어올려 발전에 이용하는 시설체계를 말하는 것입니다.

나는 이처럼 여러 가지 기능을 겸비하고 있는 이 거대한 댐이 순수한 우리 기술진의 힘만으로 완성되었다는 데 대하여 국민 여러분과 더불어 자랑스럽게 생각합니다.

이 어려운 대역사가 차질없이 오늘의 준공을 보기까지 땀과 기술과 집념으로써 불철주야 헌신해 온 우리 건설역군 및 기술진, 그리고 관계공무원 여러분의 노고를 충심으로 치하하고 위로하는 바입니다.

국토를 알뜰히 가꾸고 자원개발에 박차를 가하여 농업의 근대화를 촉진하는 일이야말로 우리 세대가 당면한 보람 있고 중요한 과제라 아니할 수 없습니다.

자원을 에워싼 국제경쟁에서 우리가 이기는 길은 조상 대대로 물려받은 이 강토를 더욱 쓸모 있게 가꾸고 슬기롭게 이용하려는 우리의 의지와 실천에 달려 있는 것입니다.

그렇기 때문에, 일찍이 정부는 국토 종합개발에 중점을 두고 제2차 경제개발 5개년계획의 추진과정에서부터 4대강유역 수자원 다목적 개발사업에 본격적인 노력을 기울여 왔던 것입니다.

그 결과 한강을 비롯 금강·영산강·낙동강 등 우리나라 4대강유역은 상전벽해라는 옛말 그대로 모습이 크게 바뀌었고 정성스레 다듬

안동 다목적 댐 준공, 4대강유역 다목적 댐 건설 완료 안동 다목적 댐 전경(1976. 10. 28)

어져 가고 있습니다.

정부는 그 동안 415억 원의 자금과 막대한 인력을 투입하여 마침내 준공을 보게 된 이 안동 다목적 댐에 이어 제2단계 사업으로 낙동강 유역의 연안종합개발과 김해평야의 염해방지를 위하여 하구에 대규모 방조제를 건설하는 사업을 아울러 추진해 나갈 계획을 세우고 있습니다.

이 같은 제2단계 사업이 끝나게 될 80년대 중반에 가면 경상남·북도 일대의 곡창지대는 한수해를 모르는 전천후 농토로 탈바꿈하여 연간 7만 3천 톤의 식량이 증산될 뿐 아니라, 대구·부산·마산 등 대도시를 비롯한 각 산업기지에 생활용수와 공업용수를 넉넉히 공급하는 광역 수로권이 형성되게 될 것입니다.

정부는 국토개발의 핵심을 이루는 4대강유역 종합개발을 계속 추진하여 현재 건설 중인 금강의 대청 다목적 댐 완공과 남한강의 충주 다목적 댐 착공에 박차를 가해 나갈 것입니다.

이제 우리 농민은 가뭄과 홍수의 걱정 없이 쾌적하고 문화적인 생활환경 속에서 근대적인 과학영농을 할 수 있게 되고, 이들 물줄기의 뒷받침으로 우리의 중화학공업도 한층 눈부시게 발전해 나갈 수 있을 것입니다.

이 우람한 국토개조사업은 우리 국민들이 그동안 한 덩어리로 뭉쳐서 근면·자조·협동의 새마을정신으로 땀 흘려 일해 온 결실이며, 또한 민족저력의 결정이라고 확신하면서 영원히 우리 후손들에게 물려줄 부강한 나라건설에 국민 여러분의 가일층 분발 있기를 당부하는 바입니다.

이 자리에 모인 경북도민 여러분!

여러분이 조상 대대로 살아 왔던 이 정든 고장에 이처럼 웅대한 인공호수가 우리 힘으로 만들어졌다는 것은 한없이 자랑스러운 일이며, 우리는 이 시설을 더욱 알뜰히 가구고 다듬어서 우리 세대가 이룩한 번영의 상징으로 후손에게 길이 물려주어야 하겠습니다.

또한, 우리가 이 주변 일대에 계속 나무를 심고 더욱 아름답게 가꾸어서 생활환경 정화에 힘써 나간다면, 안동 댐은 도산서원 등 이 고장의 유서 깊은 문화사적과 더불어 이름난 관광휴양지로서 명소가 될 것으로 믿으면서, 주민 여러분의 적극적인 참여와 협조를 당부하고자 합니다.

유유히 구비치는 안동 대호수의 물결을 바라보며, 우리는 유구한 민족의 역사와 문화를 다시 한 번 생각하고 한민족의 웅비와 무궁무진한 발전을 마음속 깊이 다짐합시다.

끝으로, 다시 한 번 이처럼 험난한 공사를 성공적으로 완수한 우리의 건설역군, 기술진, 산업기지개발공사 관계관 여러분의 헌신적 노고와 경북도민 여러분의 아낌없는 협조에 대하여 심심한 치하를 보내는 바입니다."

도시개발이나 특수지역 개발은 졸속을 피하고 신중하게 추진해야 한다

1977년 1월 24일, 건설부 연두순시에서 대통령은 도시개발 계획이나 특수지역 개발계획을 졸속으로 세웠다가 변경하는 바람에 덕보는 사람도 있겠지만 상당한 피해를 보는 국민이 많다는 사실을 지적하고 신중하게 다루라고 지시했다.

"국토 종합개발 계획은 백년을 내다보는 국가의 장기적인 계획입니다. 그 동안 각계 전문가들과 정부 관계부처가 긴밀히 협조하여 앞으로 예측되는 과학기술의 발달이라든가, 산업구조의 변천이라든가, 여러 가지 문제들을 종합적으로 검토해서 상당히 신중하게 다듬어 왔습니다. 앞으로도 계속 보완해 나가야 할 것입니다. 그러나 이계획이 조령모개(朝令暮改)식으로 자주 변경되어서는 곤란합니다.

도시개발 계획이라든지, 특수지역개발 계획이라든지, 이런 것을 너무 졸속으로 마련했다가 얼마 안 가서 변경하는 바람에 덕을 보는 사람도 있을는지 모르지만 상당한 피해를 입은 국민들이 많습니다. 과거 우리의 경험을 통해서 잘 알고 있기 때문에 신중하게 다루어 주기를 부탁합니다.

최근 국토 종합개발 계획에 따라서 여러 가지 대규모 공사가 많이 이루어지고 있는데, 지난 몇 년 동안에 우리나라의 건설업자들의 실력이 놀라우리 만큼 성장했습니다. 그리고 국제적으로도 여러 가지 새로운 공법이 하루가 다르게 발전되어 가고 있는데, 그러한 기술과 제도를 우리의 국토 종합개발 계획에 십분 활용해줬으면 좋겠습니다.

인구집중 도시의 인구억제 문제, 특히 수도 서울의 인구집중을 억제하고 가급적이면 지방으로 분산시킨다든지 하는 정책은 우리가 당면한 문제 중에서도 가장 시급하고 중요한 문제인데, 무임소 장관실에서도 연구를 하고 있는 줄 압니다만, 이번 중앙관서 순시가 끝나고 나면 서울시 인구억제에 대한 종합적인 보고를 듣기로 되어 있습니다.

이것도 우리가 연구를 잘 해서 이번에 어떤 방침이 서면 수시로 자주 변경을 하지 말고 꾸준히 밀고 나가야 되겠습니다. 이것이 하루아침에 어떤 효과가 당장 나타난다는 것은 절대 기대할 수 없습니다. 또 그런 정책을 썼다가는 여러 가지 부작용이 나오고, 그로 말미암아 여러 가지 피해를 입는 시민들이 많고 하기 때문에 상당히 신중한 계획과 또 확고한 계획을 세워서 꾸준히 장기적으로 밀고 나간다, 그것이 가장 중요하다고 생각합니다.”

모든 공장은 처음부터 공해방지 시설을 갖추도록 해야겠다

1979년 1월 19일, 연두기자회견에서 대통령은 공해대책에 대해서 설명했다.

“현재 공해를 뿜고 있는 공장이나 시설은 연차적으로 환경오염 방지시설을 갖추어 나가도록 해야겠습니다. 특히 재정능력이 비약한 중소기업의 작은 공장들에 대해서는 정부가 지원을 해서라도 연차적으로 공해문제를 해결해 나가려는 계획을 추진하고 있습니다. 그리고 정부는 그 동안에 공해문제에 대해서는 여러 가지 제도적인 시책도 마련을 하고 있습니다. 환경보존기본법을 정비한다든지, 환경기준을 설정한다든지, 국립환경연구소를 설치한다든지 해서 제도적인 정비도 해 왔습니다.

그러나 보다 중요한 것은 모든 공장이 처음부터 공해방지 시설을

갖추는 사전조치를 해야 한다는
것입니다. 다시 말해서 앞으로는
공장을 지을 때 공해예방조치를
더 우선적으로 해야겠다는 것입
니다. 공장을 세울 때 공해가 있
는 공장이냐 아니냐를 검토해서
공해가 있는 공장이면 다른 장소
로 가져간다든지, 또는 특정지역
에다 꼭 세워야 되는 공장인데
공해가 어느 정도 불가피하다 할
때에는 공장을 건설하고 난 후에
공해가 나서 근처에 있는 주민들
이 진정을 하고, 항의를 해야 그
때가서 공해방지 시설을 하는 사
후조치는 곤란합니다. 앞으로는
이러한 사후조치를 해서는 안 되
겠으며 반드시 사전 예방조치를
해야 하겠습니다."

總 和 前 進

一九七九年 己未元旦

大統領 朴正熙

　1970년대에 이미 고도산업화
사회에 진입한 선진국가들은 번
영의 결실을 향유하고 있으나 산업화에 수반된 공해문제로 고민하
고 있었고 이에 대한 대책을 마련하는 데 부심하고 있었다.
　우리나라도 급격한 도시화와 공업화가 진행되면서 공해가 생기기
시작했는데, 특히 1970년대 중반 이후 중화학공업에 대한 투자가
증가하면서 공해는 더욱 심화되었다. 기업들이 공장을 건설할 때 처

음부터 공해방지 시설에 투자를 했더라면 공해발생을 예방하여 환경오염을 막을 수 있었을 것이나, 그 당시 기업들은 공해방지 시설에 투자하는 것을 소홀히 했다. 우리나라의 공해방지 시설에 대한 투자율은 0.3% 내지 0.5%에 불과해 그것이 5.8% 이상에 이르는 미국이나 일본에 비하면 10분의 1도 안 되었다. 이것은 공해에 대한 우리 기업들의 인식이 부족했기 때문이기도 하지만, 공해방지 시설을 설치하고 가동하는 데 많은 비용이 들기 때문이었다. 실제로 그러한 시설을 해놓은 기업들도 비용절약을 위해서 이를 가동하지 않는 경우가 적지 않았다.

물론 그 당시로서는 우리나라의 공해문제가 선진 산업국가들의 공해문제만큼 심각한 수준에 이른 것은 아니었다. 그러나 기업이 사적 이윤추구나 비용절약에 급급해서 공해방지와 환경보호를 외면할 때 그것을 감독, 규제해야 하는 정부가 이를 방관한다면 우리나라도 머지않아 공해가 부문적, 지역적 차원을 넘어 전국적으로 확대되어 대자연이 자기정화 능력을 상실하게 되는 단계에 이를 위험성이 예견되고 있었다.

그래서 대통령은 이러한 불행한 사태를 미연에 방지하기 위해서는 기존 공장들은 연차적으로 공해방지 시설을 하고 앞으로 건설하는 공장들은 모두 공장건설과 병행해서 공해방지 시설을 갖춤으로써 공해발생을 원천적으로 막아야 한다는 점을 강조한 것이다. 대통령이 생각하고 있던 환경청은 1980년에 신설되었다.

접도구역과 그린벨트 안에 건축물이 들어서지 못하도록 도·시·군에서 단속해야 한다

1979년 2월 5일, 건설부 연두순시에서 대통령은 접도구역(接道區域)과 그린벨트 안에 건축물이 들어서지 못하도록 도와 시, 군에서 철저히 단속하도록 하라고 지시했다.

도로 양쪽에 있는 접도구역 표시가 잘 되어 있는 데도 있고 뽑아 버린 곳, 위치를 바꾼 곳도 있다. 도나 시군에 이것을 맡겨서 평소에 공무원들이 왔다갔다 하면서 잘못된 것은 당장 시정하도록 해야지, 그렇게 안 하면 건축물이 슬슬 들어와서 나중에 이것을 뜯어내려면 보상 문제 등 문제가 생긴다는 것이다.

"요전에 장관하고 지방에 출장 가면서 차 안에서도 얘기했지만 도로 양쪽에 있는 접도구역표시 그게 지금 어떤 데는 잘 돼 있는 데도 있고 뽑아 내던져 없는 데도 있고, 어떤 데는 뽑아서 이쪽 도로 가까운 데 위치를 바꾸어서 꽂아 놓은 곳도 있는 것 같은데 그걸 봄철에 종합적인 점검을 해서 없는 데는 새로 갖추도록 하고 그걸 도나 시군에다가 책임을 맡기면 될거요. 빠지면 돈 몇 푼 안 드는 것이니까 시멘트로 만들어 놓으세요. 평소에 공무원들이 출장 다니며 왔다갔다 하면서도 그런게 있는가 없는가, 위치가 제대로 되어 있는가를 봐서 잘못 됐으면 곧 시정하도록 해야지 그렇지 않으면 그 안에 또 건축물이 슬슬 들어와서 뒤에 뜯어내야 되고 보상해 줘야 되고 여러 가지 어려운 문제들이 생기지 않는가?

그린벨트도 마찬가지요, 아까 보니까 작년에 그린벨트에도 건축이 되어 있는데 작년 봄에 한번 대대적인 정리를 했는데도 그 뒤에 또 생겼다는 이야기요? 도나 시군에서 책임지고 철저히 단속해야 되겠어요."

도시계획은 자주 변경되는 일이 없도록 통제해야겠다

대통령은 이어서 지금 도처에서 추진하고 있는 도시계획은 계획 단계에서부터 신중하게 해서 자주 변경되는 일이 없도록 건설부에서 잘 통제하라고 지시했다.

"도시계획을 지금 도처에서 하고 있는데 처음 계획단계에서부터 아주 신중히 잘 해서 자주 변경을 하지 않도록 해야 되겠습니다. 특히 서울시에서 그런 예가 많은 것 같은데 계획을 자주 변경하면 주민들이 여러 가지 피해를 입게 되고, 정부는 정부대로 공연히 이중 삼중으로 보상을 한다든지, 투자를 해야 된다든지 해서 예산의 낭비도 많기 때문에 건설부에서 잘 통제해서 잦은 변경이 없게끔 신중히 검토하도록 하기 바랍니다."

대통령은 이어서 아파트 준공검사를 철저히 하라고 지시했다.

"작년에 아파트문제가 꽤 말썽을 부렸는데 앞으로 서울뿐만 아니라 지방도시에도 아파트가 많이 서는 것 같은데 민간에서 짓는 것이라든지, 주공(住公)에서 짓는 것이든지 건설되고 난 뒤에 준공검사를 철저히 해서 모든 것이 갖추어져야만 입주를 허가해야지, 그렇게 하지 않으면 들어가고 난 뒤에 무슨 하자가 생겼다, 물이 샌다는 문제가 생기고 특히 최근에는 가스를 쓰기 때문에 폭발 위험성이 수반하는데, 이런 데 대한 여러 가지 점검도 철저히 하지 않으면 뒤에 사고가 많이 날 것 같아요. 그 점 특별히 앞으로 단속을 잘해 주시오."

심융택(沈瀜澤)

고려대학교 법과대학 졸업. 고려대학교 대학원(법학석사). 미국 덴버대학 대학원 수
학. 대통령 공보비서관(1963~71). 대통령 정무비서관(1972~79) 역임. 제10대 국회
의원. 월간『한국인』편집 및 발행인 역임. 저서『자립에의 의지─박정희 대통령 어록』.

崛起
박정희 경제강국 굴기18년
6 국토종합개발
심융택 지음
1판 1쇄 발행/2015. 8. 31
발행인 고정일/발행처 동서문화사
창업 1956. 12. 12. 등록 16-3799
서울 중구 다산로12길 6(신당동, 4층)
☎ 546-0331~6 (FAX) 545-0331
www.dongsuhbook.com

＊

이 책의 출판권은 동서문화사가 소유합니다.
의장권 제호권 편집권은 저작권 법에 의해 보호를 받는 출판물이므로 무단전재와 무단복제를 금합니다.
사업자등록번호 211-87-75330
ISBN 978-89-497-1364-9 04350
ISBN 978-89-497-1358-8 (총10권)